Helga Grebing:
Geschichte der deutschen Arbeiterbewegung
Ein Überblick

Deutscher
Taschenbuch
Verlag

1. Auflage Februar 1970
8. Auflage Dezember 1977: 70. bis 79. Tausend
Deutscher Taschenbuch Verlag GmbH & Co. KG,
München
© 1966 Nymphenburger Verlagshandlung GmbH,
München
Umschlaggestaltung: Celestino Piatti
Umschlagbild: Karl Marx und Ferdinand Lassalle
Gesamtherstellung: C. H. Beck'sche Buchdruckerei,
Nördlingen
Printed in Germany · ISBN 3-423-00647-1

Inhalt

ben« des Staates, die klassenlose Gesellschaft – Ketteler: Berufung auf Lassalle, Beurteilung der sozialen Lage, Selbsthilfe, Berufung auf Thomas von Aquin, Sozialpolitik statt Gesellschaftsreform – H. Schulze-Delitzsch: Selbsthilfe durch Genossenschaften.

III. Kapitel 1870–1890

IV. Kapitel 1890–1914

6

Ausbau der Sozialgesetzgebung – Einkommens- und Wohnverhältnisse der Arbeiter – Individuelle Resignation und kollektives soziales Selbstbewußtsein – Zugehörigkeit zur Arbeiterbewegung als Ersatz für den fehlenden Status in Staat und
Gesellschaft – Klassenbewußtsein, aber keine Revolution.

Anfänge der Gewerkschaftsorganisationen – Bildung der Generalkommission der Gewerkschaften – Aufgabenstellung der
Freien Gewerkschaften – Organisatorischer Aufbau, Mitgliederzahl, finanzielle Situation – Arbeitsgebiete der Gewerkschaften – Einfluß auf die Politik – Die Genossenschaftsbewegung – SPD: Mitgliederbewegung, Wahlergebnisse, Organisation – Tätigkeit der Reichstagsfraktion, der Landtagsfraktionen
und in der Kommunalpolitik – Die Sozialdemokratie, ein legiti-
mer Bestandteil des Kaiserreichs? – Gründung von Nebenor-
ganisationen.

Das Erfurter Programm von 1891 – Verstärkung des determi-
nistisch-evolutionären Elementes in der Theorie durch Kautsky
– Engels ein Revisionist? – Die Funktionen der Parteitheorie –
Scheinrevolutionärer Immobilismus – Organisation als Ersatz
für politische Aktion – Grenzen der Ausbreitung der Sozialdemokratie – Mangel an konkreten Vorstellungen über den Gebrauch der Macht – Die Mentalität der Parteianhänger – Georg
von Vollmars Programm des Reformismus – Sonderstellung
der Gewerkschaftsführer – Der Streit um die Eigenständigkeit
der Gewerkschaften – Maifeiern und politischer Massenstreik –
Eduard Bernsteins Revisionismus – Die Parteilinke: R. Luxemburg, K. Liebknecht.

Rerum novarum – Patriarchalische Einstellung gegenüber den
Arbeitern – Entwicklung der Katholischen Arbeitervereine –
Aufbau und Tätigkeit des Volksvereins – Gründung der Christ-
lichen Gewerkschaften – Problem der Interkonfessionalität –
Ansätze zu einer christlichen Gewerkschaftstheorie – Der christ-
liche Gewerkschaftsstreit – Haltung der evangelischen Kirche –
Friedrich Naumanns nationaler Sozialismus – Die Hirsch-
Dunckerschen Gewerkvereine – Die wirtschaftsfriedlichen
(gelben) Werkvereine.

V. Kapitel 1914–1918

Abbau der Staatsfeindlichkeit, unbewußter Nationalisierungsprozeß – Einfluß des nationalen Machtstaatsdenkens – Bereitschaft zur Verteidigung des Vaterlandes –Die II. Internationale: ihre Antikriegspolitik – Die SPD im Gegensatz zur Internationale – Deutsch-sozialdemokratisches Sendungsbewußtsein.

traditionelle Kluft zwischen Theorie und Praxis – Erhaltung
der Gruppenbildungen: Die Linke, SAP, ISK, die Rechte, Religiöse Sozialisten – Die wichtigsten theoretischen Schriften –
Politische Entwicklung der KPD seit 1919, Wahlergebnisse,
Mitgliederentwicklung, Abhängigkeit von der KPdSU.

Positive Einstellung zur Republik – Unsicherheit in der politischen Zielsetzung – Aufgabenstellung – Freie Gewerkschaften
und Kapp-Putsch – Stabilisierung der Organisationen – Wirtschaftsdemokratie als Ziel – Sozialpolitik und Wirtschaftskrise –
Die radikale Opposition: RGO.

Neue Einstellung zum Sozialismus – Die katholisch-soziale Aktion in den zwanziger Jahren: Romantisch-konservative Richtungen, katholische Sozialisten, O. Spanns Universalismus,
H. Peschs Solidarismus – Quadragesimo anno – Position des
Protestantismus nach 1918 – Das ideologische Selbstverständnis
der religiösen Sozialisten – Die Gruppe um Paul Tillich.

Die »linke« Position der Katholischen Arbeitervereine – Die
»rechte« Gegenposition der Christlichen Gewerkschaften, Mitgliederbewegung, politische Repräsentanz, Stegerwalds Konzept – Nach 1918: Einfluß der Arbeiter im Zentrum – Seit 1920:
Rechtsorientierung des Zentrums – Linke Absplitterungen vom
Zentrum – Abwanderung der katholischen Arbeiter nach
links – Die evangelische Arbeiterbewegung nach 1918 – Ab-
spaltungen und neue Organisationen – Der Deutschnationale
Handlungsgehilfenverband – Situation der Angestellten in der
Weimarer Republik.

VII. Kapitel 1930–1945

Die Tolerierung des Kabinetts Brüning – Passive Reaktion auf
die Krise – Der Schlag gegen Preußen und die SPD – Zielsetzung der SAP – Die »Neue Rechte« – Radikalisierung der Arbeiterschaft nach links, kaum Abwanderungen nach rechts –
Die »Stillhaltetaktik« nach dem 30. Januar 1933 – Formen des
SPD-Selbstverständnisses – KPD und Nationalsozialismus –
Der Opportunismus der Gewerkschaftsführung – Einstellung
der Christlichen Gewerkschaften und der katholischen Arbeiter
zu Brüning und zum Nationalsozialismus.

Programm der NSDAP – NSDAP und Gewerkschaften, die
NSBO – Vernichtung der Gewerkschaften, Gründung der

DAF – Das Führerprinzip in der Wirtschaft – Militarisierung der Arbeit – Lebensstandard der Arbeiter.

VIII. Kapitel 1945–1965

rische Repräsentanz der Gewerkschaften – Krise der Einheitsgewerkschaft – Gründung von christlichen Gewerkschaften –
Die kommunistische Opposition – Die gesellschafts- und staatspolitischen Aufgaben der Gewerkschaften – Mitglieder-Stagna-
tion – Innergewerkschaftliche Demokratie.

1945: Die KPD als nationale und demokratische Partei – Die
SED als Partei »leninistischen Typus« – Der »demokratische
Zentralismus« – Die Programmatik der SED – Opposition –
Aufbau und Funktion der Gewerkschaften – Die Betriebsge-
werkschaftsorganisation – Arbeitsgesetzbuch – Gesellschaft-
liche Struktur der DDR – Tendenzen der sozialökonomischen
Entwicklung – Die Einstellung der Arbeiter zum SED-Regime –
Wandlung des Regimes?

1945: Partei der Arbeit? – Sozialismus aus christlichem Glauben – Soziale Struktur der CDU – Die Katholischen Arbeitervereine nach 1945 – Die katholische Soziallehre: Solidaritätsprinzip, Subsidiaritätsprinzip, Berufsständische Ordnung, Mitbestimmung, Eigentum – Katholizismus, Sozialismus und Gewerkschaften – Die evangelische Arbeiterbewegung nach 1945 –
Bejahung der Einheitsgewerkschaft – Die Evangelische Sozialethik: Maßstäbe, die »verantwortliche Gesellschaft«, Partnerschaft, Mitbestimmung, Betrieb, Eigentumsordnung – Protestantismus und Sozialismus – Situation in der DDR.

Die Geschichte der deutschen Arbeiterbewegung in möglichst allen ihren wesentlichen Spiegelungen knapp und übersichtlich wiederzugeben, war die gestellte Aufgabe; dabei mußten alle Richtungen in ihrer wechselseitigen Bezogenheit und Abhängigkeit dargestellt und politische, soziologische, ökonomische, sozialpsychologische und ideengeschichtliche Faktoren möglichst zeitgleich und gleichrangig berücksichtigt werden.

Die großen Entwicklungslinien wurden mit charakteristischen Einzelheiten – Zitaten, Statistiken – unterbaut, die äußere Gestaltung – ausführliche Inhaltsangaben, Literaturverzeichnis und Register – soll diese Intention unterstützen. Das Literaturverzeichnis, das Neuerscheinungen bis zum Jahre 1969 berücksichtigt, enthält, nach Sachgruppen und innerhalb dieser nach Verfassernamen alphabetisch geordnet, die hauptsächlich benutzte und empfehlenswerte Literatur. Quellen sind im Text selbst angegeben.

Für die Taschenbuchausgabe wurden Sach- und Druckfehler korrigiert und an einigen Stellen mißverständliche, d. h. den gemeinten Inhalt nicht voll treffende Formulierungen verbessert bzw. ergänzt; für den Hinweis auf diese Unzulänglichkeiten habe ich meinen Kritikern zu danken.

Als überaus problematisch erwies sich die Frage, in welcher Weise innerhalb des letzten Kapitels die Ereignisse und Entwicklungen, die seit der ersten Auflage im Jahre 1966 eingetreten sind, eingearbeitet werden könnten, ohne die ursprüngliche Konzeption zu zerstören. Ich bin schließlich zu der Auffassung gelangt, für die Taschenbuchausgabe im Prinzip genau so zu verfahren wie für die englische Übersetzung, die Anfang 1969 unter dem Titel ›History of the German Labour Movement‹ bei Oswald Wolff, London, erschienen ist. Das letzte Kapitel blieb mit Ausnahme unumgänglicher Korrekturen unverändert: Es mag jetzt in seiner prinzipiell unveränderten Gestalt für den Leser den Eindruck hervorrufen, daß es selbst bereits ein Stück Geschichte ist, und dieser Eindruck ist beabsichtigt. Der historische Charakter alles Denkens und Handelns und damit die Notwendigkeit ständig neuer Reflexion über die Maßstäbe künftigen Handelns könnten wohl nicht besser einsichtig gemacht werden.

Wiederum analog zur englischen Übersetzung werden die Entwicklungstrends der letzten drei Jahre in einem Nachwort einzufangen versucht; es sind sicher nicht mehr als einige punktuelle Orientierungen, unvermeidlich subjektiv und vorläufig noch, die so vermittelt werden können. Aber sie erschienen mir unumgänglich entsprechend dem Sinn dieses Buches und der Absicht, mit der es geschrieben wurde:

daß dieses Buch dem nützlich sein möge, der aus historisch-politischem Interesse einen Einstieg in die Geschichte der deutschen Arbeiterbewegung sucht und nach einer Möglichkeit, von einer soliden Basis aus zu ausgedehnteren Studien fortschreiten zu können

und

daß es dem unmittelbar politisch Interessierten und Aktiven das Material zur Verfügung stellen möge, das er braucht, um sein eigenes Handeln am Beispiel der Geschichte der deutschen Arbeiterbewegung positiv wie negativ messen zu können.

Frankfurt, im Dezember 1969   Helga Grebing

Wir stehen im letzten Drittel des 20. Jahrhunderts, wir beginnen zu begreifen, daß in dieser unserer Lebenszeit die Phase der planetarischen, der Weltgeschichte angebrochen ist; wir versuchen zu verstehen, was es heißen wird, in einer Welt zu leben, in der es keine isolierten Inseln, keine provinziellen Idylle, keine nationalen Reservationen mehr gibt.

Was können, was müssen wir tun? Frühere Generationen haben sich bemüht, ihre Gegenwart zu bewältigen und die Zukunft zu erreichen, indem sie sich Utopien, Visionen, Bilder, Muster, Modelle schufen. Mögen diese Zukunftsvorstellungen auch in vielem falsch gewesen sein – heute fragen wir, *ob* es überhaupt noch möglich ist, *wem* es noch möglich sein könnte, die Welt von heute im Ganzen in den Blick zu bekommen und die Welt von morgen in *einem* Entwurf zu skizzieren.

Viele beklagen den fehlenden Mut, eine Vision, eine Utopie zu wagen, andere bemerken freudig die wachsende Bereitschaft, auf Zukunftsspekulationen zu verzichten und nüchtern, realitätsnah unsere Gegenwart zu leben. Klage oder Freude – sie scheinen beide nicht die rechten Antworten auf die Herausforderung des neuen, des planetarischen Zeitalters zu sein. Utopie, Vision – oder gar nichts? Möglich ist sicher, unsere Situation, unsere Gegenwart rational zu analysieren und aus dieser Analyse zumindest die Fragestellungen und die Aufgaben für die Zukunft zu erkennen.

Mehr denn je müssen wir uns bewußt machen, daß es notwendig ist, nichts, so wie es ist oder zu sein scheint, einfach hinzunehmen; wir müssen die Fragen, mit denen wir konfrontiert sind, ständig neu durchdenken, wir müssen immer wieder von neuem versuchen, gleichzeitig in die Zukunft hineinzudenken, immer das »ganze Feld der einen Welt im Auge«. Vielleicht, möglich, daß wir dann das Ergebnis dieses Denkens eine »reale Utopie« nennen könnten.

Wir stehen im letzten Drittel des 20. Jahrhunderts, wir versuchen, die ungeheure Revolutionierung unserer Daseinsbedingungen in einer Welt zu durchschauen, die in wenigen Jahren radikal verändert wurde: durch die politischen und sozialen Umwälzungen als Folgen der beiden Weltkriege – am stärksten sich ausdrückend in der Entkolonialisierung und in dem Eintritt bzw. Wiedereintritt der asiatischen, afrikanischen und südamerikanischen Staaten in die Weltgeschichte als Handelnde –, durch den in einem ungeheuren Tempo sich vollziehenden Fortschritt von Wissenschaft und Technik – am gravierendsten symbolisiert in der Atombombe und in der zweiten industriellen Revolution – und last not least durch eine Tatsache, deren wir uns noch gar nicht genügend bewußt geworden sind: alle Gedanken und Taten, wie auch immer sie auf diesem Planeten aufgenommen und wirksam werden, lösen Reaktionen in der ganzen übrigen, nur scheinbar unbeteiligten oder nicht betroffenen Welt aus.

Jede Analyse der Gegenwart muß damit anfangen, sich darüber Rechenschaft abzulegen, was diese Gegenwart geprägt hat, wo ihre Wurzeln liegen, wie, auf welche Weise in der Vergangenheit Fragen und Probleme einer annehmbaren Lösung zugeführt wurden, was gültig blieb, wie und warum ein Lösungsversuch scheiterte, was warum sogar katastrophale Folgen nach sich zog.

Es wäre aber verfehlt zu erwarten, daß aus der Geschichte voreilig Schlüsse für unser Handeln in dieser Welt gezogen werden könnten; die Geschichte hält keine Patentlösungen bereit, sie gibt uns keine Formeln zur Lösung unserer eigenen Aufgaben an die Hand. Nur das erscheint erreichbar: aus der geschichtlichen Vielfalt heraus das Leben und Denken von Menschen und Gruppen durchschaubar zu machen und zu versuchen, es mit kritischem Verständnis nachzuvollziehen. Gelingt uns das, so besitzen wir ein wichtiges Instrument zur Bewältigung der Gegenwart um der Zukunft willen.

Zur jüngsten Geschichte unserer Welt gehört die Geschichte der internationalen Arbeiterbewegung, deren bedeutender deutscher Zweig hier betrachtet wird. Wir werden finden, daß die Arbeiterbewegung auch in Deutschland Träger jener Bestrebungen war, die jegliche Ungerechtigkeit beseitigen und eine humane, gerechte gesellschaftliche Ordnung ermöglichen wollten. Wir werden in ihr auch in Deutschland eine Emanzipationsbewegung erkennen, die eine Klasse befreien wollte, mit ihren Forderungen und Zielen aber schließlich über sich selbst hinauswuchs und für die Befreiung aller Unterdrückten kämpfte. Es wird weiter zu beobachten sein, daß die Arbeiterbewegung der historisch fruchtbarste und bedeutendste Träger der nationalen demokratischen Traditionen in Deutschland war: Sie gab der Welt mehr als ein Beispiel nicht immer erfolgreicher, aber dennoch eindrucksvoller Auseinandersetzungen mit autoritären und totalitären Kräften. Schließlich wird zu zeigen sein, daß in der deutschen Arbeiterbewegung auch ein die nationalen Grenzen sprengendes Denken wirksam wurde; denn es war die Arbeiterbewegung, die sich international fühlte in einer Zeit, in der es noch keine Weltgeschichte gab, in der das Vaterland noch die Welt bedeutete.

Soziale Gerechtigkeit, Freiheit und Demokratie sind bis heute die Ziele der deutschen Arbeiterbewegung mit Ausnahme der totalitären Richtungen. Rückschläge, Mißerfolge, Unzulänglichkeiten, Fehler mögen die Verwirklichung dieser Ziele gehemmt, verzögert, ja manchmal sogar in Frage gestellt haben: unter dem Aspekt der großen, weltweiten geschichtlichen Entwicklung wird dies nicht wesentlich sein.

Doch wäre es ein verhängnisvoller Irrtum, wenn heute die Erben der deutschen Arbeiterbewegung sich unreflektiert oder selbstbewußt unkritisch oder gar glorifizierend auf diese historischen Leistungen als Maßstäbe für die eigenen Aufgaben berufen und sich mit der bloßen wiederholenden Deklamierung jener traditionellen Ziele – soziale Gerechtigkeit, Freiheit, Demokratie – begnügen würden. Es würde nicht minder verhängnisvolle Auswirkungen haben, wenn der Verlust der Utopie dazu verführen würde, sich ständig an alle als unvermeidlich und notwendig verstandenen Tatsachen und Entwicklungen anzupassen und ihnen nicht genügend Widerstand entgegenzusetzen.

Die Deutung geschichtlicher Erfahrungen, die rationale Durchdringung der Gegenwartssituation und der Blick auf die eine Welt der Zukunft sollten vielmehr dazu herausfordern, auch die Aufgaben der Arbeiterbewegung in dieser Zeit neu zu durchdenken, neu zu formulieren und – zu handeln. Soziologische wie politische Gründe könnten geboten sein lassen, auf den Begriff »Arbeiterbewegung« heute zu verzichten und von den politischen und sozialen Organisationen der Arbeitnehmerschaft zu sprechen – es soll aber gerade jetzt und heute hier bewußt als Ausdruck einer Forderung und eines Programms von der Arbeiterbewegung in Deutschland gesprochen werden.

In Übereinstimmung mit ihren internationalen Traditionen wäre es eine Aufgabe der deutschen Arbeiterbewegung, die bestenfalls auf Europa beschränkte provinzielle Enge und Isolierung zu überwinden und eine neue Internationale aller freiheitlichen Kräfte überall in der Welt, in den USA zum Beispiel genauso wie in den Entwicklungsländern, zu schaffen.

In Übereinstimmung mit ihren demokratisch-sozialen Traditionen sollte die Arbeiterbewegung ein phantasievoller Initiator einer Politik sein, die den Völkern in den Entwicklungsländern im demokratischen Sozialismus – planwirtschaftliche Methoden unter demokratischer Kontrolle – eine Alternative zu Kapitalismus und Kommunismus bietet.

In Übereinstimmung mit ihren humanitär-sozialen Traditionen müßte die Arbeiterbewegung ein Programm zur Nutzung aller Chancen und zur Überwindung der heute schon voraussehbaren negativen sozialen Folgen des technischen Fortschritts entwerfen und durchzusetzen versuchen, noch bevor Hunderttausende von Arbeitslosen und beruflich Disqualifizierten zu einer sozial und politisch bedrängenden und bedrohlichen Realität werden; sie müßte sich aber auch beispielsweise vorbereiten auf die kommenden Umstrukturierungen des Weltmarktes, die sich aus den supranationalen Wirtschaftszusammenschlüssen und der Industrialisierung der Entwicklungsländer ergeben werden.

In Übereinstimmung mit ihren sozial-emanzipatorischen Traditionen müßte die Arbeiterbewegung eine eigene fortschrittliche, in die Zukunft gerichtete Bildungspolitik entwerfen, deren Hauptakzent darauf liegt, immer mehr Menschen fähig zu machen, ihr Bewußtsein und ihre Leistungen der Höhe und den Anforderungen des technischen Fortschritts anzugleichen; es wäre ihre ureigene Aufgabe, überholte arbeitsethische Vorstellungen, die heute die Kluft zwischen den Anforderungen des hochrationalisierten Arbeitsprozesses und dem Bewußtsein des arbeitenden Menschen unüberbrückbar groß erscheinen lassen, abzubauen und das – aus manchen guten Gründen – traditionell bildungsfeindliche Verhalten der deutschen Arbeiter – besonders was den Aufstieg der Kinder in akademische Berufe angeht – entscheidend zu korrigieren.

In Übereinstimmung mit ihren demokratischen Traditionen muß die Arbeiterbewegung Demokratie verstehen, entwerfen, praktizieren und sichern lernen als eine »Lebensform für mündige Menschen«, als eine Lebensform mit Konsequenzen für jeden Bereich menschlichen Zusammenlebens, für Familie, Schule, Betrieb, Kommune, Verband, Partei genauso wie für den Staat selbst.

Die Arbeiterbewegung sollte schließlich in Übereinstimmung mit ihren geistig-revolutionierenden, aufklärerischen Traditionen auch die Aufgabe der Bewußtseins- und Einstellungsänderung, d. h. vor allem der Korrektur traditioneller autoritär-kulturpessimistischer Haltungen in der Gesellschaft, auf sich nehmen; Fernsehen beispielsweise ist kein Instrument, um die Manipulierbarkeit des Menschen ins Grenzenlose zu steigern, es ist vielmehr ein Medium, um den Menschen die fremde, unanschauliche und unüberschaubare Welt nahezubringen; und der vielverschrieene Trend zum Konformismus hat wohl mehr positive Aspekte als negative, wenn er dazu führt, daß verbindliche Normen und Spielregeln autoritäre und totalitäre Verhaltensweisen aus dem öffentlichen Konsensus ausschließen.

Die Arbeiterbewegung wird sich aber auch wehren müssen gegen die überlegte oder unüberlegte Verfälschung ihrer Werte; Planung zu fordern, ist kein Relikt aus überholter Vergangenheit, kein Zeichen der Nähe zum Kommunismus, sondern schlicht eine sich aus dem technischen Fortschritt ergebende Notwendigkeit; es ist zu billig, das Kollektiv zum Schreckgespenst der »Vermassung« abzuwerten, wenn wir allein schon wissen, daß die Arbeitsorganisation in bestimmten Bereichen in der Zukunft mehr und mehr vom Kollektiv geprägt sein wird; Solidarität ist alles andere als ein sentimentaler Wert aus der Vergangenheit, und für die Sozialisten in der Arbeiterbewegung besteht kein Grund, auf das Wort, den Begriff und den Wert »Sozialismus« zu verzichten: es gibt ihn noch in keinem Land der Welt, für sie ist er nach wie vor Aufgabe.

1. Gesellschaft und Wirtschaft vor 1850

Ein wesentlicher Faktor für die Entwicklung der wirtschaftlichen und sozialen Verhältnisse des 19. Jahrhunderts war – wie überall in Europa so auch in Deutschland – die außergewöhnlich starke Bevölkerungszunahme.

Die Bevölkerungszahl in Deutschland in den Grenzen von 1914 betrug (in Millionen):
1800 24,5; 1830 29,6; 1850 35,4; 1870 40,8; 1890 49,5; 1910 64,9; 1914 67,8; 1925 67,4 (ohne Elsaß-Lothringen); sie stieg also innerhalb von 125 Jahren um das Zweieinhalbfache. Für die Zeit von 1816–1845 ergibt sich (von 24,8 Millionen auf 34,4 Millionen) eine Bevölkerungszunahme von 38,7%.

Dieser Bevölkerungszuwachs hatte in Deutschland mehrere Gründe: sinkende Sterblichkeit infolge besserer hygienischer Einrichtungen, fortschrittlicher Krankenbehandlung und dank einer zweckmäßigeren und vielseitigeren Ernährung; aus den gleichen Gründen steigende Geburtenziffern durch Rückgang der Sterblichkeit im Säuglings- und Jugendalter; doch war hier – in den Städten, nicht auf dem Lande – die Tendenz nach 1900 rückläufig. Hinzu kam als Ursache für die steigenden Geburtenziffern ein Anwachsen der Eheschließungen nach der Bauernbefreiung im preußischen Osten und der Einführung der Gewerbefreiheit.

Die Bevölkerungsexplosion traf besonders das Land und hier vor allem die östlichen Agrargebiete Preußens; sie hing mit der Bauernbefreiung (in Preußen zwischen 1807 und 1850) zusammen. Auf Grund der Reformen hatten in Preußen die bisher erbuntertänigen Bauern als Entschädigung für die in Zukunft wegfallenden persönlichen Dienstleistungen und Abgaben sowie für die Umwandlung des bisher beschränkten in freies bäuerliches Eigentum bis zur Hälfte ihr Land an den Gutsherrn abzutreten; auch die finanzielle Entschädigung war – in einem späteren Abschnitt der Reformen – möglich. Diese Bestimmungen hatten zur Folge, daß vielen Bauern der verbleibende oder finanziell belastete Besitz keine ausreichende Existenz mehr bot; sie lebten oft jahrzehntelang hart an der Grenze des Existenzminimums, kaum fähig, ihre persönliche Freiheit zu gebrauchen; sie lernten erst allmählich, neue, rationelle Produktionsmethoden anzunehmen und die Möglichkeiten der modernen Geldwirtschaft auszuschöpfen, oder sie verkauften ihren nicht mehr rentablen Besitz an den Gutsherrn, um dann bei ihm bestenfalls Pächter zu werden. Die Kleinbauern aber, die von den Reformen ausgeschlossen blieben, sahen häufig nur den Ausweg, ihre Unabhängigkeit durch Abtretung ihres Besitzes an den Gutsherrn zu erlangen, um dann bei ihm als Tagelöhner zu arbeiten. So entstand – mit dem Schwergewicht im agrarischen Osten Preußens – unterhalb der Schicht der Großgrundbesitzer und eines schließlich gefestigten Bauernstandes eine ländliche Unterschicht: auf den Gütern das Gesinde, die Instleute, die Tagelöhner, auf den Dörfern die bäuerlichen Hintersassen, Büdner, Häusler, Eigenkätner, Einlieger. Sie lebten schlecht von ihrem Lohn, von den Produkten einer kleinen Parzelle, von einer mageren Kuh, etwas Kleinvieh, gewerblichen Arbeiten (mit denen sie den existenzbedrohten Handwerkern Konkurrenz machten), Holzsammeln, Betteln, Stehlen. Die Arbeitszeit erhöhte sich auf 12, 14, 16 Stunden; die Frauen mußten ebenso arbeiten wie die vielen Kinder, die nicht nur die Zahl der Esser vermehrten, sondern auch einen Zuwachs an Verdienst bedeuteten.

Bis zur Mitte des Jahrhunderts gab es kaum ein Entrinnen aus diesem Los, wenn man vom Auswandern absieht, das aber nach den vorliegenden Zahlen nur für wenige in Frage kam. Das durch die Kriegseinwirkungen verkümmerte Gewerbe in den ostdeutschen Klein- und Mittelstädten und die bis 1850 nur schwachen Ansätze einer Industrialisierung im Westen Deutschlands boten keine Arbeitsmöglichkeiten. Erst der in den fünfziger Jahren in größerem Umfang einsetzende Eisenbahn- und sonstige Verkehrsausbau führte zu einer ersten größeren Nachfrage nach Arbeitskräften. Feste Arbeit (wenn auch nicht im Winter) und regelmäßiger Lohn (sei es auch unter unerfreulichen Arbeitsbedingungen) erschienen vielen fast völlig existenzlos gewordenen Menschen aus der ländlichen Unterschicht durchaus erstrebenswert, weil sie wenigstens das Existenzminimum zu sichern versprachen. Erst die beginnende Industrialisierung in den fünfziger Jahren brachte ein steigendes Angebot an Arbeitsplätzen, und in den sechziger Jahren setzte allmählich die Abwanderung landwirtschaftlicher Arbeiter aus dem Osten in die Industriezentren des Westens ein.

Neben der bäuerlichen gab es in Deutschland auf dem Lande wie in den Städten eine handwerkliche Unterschicht. Durch die Gewerbefreiheit (in Preußen zwischen 1806 und 1810, in anderen deutschen Ländern meist später eingeführt) wurde der strenge Zunftzwang aufgehoben, der nur einer kleinen privilegierten Schicht die Ausübung des Meisterhandwerks ermöglichte und die große Masse der Gesellen in Abhängigkeit vom Meister (ohne Gelegenheit zum Existenzaufbau als Voraussetzung einer Familiengründung) gezwungen hatte. So stieg als Folge der Gewerbefreiheit die Zahl der selbständigen Handwerker sogar in größerem Maße, als die Bevölkerung zunahm, und führte zu einer Überbesetzung einzelner Handwerkszweige: 1816 kamen auf 1000 Einwohner 30,8 Meister und Gesellen, 1861 59,0. Diese selbständigen Handwerker waren in Wirklichkeit zum großen Teil Heimarbeiter, Arbeiter für Kaufhäuser, Magazine, Fabriken, oder sie führten Reparaturaufgaben aus. Wirklich selbständige Handwerker konnten sich meist neben der beginnenden industriellen Konkurrenz nur dann halten, wenn sie ihre Arbeitszeit ins Uferlose ausdehnten, Frauen und Kinder in die Fabriken schickten oder auf dem Lande von dem Gemüse, den Kartoffeln und dem Obst einer kleinen Parzelle lebten. Vielen Handwerkern blieb schließlich nur noch – gleich, ob sie nun Meister oder Gesellen waren – das Dasein eines Fabrikarbeiters als etwas durchaus Erstrebenswertes, um dem Absinken in das Handwerkerproletariat zu entgehen. Manchen gelang der Aufstieg zum Fabrikanten, andere begannen mit dem Handel über Land; viele wanderten aus oder gingen vorübergehend in andere Länder, in der Hoffnung, daß eine qualifiziertere Ausbildung und Erfahrung ihre Chancen bei der Rückkehr in die Heimat verbessern würden. Am schlimmsten aber war das Elend des Hausgewerbes der Spinner und Weber in Schlesien, Sachsen und Westfalen. Besonders in Schlesien war die Not so entsetzlich, daß in den vierziger Jahren Tausende an Hungertyphus starben. Die größten Aufstände in Schlesien – 1844 in Peterswaldau und Langenbielau – gegen Hunger und gegen die Ausbeutung durch Kaufleute und Verleger wurden mit militärischer Gewalt niedergeschlagen. Wie hoffnungslos der Konkurrenzkampf des Handwerks gegen die Industrialisierung war, zeigt folgende Angabe: 1837 waren in Preußen 419 Dampfmaschinen in Betrieb, 1849 schon 1444.

Gegenüber den bäuerlichen und handwerklichen Unterschichten in Stadt und Land galten die Fabrikarbeiter in den dreißiger und vierziger Jahren als begünstigte Schicht. Fabrikarbeit bedeutete vielen Sicherung des Existenzminimums, persönliche Unabhängigkeit, Möglichkeit zur Familiengründung, ja relative Sicherheit und soziales Ansehen.

Wie schon erwähnt, gab es bis 1850 in Deutschland nur schwache Ansätze zu einer Industrialisierung: Die Firma Krupp, 1811 in Essen gegründet, begann mit 7 Arbeitern, 1849 beschäftigte sie 80, und 1857 erforderte die Entwicklung dieses Unternehmens die Beschäftigung von 1000 Arbeitern (die Firma Borsig wurde 1839 in Berlin gegründet, Maffei 1839 in München, Zeiss 1846 in Jena und Siemens & Halske 1847 in Berlin). Diese verhältnismäßig langsame Entwicklung war die Folge ungeheurer Kapitalverluste durch Krieg, Plünderungen und Kontributionen. In Preußen war z. B. 1830 der Stand der Lebenshaltung von 1805 noch nicht wieder erreicht. Dem Überangebot an Arbeitskräften standen Mangel an Kapital und unzulängliche Produktionsmittel gegenüber. Hinzu kam die Überlegenheit der englischen und französischen Konkurrenz in der Textil- und Eisenindustrie und im Bergbau. Viele Unternehmer, die vor 1848 – von Ausnahmen abgesehen – vor allem aus dem Handwerkerstand kamen, mußten erst selbst die Methoden rationeller Produktionsweisen erlernen und sie dann auf ihre Arbeiter übertragen. Viele, besonders kleine Fabriken, kämpften vor 1850 hart um ihre Existenz; die Lasten wälzten sie im allgemeinen auf ihre Arbeiter ab, deren soziale Lage sich zunehmend verschlechterte: Arbeitszeiten bis zu 13, 14, ja in den vierziger Jahren bis zu 17 Stunden unter schlechtesten Bedingungen; sinkende Löhne, die durch billige Frauen- und Kinderarbeit ausgeglichen werden mußten, was wiederum den Lohn drückte; unglaubliche Wohnverhältnisse und unzureichende Versorgung für Krankheit, Alter, Unfall.

Die Löhne lagen meist knapp an der Grenze des Existenzminimums, allerdings muß dabei berücksichtigt werden, daß faktisch viele doch nicht vom Lohn allein lebten, zumindest in den Klein- und Mittelstädten nicht, wo ein bescheidenes Maß an Landwirtschaft noch möglich war.

Für die Arbeiter besonders erniedrigend war das sogenannte Trucksystem in der Entlohnung: die Arbeiter mußten danach entweder Waren, die sie brauchten, vom Unternehmer zu überhöhten Preisen kaufen oder erhielten ihren Lohn überhaupt nur in Warenform, oder aber sie bekamen Waren, die sie nicht gebrauchen konnten, die die Unternehmer zu niedrigen Preisen zurückkauften, um dann den Arbeitern die lebensnotwendigen Waren zu überhöhten Preisen zu verkaufen.

Kinder arbeiteten z. B. in der schlesischen Leinenindustrie ab vier Jahren; sie hatten im allgemeinen die gleichen Arbeitszeiten wie die Erwachsenen, nur mit größeren Pausen, die aber nicht der Erholung dienten, sondern für den Schulunterricht verwendet wurden. – In Breslau gab es Häuser, in denen ein Zimmer mit 9–13 Kindern und 5–7 Erwachsenen belegt war.

Gegen diese sozialen Mißstände wurde von staatlicher Seite nur auf zwei Teilbereichen eingeschritten. Durch übermäßige körperliche Beanspruchung wurden nämlich die Kinder in ihrer physischen und psychischen Entwicklung stark gehemmt, so daß der preußische General von Horn 1828 feststellen mußte, »daß die Fabrikgegenden ihr Kontingent zum Ersatz der Armee nicht vollständig stellen können . . .«. Aber erst mehr als zehn Jahre später – 1839 – kam es aus Sorge um den Bestand der preußischen Armee zu der ersten Arbeiterschutzmaßnahme in Deutschland: Kinder sollten in Fabriken und Bergwerken nur ab 9 Jahren regelmäßig beschäftigt werden; Nacht-, Sonntags- und Feiertagsarbeit wurde verboten und eine zehnstündige Arbeitszeit festgesetzt. 1849 wurden in Preußen und in Sachsen Gesetze gegen das Trucksystem erlassen.

Ein weiteres preußisches Gesetz aus dem Jahre 1853 setzte das Mindestalter für die Beschäftigung in Fabriken auf 12 Jahre herauf und begrenzte die Arbeitszeit bis zum 14. Lebensjahr auf 7 Stunden. In Sachsen dagegen wurde überhaupt erst 1861 die Fabrikarbeit für Kinder unter 10 Jahren verboten. Vorschriften zur Verhütung von Unfällen und Gefährdungen erließen in bescheidenem Umfange nur Sachsen, Bayern und Württemberg. Für Frauen gab es überhaupt keine Schutzbestimmungen. Die Kontrollen für die Anwendung der gesetzlichen Bestimmungen waren sehr ungenau, so daß die Gesetze wohl meist umgangen werden konnten. Für die Eltern war es überdies eine Frage der Existenzsicherung, daß ihre Kinder mitarbeiteten, jedenfalls solange sich ihre eigene Lohnsituation nicht verbessert hatte.

Die ersten fünfzig Jahre des 19. Jahrhunderts sind in Deutschland gekennzeichnet durch die beginnende Ablösung der agrarisch-handwerklichen von der industriellen Epoche unter dem Zeichen des wirtschaftlichen und politischen Liberalismus. Noch durchdrangen die verschiedenen Formen einander, entstanden Spannungen und Anpassungsschwierigkeiten; am deutlichsten etwa im Handwerk, das sich bis zur Mitte des Jahrhunderts aufspaltete in »die auf Tradition und Privilegienschutz bedachten zünftigen Meister und die in der Enge und

Verknöcherung der Zunft nicht mehr gedeihende, zum sozialen Aufstieg unfähige Gesellenschaft« (Jantke, S. 43), beide aber sahen sich bereits nicht mehr weit vom Industrieproletariat entfernt.

Die der Zahl nach noch kleine Schicht der Fabrikarbeiter fühlte sich auf der einen Seite noch an die Lebensformen der Agrargesellschaft gebunden, in der Land, Haus, Familie und gemeinsame Arbeit das Leben bestimmt hatten, und waren doch auf der anderen Seite bereits den Zufälligkeiten der wechselnden Konjunktur sowie dem »Ausschließlichkeitsanspruch des modernen, unternehmerisch gelenkten Fabrikbetriebes« (Jantke) und seiner Arbeitsdisziplin ausgeliefert.

Die Fabrikanten lebten einerseits noch in patriarchalisch-zünftlerischen Vorstellungen, die sie bei der Führung ihrer Fabriken zu verwirklichen gedachten, und waren dabei häufig einer Art Betriebsfürsorge nicht abgeneigt. Auf der anderen Seite aber nutzten sie rücksichtslos, im Interesse der Produktionssteigerung, der Rentabilität und der Sicherung ihres Besitzes, die von ihnen gekaufte Ware »Arbeitskraft« aus.

Sozial und wirtschaftlich am gesichertsten konnten sich die Gewinner der preußischen Agrar-Reform, die ostelbischen Großgrundbesitzer, fühlen: Sie hatten wirtschaftlich von der liberalen Eigentums- und Wirtschaftspolitik ihres Staates profitiert und dabei ihre sozialen Standesvorrechte behalten, »die ihnen auch im Falle wirtschaftlicher Erfolglosigkeit die politische Führung auf dem Lande – und damit weitgehend auch im Staat – sicherten« (Koselleck, S. 99).

Steigender Wohlstand weniger auf der einen und wachsende Armut vieler auf der anderen Seite kennzeichnet das letzte Jahrzehnt vor dem Ausbruch der Revolution von 1848. Noch bevor der eigentliche Prozeß der Industrialisierung einsetzte, lebten in Deutschland »mindestens 50–60% der Bevölkerung nicht bürgerlich-bäuerlich behäbig und gesichert, sondern knapp, ja dürftig und in Krisenzeiten elend und gefährdet...« (Conze, Pöbel, S. 347).

2. *Theorien zur Lösung der sozialen Probleme*

Die ersten Theorien zur Lösung der sozialen Probleme, die durch den politischen, sozialen und wirtschaftlichen Strukturwandel von der feudal-agrarischen zur bürgerlich-industriellen

Epoche entstanden waren, wurden in Frankreich und England entwickelt, wo sich die Industrialisierung früher, schneller und intensiver durchgesetzt hatte; Saint-Simon, Fourier, Cabet, Lamennais, Blanc und Leroux in Frankreich, Owen in England entwarfen sozialistische, kommunistische und anarchistische Theorien und Systeme, die in unterschiedlicher Intensität und Verbreitung Einflüsse auf die Sozialkritik in Deutschland ausübten.

Der Dichter Georg Büchner (1813–1837), der 1834 den ›Hessischen Landboten‹ veröffentlichte, wurde beispielsweise von Lamennais und Leroux beeinflußt. Der ›Hessische Landbote‹ war an die Bauern Hessens gerichtet, die schwer an den Abgaben für den Staat zu tragen hatten und die Büchner, beginnend mit dem Kampfruf der Französischen Revolution: »Friede den Hütten! Krieg den Palästen!«, zur Erhebung aufrief. Seine soziale Gesinnung und der Antrieb zum Handeln kommen in einem Brief an seine Familie vom 1. Januar 1836 zum Ausdruck, dessen Schluß lautet:

»Ich komme vom Christkindelsmarkt: überall Haufen zerlumpter frierender Kinder, die mit aufgerissenen Augen und traurigen Gesichtern vor den Herrlichkeiten aus Wasser und Mehl, Dreck und Goldpapier standen. Der Gedanke, daß für die meisten Menschen auch die armseligsten Genüsse und Freuden unerreichbare Kostbarkeiten sind, machte mich sehr bitter« (Sämtliche Werke, Frankfurt 1963, S. 300).

Wilhelm Weitling (1808–1871), der als der profilierteste deutsche Sozialist vor 1848 angesehen wird, war anfangs von ähnlichem religiösem Glauben erfüllt wie Lamennais, auf den er sich ausdrücklich – obwohl Protestant – berief; auch Saint-Simons, Fouriers, Cabets und Owens Einflüsse sind in seinen Schriften erkennbar. Weitling, ein wandernder Schneidergeselle, hatte vor Marx und Engels die politischen Vorstellungen des »Bundes der Gerechten« (später »Bund der Kommunisten«) in Paris bestimmt; er war in den deutschen Gesellenvereinen in Paris und in der Schweiz hoch angesehen.

Weitlings erste Schrift ›Die Menschheit wie sie ist und wie sie sein sollte‹ erschien 1839 und war als Programmschrift des »Bundes der Gerechten« gedacht. Weitling entwarf hier den Plan einer kommunistischen Gütergemeinschaft; er hoffte, daß diese vollkommene Wirtschaftsordnung, nachdem der Staat überwunden sei, auch zu einer vollkommenen Gesellschaft der ganzen Menschheit führen würde. 1842 veröffentlichte er sein

Hauptwerk ›Garantien der Harmonie und Freiheit‹, in dem er seinen ersten Entwurf änderte und erweiterte; hier legte er sich auch auf die Diktatur eines einzelnen zur Bewältigung der Übergangszeit von der Revolution bis zur Einführung des Kommunismus fest. 1843 schließlich folgte ›Das Evangelium des armen Sünders‹, ungedruckt blieb ›Gerechtigkeit. Ein Studium in 500 Tagen‹ (Erstausgabe 1929). Die erste Schrift Weitlings ist getragen von einem starken messianischen Sendungsbewußtsein und der tiefen Überzeugung ihres Verfassers, daß die evangelische Botschaft, bezogen auf das irdische Geschehen, Geist und Inhalt der von ihm entwickelten kommunistischen Zukunftsgesellschaft bestimmen werde.

»Die Ernte ist groß und reif und Arbeit gibt's vollauf; also herbei Arbeiter, damit die Ernte beginne. Das Erntefeld ist ein Ehrenfeld, die Arbeit ist rühmlich und der Lohn unsterblich, denn die Nächstenliebe ist unsere Sichel, und das wahrhaft göttliche Gesetz: liebe Gott über alles und deinen Nächsten wie dich selbst, sei uns ein Stahl, an dem wir sie schärfen« – so lauten die Eingangsworte von ›Die Menschheit wie sie ist und wie sie sein sollte‹.

Weitling erfuhr mit dieser Deutung des Christentums öffentlichen Widerspruch und schien zu erkennen, »daß die eigentliche christliche Heilsgewißheit von anderen Voraussetzungen ausgeht« (W. Schieder, S. 265), als er bisher für richtig erkannt hatte. In den ›Garantien‹ argumentierte er daher schon wesentlich weniger mit der Bibel, und der aufklärerisch-rationalistische Zug seines Denkens trat stärker hervor. Neuere Forschungen (W. Schieder) haben ergeben, daß für Weitling im ›Evangelium‹ und in der ›Gerechtigkeit‹ das Christentum und die Argumentation mit der Bibel nur noch ein taktisch-propagandistisches Mittel waren.

Weitlings Vorstellungen zielten auf einen konsequenten Gleichheitskommunismus ab: Abschaffung des Geldes, Gütergemeinschaft, »gleiche Lebenslage aller«, Aufhebung der nationalen Grenzen und Verbrüderung aller Menschen zu einem »Familienbund der Menschheit«; er forderte immer wieder sofortiges Losschlagen und gewaltsamen Umsturz; trotzdem blieb er merkwürdig an die sich auflösende handwerklich-ständische Ordnung gebunden: Er dachte in erster Linie an den Schutz der Handwerker und kleinen Kaufleute, an die Erhaltung »des einfachen, harmonischen Lebens in Städten und Dörfern« und nicht so sehr an die Industrialisierung und an das Proletariat. Aber gerade das, verbunden mit einer naiven Religiosität, begründete seinen Einfluß unter den deutschen Handwerkergesellen im Ausland, deren soziales Selbstbewußtsein damals noch nicht »proletarisch« und deren Sozialprestige noch sehr stark von handwerklichen Standesidealen bestimmt war. Weitlings Einfluß auf die deutschen Handwerkervereine begann nach 1843 zurückzugehen; 1846, nach einer Auseinandersetzung mit Marx und Engels, ging Weitling nach Amerika; während der Revolution von 1848 kehrte er vorübergehend zurück. Wieder in Amerika, zog er sich bald ganz von der Politik zurück.

Mit Weitling sympathisierte in seiner Frühzeit Moses Heß (1812–1875). Heß sprach als erster von der sozialen Revolution als »der letzten aller Revolutionen« und bezog sich auf streng ethische Grundsätze als Voraussetzung für die Schaffung einer kommunistischen Gesellschaft. Heß, mit Marx und Lassalle persönlich bekannt, hat später für die deutsche Arbeiterbewegung publizistisch gearbeitet.

Karl Marx wurde 1818 in Trier geboren und starb 1883 in London. Seine Eltern stammten aus alten Rabbinergeschlechtern; sein Vater war, um seinen Beruf als Rechtsanwalt ausüben zu können, zum Protestantismus übergetreten und ließ seine Kinder 1824 ebenfalls taufen. Karl Marx studierte in Bonn und Berlin vor allem Philosophie, 1841 promovierte er in Jena. 1836 hatte er sich mit der um vier Jahre älteren Jenny von Westphalen verlobt, die er 1843 heiratete. 1842 übernahm Marx, nachdem seine Pläne, Hochschullehrer zu werden, an den politischen Verhältnissen der Reaktionszeit gescheitert waren, die Chefredaktion der liberalen ›Rheinischen Zeitung‹. Schon nach einem halben Jahr legte er die Redaktion nieder und zog nach Paris: »In Deutschland kann ich nichts mehr beginnen. Man verfälscht sich hier selbst.« 1845 aus Paris ausgewiesen, lebte Marx bis 1848 in Brüssel. Seit 1844 verband ihn mit Friedrich Engels eine lebenslange Freundschaft. Engels, 1820 in Barmen geboren, 1895 in London gestorben, war der Sohn eines wohlhabenden Fabrikanten und hatte selbst eine kaufmännische Ausbildung (u. a. in England) erhalten. Von 1845 bis 1848 lebte er mit Marx in Brüssel; beide gründeten 1846 ein kommunistisches Korrespondenzkomitee und traten 1847 dem »Bund der Gerechten« bei, der sich im gleichen Jahr in »Bund der Kommunisten« umbenannte. Im Dezember 1847 erhielt Marx den Auftrag, ein »Kommunistisches Glaubensbekenntnis« auszuarbeiten. Das ›Kommunistische Manifest‹, an dem auch Engels mitgearbeitet hatte, wurde im Februar 1848 fertiggestellt und in London, dem Sitz des Bundes, veröffentlicht.

Im Kommunistischen Manifest steht nichts, was Marx nicht schon seit Anfang der vierziger Jahre vorgedacht hatte: vor allem in der ›Kritik des Hegelschen Staatsrechts‹ (1843), in ›Zur Kritik der Hegelschen Rechtsphilosophie‹ (1843/44), in den (1931 erstmals veröffentlichten) Manuskriptfragmenten ›Zur Kritik der Nationalökonomie‹ (1844), in ›Die Heilige Familie‹ (1844) und in ›Die deutsche Ideologie‹ (1845/46, mit Engels, zuerst veröffentlicht 1932).* Diese Schriften dienten der Abklärung des eigenen Standortes, der Auseinandersetzung »mit den Hauptschriften der englischen und französischen Nationalökonomie« und der »Enthüllung« der sozialistischen und linksradikalen Schriftsteller in Deutschland und Westeuropa. Von diesen, mißverständlich »Frühschriften« genannten, Arbeiten her eröffnet sich das Verständnis für die Motivationen von Marx: Marx begann nicht als Philosoph und fand dann zu seiner eigentlichen Aufgabe als Nationalökonom in der Darstellung des ›Kapital‹, er war vielmehr (und blieb es) Philosoph, der, um die »Gesamtsituation des Menschen in seiner Zeit« zu erfassen, »auch Historiker, Nationalökonom und Politiker werden mußte« (Blumenberg). Auch Engels' gründliche empirische Studien – 1845 veröffentlichte er ›Die Lage der arbeitenden Klassen in England‹ – hatten viel dazu beigetragen, Marx' Auffassungen zu untermauern.

Der erste Abschnitt des Kommunistischen Manifestes** über ›Bourgeois und Proletarier‹ beginnt mit dem Satz: »Die Geschichte aller bisherigen Gesellschaft ist die Geschichte von Klassenkämpfen.« In diesem einen Satz ist die Geschichtsphilosophie von Marx und Engels (die Engels später »materialistische Geschichtsauffassung« nannte) zusammengedrängt; sie ist bereits ausführlich dargestellt in der ›Deutschen Ideologie‹ zu finden; später hat Marx im Vorwort zu der Schrift ›Zur Kritik der politischen Ökonomie‹ (1859) eine knappe und besonders verständliche Aussage über sie gefunden:

»In der gesellschaftlichen Produktion ihres Lebens gehen die Menschen bestimmte, notwendige, von ihrem Willen unabhängige Verhältnisse ein, Produktionsverhältnisse, die einer bestimmten Entwicklungsstufe ihrer materiellen Produktivkräfte entsprechen. Die Gesamtheit dieser Produktionsverhältnisse bildet die ökonomische Struktur der Gesellschaft, die reale Basis, worauf sich ein juristischer und politischer Überbau erhebt, und welcher bestimmte gesellschaftliche Bewußtseinsformen entsprechen. Die Produktionsweise des materiellen Lebens bedingt den sozialen, politischen und geistigen

* Zitiert nach der Ausgabe der ›Frühen Schriften‹, Bd. 1, von H.-J. Lieber und P. Furth; ›Die deutsche Ideologie‹ nach der Einzelausgabe, Berlin (Ost) 1953.
** Zitiert nach Mommsen, Parteiprogramme.

Lebensprozeß überhaupt. Es ist nicht das Bewußtsein der Menschen, das ihr Sein, sondern umgekehrt ihr gesellschaftliches Sein, das ihr Bewußtsein bestimmt.«

Die Entwicklung der gesellschaftlichen Verhältnisse sieht Marx in einer Folge von Klassenkämpfen. So standen im Sklavenhalterstaat der Antike die Unfreien gegen die Freien, die Besitz und Recht für sich allein in Anspruch nahmen, in der feudalen Gesellschaft des Mittelalters die persönlich und rechtlich abhängigen Bauern gegen ihre Grundherren, später die in ihrer wirtschaftlichen Betätigung beschränkten Bürger gegen die Alleinherrschaft der Landesfürsten, bis dann durch die Französische Revolution allmählich eine neue Gesellschaftsordnung entstand, die bürgerlich-kapitalistische. Von ihr heißt es im Kommunistischen Manifest:

»Unsere Epoche, die Epoche der Bourgeoisie, zeichnet sich jedoch dadurch aus, daß sie die Klassengegensätze vereinfacht hat. Die ganze Gesellschaft spaltet sich mehr und mehr in zwei große feindliche Lager, in zwei große, einander direkt gegenüberstehende Klassen: Bourgeoisie und Proletariat.«

Die Bourgeoisie hat – nach Marx (und Engels) – in dem einen Jahrhundert ihrer Klassenherrschaft »sämtliche gesellschaftlichen Verhältnisse fortwährend« revolutioniert, sie hat »massenhaftere und kolossalere Produktionskräfte geschaffen, als alle vergangenen Generationen zusammen«, sie hat aber auch »die Waffen geschmiedet, die ihr den Tod bringen«, »sie hat auch die Männer gezeugt, die diese Waffen führen werden – die modernen Arbeiter, die Proletarier«.

»In demselben Maße, worin sich die Bourgeoisie, d. h. das Kapital entwickelt, in demselben Maße entwickelt sich das Proletariat, die Klasse der modernen Arbeiter, die nur so lange leben, als sie Arbeit finden und die nur so lange Arbeit finden, als ihre Arbeit das Kapital vermehrt. Diese Arbeiter, die sich stückweise verkaufen müssen, sind eine Ware wie jeder andere Handelsartikel und daher gleichmäßig allen Wechselfällen der Konkurrenz, allen Schwankungen des Marktes ausgesetzt.«

Mit diesen und den folgenden Sätzen wird im Kommunistischen Manifest die These umschrieben, die Marx in ›Zur Kritik der Nationalökonomie‹ entwickelt hatte: »die Entfremdung des Menschen von dem Menschen«, die im Proletariat zum »völligen Verlust des Menschen« geführt hat.

Was muß geschehen, um »alle Verhältnisse umzuwerfen, in denen der Mensch ein erniedrigtes, ein geknechtetes, ein verlassenes, ein verächtliches Wesen ist . . .«? (Kritik der Hegelschen Rechtsphilosophie). Wie kann die »Entfremdung des Menschen«, seine »Unterworfenheit unter fremde Mächte« aufgehoben werden, damit der Mensch nicht mehr ein Produkt der Verhältnisse sei, sondern die Verhältnisse ein Produkt des Menschen; wie können »die Verhältnisse in den Menschen« aufgelöst werden, damit »der Mensch das höchste Wesen für den Menschen sei«?

Marx' Antwort lautete: Nur indem sich das Proletariat selbst aufhebt, kann sich der Mensch selbst verwirklichen:

»Wenn das Proletariat die Auflösung der bisherigen Weltordnung verkündet, so spricht es nur das Geheimnis seines eigenen Daseins aus, denn es ist die faktische Auflösung dieser Weltordnung« (Kritik der Hegelschen Rechtsphilosophie).

»Das Proletariat ist als Proletariat gezwungen, sich selbst und damit seinen bedingenden Gegensatz, der es zum Proletariat macht, das Privateigentum, aufzuheben« (Die Heilige Familie).

Diese Auffassung, daß »die Bedingungen der Selbstentfremdung . . . als solche zugleich die Bedingungen der Selbstverwirklichung der Menschen« sein müssen, bildete sich Marx in Auseinandersetzung und kritischer Umstülpung der Hegelschen Dialektik. Auf der Basis dieser Auffassung entwickelte Marx seine Theorie der proletarischen Revolution. Marx' und Engels' lebenslanger, unerbittlicher, unversöhnlicher Kampf um die Durchsetzung ihrer Lehre, ihr »Kommunistenstolz der Unfehlbarkeit«, hatte – wenn man von den psychologischen Bedingungen absieht – seinen Grund in der Überzeugung, mit der »wissenschaftlichen Einsicht in die ökonomische Struktur der bürgerlichen Gesellschaft« die »einzig haltbare theoretische Grundlage« für den Emanzipationskampf der sich selbst entfremdeten Menschheit aufgestellt zu haben.

Marx ist mehrfach so verstanden worden, als ob sein Denken und Wirken von einer »tiefgreifenden, letztlich durch keine einfache Formel aufhebbaren Spannung von Entwicklung und Gestaltung, Evolution und Revolution, von selbständiger geschichtlicher Bewegung ökonomisch-sozialer Kräfte und politischer Handlungsfreiheit« (Jantke, S. 89) beherrscht werde. Das scheint sich schon im Kommunistischen Manifest zu bestätigen:

Einerseits auf Grund der Erkenntnis der geschichtlichen Zusammenhänge die Gewißheit über den weiteren Ablauf der Geschichte, z. B.:

»Mit der Entwicklung der großen Industrie wird also unter den Füßen der Bourgeoisie die Grundlage selbst hinweggezogen, worauf sie produziert und die Produkte sich aneignet. Sie produziert vor allem ihren eigenen Totengräber. Ihr Untergang und der Sieg des Proletariats sind gleich unvermeidlich.«

Andererseits der Aufruf zu revolutionärer Aktion:

»Der nächste Zweck der Kommunisten ist derselbe wie der aller übrigen proletarischen Parteien: Bildung des Proletariats zur Klasse, Sturz der Bourgeoisieherrschaft, Eroberung der politischen Macht durch das Proletariat.«
»Die Kommunisten verschmähen es, ihre Ansichten und Absichten zu verheimlichen. Sie erklären es offen, daß ihre Zwecke nur erreicht werden können durch gewaltsamen Umsturz aller bisherigen Gesellschaftsordnung. Mögen die herrschenden Klassen vor einer kommunistischen Revolution zittern. Die Proletarier haben nichts in ihr zu verlieren als ihre Ketten, sie haben eine Welt zu gewinnen. Proletarier aller Länder, vereinigt euch!«

Doch diese Spannung zwischen Gebundenheit und Freiheit, Determinismus und Voluntarismus besteht nur dem Scheine nach. Marx und Engels haben sich zwar über diese Problematik nie in klärender Weise geäußert; jedoch läßt sich von der ihr Denken konstitutiv bestimmenden dialektischen Einheit von die Wirklichkeit der gesellschaftlichen Bewegungen analysierender kritischer Theorie und umwälzender revolutionärer Praxis her auf die dialektische Beziehung von »naturgesetzlich notwendiger« Entwicklung und menschlichem Handeln schließen: So gewiß der Sozialismus eine geschichtliche Notwendigkeit ist, so gewiß wird diese Notwendigkeit nicht ohne die durch revolutionäre Bewußtheit bewegte Kraft des menschlichen Willens eintreten.

Marx' und Engels' großes Ziel war: die Aufhebung der Selbstentfremdung des Menschen und seine Selbstverwirklichung. Dieses Ziel eines »realen Humanismus« – wie Marx seine Position bezeichnete – kann nicht durch den »rohen Kommunismus« verwirklicht werden; Marx sieht in ihm, »indem er die Persönlichkeit des Menschen überall negiert«, nur »den konsequenten Ausdruck des Privateigentums . . .«, die »Vollendung« des Neides und der Nivellierung. Marx (und Engels) griffen also nicht das Eigentum schlechthin an, sondern das kapitalistische Privateigentum der Bourgeoisie an den gesellschaftlich wichtigen Produktionsmitteln. Ihr Kommunismus bedeutet daher die

Abschaffung der Ausbeutung durch die »Expropriation der Expropriateure«, durch die Vergesellschaftung der Produktionsmittel:

»Der Kommunismus als positive Aufhebung des Privateigentums als menschlicher Selbstentfremdung, und darum als wirklicher Aneignung des menschlichen Wesens durch und für den Menschen . . . Dieser Kommunismus ist als vollendeter Naturalismus = Humanismus, als vollendeter Humanismus = Naturalismus, er ist die wahrhafte Auflösung des Widerstreites zwischen dem Menschen mit der Natur und mit dem Menschen, die wahre Auflösung des Streits zwischen Existenz und Wesen, zwischen Vergegenständlichung und Selbstbestätigung, zwischen Freiheit und Notwendigkeit, zwischen Individuum und Gattung. Er ist das aufgelöste Rätsel der Geschichte und weiß sich als diese Lösung« (Zur Kritik der Nationalökonomie).

Der Kommunismus ist aber weder das Ziel der Geschichte (»Wir nennen Kommunismus die wirkliche Bewegung, welche den jetzigen Zustand aufhebt«, Die deutsche Ideologie), noch bedeutete er für Marx die Erfüllung des Lebens: das Ziel ist die »Verwirklichung des Menschen als Menschen«, und der Kommunismus ist die Bedingung einer solchen Erfüllung des Lebens. Der Mensch ist nur frei – wie Marx sagt –, wenn er seine Individualität »als totaler Mensch« bestätigt in jedem »seiner Verhältnisse zur Welt . . .«, er muß nicht nur frei von etwas, sondern frei zu etwas sein (vgl. Fromm, S. 44).

Gegenwart ist also unter den Prämissen solchen Denkens zugleich bereits Geschichte, und die Geschichte wird in die Zukunft verlängert. Hierin wird man einen Verlust an herkömmlicher Wissenschaftlichkeit entgegen Marx' und Engels' eigenem Anspruch und die ihrem Denken eigene »Utopik« (vgl. Buber S. 25 ff.) entdecken können. Doch bleibt zweierlei demgegenüber festzustellen: Marx' und Engels' lebenslange Weigerung, »Rezepte für die Garküche der Zukunft« zu verfertigen (Kautsky), Aussagen über die Struktur der künftigen Gesellschaft und die praktische Verwirklichung des Sozialismus zu treffen, muß begriffen werden als Ausdruck der Überzeugung, daß der Sozialismus nur ein Produkt des historisch-dialektischen Prozesses sein kann, der mit der Aufgabe auch die Lösung hervorbringen wird; daß diese Lösung eine Erlösung sein, daß der historisch-dialektische Prozeß als Aufstieg der Menschheit zum endgültigen Heil im Reich der Freiheit verstanden werden müßte, für eine solche extensive Interpretation gibt es in den Texten von Marx und Engels keine Anhaltspunkte.

Marx und Engels setzten mit einigem Recht ihren wissenschaftlichen Sozialismus von den utopischen Träumen, von der Revolutionsromantik, von den Putschplänen und von der ins Diesseits gewendeten messianischen Gläubigkeit der von ihnen als »utopisch« bezeichneten Sozialisten aller Schattierungen ab. Marx und Engels leisteten, was den »utopischen Sozialisten« nie gelang: die »Enthüllung« der Entwicklungstendenzen der bürgerlich-kapitalistischen Gesellschaft, ihre Deutung und Zusammenfassung in einem theoretischen Lehrgebäude als Basis des proletarischen Widerstandes. Aber in einem war ihnen der »utopische Sozialismus« sicher überlegen: in dem Bestreben, »den mit seinem Ziel artgleichen Weg« zu finden, und in dem Wollen, in dem sie sich in Übereinstimmung mit den konkreten Bedürfnissen der konkreten Menschen wissen konnten, »sich jeweils am gegebenen Orte und unter den gegebenen Bedingungen, also gerade ›hier und jetzt‹ in dem hier und jetzt möglichen Maße zu verwirklichen« (Buber, S. 139).

Die Leistung von Marx und Engels sollte heute nicht an der Richtigkeit oder Fragwürdigkeit ihrer Theorien, nicht an dem Wert oder Unwert ihrer Voraussagen und erst recht nicht an den ideologischen und politischen Fehldeutungen ihrer Auffassungen gemessen werden, sondern an ihrem »realen Humanismus«, an ihrem Bemühen um die Befreiung des Menschen als »ein erniedrigtes, ein geknechtetes, ein verlassenes, ein verächtliches Wesen«. Die Auswirkungen des Denkens von Karl Marx auf den Verlauf der Geschichte und auf die sich mit dem Menschen befassenden Wissenschaften kann gar nicht überschätzt werden; sowohl in den Industriestaaten als erst recht in den Entwicklungsländern wird das politische Denken und Handeln heute mehr denn je von der Auseinandersetzung mit Marx bestimmt.

In dem gleichen Jahr, in dem Marx und Engels ihr »Proletarier aller Länder, vereinigt euch!« in die Welt schleuderten, fand auch die katholische Kirche in dem westfälischen Pfarrer und Abgeordneten der Frankfurter Nationalversammlung, in Wilhelm Emmanuel Frhr. von Ketteler (1811–1877), einen Sprecher gegen die wachsenden sozialen Mißstände, gegen die Not der Arbeiter und gegen die Härte und das Unverständnis der Besitzenden. Ketteler war zwar nicht der erste Katholik, der sich zur sozialen Frage äußerte, wohl aber derjenige, der das soziale Gewissen und die soziale Aktivität der deutschen Katholiken in den folgenden Jahrzehnten entscheidend prägen sollte.

Schon etliche Jahre vor Karl Marx hatte Franz von Baader (1765–1841), Bergingenieur und Hüttendirektor, schließlich Professor für Philosophie an der Universität München, in einer Schrift ›Über das dermalige Mißverhältnis der Vermögenslosen oder Proletairs zu den Vermögen besitzenden Klassen der Sozietät‹ (1835) die Tatsache der Ausbeutung des »Proletair« in ihrer ganzen Tragweite aufgedeckt. Die Arbeit des Proletariers war eine Ware, die mit steigender Produktivität zunehmend in ihrem Preis sank; während sich häufender Gewinn in den Besitz von immer weniger Menschen gerate, werde der Proletarier immer ärmer, rechtloser, schutzloser, hilfloser. Baader war überzeugt, daß die soziale Revolution unvermeidlich sei, wenn nicht für soziale Reformen gesorgt werde, die sich wesentlich von den bisherigen Mitteln der Armenpolitik und der privaten Mildtätigkeit unterscheiden müßten.

Baader war ein gläubiger katholischer Christ und konnte sich eine wirkliche Freiheit des Menschen nur in einer ständisch geordneten, nach christlichen Grundsätzen gestalteten Gesellschaft vorstellen. So richtig Baader die sich herausbildenden Klassengegensätze und die wachsende Verelendung der Arbeiter erkannt hatte und damit seiner Zeit weit voraus war, so sehr zeigte sich in seinen Reformvorschlägen seine Abhängigkeit von der Romantik, seine Gebundenheit an die mittelalterliche feudale Ständeordnung.

Deutlicher noch ist dies bei Adam Müller (1779–1829) zu beobachten, der in seinen Schriften die Existenz der Lohnarbeiter eine »verlängerte Sklaverei« nannte, das »liberale Fabriksystem« als ein »Universalverderben« anklagte, die moderne Arbeitsteilung der Fabriken ablehnte, weil sie den Menschen zum Fragment zerschneide, während er doch ein »kugelrundes Gebiet seines Wirkens« brauche. Müller wollte statt dessen die Wiederherstellung der alten, natürlichen Ordnung der Stände und Korporationen. Den Arbeitern aber sollten Sparbanken ermöglichen, das wiederzugewinnen, was sie durch das »Fabriksystem« verloren hatten: »eine natürliche Basis der Existenz im Ackerbau oder in den Gewerben«.

Ein erstes umfassendes konkretes soziales Reformprogramm stellte Franz Joseph Ritter von Buß (1803–1878) 1837 im Badischen Landtag auf: Kranken- und Unfallversicherung, Beschränkung der Arbeitszeit, besonders für Kinder, amtsärztliche Überwachung der Fabriken, Fabrikinspektion, Verbot des Trucksystems und der Sonn- und Feiertagsarbeit. Auch

Buß war nicht frei von den gesellschaftlichen Ordnungsvorstellungen der Romantik: Er hielt die »Bewahrung der Natur eines ackerbauenden Staates« neben der Förderung des Handwerks für die wichtigste Aufgabe einer staatlichen Sozial- und Wirtschaftspolitik, aber er sah doch zugleich, daß sich die industrielle Entwicklung nicht mehr aufhalten ließ.

Eine ähnliche Haltung nahm Peter Reichensperger (1810 bis 1892), einer der Gründer der Zentrumspartei und einer der politischen Führer des deutschen Katholizismus, in seinem Buch ›Die Agrarfrage‹ (1847) ein. Auch er forderte, bei grundsätzlicher Zustimmung zur Industrialisierung, eine staatliche Sozial- und Wirtschaftspolitik, die eine weitgehende »Dezentralisierung der Gewerbe, Kapitalien und Maschinen« (also Kleinbetriebe und Kleinbesitz), vor allem aber die Gliederung des Volkes in Genossenschaften, Zünfte und Korporationen sicherte. Reichensperger meinte damit nicht eine ungeprüfte Rückkehr zu den früheren Zuständen; er verwahrte sich ausdrücklich gegen die »Versuche, das ganze Totenhaus der Geschichte wieder ausgraben« zu wollen.

Für Ketteler, den späteren Bischof von Mainz (seit 1850), war die soziale Frage die wichtigste Frage der Zeit: »Wollen wir die Zeit erkennen, so müssen wir die soziale Frage zu ergründen suchen«, sagte er in einer seiner im Mainzer Dom 1848 gehaltenen Adventspredigten über »Die großen sozialen Fragen der Gegenwart«. Für ihn war es keine Frage mehr, daß die »sozialen Übel« nicht mehr zu heilen waren mit den Mitteln der individuellen Mildtätigkeit – sondern nur durch einen Wandel der Gesinnungen. Seine Analyse der Ursachen der sozialen Gegensätze und seine Vorschläge zu ihrer Überwindung waren – im Gegensatz zu später – eindeutig seelsorgerisch, moralisch-karitativ bestimmt:

»Der Unglaube erscheint mir als die einzige Quelle des ganzen Verderbens, der Glaube an Christus in der katholischen Kirche als das einzige Mittel der Heilung« (5. Predigt).
»Um die sozialen Übel zu heilen, genügt es nicht, daß wir einige Arme mehr speisen und kleiden und dem Armenvorstand einige Taler Geld mehr durch unsere Dienstboten zusenden, das ist nur der allerkleinste Teil unserer Aufgabe, sondern wir müssen eine ungeheure Kluft, einen tief eingewurzelten Haß zwischen Reichen und Armen ausgleichen, wir müssen eine tiefe sittliche Versunkenheit bei einem zahlreichen Teil unserer armen Mitbrüder, die allen Glauben, alle Hoffnung, alle Liebe zu Gott und den Nebenmenschen verloren

haben, wieder heilen, wir müssen die geistige Armut der leiblich Armen wieder heben« (2. Predigt).

Nicht durch soziale Reformen und durch Gesetze waren nach Kettelers Auffassung die sozialen Mißstände zu beseitigen, sondern nur durch ein »Übermaß der Liebe« und durch die Überwindung des Unglaubens: Christus – »er will auch die richtige Verteilung der Güter, aber nicht durch Gewalt, sondern durch Umändern der Gesinnung«. Die Gewißheit des Seelsorgers, die Überzeugung von der Kraft der christlichen Botschaft verband sich bei Ketteler schon damals mit einem tiefeingewurzelten Mißtrauen gegen den (liberalen) Staat; so erklärte er 1848 auf dem 1. Katholikentag in Mainz:

»Es wird sich zeigen, daß der katholischen Kirche die endliche Lösung der sozialen Frage vorbehalten ist, denn der Staat, mag er Bestimmungen treffen, welche er will, hat dazu nicht die Kraft.«

Bis zur Mitte des Jahrhunderts lassen sich kaum grundlegende und zeitgemäße soziale Theorien und angemessene sozialreformerische Aktivitäten im deutschen Katholizismus aufzeigen; aber es kann doch auf eine lange Tradition und auf eine gewisse Breite in dem Bemühen um die Erhellung und Deutung der sozialen Mißstände der Zeit hingewiesen werden, die dem deutschen Protestantismus bis 1848 vollkommen fehlten.

Im Jahre 1849 veröffentlichte Johann Heinrich Wichern (1808–1881) eine im Auftrag des Zentralausschusses der Inneren Mission verfaßte programmatische Schrift ›Die innere Mission der deutschen evangelischen Kirche. Eine Denkschrift an die deutsche Nation‹ – »das erste moderne Dokument der sozialen Verantwortung im deutschen Protestantismus« (Shanahan). Wichern, evangelischer Pfarrer, hatte 1833 in Hamburg das »Rauhe Haus«, ein Heim zur Unterbringung und Ausbildung armer und verwaister Kinder, eingerichtet und von hier aus (seit 1844) die Innere Mission als eine Vereinigung der zahlreichen karitativen und pädagogischen Institutionen innerhalb des deutschen Protestantismus aufgebaut.

Wichern sah die sozialen Probleme seiner Zeit wie Ketteler nur unter dem Aspekt der Seelsorge, wie dieser führte er die Armut auf den Mangel an Religion und Moral zurück; eine Überwindung der sozialen Mißstände war für ihn nur denkbar durch die Wiedergewinnung des Glaubens:

»Nur durch eine sittliche Wiedergeburt des Volkes in seinen obern und untern Ständen kann eine befriedigende Ausgleichung zwischen den verschiedenen Besitzständen möglich werden, eine Ausgleichung, die, wenn sie gründlich und andauernd sein soll, im Innern, in den Gemütern beginnen muß« (Denkschrift, Neuauflage 1948, hrsg. von M. Gerhardt).

Wichern verstand die sozialen Probleme nur als »Abweichung von Normen«, »die durch Sitte begründet und durch göttliche Autorität legitimiert sind« (Shanahan, S. 242). Die Proletarier waren für ihn arme, unglückselige Menschen, die aus gültigen und legitimen Bindungen an ihre natürlichen Stände herausgerissen worden waren, »verwahrloste, von Gott entfremdete Massen«, die wieder zurückgeführt werden mußten in ein »christliches Lebensbild«, in eine »soziale Wahrheit des bäuerlichen und gutsherrlichen Lebens«, in ein »patriarchalisches Verhältnis«. Wichern blieb nicht verborgen, daß der Kommunismus, der 1848 entstanden war, mehr erreichen wollte als nur die Verbesserung der sozialen Bedingungen der Arbeiter, daß er eine soziale und geistige Revolution bedeutete, die sich gegen diesen christlichen Staat und gegen die mit ihm verbundene (evangelische) Kirche richtete. Der Kommunismus – so deutete er ihn – erstrebe »die Aufhebung des Unterschiedes der göttlichen Ordnungen von Oben und Unten, von Regierenden und Regierten, Eltern und Kindern, Herren und Knechten, Obrigkeiten und Untertanen…«.

Damit setzte Wichern der sozialen Aktivität des deutschen Protestantismus enge Grenzen: Seelsorge, Armenpredigt und Evangelisation des Volkes, Sorge für die vielen mutlos und schuldig gewordenen einzelnen, aber keine Sozialreform. Diese war Aufgabe des Staates und blieb – nach protestantischem Verständnis – beschränkt auf die Konservierung der bestehenden gesellschaftlichen Ordnung.

Wicherns selbstverständliches Vertrauen in den bestehenden Staat als der von Gott gegebenen Obrigkeit hatte ein anderer protestantisch-konservativ geprägter Mann, Victor Aimé Huber (1800–1869), nicht. Huber hielt mit den Sozialkritikern und Sozialtheoretikern seiner Zeit eine soziale Revolution für unvermeidbar. Die Hilfe des Staates wollte er nur in beschränktem Umfange in Anspruch nehmen, um diese Revolution zu verhindern, vielmehr schlug er (u. a. in seinem 1848 erschienenen Buch ›Die Selbsthilfe der arbeitenden Klassen durch Wirtschaftsvereine und innere Ansiedlung‹) vom Geist christlicher Liebe getragene genossenschaftliche Ordnungsformen vor; sie sollten der Arbeiterklasse dazu verhelfen, sich als ein Stand innerhalb eines christlich-konservativen Ständestaates romantischer Prägung zu etablieren.

Konservativ geprägt, aber die Aufgabe des Staates bei der Lösung der sozialen Probleme bejahend, war Johann Carl Rodbertus-Jagetzow (1805–1875), ein pommerscher Gutsbesitzer. In der Analyse der sozialen Situation der »arbeitenden Klassen« durchaus in der Nähe von Marx und Engels (auch von Lassalle), hielt er die Wiedereinführung der alten ständestaatlichen Ordnung für unmöglich und auch gar nicht für wünschenswert, vielmehr sollte der Staat mit quasi-sozialistischen Reformen für den sozialen Ausgleich sorgen.

Marx, bereit anzuerkennen, was andere vor ihm geleistet hatten, schrieb 1852 an einen deutschen Freund:

»Was mich betrifft, so gebührt mir nicht das Verdienst, weder die Existenz der Klassen der modernen Gesellschaft noch ihren Kampf untereinander entdeckt zu haben. Bürgerliche Geschichtsschreiber hatten längst vor mir die historische Entwicklung dieses Kampfes der Klassen und bürgerliche Ökonomen die ökonomische Anatomie der Klassen dargestellt . . .«.

Zu diesen »bürgerlichen Geschichtsschreibern« gehörte wohl in erster Linie Lorenz von Stein (1815–1890), dessen 1842 in erster Fassung veröffentlichtes Buch ›Sozialismus und Kommunismus des heutigen Frankreich‹ (später: ›Geschichte der sozialen Bewegung in Frankreich von 1789 bis auf unsere Tage‹) »den Nachweis für die Entstehung des Klassencharakters der modernen Gesellschaftsordnung und für das Auftreten des Proletariats als der einem neuen Ideal zugewandten kämpfenden Gesellschaftsklasse« (Jantke, S. 78) enthielt. Stein hatte sich davon überzeugt, daß der bestehende und sich immer weiter zuspitzende Gegensatz zwischen Kapital und Arbeit zu einer sozialen Revolution führen müsse. Wenn die Sieger in diesem Kampf die bisher Unterdrückten sein werden, so werde an die Stelle des bürgerlichen Staates als Instrument der Kapitalisten zur Beherrschung der Ausgebeuteten ein neues System politischer und sozialer Unterdrückung treten: die »Diktatur des Proletariats«, eine »wahre Despotie« in Gestalt der »roten Republik«; der Sieg des Proletariats unter der Fahne des Kommunismus »ist der Sieg der Unfreiheit, während er der Sieg der Freiheit sein sollte«. Demgegenüber hielt Stein, der Schüler Hegels, den Staat – getragen von einem sozialen Königtum – für durchaus befähigt, die sozialen Spannungen aufzuheben und höhere soziale Lebensformen zu entwickeln, die die Ausbeutung einer Klasse durch eine andere verhindern würden.

».. . der Staat muß einschreiten, um fernerem Verderben zu wehren, damit der Strom des Pauperismus nicht unaufhaltsam wachsend die gesegneten Augen des Vaterlandes unheilbringend überschwemme . . . Vom Staate verlangen wir, daß er nicht allein gebietend, sondern auch helfend und fördernd einschreite.«

Der dies schrieb (in seinen ›Bemerkungen über die Hindernisse der Zivilisation und Emanzipation der untern Klassen‹, 1844), war ein Unternehmer an der Ruhr, der Dampfmaschinen baute, ein Außenseiter unter seinesgleichen: Friedrich Harkort (1793 bis 1880). Obwohl ein führender Liberaler, versuchte er seine Fabrik patriarchalisch zu leiten; dem entsprach seine Forderung an den Staat, sich für den Schutz der Arbeiter einzusetzen, während er Selbsthilfe der Arbeiter, Arbeiterorganisationen und Sozialismus ablehnte.

Selbstbefreiung durch Revolution, Selbsthilfe durch Solidarität, Hilfe und Schutz durch Staat und Kirchen – alle diese Wege waren bereits vorgedacht, noch ehe die Betroffenen, die »Proletarier«, sich selbst politisch konkret zu äußern vermochten. Sehen wir, wie sie ihre Situation und sich selbst verstanden und welche Wege sie selbst einschlugen, ihr Los zu ändern.

3. Die Anfänge der Arbeiterbewegung in Deutschland

In Deutschland fehlte – im Gegensatz vor allem zu England – bis 1848 eine politische Arbeiterbewegung. Das lag in erster Linie nicht daran, daß hier die Industrialisierung später einsetzte als in den anderen westeuropäischen Ländern, sondern vor allem in der Unterdrückung aller freiheitlichen Regungen durch die deutschen Bundesstaaten vor 1848. Während in England 1824/25 das Koalitionsverbot aufgehoben worden war, bestand in Deutschland das Verbot der politischen Vereinsbildung und der Koalition bis zur Revolution von 1848 uneingeschränkt; außerdem gab es eine strenge Zensurgesetzgebung. Wohl sind soziale Selbsthilfeorganisationen wie Kranken-, Hilfs- und Sterbekassen der Handwerker, in denen man wohl die Urformen gewerkschaftlicher Betätigung sehen kann, seit Anfang des 19. Jahrhunderts nachgewiesen, ebenso Streiks seit

Ende des 18. Jahrhunderts, die sich meist in Arbeitsniederlegungen, auch Auszug der streikenden Gesellen aus den Städten, gelegentlich als Generalstreik äußerten. Seit den dreißiger Jahren entstanden Bildungsvereine, zum Teil unter Mitwirkung des liberalen Bürgertums, zum Teil auf Initiative allein der Gesellen und Arbeiter (1833 der Brauereiarbeiter in Erlangen, der Buchhandlungsgehilfen in Leipzig), in denen Vermittlung von Wissen und Bildung, Aussprache über Tagesfragen und Geselligkeit mit unterschiedlichem Gewicht das Programm bestimmten.

Eine politische Aktivität entfaltete sich – allerdings im geheimen – erst in den Bildungsvereinen der wandernden Gesellen im Ausland: in Frankreich, in der Schweiz, in England. So entstand – um nur die wichtigsten Vereine zu nennen – 1834 in Bern als politischer Geheimbund das »Neue Deutschland«, später »Junges Deutschland«, in Paris im gleichen Jahr der »Bund der Geächteten«, von dem sich 1837 der »Bund der Gerechten« abspaltete, den Wilhelm Weitling einige Jahre ideologisch und programmatisch beeinflußte. Nach 1840 verschob sich das Gewicht des Bundes immer mehr von Paris nach London. Von hier aus kam es auch zu der bekannten Verbindung des »Bundes der Gerechten« mit Marx und Engels. Auf einem Kongreß im Juni 1847 in London nahm die Organisation den Namen »Bund der Kommunisten« an; das neue Statut, das auf einer zweiten Versammlung im Dezember 1847 beschlossen wurde, zeigte bereits den Einfluß von Marx und Engels.

»Der Zweck des Bundes ist der Sturz der Bourgeoisie, die Herrschaft des Proletariats, die Aufhebung der alten, auf Klassengegensätzen beruhenden bürgerlichen Gesellschaft und die Gründung einer neuen Gesellschaft ohne Klassen und ohne Privilegien«, so hieß es im ersten Artikel.

Wenige Wochen vor Ausbruch der Revolution in Deutschland war in London das ›Kommunistische Manifest‹ erschienen; hier war genau angegeben, worin die politische Aktivität der Mitglieder des »Bundes der Kommunisten« bestehen sollte:

»Die Kommunisten sind keine besondere Partei gegenüber den anderen Arbeiterparteien. Sie haben keine von den Interessen des ganzen Proletariats getrennten Interessen ...

Die Kommunisten sind also praktisch der entschiedenste, immer weiter treibende Teil der Arbeiterparteien aller Länder. Sie haben theoretisch vor der übrigen Masse des Proletariats die Einsicht in die

Bedingungen, den Gang und die allgemeinen Resultate der proletarischen Bewegung voraus . . .

Die Kommunisten unterstützen überall jede revolutionäre Bewegung gegen die bestehenden gesellschaftlichen und politischen Zustände. In allen diesen Bewegungen heben sie die Eigentumsfrage, welche mehr oder minder entwickelte Form sie auch angenommen haben möge, als die Grundfrage der Bewegung hervor . . .

Die Kommunisten arbeiten endlich überall an der Verbindung und Verständigung der demokratischen Parteien aller Länder.«

Nicht die wenigen Kommunisten also konnten nach Marx und Engels Revolution machen, sie sollten vielmehr innerhalb der »großen Millionenbewegung der europäischen Demokratie« (Rosenberg, Demokratie) wirken und die demokratische Revolution in ihrem Sinn beeinflussen: in England die Chartisten unterstützen; in Frankreich sich an die sozialistisch-demokratische Partei von Ledrou-Rollin und Louis Blanc anschließen; in Deutschland, wo unter den gegebenen Umständen an eine proletarische Revolution noch nicht zu denken war, bestand ihre Aufgabe darin, dem Bürgertum bei der Eroberung der politischen Macht zu helfen.

Marx und Engels kamen im April 1848 nach Deutschland; wenig später lösten sie den »Bund der Kommunisten« auf – die Kommunisten hatten jetzt innerhalb der europäischen Revolution ihre Posten zu beziehen; in der ›Neuen Rheinischen Zeitung‹ (Chefredakteur Karl Marx) schufen sie ein Publikationsorgan, das dem Bürgertum die Wege zur Vollendung der Revolution und Eroberung der politischen Macht weisen sollte. Den Anfängen der deutschen Arbeiterbewegung, der im August/September 1848 in Berlin gegründeten »Arbeiterverbrüderung«, widmeten sie wenig Aufmerksamkeit; ihrem theoretischen Konzept entsprechend, wollten sie zunächst für den revolutionären Sieg des Bürgertums wirken. Erst mit dem Erstarken der Gegenrevolution richtete sich die Zeitung auch gegen das liberale Bürgertum und forderte schließlich als einziges Mittel, »die mörderischen Todeswehen der alten Gesellschaft, die blutigen Geburtswehen der neuen Gesellschaft abzukürzen, zu vereinfachen, zu konzentrieren«, den »revolutionären Terrorismus«. In der Zeitung erschienen jetzt auch Aufsätze von Marx über ›Lohnarbeit und Kapital‹, die zur Aufklärung der Arbeiter gedacht waren; irgendwelche praktisch-politischen Konsequenzen, etwa Kontakte zur »Arbeiterverbrüderung«, wurden jedoch nicht gezogen.

Als die Revolution objektiv schon längst – auch im europäischen Rahmen – besiegt war, glaubten Marx und Engels noch immer nicht an die Niederlage der bürgerlichen Demokratie. Marx, im Mai 1849 aus Deutschland ausgewiesen – Engels kämpfte noch mit den Aufständischen in der Pfalz und in Baden –, ging nach England, wo er den »Bund der Kommunisten« neu gründete: »Revolution in Permanenz« war jetzt die Parole; die Arbeiter sollten nicht mehr mit der bürgerlichen Demokratie kämpfen, sondern eine »selbständige geheime und öffentliche Organisation der Arbeiterpartei« schaffen und sich »mit Flinten, Büchsen, Geschützen und Munition« bewaffnen. »Diese abstrakte, für eine Politik im luftleeren Raum verschriebene Taktik« (Blumenberg, S. 96) korrigierte Marx sehr bald, ohne den Grundgedanken der demokratisch-proletarischen Revolution aufzugeben.

»Während wir den Arbeitern sagen: Ihr habt 15, 20, 50 Jahre Bürgerkrieg und Völkerkämpfe durchzumachen, nicht nur um die Verhältnisse zu ändern, sondern um euch selbst zu ändern und zur politischen Herrschaft zu befähigen, sagt ihr im Gegenteil: Wir müssen gleich zur Herrschaft kommen oder wir können uns schlafen legen. Während wir speziell die Arbeiter auf die unentwickelte Gestalt des deutschen Proletariats hinweisen, schmeichelt ihr aufs plumpste dem Nationalgefühl und den Standesvorurteilen der deutschen Handwerker, was allerdings populärer ist. Wie von den Demokraten das Wort Volk zu einem heiligen Wesen gemacht wird, so von euch das Wort Proletariat.«

Dies hielt Marx jenen im »Bund der Kommunisten« vor, die nicht glauben wollten, daß der revolutionäre Kampf zu Ende war, die hofften, daß die »Revolution in Permanenz« weitergehen könne. Der Bund spaltete sich und wurde nach dem Kölner Kommunistenprozeß 1852 aufgelöst. Der Versuch, ihre Theorien in Politik umzusetzen, war damit für Marx und Engels zunächst einmal gescheitert, begleitet von der deprimierenden Erkenntnis: »...und lieben wird uns der demokratische, rote oder selbst kommunistische Mob doch nie.« Für Marx folgten zwei Jahrzehnte überwiegend proletarischer Existenz; daß er und seine Familie überhaupt zu leben vermochten, verdankten sie Engels, der (bis 1870) in Manchester in dem Zweigunternehmen seines Vaters mitarbeitete.

Rückblickend kann man vielleicht sagen, daß Marx und Engels 1848, als die deutsche Arbeiterbewegung sich formierte, eine Möglichkeit übersehen haben, stärker prägend auf sie einzuwirken: Ein Anhänger und Schüler von Marx und Engels während ihrer Pariser Zeit, der wandernde Buchdruckergeselle (und spätere Journalist und Professor in Basel) Stephan Born (1824–1898) war ihr Initiator. Born, bald nach dem Ausbruch der Revolution in Berlin der Führer der lokalen Arbeitervereine, hatte zum 23. August 1848 nach Berlin zu einem »Allgemeinen deutschen Arbeiter-Kongreß« einberufen; dieser Kongreß, der bis zum 3. September 1848 tagte, wurde zum Gründungskongreß der »Allgemeinen deutschen Arbeiter-Verbrüderung«, der ersten deutschen politischen Arbeiterorganisation. Die »Arbeiterverbrüderung« hatte bald 170 örtliche Vereine und Bezirksorganisationen, ein Zentralkomitee in Leipzig, dessen Präsident Born war, und eine Verbandszeitschrift, ›Die Verbrüderung‹. Von den beiden, im Jahre 1848 entstandenen ersten gewerkschaftlichen Organisationen der Buchdrucker und Zigarrenarbeiter schlossen sich die Zigarrenarbeiter der »Arbeiterverbrüderung« an. Born, gepackt von den Möglichkeiten aktiver politischer Gestaltung, geriet bald in gewisse Distanz zu seinen Lehrmeistern; er fühlte sich »von allen Spekulationen in die Ferne plötzlich« befreit: »Weggewischt waren für mich mit einem Male«, so erinnerte er sich Jahrzehnte später, »alle kommunistischen Gedanken, sie standen mit dem, was die Gegenwart forderte, in gar keinem Zusammenhang... Was kümmerten mich entfernte Jahrhunderte, wo jede Stunde nur dringende Aufgaben und Arbeit in Fülle darbot« (Erinnerungen eines Achtundvierzigers, Leipzig 1898). Eine ganz andere Konzeption von der Emanzipation der Arbeiter, als sie Marx und Engels theoretisch zu begründen versucht hatten, drang hier durch: statt proletarischer Revolution und kommunistischer Zukunftsgesellschaft – soziale Reformen im demokratisch organisierten Staat:

»Deutschlands Arbeiter müssen dahin streben, eine moralische Macht im Staate zu bilden, ein starker Körper zu werden, der jedem Sturm trotzt, der vorwärts und immer vorwärts dringt, und in seiner Bewegung alles niederhält und forträumt, was einer freien und besseren Gestaltung der Dinge im Wege steht, der Jeden in sich aufnimmt, wer ein Herz hat für die Not der Bedrückten und selbst gefesselt ist von der Macht des Kapitals, dessen körperliche und geistige Kräfte sich verdingen müssen an einen Glücklichen der Erde: einen jeden, der arbeitet oder arbeiten will.« (In der ersten Nummer der ›Verbrüderung‹, 3. Okt. 1848, zit. bei Balser, Sozial-Demokratie, Bd. I, S. 57).

»Übrigens aber, und unsere Brüder, die Arbeiter, mögen es wohl wissen, wir verwerfen den Aufruhr und protestieren gegen jede Unordnung. Wir verschwören uns nicht gegen die bestehende Regierung, wir wollen nur, daß man uns einen Platz einräume in dem gemeinsamen Vaterlande«, so stand es im November 1848 in der ›Verbrüderung‹ (Artikel vermutlich von St. Born, vgl. Balser, S. 55).

Und das waren die konkreten Ziele: ein parlamentarisch-demokratischer Staat auf der Basis des allgemeinen Wahlrechts, Koalitionsrecht, Schaffung von Genossenschaften sowohl für die Produktion als auch für den Konsum, Wanderunterstützungskassen, Arbeitsnachweise, Organisierung von fortschrittlichen Gesundheitspflegevereinen und Krankenunterstützungs- und Sterbekassen.

Die sozialen und politischen Forderungen sollten ihre ethische Erhöhung in der Verbrüderung und in der Solidarität erhalten:

»Die Grundlage der Verbrüderung ist Gegenseitigkeit, Solidarität. Und nur diese werden uns zu einem gewünschten Ziele führen. Einer für Alle und Alle für einen muß unser Wahlspruch werden« (in der ›Verbrüderung‹ vom 20. April 1850, vgl. Balser, S. 152).

Die Träger dieser politischen Ideen waren gelernte Arbeitskräfte aus handwerklichen Kleinbetrieben und aus Fabriken, also Handwerksgesellen und qualifizierte Fabrikarbeiter. Diese »qualifizierte Minderheit der ›handarbeitenden Klasse‹« (Conze, Beginn) hatte kein proletarisches Klassenkampfbewußtsein im Sinne von Marx, sah sich vielmehr deutlich abgehoben vom »Proletariat«, den ungelernten Arbeitern, den Handlangern und Tagelöhnern und schließlich vom Lumpenproletariat, das damals vielfach als ein Bestandteil der kriminellen Welt angesehen wurde. Es war keine Rede von einem ausgeprägten Klassengegensatz zwischen Bourgeoisie und Proletariat, und erst recht fehlte das Bewußtsein von der Notwendigkeit des revolutionären Klassenkampfes.

Und doch erfolgte 1848 – vorbereitet durch eine lange Entwicklung – der Durchbruch zu einem neuen sozialen Selbstbewußtsein: die gleichen Handwerksgesellen, Meister und Fabrikarbeiter, die keine »Proletarier« sein wollten, die als »Bürger unter Bürgern« leben wollten, die sich stolz mit »Herr« anredeten, sie nannten sich jetzt »Arbeiter« und sahen sich als Angehörige des »Arbeiterstandes«, der »Arbeiterklasse«. Ein solches soziales Selbstverständnis zeigt die Größe der Kluft zwischen Marx und Engels und der deutschen Arbeiterbewegung des Jahres 1848. Die im Ausland wandernden Handwerksgesellen vor 1848 mochten auf Grund ihres äußerst ungesicherten Status revolutionär gesonnen, für religiöse Heilslehren zugänglich sein und vom Kommunismus schwärmen; mehr als Schlagworte wie »Assoziation, Gütergemeinschaft« usw. sind wohl bei ihnen nicht bekannt geworden. »Zu welchem letzten Ziel die ihnen vorgetragene Theorie führte, ob dies auch erreichbar sei, das machte ihnen keine Sorge. Anders sollte es werden und besser...«, so schilderte Stephan Born ihre Einstellung. Von diesen Handwerksgesellen trennte die deutschen Arbeiter von 1848 die realistische Einsicht in ihre konkreten politischen Aufgaben: in solidarischer Aktion, bei gesicherter organisatorischer Basis ihre politischen und sozialen Forderungen auf dem Boden der gegebenen Verhältnisse durchzusetzen und auf diesem Wege einen neuen Staat und eine neue Gesellschaft zu gestalten.

Der Dualismus von sozialer Revolution und sozialer Reform, von proletarischem Klassenbewußtsein und bürgerlich geprägtem Standesbewußtsein, der sich später widerspiegelte in den ständigen Auseinandersetzungen zwischen den verschiedenen Lagern innerhalb der sozialdemokratischen Arbeiterbewegung, hat im Jahre 1848 seinen Ursprung. Das Scheitern der Revolution von 1848 machte zunächst alle Ansätze einer eigenständigen Arbeiterbewegung zunichte, wenn sich auch deutlich erkennbar organisatorische und personelle Verbindungslinien bis in das Jahr 1863, dem Gründungsjahr des »Allgemeinen Deutschen Arbeitervereins«, ziehen lassen.

1854 wurde die »Arbeiterverbrüderung« durch Bundesgesetz verboten; nur unpolitische und konfessionelle Arbeitervereine konnten weiterarbeiten. Zu diesen Vereinen gehörte auch der Katholische Gesellenverein. Der ehemalige Schustergeselle Adolf Kolping (1813–1865), der 1845 Priester geworden war und sein erstes Amt als Kaplan in Elberfeld antrat, wirkte hier seit Mai 1847 als geistlicher Präses in dem im Herbst 1846 gegründeten katholischen Handwerksgesellenverein. Von hier aus breiteten sich die katholischen Gesellenvereine über ganz Deutschland aus: 1851 gab es schon eine Gesamtorganisation »Katholischer Gesellenvereine«, zu der 1855 104 Vereine mit 12000 Mitgliedern gehörten. Religiöse Belehrung, berufliche Weiterbildung und familiäre Geselligkeit waren die Formen, die das Leben in den katholischen Gesellenvereinen gestalteten. Kolpings Größe lag nicht so sehr in der theoretischen Be-

gründung seiner Arbeit, sondern in der praktischen Sozialarbeit, die er über den katholischen Raum hinaus vorbildhaft
beeinflußte. Zu jener Zeit entstanden auch die ersten katholischen Arbeitervereine, der erste 1847 in Regensburg, dann in
Nürnberg und anderen Städten Süddeutschlands, die aber sehr
bald wieder ihre Arbeit einstellten. Im Revolutionsjahr 1848
lassen sich nicht nur die ersten größeren Ansätze zu einer katholischen Partei beobachten, 1848 fand auch die erste General-
versammlung der katholischen Vereine (Katholikentag) in
Mainz (3.–6. Okt.) statt, wo zum ersten Mal in der Öffentlichkeit und vor dem breitesten Forum, das den deutschen Katholiken zur Verfügung stand, über die »sozialen Mißverhältnisse
und Übelstände« diskutiert wurde.

Diese Offenheit für die brennenden sozialen Fragen der Zeit
und die praktischen Ansätze zu ihrer Lösung fanden sich damals, wenn man von Wichern und den Anfängen der Inneren
Mission absieht, im deutschen Protestantismus nicht. Auch die
politischen Kontrahenten des Jahres 1848 – Konservative und
Liberale – standen den sozialen Fragen ohne Verständnis gegenüber; für die einen war sie ein moralisches und religiöses
Problem, für die anderen eine Angelegenheit der Bildung.
Beide aber waren daran interessiert – auch nach 1848 –, die politische und soziale Bewegung des »neuen Standes« für ihre Interessen auszunutzen. In dem Programm des im August 1848
von preußischen Großgrundbesitzern gegründeten »Vereins
zum Schutze des Eigentums und der Förderung des Wohlstandes aller Volksklassen« wurde deshalb auch vorgesehen, Mittel
und Wege zu prüfen, »wie die Lage der arbeitenden Klassen
auf eine den ewigen Regeln des Verkehrs entsprechende Weise
zu verbessern sei«.

1. Der Beginn der industriellen Expansion

Erst nach 1850 begann in Deutschland die eigentliche Industrialisierung, entstand die Basis für die industrielle Expansion, die Deutschland nach 1870 zu einem der ersten Industrieländer der Welt werden ließ.

Mit dem Deutschen Zollverein von 1833/34 gelang es zunächst in dem Gebiet von 18 Staaten mit 23 Millionen Einwohnern, eine fast uneingeschränkte wirtschaftliche Verkehrsfreiheit und einen einheitlichen Tarif der Grenzzölle für Waren aus dem Ausland durchzusetzen; bis 1854 schlossen sich weitere deutsche Staaten an, aber erst durch die politische Einigung, die mit der Reichsgründung von 1871 ihren Abschluß fand, wurde Deutschland zu einem einheitlichen Wirtschaftsgebiet. Wesentlich hat auch der Eisenbahnbau und der sonstige Verkehrsausbau zum Beginn der Industrialisierung beigetragen. Personen- und Güterverkehr wurden erheblich beschleunigt (zu Goethes Zeiten betrug die Reisegeschwindigkeit noch 5 km pro Stunde, um 1900 dagegen 50 km), und bisher unerreichbare Regionen konnten in den Wirtschaftsprozeß einbezogen werden (1850 umfaßte das preußische Eisenbahnnetz 3869 km, 1870 11523 km, 1850 waren 498 Lokomotiven in Betrieb, 1870 3485). Die Ausschaltung der ausländischen Konkurrenz (durch den Zollschutz des Zollvereins) erhöhte die Wirtschaftsinitiative, und die günstige Konjunktur – wenn auch durch Krisen wie 1857/59 und durch Mißernten hervorgerufene Hungersnot wie 1867 unterbrochen – gestattete nach 1850 den verstärkten Ausbau der Industrie, wobei die Schwerindustrie gegenüber der Konsumgüterindustrie an Umfang und Bedeutung stärker zunahm. Auch regionale Schwerpunkte für den Stand der einzelnen Industrien bildeten sich heraus: Da zur Produktion und Verarbeitung von Eisen Kohle notwendig war, entstand im Ruhrgebiet und in Oberschlesien die Schwerindustrie; die Textilindustrie – am wenigsten abhängig von äußeren Produktionsbedingungen – blieb an ihre alten Standorte gebunden: Westfalen, Schwaben, Niederrhein, vor allem aber Schlesien und Sachsen, wo sich auch die Mittelindustrie – Maschinen- und Apparatebau – ansiedelte; der Lokomotiv- und Waggonbau wurde von den größeren Eisenbahnknotenpunkten angezogen: Berlin vor allem, dann Kassel, München.

Über das zahlenmäßige Anwachsen der Arbeiterschaft in den beiden Jahrzehnten zwischen 1850 und 1870 gibt es kaum gesicherte Angaben; in den sechziger Jahren beschäftigten die meisten Fabriken noch 30–100 Arbeiter (in England während des gleichen Zeitraumes 100–500): die eigentliche industrielle Expansion begann eben in Deutschland erst nach 1870. Die Löhne der Arbeiter sanken bis Ende der fünfziger Jahre auf ihren tiefsten Stand; bis dahin waren die Unternehmer bis an die äußerste Grenze der extensiven Ausnutzung der Arbeitskräfte gegangen; dann begannen sie, die Arbeitskräfte intensiv auszunutzen und durch Verfeinerung der Produktionsmethoden und bessere Entlohnung eine höhere Arbeitsleistung pro Stunde zu erlangen. Welches Maß an Arbeitsfreude, Phantasie und Geschicklichkeit gerade in der entstehenden Maschinenindustrie von den Arbeitern aufgebracht werden mußte, zeigt die Tatsache, daß es damals noch keine Entwurf- und Werkstattzeichnungen gab, bestenfalls Faustskizzen, öfters Kreidezeichnungen auf Holzbrettern.

Die unterschiedlichen Anforderungen an die Arbeiter im Arbeitsprozeß und der Grad der Wichtigkeit der Industrie führten bereits in der Periode von 1850 bis 1870 zu einer Differenzierung der Löhne in den einzelnen Industrien:

1863 betrug der Wochenverdienst eines Arbeiters in der sächsischen Textilindustrie (in Crimmitschau) 1–2½ Taler, der eines Buchdruckers (in Sachsen) 6–7 Taler, ein Maschinenbauer in Berlin verdiente im Akkord 12–13 Taler.

Die seit dem Ende der fünfziger Jahre in Deutschland wieder einsetzende politische Bewegung unter den Arbeitern beruhte daher nicht etwa auf dem zahlenmäßigen Anwachsen dieser Bevölkerungsschicht – ein solches Anwachsen läßt sich kaum feststellen –, vielmehr war es – wie 1848 – eine Minderheit qualifizierter Arbeiter, die unter dem Einfluß bedeutender politischer Führer und unter dem Eindruck der allgemeinen politischen Entwicklung jener Zeit die politische Aktivität der deutschen Arbeiterbewegung trug.

2. Lassalle – Marx – Ketteler

Am 23. Mai 1863 wurde in Leipzig der »Allgemeine Deutsche Arbeiterverein« (ADAV) gegründet. In dem Statut des Vereins hieß es über seinen Zweck:

»Unter dem Namen ›Allgemeiner Deutscher Arbeiterverein‹ begründen die Unterzeichneten für die Deutschen Bundesstaaten einen Verein, welcher, von der Überzeugung ausgehend, daß nur durch das allgemeine, gleiche und direkte Wahlrecht eine genügende Vertretung der sozialen Interessen des Deutschen Arbeiterstandes und eine wahrhafte Beseitigung der Klassengegensätze in der Gesellschaft herbeigeführt werden kann, den Zweck verfolgt, auf friedlichem und legalem Wege, insbesondere durch das Gewinnen der öffentlichen Überzeugung für die Herstellung des allgemeinen, gleichen und direkten Wahlrechts zu wirken.«

In diesen Sätzen hatten die politischen Ideen Ferdinand Lassalles ihren programmatischen Ausdruck gefunden.

Ferdinand Lassalle, 1825 als Sohn eines jüdischen Kaufmanns in Breslau geboren, hatte – wie Marx – vor allem Philosophie in Berlin studiert. Seit 1846 war er der Anwalt der Gräfin Hatzfeldt in ihrem jahrelangen Scheidungsprozeß; 1848 lernte er Marx persönlich kennen – er war auch Mitglied des »Bundes der Kommunisten« –, 1849 wurde er zu 6 Monaten Gefängnis verurteilt wegen »Aufforderung zum gewaltsamen Widerstand gegen Staatsbeamte«. 1854 gelang es ihm, den Prozeß der Gräfin Hatzfeldt erfolgreich abzuschließen. Von da an lebte er in Berlin, beschäftigt mit seinen philosophischen Arbeiten, über die er auch mit Marx und Engels korrespondierte. In Berlin begann Lassalle seine öffentliche Tätigkeit im Interesse der Arbeiter: vom Frühjahr 1862 bis zum Sommer 1864 – in den letzten zwei Jahren seines Lebens – widmete er sich ganz der Arbeiterbewegung.

Am 12. April 1862 sprach Lassalle in Berlin in der Oranienburger Vorstadt vor den Maschinenbauern von Borsig – sein Vortrag wurde als ›Arbeiterprogramm‹ veröffentlicht; im Juli 1862 reiste er nach London, um Marx und Engels für seine Pläne zu gewinnen – eine Verständigung kam nicht zustande; im Herbst 1862 wieder in Berlin, eröffnete Lassalle seinen Kampf gegen die preußische Deutsche Fortschrittspartei; im Februar 1863 von Leipziger Arbeitern gebeten, sich ihrer Sache anzunehmen, formulierte er das ›Offene Antwortschreiben an das Central-Comité zur Berufung eines Allgemeinen Deutschen Arbeiter-Congresses zu Leipzig‹; im Mai 1863 kam es zur Gründung des ADAV, dessen Präsident Lassalle wurde; daran schließt sich eine ununterbrochene Agitation für den Verein in ganz Deutschland an, im Januar 1864 erschien seine Streitschrift gegen den liberalen Genossenschaftler Hermann Schulze-Delitzsch ›Bastiat-Schulze‹; Auseinandersetzungen mit Polizei und Justiz fielen in diese Zeit der Agitation ebenso wie seine Besprechungen mit dem preußischen Ministerpräsidenten Otto von Bismarck. Im Sommer 1864 suchte Lassalle in der Schweiz Erholung; hier starb er am 31. August 1864 an den Folgen eines Duells.

Lassalle stimmte mit Marx und Engels in der Analyse der Situation der Arbeiterschaft unter dem System des Kapitalismus in vielen Punkten überein, bzw. er ist in dieser Frage Marx und »bürgerlichen« Nationalökonomen wie Rodbertus und Ricardo gefolgt; er sprach von Klassen und Klassenherrschaft und von der unausbleiblichen Verelendung des Proletariats, die er von der Theorie des »ehernen Lohngesetzes« herleitete, nach der der Lohn der Arbeiterschaft auf die Dauer das Existenzminimum nicht übersteigen kann. Bei Lassalle findet sich das gleiche Verständnis der geschichtlichen Situation wie bei Marx – beide bildeten sich ihre theoretischen Überzeugungen in der Auseinandersetzung mit Hegel. Es bestand auch bei Lassalle die scheinbare Spannung zwischen menschlicher Entscheidungsfreiheit und vorherbestimmter Entwicklung, die später das Selbstverständnis der sozialistischen Arbeiterbewegung in Deutschland empfindlich belasten sollte:

»Man kann nie eine Revolution machen, man kann immer nur einer Revolution, die schon in den tatsächlichen Verhältnissen einer Gesellschaft eingetreten ist, auch äußere rechtliche Anerkennung und konsequente Durchführung geben. Eine Revolution machen wollen, ist die Torheit unreifer Menschen, die von den Gesetzen der Geschichte keine Ahnung haben« (Arbeiterprogramm).

Auch die Rolle des Proletariats in der Geschichte deutete Lassalle wie Marx und Engels:

»Dieser vierte Stand, in dessen Herzfalten daher kein Keim einer neuen Bevorrechtung mehr enthalten ist, ist eben deshalb gleichbedeutend mit dem ganzen Menschengeschlecht. Seine Sache ist daher in Wahrheit die Sache der gesamten Menschheit, seine Freiheit ist die Freiheit der Menschheit selbst, seine Herrschaft ist die Herrschaft aller« (Arbeiterprogramm).

Lassalles Endzielvorstellungen waren durchaus kommunistisch geprägt; die Ablösung des Grund- und Kapitaleigentums bezeichnete er einmal gegenüber seinem Briefpartner Rodbertus als den »innersten Kern« seiner Ansicht. Die Verbindung zu dem »Staatssozialisten« Rodbertus weist auf den entscheidenden Unterschied zwischen Marx und Lassalle hin: auf die der

Theorie von Marx völlig entgegengesetzte Auffassung Lassalles von der Rolle des Staates bei der Emanzipation der Arbeiterschaft:

»Der Zweck des Staates ist somit der, das menschliche Wesen zur positiven Entfaltung und fortschreitenden Entwicklung zu bringen, mit anderen Worten, die menschliche Bestimmung – d. h. die Kultur, deren das Menschengeschlecht fähig ist – zum wirklichen Dasein zu gestalten; er ist die Erziehung und Entwicklung des Menschengeschlechts zur Freiheit« (Arbeiterprogramm).

»Das aber ist grade die Aufgabe und Bestimmung des Staates, die großen Kulturfortschritte der Menschheit zu erleichtern und zu vermitteln. Dies ist sein Beruf. Dazu existiert er; hat immer dazu gedient und dienen müssen . . .« (Offenes Antwortschreiben).

Lassalle schien also zu hoffen, daß der bestehende Staat auch bei der Emanzipation der Arbeiterklasse diese seine Aufgabe und Bestimmung erfüllen würde; überzeugt aber war er davon, daß die »Freiheit der Menschheit«, die mit »der Sache des vierten Standes« gleichbedeutend war, nur im Staat zu vollenden war: »Der Staat ist es, welcher die Funktion hat, diese Entwicklung des Menschengeschlechtes zur Freiheit zu vollbringen« (Arbeiterprogramm).

Aus diesen theoretischen Einsichten entwickelte Lassalle sein politisches Programm für die Arbeiterbewegung: die Schaffung einer eigenen, vom Bürgertum getrennten Organisation, »die Vertretung des Arbeiterstandes in den gesetzgebenden Körpern Deutschlands« mit Hilfe des allgemeinen, gleichen und direkten Wahlrechts, die Einrichtung von Arbeiter-Produktivgenossenschaften mit Staatshilfe als Gegengewicht gegen den Kapitalismus, den Appell an Rechtsempfinden, Vernunft und Freiheitswillen der Mehrheit des Volkes, um auf diesen »friedlichen und legalen« Wegen schrittweise eine sozial und politisch gerechte Ordnung schaffen zu können.

Ob der Staat, in dem sich schließlich die »Entwicklung des Menschengeschlechts zur Freiheit« vollziehen sollte, als parlamentarische Demokratie gedacht war, muß bei dem Mangel an konkreten Äußerungen Lassalles zu diesem Problem offenbleiben. Parlamentarische Demokratie – oder »integrale« Demokratie, aufgebaut auf der »Spontaneität des Volkswillens«, auf der revolutionären Tat des Führers und der »Diktatur der Wissenschaften«: Die Organisation des ADAV durch Lassalle läßt das Argument nicht leicht von der Hand weisen, daß Lassalle diese Demokratie gemeint hat.

Eng gekoppelt mit dem Begriff der Demokratie war bei Lassalle der der Nation: Im »Prinzip der freien, unabhängigen Nationalitäten« sah er »die Basis und Quelle, die Mutter und Wurzel des Begriffs der Demokratie überhaupt« (Der italienische Krieg und die Aufgabe Preußens, zit. bei Miller, S. 43). So war es auch die Aufgabe der Arbeiter, die ja die Demokratie zu erkämpfen hatten, zugleich für die nationale Freiheit, im Falle Deutschlands: für seine nationale Einigung zu wirken.

Nach dem Ende der politischen Auseinandersetzungen in der Folge der gescheiterten Revolution von 1848, seit Januar 1851 etwa, arbeitete Karl Marx in London an der Analyse des Kapitalismus, an der »Enthüllung« der »ökonomischen Bewegungsgesetze« der bürgerlich-kapitalistischen Gesellschaft. Die Grundkonzeption für diese Arbeit war bereits in der Mitte der vierziger Jahre entstanden; Marx hoffte 1851 noch, »in fünf Wochen fertig« zu sein mit seinen ökonomischen Studien: er blieb mit ihnen die ganze zweite Hälfte seines Lebens beschäftigt. 1859 erschien zunächst die Schrift ›Zur Kritik der politischen Ökonomie‹, den ersten Band seines großen Werkes ›Das Kapital‹ veröffentlichte Marx 1867; den 2. und den 3. Band gab Engels erst nach Marx' Tod 1885 und 1894 heraus; zwischen 1905 und 1910 erschienen dann, von Kautsky ediert, die ›Theorien über den Mehrwert‹, 1939/41 wurden in Moskau die Vorarbeiten zum ›Kapital‹ aus den Jahren 1857/58, die ›Grundrisse der Kritik der politischen Ökonomie‹, erstmals veröffentlicht.

In seiner ökonomischen Theorie (die hier vereinfacht in einigen wesentlichen Punkten wiederzugeben versucht werden soll) fußt Marx auf den Arbeitsergebnissen der englischen und französischen Nationalökonomie (Adam Smith, Ricardo, Say) und führt dann weit über sie hinaus. Marx geht von der Polarisierung der bürgerlich-kapitalistischen Gesellschaft in Kapitalisten und Proletarier aus, d. h. der Polarisierung in die Besitzer der Produktionsmittel und die Nichtbesitzenden, die nur über ihre Arbeitskraft verfügen. Die Proletarier sind gezwungen, um existieren zu können, ihre Arbeitskraft als Ware auf dem Arbeitsmarkt anzubieten und den Besitzern der Produktionsmittel auf Zeit und zu einem bestimmten Preis, dem Lohn, zu verkaufen. Der Arbeiter erhält zwar meist so viel für seine Arbeit vergütet, wie er zur Reproduktion, d. h. zur Wiederherstellung seiner Arbeitskraft benötigt, aber der Wert der von ihm im Produktionsprozeß hergestellten Güter liegt höher als das Entgelt, das er aus seiner Arbeit bezieht; er produziert also mehr Wert, als er für seine Arbeit vergütet erhält. Die Differenz zwischen dem Entgelt des Arbeiters und dem Wert der von ihm produzierten Güter ist der »Mehrwert« (Surplus), aus dem sich nach Abzug aller anderen Kostenfaktoren der vom Kapitalisten erzielte Profit ergibt.

Dieser Mehrwert, den der Kapitalist ständig zu vergrößern sucht (durch Verlängerung der Arbeitszeit und Lohnsenkungen oder durch Verkürzung der zur Herstellung eines Gutes notwendigen Arbeitszeit durch Mechanisierung des Produktionsvorganges), wird zur »Akkumulation«, d. h. zur Vergrößerung des Kapitals verwendet, und nicht etwa in erster Linie zur Konsumtion, zum Privatverbrauch: die kapitalistische Wirtschaft ist nach Marx gekennzeichnet durch die »Erzeugung für den Profit, nicht für den Bedarf«. Das unablässige, konkurrierende Streben der Kapitalisten, durch Investitionen, verbesserte Produktionstechniken usw. die Produktivität der Arbeit zu steigern, führt nach Marx zu einem »tendenziellen Fallen der Profitrate«; kleinere Betriebe werden unfähig, immer höhere Investitionen vorzunehmen, sie werden von den Großunternehmen niederkonkurriert und aufgesogen: diesen Prozeß nennt Marx die »Konzentration des Kapitals«.

Ihr entspricht die Zunahme und die »Verelendung des Proletariats«: niederkonkurrierte Handwerker, Kapitalisten, Bauern, kurz, die Mittelschichten, werden verproletarisiert. Aber nicht nur durch das zahlenmäßige Anwachsen des Proletariats sinkt der Wert der Arbeitskraft, der Preis für die Ware, die der Arbeiter anzubieten hat, sondern auch durch die Teilung der Arbeit – ermöglicht durch Mechanisierung – in einfachere, anlernbare Teilfunktionen, für die ungelernte, d. h. billige Arbeitskräfte anstelle qualifizierter, gelernter, d. h. teurer Arbeiter genügen. Das Anwachsen des Proletariats einerseits, die Verdrängung des Arbeiters durch die Maschine andererseits steigern die Arbeitslosigkeit, führen zur Bildung einer »industriellen Reservearmee«: die Konkurrenz auf dem Arbeitsmarkt wächst, die Löhne sinken. Der Akkumulation von Kapital entspricht daher die Akkumulation von Elend: »Die Akkumulation von Reichtum auf dem einen Pol ist also zugleich Akkumulation von Elend, Arbeitsqual, Sklaverei, Unwissenheit, Brutalisierung und moralische Degradation auf dem Gegenpol . . .« (Das Kapital, I. Bd., 23. Kap., 4. Abschn.).

Zur inneren Dynamik der kapitalistischen Produktion und

zu der ihr wesensmäßig entsprechenden Anarchie gehören die durch Überproduktion verursachten zyklischen Krisen und Depressionen; sie erweisen sich zugleich als ein »spezifisch kapitalistischer Mechanismus« (Sweezy), die industrielle Reservearmee wieder aufzufüllen, wenn sie durch Phasen der Prosperität derart reduziert worden ist, daß sie die Löhne nicht mehr so niedrig hält, um Mehrwert und Akkumulation für den Kapitalisten zu sichern. Die Krisen verstärken die Tendenz der Kapitalisten, neue, noch nicht oder noch nicht vollständig kapitalisierte Märkte in der Welt zu erobern. Das schaltet aber die Krisen nicht aus, im Gegenteil, sie werden schließlich den Charakter von weltweiten Wirtschaftskrisen erhalten.

Der Kapitalismus kann die seinem System immanenten Widersprüche – wachsendes Elend der Massen bei zunehmendem Reichtum der Gesellschaft, sich ständig wiederholende und verschärfende Krisen nicht aus Mangel, sondern aus Überfülle – nicht auflösen; die gewaltige Steigerung der Produktivkräfte im Industriekapitalismus wird die Produktionsverhältnisse (d. h. nach Marx die Eigentumsverhältnisse) der bürgerlich-kapitalistischen Gesellschaft (den Privatbesitz an Produktionsmitteln) sprengen. So schafft der Kapitalismus die Voraussetzungen für den Sozialismus, der die Widersprüche des Kapitalismus durch die Überführung des Privateigentums an Produktionsmitteln in die Hand der Gesamtgesellschaft auflösen wird:

»Diese Expropriation vollzieht sich durch das Spiel der immanenten Gesetze der kapitalistischen Produktion selbst, durch die Zentralisation der Kapitale. Je ein Kapitalist schlägt viele tot. Hand in Hand mit dieser Zentralisation oder der Expropriation vieler Kapitalisten durch wenige entwickelt sich die kooperative Form des Arbeitsprozesses auf stets wachsender Stufenleiter, die bewußte technische Anwendung der Wissenschaft, die planmäßige Ausbeutung der Erde, die Verwandlung der Arbeitsmittel in nur gemeinsam verwendbare Arbeitsmittel, die Ökonomisierung aller Produktionsmittel durch ihren Gebrauch als Produktionsmittel kombinierter, gesellschaftlicher Arbeit, die Verschlingung aller Völker in das Netz des Weltmarkts, und damit der internationale Charakter des kapitalistischen Regimes. Mit der beständig abnehmenden Zahl der Kapitalmagnaten, welche alle Vorteile dieses Umwandlungsprozesses usurpieren und monopolisieren, wächst die Masse des Elends, des Drucks, der Knechtschaft, der Entartung, der Ausbeutung, aber auch die Empörung der stets anschwellenden und durch den Mechanismus des kapitalistischen Produktionsprozesses selbst geschulten, vereinten und organisierten Arbeiterklasse. Das Kapitalmonopol wird zur Fessel der Produktionsweise, die mit und unter ihm aufgeblüht ist. Die Zentralisation der Produktionsmittel und die Vergesellschaftung der Arbeit erreichen einen Punkt, wo sie unverträglich werden mit ihrer kapitalistischen Hülle. Sie wird gesprengt. Die Stunde des kapitalistischen Privateigentums schlägt. Die Expropriateurs werden expropriiert.« (Das Kapital, I. Bd., 24. Kap., 7. Abschn.)

Im Schoße des Kapitalismus entstehen also die Bedingungen für die revolutionäre Erhebung des politisch-organisierten Proletariats (wie sie schon im Kommunistischen Manifest beschrieben wurde); sie wird über die »Diktatur des Proletariats« den Weg zur »klassenlosen Gesellschaft« und zum »Absterben« des Staates freimachen.

Der Kampf des Proletariats gegen die Bourgeoisie wird nach den Vorstellungen von Marx und Engels zunächst im nationalen Rahmen ausgetragen, aber aus diesen nationalen Kämpfen wird ein weltweiter Kampf entbrennen. Deshalb gab es für Marx und Engels grundsätzlich keine Solidarität der Interessen der Arbeiter und der herrschenden Klasse einer Nation. Es bestand nur eine gemeinsame Klassensolidarität der Arbeiter aller Nationen gegen die herrschenden Klassen aller Nationen. Die Herrschaft des Proletariats wird nach ihrer Ansicht schließlich »die nationalen Absonderungen und Gegensätze der Völker« »noch mehr verschwinden machen«, als es bisher schon unter der Herrschaft der Bourgeoisie geschah (vgl. Kommunistisches Manifest).

Wie bei Marx und Engels jede Gesellschaft Klassengesellschaft ist, in der die Besitzer der Produktionsmittel die Nichtbesitzenden ausbeuten, so ist auch jeder Staat ein Instrument des Klassenkampfes, auch die parlamentarisch-demokratische Republik: Sie ist ein Instrument zur Durchsetzung des kapitalistischen Klasseninteresses und zur Niederhaltung der unteren Klasse, des Proletariats; aber sie ist von entscheidender taktischer Bedeutung für die revolutionäre Endauseinandersetzung; sie ist die Staatsform, »in der der letzte Entscheidungskampf zwischen Proletariat und Bourgeoisie allein ausgekämpft werden kann« (Engels, Der Ursprung der Familie, des Privateigentums und des Staats, 1884).

Schon im Kommunistischen Manifest war die »Diktatur des Proletariats« »ihrem Wesen nach demokratisch-republikanisch« (Jantke), sie blieb es in Marx' Schrift über die Pariser Kommune ›Der Bürgerkrieg in Frankreich‹ (1871); Engels bestätigte später (1891, in der ›Kritik des sozialdemokratischen Programmentwurfs‹ von Erfurt) ausdrücklich, daß die demokratische Republik »die spezifische Form für die Diktatur des Proletariats« sei. Das Instrument der politischen Herrschaft des Proletariats in der Übergangsphase der »Diktatur des Proletariats« zu bilden, wird nach Marx und Engels die letzte Funktion des Staates als Instrument der Klassenherrschaft sein: »der Staat wird nicht ›abgeschafft‹, er stirbt ab.« Das klang bei Marx schon im ›Elend der Philosophie‹ (1847), seiner Streitschrift gegen Proudhon, an, auch im Kommunistischen Manifest (am Ende des 2. Abschnitts) kehrte der Gedanke wieder; Engels hat sich später mit dieser Frage (zuerst im Anti-Dühring) eingehend auseinandergesetzt:

»Wir nähern uns jetzt mit raschen Schritten einer Entwicklungsstufe der Produktion, auf der das Dasein dieser Klassen nicht nur aufgehört hat, eine Notwendigkeit zu sein, sondern ein positives Hindernis der Produktion wird. Sie werden fallen, ebenso unvermeidlich, wie sie früher entstanden sind. Mit ihnen fällt unvermeidlich der Staat. Die Gesellschaft, die die Produktion auf Grundlage freier und gleicher Assoziation der Produzenten neu organisiert, versetzt die ganze Staatsmaschine dahin, wohin sie dann gehören wird: ins Museum der Altertümer, neben das Spinnrad und die bronzene Axt« (Der Ursprung der Familie . . ., 1884).

Die klassenlose Gesellschaft erst, die sie als »eine Assoziation« bezeichneten, »worin die freie Entwicklung eines jeden die Bedingung für die freie Entwicklung aller ist« (Kommunistisches Manifest), bedeutete für Marx und Engels die »wahre Demokratie« – wie sie gestaltet sein würde: ob nicht der Staat als ein Werkzeug zur Organisation der Gesellschaft erhalten bleiben würde, darüber sind bekanntlich von beiden auf Grund ihrer Einsichten in den dialektischen Charakter des historischen Prozesses keine konkreten Äußerungen gemacht worden.

Zwei Theorien standen bereit, Wege und Ziele der deutschen Arbeiterbewegung zu bestimmen: der den nationalen Staat bejahende sozial-demokratische Reformismus Lassalles und der internationale, revolutionäre Sozialismus von Marx und Engels.

Marx und Engels nahmen eine immer feindseligere Haltung gegenüber Lassalle ein, ohne daß es zu einem offenen Bruch kam – Lassalle beeindruckte sie als der wohl einzige Mann in Deutschland, der dem Bürgertum Parole zu bieten vermochte –; der Bischof von Mainz, W. E. von Ketteler, stimmte Lassalle weitgehend zu. Ein Jahr nach der Gründung des ADAV – 1864 – erschien Kettelers Schrift ›Die Arbeiterfrage und das

Christentum«. Auch in diesem Buch steht Ketteler der »Arbeiterfrage« als Seelsorger gegenüber; unverkennbar ist jedoch, daß er sich in den vierzehn Jahren seiner Tätigkeit in der Mainzer Diözese mit der sozialen Wirklichkeit auseinandergesetzt hatte. Das zeigt ganz deutlich seine Beurteilung der Lage der Arbeiter, die mit der Lassalles, auf den er sich mehrfach beruft, übereinstimmt:

»Das ist die Lage unseres Arbeiterstandes; er ist angewiesen auf den Arbeiterlohn; dieser Arbeiterlohn ist eine Ware; ihr Preis bestimmt sich täglich durch Angebot und Nachfrage ...«
Für den Arbeiter »gibt es weder Gewerbefreiheit noch Freizügigkeit; er ist, wenn er nicht verhungern will, mit seiner Familie an diesen bestimmten Ort und auf dieses bestimmte Geschäft angewiesen; er muß bei diesem reichen Fabrikherrn arbeiten und dieses muß ist für ihn ebenso zwingend, wie für jeden Sklaven, dem man das muß mit der Peitsche und Kette beibringt.«

Mit Lassalle teilt Ketteler die Gegnerschaft gegen den Liberalismus: die Arbeiterfrage bilde einen Teil der »großen sozialen Frage«, »die ein notwendiges Ergebnis aller irrigen religiösen, politischen und wirtschaftlichen Grundsätze« sei, »die der antichristliche Liberalismus überall verbreitet«.

Wenn Ketteler sich auch noch nicht völlig von den ständischen Vorstellungen der Romantiker gelöst hatte – er nennt zum Beispiel die »vollkommenste Form der Repräsentation die altgermanische in der Gliederung der Stände« –, so ist er doch davon überzeugt, daß eine Rückkehr zu den alten Zuständen nicht mehr möglich ist. Wie aber die »Unsicherheit der Arbeiterexistenz« aufheben? Auch hier bezieht sich Ketteler auf Lassalle, auf dessen Plan der Errichtung von Produktiv-Assoziationen, in denen eine genossenschaftlich vereinte Arbeitergruppe als selbständiger Unternehmer tätig werden soll. Mit Lassalles Forderung, daß für die Gründung solcher Genossenschaften der Staat Kapitalhilfe leisten müsse, kann sich Ketteler nicht befreunden; vielmehr setzt er seine Hoffnungen auf freiwillige Spenden aus christlichem Geist, wie überhaupt nur durch die Kraft des Christentums, das »den Egoismus und seine Leidenschaften im Zaume hält«, die gefahrdrohenden Zustände innerhalb der Gesellschaft beseitigt werden können:

»Nur Jesus Christus, der Sohn des lebendigen Gottes, kann auch in Zukunft dem Arbeiterstande helfen. Wenn der Glaube an ihn und seinen Geist die Welt durchdringt, dann ist die Arbeiterfrage gelöst.«

Offenbar wurde Ketteler durch das mangelnde Interesse der deutschen Katholiken an seinen Plänen zur Gründung christlicher Genossenschaften bitter enttäuscht. Schon Ende 1865 sprach er auf dem Stiftungsfest des Mainzer Gesellenvereins Gedanken aus, die sein bisheriges Konzept wesentlich veränderten: Ketteler wollte nun auch neben der Kirche die staatliche Gesetzgebung zur Lösung der Arbeiterfrage heranziehen und gestand den Arbeitern das Recht der Koalition zur Vertretung ihrer Interessen zu. Im Sommer 1869 hielt Ketteler auf der Liebfrauenheide bei Offenbach eine Rede, die seither als die »Magna Charta der christlichen Arbeiterbewegung« gilt. Hier wurde von Ketteler die Frage, ob sich die katholischen Arbeiter an dem Zusammenschluß der Arbeiter zur Vertretung ihrer Interessen beteiligen sollten, eindeutig bejaht. Fünf Hauptforderungen der Arbeiter fanden seine uneingeschränkte Zustimmung: 1. Erhöhung des Arbeitslohnes; 2. Verkürzung der Arbeitszeit; 3. Gewährung von Ruhetagen; 4. Verbot der Kinderarbeit; 5. Abschaffung der Arbeit von Müttern und jungen Mädchen in den Fabriken. Noch im gleichen Jahr hielt Ketteler ein Referat auf der Fuldaer Bischofskonferenz über die Arbeiterfrage, in dem er einen detaillierten Katalog der sozialen Hilfsmaßnahmen des Staates und der Kirche, ein erstes umfassendes sozialpolitisches Programm also, aufstellte. Zu dieser Einstellungsänderung gegenüber den Aufgaben des Staates trug bei Ketteler wesentlich wohl auch die Wandlung der staatlichen und wirtschaftlichen Situation Deutschlands nach 1866 bzw. 1870/71 bei: Der verfassungsrechtlich geordnete, sich auf christliche Grundprinzipien berufende starke Staat schien ihm eher geeignet, zur Lösung der sozialen Frage beizutragen als ein halb-absolutistischer Polizeistaat oder der von manchen Liberalen gewünschte »Nachtwächterstaat«.

Entscheidender war jedoch noch etwas anderes: Ketteler hatte sich schon 1848 bei der Begründung seiner Auffassungen auf die naturrechtlich motivierten Eigentums- und Soziallehren des Thomas von Aquin berufen: der Mensch hat gewisse, ein für allemal gegebene, unveränderliche, weil in seiner Natur und in der sittlichen Ordnung begründete Rechte, denen die Ordnung von Staat und Gesellschaft nicht entgegenstehen darf. Durch diese Auffassung, die sich Ketteler zu eigen machte, wurde er frei von der Bindung an eine einmalige und einzig mögliche Form der christlichen Sozialordnung – etwa der des Mittelalters – und offen für eine zeitgerechte Diskussion der sozialen Frage. Ketteler gab damit den Anstoß zu einer Neuorientierung des Katholizismus gegenüber der sozialen Frage: nicht mehr Aufhebung des kapitalistischen Systems und seine Ersetzung durch eine christliche »korporative Gesellschaftsverfassung«, sondern praktische Sozialpolitik innerhalb der bestehenden gesellschaftlichen Ordnung mit Hilfe des Staates und unter Förderung der gemeinschaftlichen Bemühungen der Arbeiter um ihre Eingliederung in die Gesellschaft. Das bedeutete weder bei Ketteler noch bei den meisten von denen, die seine Arbeit fortsetzten, den Verzicht auf eine umfassende Sozialreform überhaupt, auf den Ersatz des kapitalistischen Systems durch eine neue ständisch geordnete Gesellschaft, wohl aber ihr Zurücktreten gegenüber den Erfordernissen der Wirklichkeit und den gegebenen Möglichkeiten zur Lösung.

Ständestaatliche Ordnungsvorstellungen, wie sie E. J. Jörg (1819–1901) seit 1852 in den ›Historisch-politischen Blättern‹ vertrat – unter schärfster Kritik der kapitalistischen Wirtschaft (die an Lassalle, wenn nicht sogar an Marx erinnert) – oder später Karl Frhr. von Vogelsang, wurden allmählich zurückgedrängt. Kettelers realpolitisches Programm fand große Beachtung: Seit 1868 erschienen die ›Christlich-Sozialen-Blätter‹ (die Ketteler allerdings nicht uneingeschränkt zustimmten), die ersten christlich-sozialen Vereine entstanden zugleich mit Lassalles Agitation im Rheinland, auf dem Katholikentag in Düsseldorf 1869 kam es zu der Einsetzung einer »Sozialen Sektion«, die 1870 eine erste Tagung der christlich-sozialen Vereine des Rheinlandes und Westfalens organisierte. Die politischen Ereignisse der Zeit – Deutsch-Französischer Krieg, Gründung des Deutschen Reiches, Bildung einer katholischen Partei, des Zentrums, und schließlich der Kulturkampf – haben verhindert, daß diese ersten Ansätze zu einer organisatorischen Gestaltung der katholisch-sozialen Bewegung sich weiterentwickeln konnten. Das änderte sich erst nach 1877.

Lassalles Gegner im Kampf um die Gewinnung der deutschen Arbeiter für seine Ziele war nicht der katholische Arbeiter-Bischof Ketteler, sondern der liberale Genossenschaftler Hermann Schulze-Delitzsch (1808–1883). Schulze, der aus Delitzsch in Sachsen stammte, war wegen Differenzen mit der preußischen Verwaltung 1851 aus dem juristischen Staatsdienst ausgeschieden und bemühte sich seither um die genossenschaftliche Organisation der Handwerksmeister und Geschäftsleute. Da er als strenger Liberaler jeden Einfluß des Staates auf die

Wirtschaft ablehnte, waren für ihn die Genossenschaften die zeitgemäße Selbsthilfeorganisation des kleinen Mittelstandes gegenüber der Großindustrie. Schulze-Delitzsch hatte große Erfolge; als sehr wirkungsvoll erwiesen sich die Kreditgenossenschaften, da durch sie die bisher von der Kreditgebung völlig ausgeschlossene Gruppe der Handwerker und Kaufleute in die Lage versetzt wurde, mit fremdem Kapital zu arbeiten. Schulze-Delitzsch hat dagegen kaum Verständnis für die Lage der Fabrikarbeiter entwickeln können; er empfahl ihnen im wesentlichen die gleichen Selbsthilfemaßnahmen wie dem kleinen Mittelstand. Die Arbeiter sollten ihre Situation aus eigener Kraft durch Fleiß, Sparsamkeit und Solidarität ändern, sich also wirtschaftlich (und auch politisch) dem Liberalismus anschließen. Schulze-Delitzschs vorübergehender Einfluß auf die Arbeiter in Preußen in dem Jahrzehnt zwischen 1853 und 1863 lag vor allem in der noch starken Bindung der Arbeiter an ständische Vorstellungen begründet, aber auch darin, daß die Arbeiter sich noch uneingeschränkt mit den politischen Forderungen des Liberalismus identifizierten. Erst mit der Gründung des ADAV im Jahre 1863 trat hier eine Wandlung ein.

3. Die ersten deutschen Arbeiterparteien

Die »Neue Aera« in Preußen, eingeleitet durch den Regierungsantritt Wilhelms I. (der sich im Gegensatz zu seinem Bruder und Vorgänger nicht mehr auf die ultra-konservativen Kräfte stützen wollte), aber auch die italienische Einigungsbewegung gaben gegen Ende der fünfziger Jahre der nach 1848 gelähmten und unterdrückten demokratischen Bewegung in Deutschland neue Impulse: 1859 wurde der »Deutsche Nationalverein« gegründet als eine politische Vereinigung der nach Preußen orientierten Liberalen; in Preußen konstituierte sich die liberale »Deutsche Fortschrittspartei«; in Berlin lebte der »Handwerkerverein« wieder auf; 1861 wurde in Leipzig der »Gewerbliche Bildungsverein« gegründet. Wie in Berlin und Leipzig entstanden auch in vielen anderen deutschen Städten, teils unter liberaler Führung, teils unter Anknüpfung an die z. T. erst seit wenigen Jahren verbotenen Vereine der »Arbeiterverbrüderung« Bildungsvereine für Fabrikarbeiter und Handwerker. Eine im Leipziger Bildungsverein auf Unabhängigkeit von den Liberalen und Behandlung von politischen Fragen drängende

Minderheit (sie spaltete sich Ostern 1862 ab) bildete die Keimzelle des »Allgemeinen Deutschen Arbeitervereins«. Auf ihre Initiative entstand in Leipzig ein »Central-Comité zur Berufung eines Allgemeinen Deutschen Arbeiter-Congresses«; im Auftrag dieses Komitees verhandelte im Oktober 1862 eine Arbeiterdelegation in Berlin mit den Führern des Nationalvereins über ein politisches Zusammengehen; Schulze-Delitzsch ließ sie wissen, daß die Zeit noch nicht reif sei, um die Arbeiter als Mitglieder in den Nationalverein aufzunehmen, sie dürften sich aber als »geistige Ehrenmitglieder« bezeichnen. Im Februar 1863 richtete das »Central-Comité« nunmehr an Lassalle die Bitte um einen Programmentwurf; am 1. März 1863 schickte Lassalle sein ›Offenes Antwortschreiben‹ an das Komitee; nicht ganz drei Monate später wurde in Leipzig der ADAV gegründet. Damit war Lassalle der Führer »einer kleinen, aber entwicklungsfähigen Partei« (Na'aman) geworden. Längst nicht alle Arbeitervereine folgten ihm, zunächst war das Ergebnis seiner unermüdlichen Agitation für ihn keineswegs zufriedenstellend: 4600 Mitglieder nach einem Jahr. Als Lassalle starb, hatte er aber erreicht, daß sich innerhalb seiner Partei eine zentralistische Organisation durchgesetzt hatte und die programmatischen Schlagworte – allgemeines Stimmrecht und Assoziationen – einen festen Platz in den politischen Vorstellungen der Arbeiter gefunden hatten. Die auf Lassalle folgenden Führer haben die Partei wenig glücklich geleitet und sie mehrfach in ernste Krisen verstrickt. Wie auch immer, der Anfang – und es war für Deutschland ein aufsehenerregender – war gemacht: es gab eine selbständige deutsche Arbeiterpartei, und die optimistische Stimmung, die damals vielerorts die Arbeiter erfaßte, kam in dem von Georg Herwegh gedichteten Bundeslied des ADAV zum Ausdruck:

»... Mann der Arbeit, aufgewacht!
Und erkenne Deine Macht!
Alle Räder stehen still,
wenn Dein starker Arm es will ...

... Brecht das Doppeljoch entzwei!
Brecht die Not der Sklaverei!
Brecht die Sklaverei der Not!
Brot ist Freiheit, Freiheit Brot!«

Lassalle richtete in seiner politischen Taktik die ganze Schärfe seines agitatorischen Angriffs gegen das liberale Bürgertum.

Hier war für ihn der Hauptfeind, der den größten Teil der Arbeiter noch im Banne seiner Ideologie festhielt, der die demokratischen Forderungen von 1848 verraten hatte, die Lassalle nun für die Arbeiterbewegung wieder aufnahm. Der Kampf gegen diesen Hauptfeind war für Lassalle eine zwingende politische Notwendigkeit, wollte er eine eigenständige politische Organisation der Arbeiter durchsetzen; er nahm daher den Schein, taktischer Bundesgenosse der preußischen Monarchie zu sein (die preußischen Liberalen und Bismarck befanden sich damals in den schärfsten Auseinandersetzungen), auf sich, ja kalkulierte ihn wohl bewußt in seine Taktik ein: er rechnete auf eine Unterstützung Bismarcks in der Wahlrechtsfrage und auf Staatshilfe bei dem Aufbau der Produktivgenossenschaften. So recht Lassalle mit seiner Ansicht hatte, daß das Bürgertum kein Bundesgenosse für die Arbeiter mehr war, weil es im entscheidenden Augenblick – wie 1848 – doch wieder vor Monarchie und Adel die Waffen strecken würde, so falsch schätzte er die monarchisch-autoritäre Struktur von Staat und Gesellschaft in Preußen ein.

War Marx und Engels schon Lassalles Forderung nach Produktiv-Assoziationen verdächtig – sie sahen die Arbeiter schon als »Pensionäre des preußischen Polizeistaates« –, so mißbilligten sie erst recht seine einseitige Kampfrichtung gegen das Bürgertum: Nach ihrer Meinung hatte entsprechend dem im Kommunistischen Manifest entwickelten taktischen Konzept die Arbeiterschaft das Bürgertum so lange zu unterstützen, wie dieses gegen die Reaktion kämpfte, niemals aber durfte es Aufgabe der Arbeiterklasse sein, die Reaktion zu unterstützen. Auch hielten sie die Isolierung der Arbeiterklasse, die Beschränkung der Arbeiterpartei auf das städtische Industrieproletariat für falsch und wünschten die Einbeziehung des Landproletariats in die Arbeiterpartei. Wenige Jahre später kritisierten sie an der Politik ihres langjährigen Exilgenossen Wilhelm Liebknecht und seines Mitstreiters August Bebel, daß sie die Ablösung von der antipreußischen »kleinbürgerlichen Demokratie« zu langsam vollziehen und die Bildung einer eigenen Arbeiterorganisation verzögern würden: sie hielten die Einigung Deutschlands, wenn auch nicht die Führung Preußens für einen historischen Fortschritt.

Wilhelm Liebknecht (1826–1900) stammte aus einer Gelehrten- und Beamtenfamilie, hatte Theologie, Philosophie und Philologie studiert und sich 1848/49 an der Revolution, u. a. beim Badischen Aufstand, beteiligt. 1862 kehrte er aus dem Exil in London nach Berlin zurück – ein überzeugter Anhänger von Marx und Engels, aber immer noch tief den liberalen Idealen der Revolution von 1848 verbunden. Liebknecht war »vor allem Gefühlspolitiker und Erzieher« und seine Bedeutung lag »nicht so sehr auf dem Gebiet der marxistischen Theorie und Ideengeschichte als auf dem der politischen Praxis« (Eckert, W. Liebknecht, Briefwechsel, S. 8). 1865 wurde er aus Berlin ausgewiesen und kam nach Leipzig, wo er bald darauf mit August Bebel bekannt wurde.

August Bebel (1840–1913), nach Wanderjahren als Drechslermeister in Leipzig seßhaft geworden, hatte sich 1863 Lassalle nicht angeschlossen, sondern war im Gewerblichen Bildungsverein geblieben; hier trat er gegen jeden Versuch auf, den Verein zu politisieren, lehnte sogar das allgemeine Wahlrecht ab, weil er die Arbeiter für politisch noch nicht reif genug hielt, und bekämpfte die Anhänger Lassalles noch im Sommer 1865 als diejenigen, »die nur auf eine Gelegenheit harrten, die Fahne des Kommunismus mit all ihren Schrecken zu entfalten«. Die Auseinandersetzung mit Lassalle hatte ihn zu Marx geführt, und er war auf dem besten Weg, Sozialist zu werden, als er 1865 mit Liebknecht in Leipzig bekannt wurde. Nicht nur das Bekenntnis zu den Lehren von Marx und Engels, sondern auch ihre großdeutsche und antipreußische Einstellung führte sie zu gemeinsamer politischer Aktion zusammen.

Liebknechts vordringlichstes politisches Motiv war in jener Zeit sein Kampf gegen den preußischen Polizeistaat; er und Bebel nahmen daher vor allem die Bundesgenossenschaft der großdeutsch, antipreußisch und konsequent freiheitlich eingestellten Liberalen Süddeutschlands an, denn: »der Fall Preußens« war nach Liebknechts Ansicht »der Sieg der deutschen Revolution«. So gründeten Liebknecht und Bebel im August 1866 – nach dem Sieg Preußens über Österreich – unter Stützung auf die Arbeiterbildungsvereine die »Sächsische Volkspartei«. Den Liberalen war diese Massenbasis sehr recht, nicht nur, weil viele von ihnen ehrlich davon überzeugt waren, daß die Stärke der Demokratie in der Beteiligung der Arbeiter liege, sondern weil sie eine sie bedrohende organisatorische Verselbständigung der Arbeiter vermeiden wollten. Wenn es schließlich doch zur Trennung von den Liberalen, die sich auch in anderen deutschen Ländern in der Volkspartei organisiert hatten, kam, so vor allem wegen ihres mangelnden Entgegenkommens in den sozialen Fragen; aber auch das wachsende Selbstgefühl der Arbeiter hat dabei durchaus eine Rolle gespielt.

Die Stationen der Trennung lassen sich am besten an Bebels politischer Entwicklung zeigen: 1865 wurde Bebel Vorsitzender des Leipziger Arbeiterbildungsvereins, 1866 – im Jahre der Gründung der Sächsischen Volkspartei – schloß er sich der Internationalen Arbeiterassoziation an, 1867 wurde er in den Reichstag des Norddeutschen Bundes gewählt, im gleichen Jahr übernahm er das Präsidium des »Vereinstages«, des organisatorischen Zusammenschlusses der deutschen Arbeitervereine, 1868 konnte er auf dem Vereinstag in Nürnberg die Annahme des Programms der Internationalen Arbeiterassoziation durchsetzen.

Nach solcher Vorarbeit gelang es Bebel und Liebknecht, 1869 in Eisenach mit einigen führenden Lassalleanern, die sich von ihrer Gruppe getrennt hatten, auf der Basis der bestehenden Arbeitervereine eine zweite deutsche Arbeiterpartei, die Sozialdemokratische Arbeiterpartei, zu gründen. Der Gegensatz zwischen beiden Parteien war nicht politisch-ökonomisch, sondern in erster Linie von nationalen Fragen bestimmt: die Lassalleaner waren kleindeutsch und preußisch eingestellt, die Eisenacher großdeutsch (wenn auch nicht österreichisch) und antipreußisch. Weder die einen noch die anderen aber hatten sich ein politisch-ökonomisches Programm gegeben, das revolutionär-sozialistisch im Sinne von Marx hätte genannt werden können: beide erstrebten die Demokratisierung des Staates und der Gesellschaft mit den Mitteln der bürgerlichen Demokratie, durch Aufklärungsarbeit im Volk und Eroberung der Mehrheit im Parlament.

Während in Deutschland die beiden deutschen Arbeiterparteien fast ohne jede Mitwirkung von Marx und Engels entstanden, spielte besonders Marx in der Ersten Internationale, der 1864 in London gegründeten Internationalen Arbeiterassoziation, bald eine führende Rolle: Marx gehörte dem Generalrat an, den er praktisch leitete, entwarf die sogenannte Inauguraladresse und die Statuten der Internationalen Arbeiterassoziation, verfaßte die Resolutionen und Manifeste für die Kongresse und war schließlich Sekretär für Deutschland. Er hat in seiner Tätigkeit für die Internationale, in der sich die verschiedensten Strömungen des Sozialismus zusammenfanden – Anhänger Fouriers, Cabets, Proudhons, des Anarchisten Bakunin und schließlich auch Anhänger von Marx –, das erforderliche Maß an politischem Realismus gezeigt. Das Fehlen gerade dieses Realismus bei der Einschätzung der Situation und der Menschen hat bis zu seinem Tode 1883 sein Verhältnis zur deutschen Arbeiterbewegung und zu ihren Führern überschattet; erst Engels hat in seinen letzten Lebensjahren – er starb 1895 – unter dem Eindruck der Erfolge der deutschen Arbeiterbewegung sein Mißtrauen abgebaut.

Die deutschen Arbeiter waren – als Lassalle mit seiner Agitation für eine selbständige politische Organisation der Arbeiter begann – alles andere als bereit, ihm zu folgen: Lassalle fand sie im »Schlepptau« des »stumpfen Kleinbürgertums«. Als ihm drei Monate nach der Gründung des ADAV mitgeteilt wurde, der Verein habe nicht mehr als 1000 Mitglieder, schrieb er:

»Nicht wahr, diese Apathie der Massen ist zum Verzweifeln! Solche Apathie bei einer Bewegung, die rein für sie, rein in ihrem politischen Interesse stattfindet, und bei den in geistiger Beziehung immensen Agitationsmitteln, die schon aufgewendet worden sind und die bei einem Volke wie dem französischen schon Riesenresultate gehabt haben würden?! Wann wird dies stumpfe Volk endlich seine Lethargie abschütteln?«

Mehr Anziehungskraft auf die neue Schicht der Fabrikarbeiter und auf die von der Verproletarisierung bedrohten Handwerker – der junge Bebel zeigt es – hatten zunächst die Arbeiterbildungsvereine; sozialer Aufstieg und Eingliederung in die Gesellschaft durch »Bildung und Sparen« war ihre Devise, und die Arbeiter und Handwerksgesellen, die keine Proletarier sein wollten, waren für diesen Weg durchaus ansprechbar.

Die Maschinenbauer von Borsig in Berlin, die die höchsten Löhne erzielten, standen noch 1869 unter dem Einfluß der preußischen Fortschrittspartei. Obwohl zwischen 1867 und 1877 fünf Wahlen zum Reichstag nach dem allgemeinen Wahlrecht stattfanden, gelang es in Berlin erst 1877, die ersten sozialdemokratischen Reichstagsabgeordneten durchzubringen.

Die ersten Berufsgruppen, die sich schon 1848 und dann wieder nach 1860 gewerkschaftlich organisierten, waren die Buchdrucker und die Zigarrenarbeiter. Die Buchdrucker, die einen verhältnismäßig hohen fachlichen und allgemeinen Bildungsstand besaßen, gut bezahlt wurden, aber durch die Mechanisierung ihres Gewerbes wirtschaftlich und sozial an Sicherheit eingebüßt hatten, suchten in ihrer Organisation ihre ständische Exklusivität zu bewahren; die Zigarrenarbeiter dagegen waren wenig angesehen, galten als »Unzünftige«, als Außenseiter, und suchten den organisatorischen Zusammenschluß, um sich gemeinsam das fehlende Ansehen zu verschaffen. Beide Motive zur Organisationsbildung – Bewahrung des alten sozialen Status und Erringung neuen Sozialprestiges – erklären sehr gut, warum die deutschen Arbeiter anfangs nur zögernd, mit zunehmender Verschärfung der sozialen Gegensätze aber um so selbstbewußter sich ihre »Klassenorganisation« schufen.

Aus dem zunächst mangelnden sozialen und politischen Bewußtsein der deutschen Arbeiter erklärt sich zu einem guten Teil die große taktische Vorsicht, die Liebknecht und Bebel bei der Ablösung der Arbeitervereine von der liberalen Demokratie zeigten, eine Haltung, die von Marx und Engels immer wieder heftig kritisiert wurde. Bebel und Liebknecht hatten es eben – nach einer Äußerung Liebknechts – »nicht mit lauter geschulten Kommunisten zu tun, sondern erst mit kommunistischen Rekruten, die noch gewisse Vorurteile haben, welche geschont werden müssen«. Bebel spricht in seinen Erinnerungen von dem Fehlen jeglichen Klasseninteresses der Arbeiter in der Zeit um 1860; Sozialismus und Kommunismus waren den jüngeren Arbeitern »böhmische Dörfer«, von Marx und Engels wußten sie überhaupt nichts, bestenfalls kannten sie Weitling. Und Karl Kautsky (1854–1938), der sich später als Popularisator des Marxismus in Deutschland bezeichnete, berichtet, daß bis zum Ende der siebziger Jahre bei führenden Männern der Arbeiterbewegung – er nimmt sich selbst nicht aus – die Lehren von Marx und Engels nur ganz unklar, unsystematisch und vermischt mit anderen Theorien bekannt waren.

Das Idol der deutschen Arbeiter war – erst recht nach seinem Tode – Lassalle geworden; seine Ideen, seine Ziele – und nicht die von Marx und Engels – bestimmten ihre politische und soziale Vorstellungswelt:

> »Nicht zählen wir den Feind,
> Nicht die Gefahren alle!
> Der Bahn, der kühnen folgen wir,
> Die uns geführt Lassalle!«

So lautete der Refrain der damals entstandenen deutschen »Arbeiter-Marseillaise«. Marx und Engels erwarteten von ihren Anhängern in Deutschland auch in dieser Frage ein rasches Vorgehen; aber Bebel und Liebknecht wußten, daß der »Lassalle-Kultus« nur »mit Vorsicht« »ausgerottet« werden konnte, denn, so hielt Bebel Engels in einem Brief im Jahre 1873 vor: »Sie dürfen nicht vergessen, daß die Lassalleschen Schriften tatsächlich . . . durch ihre populäre Sprache die Grundlage der sozialistischen Anschauungen der Massen bilden.«

Marx' und Engels' Kritik an den deutschen Arbeiterführern beruhte auf einer Fehleinschätzung der politischen und sozialen Mentalität der deutschen Arbeiter: Sie bewegte nicht die große Idee der internationalen proletarischen Revolution und die mit ihr verbundenen Aufgaben und Probleme, sondern ihnen ging es um die Not ihres Alltags, die Fragen ihrer eigenen Existenz, ihres Berufes und um ihre Befreiung von Beschränkung, Unterdrückung und Ungerechtigkeit, die sie solidarisch für ihre Klasse erkämpfen wollten.

1. *Staat, Gesellschaft und Wirtschaft nach 1870*

Die sozialen und politischen Machtverhältnisse im Deutschen Kaiserreich nach 1870 wurden von dem in der Mark Brandenburg, Pommern, Ostpreußen und Schlesien ansässigen preußischen Adel und dem Industrie, Handel und Banken tragenden Großbürgertum bestimmt. Der Adel beherrschte fast alle Führungspositionen in der Armee, in der Bürokratie und in der Diplomatie: bis 1918 besetzte er noch immer ein Drittel aller Offiziersstellen; noch 1911 waren (in Preußen) von 12 Oberpräsidenten – den obersten Verwaltungsbeamten der einzelnen Provinzen – 11 adlig; und im diplomatischen Dienst des Reiches waren von 40 selbständigen Chargen 35 mit Adligen besetzt. Unbestritten – trotz des allgemeinen, gleichen und freien Wahlrechts (das nur für die Wahlen zum Reichstag galt; das preußische Abgeordnetenhaus wurde nach dem »Dreiklassenwahlrecht« gewählt, welches die Stimmenzahl nach dem Steueraufkommen festlegte) – war auch die politische Herrschaft des Adels in Preußen: Die Landarbeiter z. B. wurden meist geschlossen zur Wahl geführt und mußten ihre Stimmzettel lange Zeit offen dem Wahlvorsteher – meist dem Gutsherrn selbst – übergeben. In den Dörfern ohne unmittelbaren gutsherrlichen Einfluß aber sorgten Lehrer und Pfarrer für eine Stimmabgabe zugunsten der vom Adel beherrschten Konservativen Partei. Den Beamten des Staates, vor allem den Landräten – häufig die jüngeren Söhne des im Kreise ansässigen Adels –, war es ausdrücklich zur Pflicht gemacht, die Politik der Regierung bei den Wahlen zu vertreten. Gleichzeitig mit der Behauptung der sozialen und politischen Führungsposition im Staat setzte aber ein ökonomischer Niedergang des Adels ein, der durch ein forciertes Anpassen an den materiellen Lebensstil des Bürgertums, durch rückständige agrarische Produktionsmethoden und ein veraltetes Erbrecht (Verbot der Besitzteilung) bedingt war. So begann am Ende des 19. Jahrhunderts die Flucht des verarmten Adels in die Anonymität der Großstädte, und es war keineswegs ein Einzelfall, daß nun z. B. ein Zweig des Geschlechts der Bülow, die sich um Preußen verdient gemacht hatten, den Beruf des Fleischermeisters ausübte.

Dem Groß- und Mittelbürgertum, dem Träger der gewaltigen wirtschaftlichen Expansion, die Deutschland innerhalb weniger Jahrzehnte aus einem Agrarstaat in die Reihe der ersten Industrienationen der Welt aufrücken ließ, gelang es nicht, seine ökonomische Überlegenheit in politische Herrschaft umzumünzen und – wie in den westeuropäischen Ländern – die demokratisch-parlamentarische Ordnung des Staates durchzusetzen. Es blieb an die durch die deutsche geschichtliche Tradition bedingte monarchisch-autoritäre Ordnung des Staates und der Gesellschaft gebunden, die im Deutschen Kaiserreich nach 1870/71 durch Bismarcks Erfolge und seinen Regierungsstil besonders wirkungsvoll ausgeprägt und verfestigt wurde. Die Mitbeteiligung an der politischen und sozialen Herrschaft des Adels gelang dem Bürgertum nur durch die Anpassung an die vom Adel gesetzten Verhaltensmuster und durch die Entwicklung eines der monarchisch-autoritären Ordnung entsprechenden Stils des autoritären Gehabens in allen Bereichen seines Lebens, in Staat, Gesellschaft, Familie, Beruf und Öffentlichkeit. In der Figur des königlich-preußischen Reserveoffiziers, des in den Adelsstand erhobenen Rittergutsbesitzers bürgerlicher Herkunft, des vom Kaiser zum Kommerzien-, Justiz- oder Geheimrat ernannten Bankiers, Industriellen, Rechtsanwalts oder Wissenschaftlers, des Korpsstudenten und des in Heidelberg promovierten deutschen Dr. phil. suchte das deutsche Bürgertum seine monarchisch-autoritären Ordnungsvorstellungen auch im persönlichen Lebensbereich zu verwirklichen. Der eine solche Haltung voraussetzende Verzicht auf die liberalen Freiheitsprinzipien aber wurde ausgeglichen durch das Streben, an der Größe, Macht und Geltung des Kaiserreichs teilzuhaben und auf dieses Reich alle Wünsche nach Freiheit, Unabhängigkeit und Macht, auf die man bei der inneren Ordnung des Staates verzichtet hatte, übertragen zu können. So wurde das deutsche Bürgertum, das die Höchstleistungen der deutschen Wirtschaft ermöglichte, zugleich zum Träger jener aggressiven Nationalbewegungen, die den deutschen Imperialismus zu immer neuen Leistungen antrieben.

Deutschland war 1870 »nach heutigen Maßstäben immer noch als ein Ackerbauland« (Stolper) zu bezeichnen: 65 % der Bevölkerung lebten auf dem Lande und in den kleinen Städten. Unübersehbar waren jedoch die Anfänge jener Hochindustrialisierung, die die Zeit bis zum Ersten Weltkrieg wirtschaftlich und sozial prägte: in Deutschland wurden 1871 jährlich 1,6 Mill. Tonnen Roheisen erzeugt (in England zur gleichen Zeit 6–7

Mill. t); die Textilindustrie war verhältnismäßig weit entwikkelt, während die Schwerindustrie und die chemische Industrie erst in den Anfängen steckten, wenn man von einzelnen bedeutenden Werken wie Krupp (1873 : 16000 Arbeiter) und Borsig absieht; immerhin umfaßte das Eisenbahnnetz – damals ein Gradmesser der wirtschaftlichen Entwicklung – bereits 18 650 km (1840 500 km).

Diese Ansätze zu einer wirtschaftlichen Expansion sind nach der Reichsgründung durch die Schaffung eines einheitlichen Wirtschaftsgebietes entscheidend gefördert worden. Nachdem bereits 1853 ein einheitliches Wechselrecht und zu Beginn der sechziger Jahre ein einheitliches Handelsrecht geschaffen worden waren, wurde 1869 für den Norddeutschen Bund, 1871 dann auch für ganz Deutschland die Gewerbefreiheit eingeführt, die Post wurde (mit Ausnahme von Bayern und Württemberg) Reichssache, 1873 erfolgte die Vereinheitlichung des Geld- und Münzwesens; die Einführung eines für ganz Deutschland geltenden ›Bürgerlichen Gesetzbuches‹ gelang allerdings erst im Jahre 1900. Als ein sehr wesentlicher Faktor für die deutsche Wirtschaftsentwicklung erwies sich die Annexion von Elsaß-Lothringen: die Textilindustrie verdoppelte sich nahezu, die lothringischen Eisenerzvorkommen bildeten die Grundlage der deutschen Stahlindustrie, die Entdeckung der elsässischen Kalilager zu Beginn des 20. Jahrhunderts begründete (zusammen mit den Vorkommen in Mitteldeutschland) Deutschlands Kalimonopol auf dem Weltmarkt.

Als Kriegsentschädigung zahlte Frankreich an Deutschland mehr als 4 Milliarden Mark; dieses Geld ermöglichte die Schaffung einer Goldreserve, die Verbesserung der deutschen Zahlungsbilanz und die Tilgung der Staatsschulden; das wiederum führte zu einer Periode beinahe beispielloser Gründungsspekulationen, besonders in der Schwerindustrie und bei den Eisenbahnen: von 1870 bis 1874 entstanden 857 Aktiengesellschaften mit einem Kapital von 3,3 Milliarden Mark. Die Folge der zum Teil schwindelhaften Gründungen waren die Gründerkrachs von 1873/74, die in Zusammenhang stehen mit dem Beginn einer lang anhaltenden Depression, von der damals alle Industrieländer betroffen wurden. Gründerkrachs und allgemeine Depression führten zu dem Wandel der staatlichen Handelspolitik vom Freihandel zum Schutzzoll, d. h. zur staatlichen Protektion von Industrie und Landwirtschaft auf Kosten der Industriearbeiterschaft – deren Lebenshaltungskosten daraufhin anstiegen.

Zwischen 1870 und 1890 bildete sich in Deutschland eine hochindustrielle Wirtschaftsstruktur heraus:

Die Zahl der Betriebe, besonders in der Schwerindustrie, geht zurück, während die Produktion steigt. – Klein- und Mittelbetriebe erliegen der Konkurrenz, oder mehrere Unternehmer legen ihre Betriebe zusammen, um die zur Erweiterung und Technisierung der Produktion notwendigen Kapitalinvestitionen gemeinsam erreichen zu können; im Maschinenbau dagegen bleiben die mittleren und kleinen Betriebsgrößen erhalten, indem sie sich an die Aufträge und besonderen Wünsche der Auftraggeber anpassen und Spezialisierungen entwickeln. – Betriebszusammenfassungen setzen sich immer mehr durch: Kohle fördernde Zechen, Eisengewinnung, Walzstraßen und Betriebe, die Neben- und Abfallprodukte verwerten, werden in einem Großunternehmen konzentriert; Mitte der siebziger Jahre kommt es zu den ersten Zusammenschlüssen zu Konzernen, Kartellen und Syndikaten. – In jenen Jahren beginnt auch der Aufbau der chemischen Industrie in Deutschland, die später, wie die damals ebenfalls entstehende Elektrizitätsindustrie, Weltgeltung gewinnt. – Auch die Bedeutung des Bankwesens wächst in jenen Jahren durch den erhöhten Kreditbedarf der deutschen Industrie.

Die fortschreitende Industrialisierung erforderte damals Massen von Arbeitskräften aller Art: sie wanderten vom Lande in die Städte, aus den östlichen Provinzen Preußens in den Westen Deutschlands, wo sie im Bergbau, in der Schwerindustrie, im Baugewerbe, beim Eisenbahn- und Kanalbau arbeiteten, in der Hoffnung, ihre Lebenssituation zu verbessern.

Erst jetzt läßt sich von der eigentlichen Ost-West-Wanderung sprechen: aus Ost- und Westpreußen wanderten bis 1880 rund $\frac{3}{4}$ Mill. Menschen ab, von 1881–1890 rund $\frac{1}{2}$ Mill., von 1890–1895 nochmals $\frac{1}{2}$ Mill.

In den Städten und Industriegebieten war das Ergebnis dieser Zuwanderung eine rapide anwachsende Wohnungsnot, verbunden mit Mieterhöhungen, und ein Steigen der Lebensmittelpreise. Verbesserte sich die Lage der Industriearbeiter schon in der Zeit der Konjunktur insgesamt nur wenig, so hatten diese erst recht die schweren Folgen der Wirtschaftskrise zu tragen: Massenentlassungen, die zu anhaltender Arbeitslosigkeit führten, Sinken der Löhne und, aus allem resultierend, Not und Elend.

Der Aufschwung der Industrien und der mit ihm verbundene innerdeutsche industrielle Konkurrenzkampf verschärfte – abgesehen von den Auswirkungen der Depression in den siebziger Jahren – die sozialen Übel in den Betrieben, führte zu einer skrupellosen Ausnutzung der Arbeitskräfte und zu einem absolutistischen Regiment des Unternehmers im Betrieb: »Weder Kaiser noch Könige haben in den Betrieben etwas zu sagen. Da bestimmen wir allein«, so bündig formulierte der Großindustrielle Kirdorf anläßlich des Bergarbeiterstreiks von 1889 den »Herr-im-eigenen-Hause«-Standpunkt des größten Teiles der deutschen Industriellen. Es gab wenige Industrielle, die diesen durch die wirtschaftsliberale Ideologie und obrigkeitsstaatliche Vorstellungen bestimmten Standpunkt nicht teilten und die Notwendigkeit einer umfassenden Sozialpolitik einsahen; zu diesen wenigen zählten der katholische Fabrikant Franz Brandts (s. S. 82) und Ernst Abbe, der als Teilhaber der Optischen Werkstätten von Zeiss und Mitbegründer der Schottschen Glaswerke in Jena die Carl-Zeiss-Stiftung schuf, die auch die Arbeiter am Gewinn beteiligte. Andere Unternehmer – nicht minder auf den »Herr-im-Hause«-Standpunkt pochend – fanden aus patriarchalischer Gesinnung und persönlicher Erfahrung zu einer betriebseigenen Sozialpolitik: sie bemühten sich um ihre Arbeiter durch die Schaffung von Lohn- und Pensionskassen, durch ordentliche Arbeitsbedingungen, durch den Bau von Familienwohnungen und durch eine Reihe anderer Fürsorgeeinrichtungen sowie durch eine gute Ausbildung; zu ihnen gehörten Alfred Krupp (1812–1887) und Carl Ferdinand Freiherr von Stumm-Halberg (1836–1901). In ihrem patriarchalisch-autoritären System der Betriebsführung waren jedoch die Arbeiter bis in ihr ganz persönliches Leben hinein von ihren Fabrikherren abhängig; es gab in diesem System weder Raum für irgendwelche Eigeninitiative der Arbeiter, geschweige denn für eine politische und gewerkschaftliche Betätigung.

Im Jahre 1877 hielt Krupp eine Ansprache an seine Betriebsangehörigen, in der es hieß: »Genießet, was Euch beschieden ist. Nach getaner Arbeit verbleibt im Kreise der Eurigen, bei den Eltern, bei der Frau und den Kindern und sinnt über Haushalt und Erziehung. Das sei Eure Politik, dabei werdet Ihr frohe Stunden erleben. Aber für die große Landespolitik erspart Euch die Aufregung. Höhere Politik treiben erfordert mehr freie Zeit und Einblick in die Verhältnisse, als dem Arbeiter verliehen ist. Ihr tut Eure Schuldigkeit, wenn Ihr durch Vertrauenspersonen empfohlene Leute erwählt. Ihr erreicht aber sicher nichts als Schaden, wenn Ihr eingreifen wollt in das Ruder der gesetzlichen Ordnung. Das Politisieren in der Kneipe ist nebenbei sehr teuer, dafür kann man im Hause Besseres haben . . .« (Zit. bei Schraepler, Bd. 2, S. 90) – Oder Stumm in einer Rede an seine Arbeiter aus dem Jahre 1889 über die Motive seiner betrieblichen Sozialpolitik: »Auf diese Weise hoffe ich, weit über meine eigenen Lebenstage dafür zu sorgen, daß Ihr für die Lockungen der Sozialdemokraten ... unempfänglich bleibt, das ist die beste Wohlfahrtseinrichtung, welche ich Euch gewähren und hinterlassen kann. Bleibt fest für alle Zeit in der alten unerschütterlichen Treue zu unserem erhabenen Monarchen, bleibt fest in der christlichen Nächstenliebe und der echten Gottesfurcht ..., dann wird es Euch nach menschlichem Ermessen auch fernerhin wohlergehen ...« (Zit. bei Schraepler, Bd. 2, S. 93)

Unüberhörbar ist in beiden Äußerungen das politisch-taktische Motiv: die Abwehr des Sozialismus. Diese Abwehr wurde begründet mit den Argumenten des traditionellen preußisch-konservativen Patriarchalismus, fand aber auch Formen, die der neuen Zeit angepaßt waren: etwa in der Gründung des »Zentralverbandes der Industrie« (1875), der die Interessen der Schwerindustrie vertrat, und (1895) des »Bundes der Industriellen« für die verarbeitende Industrie, oder in unmittelbarer politischer Einflußnahme wie im Falle Stumms, der im Reichstag als einer der Führer der Freikonservativen Partei tätig war und nach 1890 großen Einfluß auf Wilhelm II. gewann.

Der stärkste und folgenschwerste Ausdruck des Unbehagens der im Kaiserreich herrschenden Kräfte über den Aufstieg der deutschen Arbeiterbewegung war das Sozialistengesetz. Objektiv gab es zwar im Kaiserreich angesichts der praktischen Politik der Sozialisten keine Veranlassung zur Revolutionsfurcht, subjektiv bestand aber weder bei Bismarck noch im Adel und im Bürgertum irgendein Zweifel an der dem Staat und der Gesellschaft drohenden Gefahr, daß die Sozialdemokratie, »eine Partei der sittlichen Verwilderung, der politischen Zuchtlosigkeit und sozialen Unfriedens« (Treitschke, Der Sozialismus und seine Gönner, 1874), »im geeigneten Augenblick die Grundlagen der bestehenden Staats- und Gesellschaftsordnung zerstören« würde (Poels, S. 75). Mag die Sozialdemokratie zu einer solchen Auffassung durch ihre revolutionäre Terminologie und die aggressive Sprache ihrer Publizistik beigetragen haben, der tiefe Grund von Revolutionsfurcht und Sozialistenhaß im Kaiserreich war jedoch der, daß sie zwischen dem auf die Erhaltung seiner Herrschaftsprivilegien bedachten preußischen Adel, dem ökonomisch expansiven Bürgertum und den durch die industrielle Entwicklung bedrängten Mittelschichten eine Art negativer Verständigung auf Kosten der Arbeiterschaft schufen.

1878 verübten zwei Männer, die keine Sozialdemokraten waren, kurz hintereinander Attentate auf Wilhelm I.; Bismarck nahm die Vorfälle zum Vorwand, um gegen die Vermehrung »der bedrohlichen Räuberbande, mit der wir gemeinsam unsere Städte bewohnen«, vorzugehen und das »Gesetz gegen die gemeingefährlichen Bestrebungen der Sozialdemokratie« – kurz Sozialistengesetz – im Reichstag durchzusetzen; es galt zunächst für drei Jahre und wurde bis 1890 noch viermal verlängert. Durch das Gesetz wurden alle Organisationen verboten,

»welche durch sozialdemokratische, sozialistische und kommunistische Bestrebungen den Umsturz der bestehenden Staats- und Gesellschaftsordnung bezwecken« und »in welchen sozialdemokratische, sozialistische oder kommunistische, auf den Umsturz der bestehenden Staats- oder Gesellschaftsordnung gerichtete Bestrebungen in einer den öffentlichen Frieden, insbesondere die Eintracht der Bevölkerungsklassen gefährdenden Weise zutage treten«.

Nach dem Gesetz konnten auch unter Androhung hoher Strafen sozialdemokratische Versammlungen, Schriften und Zeitungen verboten werden; die Landespolizeibehörden, denen die Ausführung des Gesetzes übertragen wurde, hatten überdies die Möglichkeit, Sozialdemokraten aus bestimmten Ortschaften und Bezirken auszuweisen. Gleichzeitig versuchte Bismarck, mit den Anfängen seiner Sozialgesetzgebung die Arbeiter dem politischen Einfluß der Sozialdemokratie zu entziehen und für den bestehenden Staat zu gewinnen.

Taktische Gründe also und allenfalls noch der Ausdruck eines praktischen Christentums bestimmten Bismarcks Handeln. Er stand mit beiden Motivationen in der Tradition sozialkonservativer Auffassungen, die seit der Revolution von 1848 durch einen – wenn auch kleinen – Teil der preußischen Konservativen vertreten wurde; ihr Wortführer war Hermann Wagener (1815–1889), Redakteur der ›Kreuzzeitung‹ von 1848–1854, Mitarbeiter im Preußischen Staatsministerium und Vertrauter Bismarcks von 1866–1873. Wagener erkannte die politische und soziale Bedeutung der Emanzipationsbewegung der Arbeiterschaft für den monarchisch-autoritären Staat; die kommende bedrohliche Entwicklung war nach seiner Ansicht zu verhindern, wenn der Staat die Initiative zur Lösung der sozialen Frage ergriff: durch Berufsrecht, Lohnminimum und vom Staat garantiertes Miteigentum. Darüber hinaus erstrebte Wagener eine Ordnung des Staates, die den Bestand der Monarchie und den konservativen Grundzug von Staat und Gesellschaft auch in der Epoche der industriellen Entwicklung sicherte: »Die soziale Monarchie sollte eine von unten nach oben hierarchisch gegliederte Gesellschaft als Kuppel überwölben« (Saile, S. 52). Nachdem Wagener wegen Gründerspekulationen 1873 den Staatsdienst verlassen mußte, verlor er seinen Einfluß auf die Politik Bismarcks.

1883 wurde die Krankenversicherung, 1884 die Unfallversicherung und 1889 die Alters- und Invalidenversicherung geschaffen; eine Erweiterung des Arbeiterschutzes lehnte Bismarck ab. Die Sozialgesetzgebung verfehlte durch die Koppelung mit dem gleichzeitig rigoros gehandhabten Sozialistengesetz völlig ihren von Bismarck gewünschten Zweck: die Versöhnung des Arbeiters mit dem Staat. Wenn so auch politisch ohne Wirkung, war sie objektiv von großer Bedeutung: als erste Sozialgesetzgebung in der Welt war sie bahnbrechend und entwicklungsfähig und ein tatsächlicher Beitrag zur sozialen Sicherung der Arbeiter.

2. Katholische und evangelische Antworten auf die soziale Frage 1870–1890

Die Zentrumspartei, die sich während des Jahres 1870 neu konstituiert hatte, sah ihre Aufgabe darin, die kirchen- und kulturpolitischen Anliegen des katholischen Volksteils – im neuen Reich zu einer Minderheit geworden – zu verteidigen und den Einfluß des Christentums im nationalen Staat zu sichern. In den programmatischen Verlautbarungen der Partei fand von Anfang an die meist allerdings sehr allgemein gehaltene Forderung nach einer vom Staat getragenen Sozialpolitik Raum; auch auf den Katholikentagen war seit 1871 die staatliche Hilfe bei der Lösung der sozialen Frage nicht mehr umstritten. An dieser Einstellung änderte sich auch während des Kulturkampfes nichts, wenn auch die Auseinandersetzung mit den sozialen Fragen fast ganz in den Hintergrund trat. Noch vor dem Ende des Kulturkampfes machte sich hier ein Umschwung bemerkbar, der ziemlich genau auf das Jahr 1877 zu datieren ist.

In diesem Jahr, in dem der Arbeiterbischof Ketteler starb, begann die Zentrumsfraktion im Reichstag – unter dem Eindruck der eben veröffentlichten, im Auftrage des Reichstags 1874–1875 durchgeführten Sozialenquete und der sozialdemokratischen Erfolge bei der Reichstagswahl im Januar 1877 – ihre sozialpolitische Aktivität zu entwickeln. Es war kein Zufall, daß gerade ein Neffe Kettelers, Graf Galen, am 19. März 1877 den ersten sozialpolitischen Antrag des Zentrums im Reichstag einbrachte, der eine Vervollständigung der Enquete und eine Änderung der Gewerbeordnung von 1869 im Sinne eines wirksamen Arbeiterschutzes verlangte. Im gleichen Jahr äußerte ein langjähriger Mitarbeiter Kettelers, der Mainzer Domkapitular Moufang, auf dem Katholikentag zur sozialen Frage: »Die Kirche wird hilfreich Hand reichen, aber die Abhilfe ist nur möglich durch das Zusammenwirken aller hierzu von Gott in die Welt gesetzten Faktoren.« Ketteler hatte dem deutschen Katholizismus moraltheologisch und sozialökonomisch ein Kapital angesammelt, das nun in praktische Politik umgemünzt werden konnte. Denn wenn auch der Antrag Galens nach heftigen Debatten im Reichstag abgelehnt wurde, blieb die Parlamentsarbeit des Zentrums von nun an durch sozialpolitische Erwägungen bestimmt; die Fraktion hat sich später bei der Ausgestaltung der Sozialgesetzgebung Bismarcks verdienstvoll eingesetzt. Die parlamentarische Arbeit hat darüber hinaus durch den Zwang zur Auseinandersetzung mit den realen Gegebenheiten wesentlich zur »Entromantisierung« der katholischen Sozialvorstellungen beigetragen.

Das Jahr 1877 ist noch in einer weiteren Beziehung für die katholische soziale Bewegung wichtig: In diesem Jahr gelang es in Essen den Arbeiterwählern des Zentrums, die sich auf den 1869 gegründeten Arbeiterverein stützten, gegen den offiziellen Zentrumskandidaten einen Arbeiter, den Kruppschen Metalldreher Gerhard Stötzel, als Reichstagsabgeordneten durchzubringen (allerdings erst bei der Stichwahl mit Hilfe der Stimmen der Sozialdemokraten). Das war ein Zeichen für eine neue Konstellation der sozialen Kräfte im deutschen Katholizismus: Der Weg zu den katholischen Arbeitervereinen und den interkonfessionellen christlichen Gewerkschaften war beschritten.

Wenn man will, hatte das Jahr 1877 noch in einer anderen Richtung eine zukunftsweisende Bedeutung: In diesem Jahr veröffentlichte ein junger katholischer Geistlicher sein erstes Buch unter dem Titel ›Die soziale Frage und die Bestrebungen zu ihrer Lösung mit besonderer Berücksichtigung der verschiedenen sozialen Parteien in Deutschland‹. Der Verfasser dieses Buches hieß Franz Hitze (1851–1921); er gab seit den achtziger Jahren wie kein anderer der sozialen Bewegung des deutschen

Katholizismus entscheidende Impulse. In diesem Buch, mehr noch in dem 1880 veröffentlichten ›Kapital und Arbeit und die Reorganisation der Gesellschaft‹, das er nach dem Studium von Marx' ›Kapital‹ schrieb, übte Hitze an der kapitalistischen Wirtschafts- und Gesellschaftsordnung eine harte Kritik, unter grundsätzlicher Zustimmung zu den Analysen von Marx, mehr noch denen von Lassalle: so etwa, wenn er von der Konzentration des Kapitals und der Produktion spricht, von der Verelendung der Massen und dem unausweichlichen Zusammenbruch des kapitalistischen Systems. Hitze ist davon überzeugt, daß die mechanisierte Produktionsweise zum Sozialismus führen müsse: entweder zum »sozialdemokratischen Staatssozialismus«, den er als katholische Lösung der sozialen Frage scharf ablehnt, oder zum »konservativen Sozialismus der Stände«, den er vertritt:

»Wir wollen die ständische Gliederung der Gesellschaft gegenüber der Unterschiedslosigkeit des sozialistischen Volksstaates, wir wollen ständische Gleichheit und Freiheit sowohl rechtlich gegenüber junkerlichen, reaktionären Bestrebungen als auch faktisch gegenüber dem Lohnsklaventum des liberalen Kapitalismus« (Kapital und Arbeit).

Die von ihm geforderte »Reorganisation der Gesellschaft« bedeutet keine bedingungslose Restaurierung der mittelalterlichen Stände und Zünfte, wohl aber die Neubildung von Ständen unter den Bedingungen der modernen industriellen Welt. In sieben Stände soll sich die Gesellschaft gliedern: in Groß- und Kleingrundbesitz, Groß- und Kleingewerbe, Groß- und Kleinhandel und Arbeiterstand; diese Stände sollen gesellschaftliche und politische Funktionen haben und damit sowohl das kapitalistische Wirtschaftssystem als auch das politische »Parteienwesen« ersetzen. Diese Neuordnung der Gesellschaft – darüber besteht bei Hitze kein Zweifel – ist nur durch entsprechende staatliche Maßnahmen erreichbar. Mag man auch Hitzes Auffassungen als Rückfall in die Ständeideologie verstehen – gemessen an der durch Ketteler eingeleiteten Neuorientierung –, in der positiven Bewertung der Aufgaben des Staates bei der Lösung der sozialen Frage ging er weit über Ketteler hinaus. Von dieser Position aus konnte Hitze dann bald die Brücke zur praktischen Sozialpolitik schlagen: Wie einst Ketteler konfrontiert mit der sozialen Wirklichkeit, gab er zwar sein Ideal der ständischen Reorganisation der Gesellschaft auf, nicht aber seine Auffassung von der Rolle des Staates. Hitzes Wendung zur sozialpolitischen Praxis – 1881 wurde er Generalsekretär des Verbandes »Arbeiterwohl«, 1882 erfolgte seine Wahl ins Preußische Abgeordnetenhaus, 1884 die in den Reichstag – bedeutete aber weder eine Versöhnung mit der kapitalistischen Gesellschaft noch einen Verzicht auf eine berufsständische Organisation für den Bereich der Wirtschaft.

In der Auseinandersetzung mit Hitzes Ideal der Ständegesellschaft entwickelte ein anderer bedeutender katholischer Sozialtheoretiker seine Anschauungen: Georg Frhr. von Hertling (1843–1919), der spätere Reichskanzler. Hertling war von Haus aus Philosoph und hatte, seit 1876 Zentrumsabgeordneter im Reichstag, vor Hitze das sozialpolitische Referat seiner Fraktion bearbeitet. Seine Leistung bestand vor allem darin, daß er in der Nachfolge Kettelers die Bedeutung des thomistischen Naturrechtes für Zweck- und Zielsetzung der Sozialpolitik herausarbeitete:

»Einzig die Anerkennung gewisser, ein für allemal gegebener und unveränderlicher, weil in der Natur des Menschen und in der sittlichen Ordnung begründeter Grundsätze des Rechts, verleiht den festen Standpunkt, von dem aus sich die grundstürzenden Forderungen des Sozialismus nicht nur mit Gewalt niederschlagen, sondern auch als unbegründet zurückweisen lassen.« – »Die Geltung eines natürlichen Rechts« ist für Hertling »ganz allgemein die erste Voraussetzung einer sicheren und zielbewußten Sozialpolitik« (Naturrecht und Sozialpolitik, 1893).

Hertling bestreitet nun, daß sich aus Christentum und Naturrecht eine für immer gültige Sozial- und Wirtschaftsordnung ableiten läßt; er verneint die »integrale«, in sich geschlossene Sozialreform und setzt an ihre Stelle letzte naturrechtliche Prinzipien, die Inhalt, Ziel und Grenze der Sozialpolitik bestimmen; es geht ihm um die Durchsetzung und Anwendung von konkreten sozialpolitischen Maßnahmen, die die natürlichen, unverzichtbaren Rechte des Menschen zu verwirklichen vermögen: das Recht auf Leben und Existenz vor allem. Mit dieser Auffassung zog Hertling aber auch eine Grenzlinie hin zu jenen, die (wie Bismarck und die Liberalen) in der Sozialgesetzgebung eine neue Form des Almosens sahen; für ihn war sie ein eindeutiger Rechtsanspruch.

Wenn man Hertlings Auffassungen charakterisieren will, so kann man in ihnen vielleicht Ansätze zu einem sozialen Liberalismus sehen; denn die prinzipiell antikapitalistische Einstellung, die viele Katholiken hatten (sei es wegen ihrer Orientierung an einer vom Mittelalter geprägten Ständeordnung, sei es wegen ihrer Einsicht in das soziale Elend), ist bei Hertling aufgegeben: er ordnet die Sozialpolitik in das bestehende Sozial- und Wirtschaftssystem ein. Ein weiterer liberaler Zug zeigt sich an Hertlings Interpretation des »Staatssozialismus«, unter dem er nicht nur die ausschließliche Lenkung der Wirtschaft und Gesellschaft durch den Staat versteht. »Staatssozialismus« ist für ihn bereits eine Sozialpolitik, die weitgehend auf staatlicher Intervention beruht; sie bedeutet für ihn – hier spielen wieder naturrechtliche Vorstellungen hinein – einen »Dauereingriff des Staates in natürliche Persönlichkeits- und Eigentumsrechte« (Bauer); »Staatssozialismus« ist vor allem auch dann gegeben, wenn die Finanzmittel des Staates dauernd zugunsten einer Klasse, also nur eines Teiles der Gemeinschaft, verwendet werden.

Nach Hertlings Ansicht hat der Staat mehr auf den Schutz der Rechte seiner Bürger abgestellte Funktionen. Damit bezog Hertling eine klare Gegenposition zu Hitze: vielleicht läßt sich sagen, daß der eine – Hertling – den rechtsstaatlichen, der andere – Hitze – bereits den wohlfahrtsstaatlichen Standpunkt vertrat. Die Auseinandersetzung über diese Fragen war durchaus kein akademischer Streit: sie hatte in den Jahren 1880–1890 einen nicht geringen Einfluß auf die Haltung der Zentrumsfraktion zu sozialpolitischen Fragen, zumal der Fraktionsführer Windthorst den Standpunkt Hertlings teilte. Nach Windthorsts Tod setzte sich dann unter dem neuen Fraktionsführer Ernst Lieber Hitzes Auffassung durch, der sich schließlich sogar Hertling annäherte. Hitze begründete damit eine Tradition der Sozialpolitik, die bis in die heutige Zeit hineinwirkt.

Eigentlicher Antipode Hertlings war nicht Hitze, wohl aber ein Mann, der Hitzes frühes Ideal der Ständeordnung beeinflußt hat: Karl Frhr. von Vogelsang (1815–1890), ein in Schlesien geborener, bis zu seiner Konversion zum katholischen Glauben (1850) in Mecklenburg, dann in Österreich lebender Publizist, dessen eigentliche Wirksamkeit sich auf die Zeitspanne von 1875 bis zu seinem Tode zusammendrängte, als er in Wien als Redakteur der Zeitung ›Vaterland‹ und Herausgeber der ›Österreichischen Monatsschrift für christliche Sozialreform‹ tätig war.

Vogelsangs Grundidee ist die, »daß der Gesellschaft als unauslöschliches Merkmal das Prinzip der Korporation innewohne, das nun einmal im mittelalterlichen Feudalsystem zwar keine makellose, aber immerhin eine respektable Verwirklichung fand« (Knoll, Vogelsang, S. 74). Dieses der Menschheit innewohnende, »natürliche« Prinzip der ständischen Organisation der Gesellschaft kann auch durch den Kapitalismus nicht ausgelöscht werden. Ihn nennt Vogelsang in seiner scharfen, an Adam Müller, Ketteler, Lassalle und Marx orientierten Kritik den Sündenfall der Menschheit: er verkehre die Ordnung der Dinge, indem er, statt des Menschen, das Kapital zum Zweck der Wirtschaft mache, er zerstöre die organischen Zusammenhänge und verursache alle Krankheitserscheinungen der Zeit: die Auflösung der Familie, die Zerstörung von Gesundheit und Sittlichkeit und die allgemeine Proletarisierung. Sozialpolitik erscheint Vogelsang demgegenüber als ein erfolgloses Kurieren am Symptom; er will eine Sozialreform, die eine neue, zeitgemäße Form der Ständeordnung schafft, aber auf den »alten, ewigheiligen Ideen der christlichen Gesellschaftsordnung«, »auf Gegenseitigkeit, Gerechtigkeit und Treue«, beruht.

Die Voraussetzung für diese Neuorganisierung der Stände ist die Entproletarisierung der Arbeiterklasse, u. a. durch eine »Skala von Anteilrechten des Arbeiters am gewonnenen Mehrwert«, durch einen auf der Basis der Gleichberechtigung entstandenen Gesellschaftsvertrag an Stelle des »unsittlichen« Lohnvertrages; die Fabrikbelegschaft soll eine »industrielle Familie« bilden, in der »man kaum unterscheiden kann, wer Eigentümer des Etablissements ist, ob der Unternehmer oder der Arbeiter«, diese industriellen Familien schließen sich dann zu einem »Stand der an der Großindustrie Beteiligten« zusammen. Hieran wird schon deutlich, daß die Stände bei Vogelsang keinen feudal-autoritären Charakter tragen sollen, auch bei ihm haben sie nicht nur wirtschaftliche und soziale Funktionen, sondern auch politische, aber auf der Basis genossenschaftlich-demokratischer Organisation. So ist auch der Träger des sozialen Königtums die Spitze der ständisch durchorganisierten Pyramide des Volkes, »Endsouverän einer Hierarchie von Souveränitäten«, die z. B. als Zunftmeister eines Handwerksstandes oder als Schultheiß eines kleinen Bauerndorfes »in ihrer Weise als abgestufte Ebenbilder des Königs funktionieren« (Knoll, Der soziale Gedanke, S. 96).

Die ständische Organisation der Gesellschaft, wie sie sich Vogelsang dachte, hat das gemeinsame katholische Bekenntnis aller ihrer Glieder zur Voraussetzung. Diese Grundlage war auch zu Vogelsangs Zeiten, selbst in Österreich, nicht mehr gegeben, der religiös-geistige Absolutheitsanspruch der katholischen Kirche galt seit der Reformation nicht mehr unbestritten, und überall in Europa lebten die Katholiken in zunehmend konfessionell gemischten nationalen Staaten und arrangierten sich in ihnen. Darin mag mit ein Grund gelegen haben, daß Vogelsang zwar in Österreich (sowohl auf den katholisch-konservativen Adel als auch auf die christlich-soziale Bewegung Luegers) einen bedeutenden Einfluß ausübte, weniger aber in Deutschland. Die Arbeiten einer »Freien Vereinigung katholischer Sozialpolitiker«, die im Auftrage des Katholikentages von 1883 unter Leitung des Fürsten Karl von Löwenstein von 1883–1888 tagte, hat Vogelsang nachhaltig beeinflußt, ebenso groß war allerdings auch der Widerspruch gegen die Thesen des Kreises unter den deutschen Katholiken.

Fürst Löwenstein hatte die Arbeit des Kreises unter drei Gesichtspunkte gestellt, die sehr eindrucksvoll die Bedeutung des religionspolitisch-taktischen Elementes – neben dem im Vordergrund stehenden sozialethischen – für die katholische soziale Bewegung zeigen:

»1. Um das Leben im katholischen Volke zu stärken und unter beständiger Führung zu erhalten; 2. um der Regierung gegenüber die politische Bedeutung der Katholiken zu wahren und zu erhöhen; 3. um der sozialen Revolution entgegenzuwirken, eventuell aber, um Einflüsse auf die revolutionäre Bewegung zu gewinnen, welche im Interesse der Kirche zu verwerten sind ... Mit anderen Worten: können wir die soziale Revolution nicht mehr verhindern, so müssen wir uns wenigstens zu ihrem Herrn machen« (vgl. Knoll, Der soziale Gedanke, S. 135).

Auch unter diesem Aspekt wird man die Bemühungen um die Organisierung der katholischen sozialen Bewegung sehen müssen. Auf zwei Organisationsversuche zwischen 1880 und 1890 sei in diesem Zusammenhang besonders hingewiesen: 1880 gründeten katholische Industrielle – an ihrer Spitze der Tuchfabrikant Franz Brandts – im Zusammenwirken mit einigen Geistlichen den Verband »Arbeiterwohl«, dessen Generalsekretär ein Jahr darauf Franz Hitze wurde. Aufgabe des Verbandes sollte die Sammlung, Unterstützung und Förderung der »vorhandenen zerstreuten Glieder der katholischen sozialen Tätigkeit« sein. Der Verband hat durch seine Arbeit die Gründung des »Volksvereins für das katholische Deutschland«, die dann 10 Jahre später erfolgte, ganz entscheidend vorbereitet und überdies unter den katholischen Unternehmern die Einsicht in die Notwendigkeit katholischer Arbeitervereine verbreiten können. Seit 1884 – Papst Leo XIII. hatte in diesem Jahr in seiner Enzyklika ›Humani generis‹ erneut die Bildung katholischer Arbeitervereine angeregt – begannen in Deutschland neben den Gesellenvereinen katholische Arbeitervereine zu wirken: 1889 bestanden 280 Vereine mit 60–65 000 Mitgliedern.

Wenn sich auch die meisten katholischen Sozialtheoretiker bei ihrer Argumentation gegen den Kapitalismus häufig auf Lassalle und Marx beriefen – die Anfang der sechziger Jahre nicht unmöglich erscheinende Vorstellung einer Weggemeinschaft der Katholiken und Sozialisten bei der Lösung der sozialen Frage war längst in erbitterte Feindschaft umgeschlagen: die Sozialisten hielten die Religion für überlebt und sahen die Kirchen – wie immer in der Geschichte – auch jetzt mit den herrschenden Klassen verbunden; die Katholiken bekämpften nicht nur diese – wie ihnen erschien – vom Liberalismus übernommene Religionsfeindschaft, sondern lehnten auch die sozialistischen Zielvorstellungen als Irrlehren und als unvereinbar mit dem »christlichen Naturrecht« ab (s. auch Hertlings Äußerung auf S. 79). Ketteler hatte schon auf dem Katholikentag von 1871 – sicher mit aus tiefer Enttäuschung resultierender Bitterkeit – den Sozialismus »als echten und berechtigten Erben des Liberalismus« und als »eine der verderblichsten Verirrungen des menschlichen Geistes« gekennzeichnet und 1875 – in Auseinandersetzung mit dem Gothaer Programm der vereinigten sozialdemokratischen Parteien – verneint, daß »ein katholischer Arbeiter Mitglied der sozialistischen Arbeiterpartei« sein könne. Das Zentrum hat dann nach 1878 zwar das Sozialistengesetz als ungesetzliches und ungerechtes Mittel der Bekämpfung der Sozialdemokratie abgelehnt (wenn auch nicht immer geschlossen), aber die Notwendigkeit der Bekämpfung nicht bestritten: »Ich will die Sozialdemokratie bekämpfen auf Leben und Tod, mit jedem gesetzlichen Mittel«, sagte Windthorst einmal im Reichstag.

Die deutschen Katholiken kämpften so an mehreren Fronten: gegen Liberalismus und Staatsallmacht (im Kulturkampf), gegen Kapitalismus und Sozialismus. Nach dem Ende des Kulturkampfes verschob sich sogar das Schwergewicht des Angriffs: Der eigentliche Gegner schien jetzt der Sozialismus zu sein, während gegenüber dem Kapitalismus bald zwischen einem »sittlichen, sozialen Kapitalismus« und einem »falschen«

Kapitalismus, dem Mammonismus, unterschieden werden sollte. Hitze hatte 1884 auf dem Katholikentag zur Gründung katholischer Arbeitervereine mit den Worten aufgerufen: »Nur die Religion mit ihrer Macht über Gemüter und Leidenschaften... schütze gegen sozialdemokratische Verführung. Die Sozialdemokratie müsse isoliert und Organisation gegen Organisation gestellt werden«; er hatte aber auch nicht vergessen, darauf hinzuweisen, daß die Sozialdemokratie »nicht bloß eine intellektuelle Verirrung« sei, »sie erwachse aus den sittlichen Notständen unseres Volkes«. Die Erkenntnis, daß eine fortschrittliche Sozialpolitik und die bisherigen eigenen organisatorischen Bemühungen auf die Dauer nicht genügen würden, um das Anwachsen der Sozialdemokratie einzudämmen, führte 1890 zur Gründung des »Volksvereins für das katholische Deutschland«; in seinem Gründungsaufruf hieß es:

»Schwere Irrtümer und bedenkliche Umsturzpläne treten überall in Erscheinung, die bestehende Staats- und Gesellschaftsordnung ist in ihrer Grundlage bedroht. Die Sozialdemokratie ist es vor allem, welche diese Irrlehren nicht nur verbreiten, sondern auch praktisch ins Leben einführen will ... Katholische Männer aus allen Teilen Deutschlands traten dieserhalb zu wiederholter ernster Beratung zusammen und kamen nach reiflicher Überlegung zu dem Entschlusse, einen Verein zu bilden, dessen Zweck sei, die Irrtümer und Umsturzbestrebungen auf sozialem Gebiete zu bekämpfen und die christliche Gesellschaftsordnung zu verteidigen ...«

Auch die evangelische Kirche hatte inzwischen ihre Antwort auf den Sozialismus gegeben: Im Januar 1878 gründete in Berlin einer der Hofprediger Kaiser Wilhelms I. und Leiter der Inneren Mission in Berlin, Adolf Stöcker (1835–1909), die »Christlich-soziale Arbeiterpartei«; die einleitenden Sätze ihres Programms lauteten:

»Die christlich-soziale Arbeiterpartei steht auf dem Boden des christlichen Glaubens und der Liebe zu König und Vaterland. Sie verwirft die gegenwärtige Sozialdemokratie als unpraktisch, unchristlich und unpatriotisch. Sie erstrebt eine friedliche Organisation der Arbeiter, um in Gemeinschaft mit den anderen Faktoren des Staatslebens die notwendigen praktischen Reformen anzubahnen.«

Stöcker, kein Theoretiker, noch nicht einmal ein besonders guter Theologe, aber ein glänzender Prediger und mitreißender Agitator, wurde zu seiner Parteigründung durch Rudolf Todt (1838–1887), evangelischer Pfarrer in Barenthin, angeregt, der 1877 ein in evangelischen Kreisen aufsehenerregendes Buch veröffentlicht hatte: ›Der radikale deutsche Sozialismus und die christliche Gesellschaft‹. In diesem Buch versuchte er zu beweisen, daß der Sozialismus – wenn man von seinem Atheismus absehe – besonders mit seinem kommunistischen Prinzip und der Idee der Republik dem Neuen Testament nicht widerspreche. Todt gründete 1877 auch den »Zentralverein für Sozialreform«, der allerdings bis zu seinem Anschluß an die »Christlich-soziale Partei« 1881 ein akademisches Diskussionsforum blieb. An Stöckers Programm hatte aber vor allem der Berliner Professor Adolph Wagner (1835–1917) mitgewirkt, einer der führenden Kathedersozialisten.

Die Kathedersozialisten – diesen Namen erhielten sie von ihren liberalen Gegnern – waren eine Gruppe von Nationalökonomen, die sich für soziale Reformen im Rahmen des bestehenden Staates einsetzten. Als Forum und Sprachrohr zur Vertretung ihrer sozialreformerischen Ideen schufen sie 1872 den »Verein für Sozialpolitik«. Wagner vertrat in diesem Kreis einen christlich-evangelisch geprägten Staatssozialismus, sein Berliner Kollege Gustav Schmoller (1838–1917) bezog seinen Staatssozialismus auf idealisierte preußische Traditionen, Lujo Brentano (1844–1931), Professor in München, dagegen gab als kritischer Liberaler genossenschaftlichen Organisationen nach englischem Vorbild den Vorzug. Von den Forderungen der Kathedersozialisten wurde vieles in der staatlichen Sozialgesetzgebung nach 1880 verwirklicht; der »Verein für Sozialpolitik« aber verlor zunehmend seinen agitatorischen Charakter und wurde mehr und mehr ein Forum wissenschaftlichen Meinungsaustausches.

Stöcker hatte als Leiter der Inneren Mission in Berlin (Stadtmission) die Not der Arbeiter kennengelernt; er hatte erfahren, warum die Arbeiter, auch solche, die noch nicht mit der Kirche zerfallen waren, sozialdemokratisch wählten: weil diese Partei allein die Interessen der Arbeiter vertrat; er hatte erkennen müssen, daß die Kirche als »schwarze Polizei« der herrschenden Klassen und die Caritas als Mittel zur Beruhigung ihrer Gewissen abgelehnt wurde. Stöcker war ein Mann, der theologisch, kirchlich, aber auch politisch ganz im orthodoxen preußischen Konservativismus wurzelte. Für ihn war es daher die entscheidende Frage, »wie man die Arbeiterklasse der protestantischen Kirche – und zugleich der eng mit ihr verbunden gedachten preußischen Monarchie – eingliedern könne« (Frank, S. 38). Die Antwort auf diese Frage gab er der Öffentlichkeit mit der Schaffung einer politischen Organisation, der »Christlich-sozialen Arbeiterpartei«. Sie war im Grunde nicht mehr als eine Wahlorganisation der Konservativen Partei für die großstädtischen Arbeiter (sie blieb ohnehin auf Berlin beschränkt), um diese – wie die Landarbeiter – fest an das patriarchalisch-autoritäre System zu binden. Den Arbeitern ließ das Programm keinen Raum für irgendwelche politische und soziale Initiative: Sie sollten sich mit dem Staat versöhnen und ihn stützen, während er nach eigenem Ermessen ihre soziale Lage verbessern würde. Die Berliner Arbeiter gaben Stöcker bei den Reichstagswahlen im Juli 1878 ihre Antwort: in ganz Berlin erhielt die »Christlich-soziale Arbeiterpartei« 1421 Stimmen gegenüber 56000 Stimmen für die Sozialdemokraten (1890 dann mit 125000 Wählern die stärkste Partei in Berlin).

Stöcker war gegenüber den Arbeitern gescheitert – isoliert übrigens auch im eigenen Lager, wo man kaum Verständnis für seine »sozialen Experimente« aufbrachte, geschweige denn ihm zu helfen gedachte. Er wandte sich nun – unter Aufnahme antisemitischer Parolen – dem kleinen Mittelstand zu, um auch hier den Einfluß der Kirche zu sichern und ein Abwandern nach links zu verhindern – 1881 wurde dann auch folgerichtig das Wort »Arbeiter« im Namen der Partei aufgegeben. Stöcker hatte mit dieser neuen politischen Initiative vorübergehend mehr Erfolg und konnte auch die Konservative Partei, die er im Reichstag vertrat, einige Zeit in kirchlich-orthodoxem und antisemitischem Sinne beeinflussen.

Seit 1882 gab es »Evangelische Arbeitervereine«, von der evangelischen Geistlichkeit patriarchalisch geleitet mit dem Ziel der »Pflege des freundschaftlichen Verhältnisses zwischen Arbeitgebern und Arbeitnehmern«; darüber hinaus waren sie als ein Sammelbecken für kirchlich gesinnte protestantische Arbeiter und Handwerker gedacht, um den katholischen und sozialdemokratischen Einfluß abzuwehren. Die evangelischen Arbeitervereine gaben sich 1890 mit Unterstützung Stöckers im »Gesamtverband der Evangelischen Arbeitervereine Deutschlands« (40000 Mitglieder) eine feste Organisation; aber nicht von ihnen, sondern von einer Gruppe junger evangelischer Pastoren unter der Führung von Friedrich Naumann gingen nach 1890 neue Initiativen aus.

Seit 1869 war die deutsche Arbeiterbewegung organisatorisch gespalten in den von Lassalle gegründeten Allgemeinen Deutschen Arbeiterverein und die von Bebel und Liebknecht geführte Sozialdemokratische Arbeiterpartei. Die politischen Differenzen blieben nicht im Rahmen dieser organisatorischen Spaltung, sondern wurden auch innerhalb der beiden Gruppen ausgetragen. Das zeigte sich besonders deutlich, als bei Ausbruch des Deutsch-Französischen Krieges über die Bewilligung der Kriegskredite abgestimmt wurde: die »Eisenacher« Bebel und Liebknecht enthielten sich im Norddeutschen Reichstag der Stimme, der »Eisenacher« Fritzsche stimmte ihnen jedoch zu wie J. B. von Schweitzer, der Abgeordnete der Lassalleaner, bei denen die nationale Haltung in der Konsequenz ihrer politischen Linie lag. Bebel und Liebknecht begründeten ihre Stimmenthaltung damit, daß sie »als prinzipielle Gegner jedes dynastischen Krieges, als Sozial-Republikaner und Mitglieder der Internationalen Arbeiterassoziation« sich »weder direkt noch indirekt« für den Krieg erklären könnten. Der sogenannte »Braunschweiger Ausschuß«, das offizielle Führungsgremium der »Eisenacher«, war dagegen der Meinung, daß auch die Sozialisten »als Deutsche für Deutschland einzustehen« hätten. Als nach dem Sturz Napoleons III. der Krieg gegen die Republik Frankreich weiterging, erklärten sich die Eisenacher – später auch die Lassalleaner – gegen die Fortführung des Krieges und die geplante Annexion Elsaß-Lothringens durch das Deutsche Reich; sie standen auch – im Gegensatz zu den Lassalleanern – der Bismarckschen »Eisen- und Blutlösung« zur Schaffung der deutschen Einheit ablehnend gegenüber.

Diese Ablehnung hatte keine revolutionär-marxistischen Wurzeln, bedeutete keine Entscheidung zwischen pazifistischem Internationalismus und machtstaatlichem Nationalismus: Ein Votum für die Kriegskredite wäre für Bebel und Liebknecht gleichbedeutend gewesen mit einem Vertrauensbeweis für den »preußischen Partikularismus und Militarismus«, für den »Erzfeind« der Freiheit und der freiheitlichen Einigung Deutschlands. Auch sie erstrebten die Einigung Deutschlands, aber – die demokratischen Traditionen von 1848 weiterführend – nicht durch »Eisen und Blut«, sie wollten durch »Freiheit zur Einheit« und nicht durch »Einheit zur Freiheit«. Die Lassalleaner dagegen hatten längst – auch hier

Lassalle folgend – den Führungsanspruch Preußens anerkannt. Sicher waren es mehr als taktische Unterschiede, die beide Gruppen in der Frage der Einigung Deutschlands trennten, den existentiellen Kern der Emanzipationsbewegung der Arbeiter berührten sie nicht. Hier gab es so weitgehende Übereinstimmung, daß sich 1875 in Gotha die organisatorische Einigung beider Gruppen – unter dem Druck der Verfolgung und der Unterdrückung durch den neuen deutschen Staat – ohne wesentliche Richtungsänderung vollziehen konnte. Schon bei den folgenden Reichstagswahlen von 1877 erhielt die neue Partei – die Sozialistische Arbeiterpartei Deutschlands – eine halbe Million Stimmen und 13 Mandate. Jetzt marschierten nicht mehr nur Arbeiterbataillone, wie sie sich Lassalle einst erhofft hatte, sondern – wie damals eine nationalliberale Zeitung schrieb – »Regimenter, Brigaden, Divisionen, ja mehr, ganze Armeekorps«.

Wenn die Sozialdemokraten sich als »Reichsfeinde« betrachteten, wenn sie das Deutsche Reich geradezu als den Ausdruck der Klassenherrschaft bezeichneten, wenn sie davon überzeugt waren, daß diesem undemokratischen und unsozialen System »kein roter Heller bewilligt werden« dürfe (Bebel) – sie lehnten damit nicht den Staat schlechthin ab. Auch Liebknecht und Bebel (der seinen Standpunkt später allerdings modifizierte) teilten nicht die Auffassung von Marx und Engels über das Absterben des Staates, sondern verstanden ihn in der gleichen Weise wie Lassalle und seine Anhänger: daß es sein Zweck sei, »das menschliche Wesen zur positiven Entfaltung und fortschreitenden Entwicklung zu bringen« (Lassalle, Arbeiterprogramm). Ähnlich verhielt es sich mit dem sozialistischen Bekenntnis zum Internationalismus: Es fehlte zwar nicht die Überzeugung, daß nur eine international geeinte Arbeiterklasse die kapitalistische Gesellschaft mit Erfolg werde bekämpfen können, ebenso stark aber war das Bewußtsein einer weltbürgerlich akzentuierten Verpflichtung gegenüber den Ideen der Aufklärung, des Humanismus und der Französischen Revolution und eine brüderliche Verbundenheit mit der internationalen Arbeiterklasse – auch hieran zeigt sich, wie sehr die deutsche Sozialdemokratie in der deutschen demokratisch-liberalen Tradition stand –: ein so begründeter Internationalismus schloß die Anerkennung nationaler Verpflichtungen nicht aus.

Im Gothaer Programm von 1875 hieß es u. a. über die Ziele der Sozialistischen Arbeiterpartei, daß sie

»mit allen gesetzlichen Mitteln den freien Staat und die sozialistische Gesellschaft, die Zerbrechung des ehernen Lohngesetzes durch Abschaffung des Systems der Lohnarbeit, die Aufhebung der Ausbeutung in jeder Gestalt, die Beseitigung aller sozialen und politischen Ungleichheit« erstrebe.

»Mit allen gesetzlichen Mitteln« wollten die Sozialdemokraten ihre Ziele – den freien Volksstaat und die sozialistische Gesellschaft – erreichen; zu diesen Mitteln gehörten nach dem Gothaer Programm das allgemeine Wahlrecht und »sozialistische Produktionsgenossenschaften mit Staatshilfe unter demokratischer Kontrolle des arbeitenden Volkes«. Bedeutete das einen Verzicht auf Revolution? Führende Sozialdemokraten hatten immer wieder auf die Möglichkeit hingewiesen, durch Reformen dem Ausbruch einer Revolution vorbeugen zu können – unterschätzten sie also doch den Klassencharakter des Staates? Andererseits waren sie der Überzeugung, daß durch die unausweichliche Verschärfung der Klassengegensätze die Entwicklung notwendig zur Revolution führen müsse. Die Sozialdemokraten forderten auch nicht offen die demokratische Republik – welchen Sinn aber hatten Forderungen, die nur in einer demokratischen Republik zu verwirklichen waren? Marx hatte das in seiner harten Kritik des Gothaer Programms mit der ihm eigenen Schärfe des Denkens erkannt:

»Da man nicht den Mut hat – und weislich, denn die Verhältnisse gebieten Vorsicht –, die demokratische Republik zu verlangen . . . so hätte man auch nicht zu der weder ›ehrlichen‹ noch würdigen Finte flüchten sollen, Dinge, die nur in einer demokratischen Republik Sinn haben, von einem Staat zu verlangen, der nichts anderes als ein mit parlamentarischen Formen verbrämter, mit feudalem Beisatz vermischter, schon von der Bourgeoisie beeinflußter, bürokratisch gezimmerter, polizeilich gehüteter Militärdespotismus ist, und diesem Staat obendrein noch zu beteuern, daß man ihm dergleichen ›mit gesetzlichen Mitteln‹ aufdringen zu können wähnt.«

Die Widersprüche lassen sich nicht auflösen, bestenfalls deuten: 1. Die bei Marx durch die »dialektische Einheit von Theorie und Praxis« erklärbare Spannung zwischen der Gewißheit über den gesetzmäßigen Ablauf der geschichtlichen Entwicklung hin zur Revolution und dem Willen zu revolutionärer Aktivität, zum Eingreifen in den geschichtlichen Prozeß, vergröberte sich im politischen Bewußtsein der deutschen Sozialdemokraten zum bloßen Widerspruch. 2. Der Begriff der Revolution wurde in einem doppelten Sinne verstanden: Revolution als spontaner, ungesetzlicher Aufruhr (gegen ihn sollten Reformen vorbeugend wirken) und Revolution auf Grund einer Mehrheitsentscheidung des Volkes, durchgeführt also mit demokratischer Legitimation. Nur diese Form der Revolution war Gegenstand der theoretischen Überlegungen der deutschen Sozialdemokraten. Eine solche legale Revolution konnte unter Umständen nichts anderes sein als eine konsequente Reformpolitik. 3. Eine eindeutige Äußerung darüber, auf welchem Wege nun das Ziel der Arbeiteremanzipation erreicht werden sollte, gab es nicht. Die politische Praxis der Partei im neuen Deutschen Reich war im Gegensatz zu den meisten Äußerungen zur Theorie reformistisch. – Die Übernahme der Theorien von Marx und Engels während des Sozialistengesetzes sollte diese Widersprüche noch vertiefen.

Dem Sozialistengesetz waren jahrelange polizeiliche Unterdrückungs- und Verfolgungsmaßnahmen vorausgegangen; so wurden Bebel und Liebknecht 1872 in einen Hochverratsprozeß verwickelt und zu zwei Jahren Festungshaft verurteilt. Auf Grund des Sozialistengesetzes wurden die Organisationen der Partei aufgelöst, fast alle Zeitungen verboten, man schätzt, daß etwa 1500 Personen zu Gefängnis- und Zuchthausstrafen verurteilt, 900 Personen ausgewiesen, viele zur Emigration gezwungen wurden. Die Praxis der Partei blieb – grundsätzlich (nach der Ausschaltung anarchistischer Bestrebungen) von niemandem bestritten – legal. Dem widersprach im Grunde auch nicht die Streichung des Wortes »gesetzlich« aus dem Gothaer Programm auf dem 1880 in Wyden/Schweiz abgehaltenen Parteikongreß; denn die Streichung sollte nur zum Ausdruck bringen, daß die Partei gewillt war, auch unter den Bedingungen der ihr aufgezwungenen Illegalität ihre Arbeit fortzusetzen. Das erste Flugblatt, das 1878 illegal verbreitet wurde, enthielt die folgende Aufforderung an die Mitglieder:

»Laßt Euch nicht provozieren! . . . Weist die Versuche ab, die Euch zu geheimen Verbindungen oder Putschen reizen wollen! Haltet fest an der Losung, die wir Euch so oft zugerufen: An unserer Gesetzlichkeit müssen unsere Feinde zugrundegehen.« (Auer, S. 99)

Dies blieb die unerschütterliche Überzeugung der Parteiführung; als dann 1890 der Reichstag das Sozialistengesetz nicht verlängerte, galt diese Taktik als ganz und gar gerechtfertigt, und Wilhelm Liebknecht konnte sagen: »Auf die Dauer muß die brutale Gewalt moralischen Faktoren, der Logik der Ereignisse weichen.« Trotz des Sozialistengesetzes waren auch die für die Partei abgegebenen Stimmen nach vorübergehender Depression weitergewachsen: 1871 124000 (3,2%), 1874 352000 (6,8%), 1877 493000 (9,1%), 1878 437000 (7,5%), 1881 312000 (6,1%), 1884 550000 (9,7%), 1887 763000 (7,1%), 1890 1,427 Mill. (19,7%).

Welche psychologischen Folgen das Gesetz und seine Anwendung hatten, zeigt eindrucksvoll eine Äußerung Bebels in seinen Erinnerungen über seine Ausweisung aus Leipzig im Jahre 1880:

»Ich befand mich damals in der denkbar schlimmsten Stimmung. Daß man uns wie Vagabunden und Verbrecher ausgewiesen und ohne eine gerichtliche Prozedur von Weib und Kind gerissen hatte, empfand ich als eine tödliche Beleidigung, für die ich Vergeltung geübt, hätte ich die Macht gehabt. Kein Prozeß, keine Verurteilung hat je bei mir ähnliche Gefühle des Hasses, der Er- und Verbitterung hervorgerufen, als jene sich von Jahr zu Jahr erneuernden Ausweisungen, bis endlich der Fall des unhaltbar gewordenen Gesetzes dem grausamen Spiel mit menschlichen Existenzen ein Ende machte.« (Aus meinem Leben, Bd. 3)

Das Sozialistengesetz stellte die Arbeiterschaft als »vaterlandslose Gesellen« außerhalb des deutschen Staates, den sie seit der Revolution von 1848 mindestens ebensosehr gewünscht hatte wie das Bürgertum. Erst jetzt wuchs aus der Enttäuschung über das Verhalten des Staates, dessen grundsätzliche Bedeutung für die Arbeiter-Emanzipation ja seit Lassalle hochgeschätzt wurde, eine – wie Bebel selbst bekennt – von Haß und Erbitterung erfüllte Staatsfeindschaft. Erst jetzt erhielten die Lehren von Marx und Engels jene Bedeutung für die deutschen Arbeiter, die Marx schon 1875 fälschlich annahm, als er davon sprach, daß die Parteiführer mit dem Gothaer Programm ein »ungeheuerliches Attentat auf die in der Parteimasse verbreitete Ansicht« begingen. Neben Eduard Bernstein (1850–1932), dem Redakteur des erst in der Schweiz, dann in London erscheinenden Parteiorgans ›Der Sozialdemokrat‹, arbeitete vor allem Karl Kautsky mit seiner 1883 gegründeten Zeitschrift ›Neue Zeit‹ für die Verbreitung der Theorien von Marx und Engels. Überschätzen darf man allerdings die Übernahme der Lehren von Marx und Engels durch die deutschen Arbeiter nicht. Sie kannten jetzt das Kommunistische Manifest und den 1. Band des ›Kapital‹, dessen Gedanken sie sich wohl meist mit Hilfe einer der vielen Popularisierungen (vor allem Karl Kautskys) zu eigen machten. Wesentlich für sie war auch nicht ein differenziertes Marx-Verständnis; was sie brauchten, um als aus der eigenen Nation Ausgeschlossene bestehen zu können, und was sie bei Marx zu finden glaubten, war die Gewißheit des zwangsläufigen Zusammenbruchs der bürgerlichen Gesellschaft und des Sieges des Sozialismus. Die aufgezwungene Isolierung hatte unter Parteiführern und Anhängern die Überzeugung gefestigt, daß die Arbeiterbewegung keinen Bundesgenossen hatte, daß die Befreiung der Arbeiter ausschließlich das Werk der Arbeiterklasse selbst sein müsse: Eine radikale, von allen bürgerlich-liberalen Resten gereinigte Weltanschauung wandelte die unerträgliche Isolierung in eine selbstbewußte, der Zukunft sichere Einsamkeit um. Aber auch die aggressive Sprache von Marx und Engels, die so eindrucksvoll ihre revolutionäre Radikalität spiegelte, entsprach ganz und gar jener »denkbar schlimmsten Stimmung« des Hasses, der Verbitterung und der Empörung, die die Arbeiter während des Sozialistengesetzes allgemein beherrschte. Trotz, vielmehr gerade wegen der legalen Praxis der Partei unter dem Gesetz wuchs also das Bedürfnis nach einer radikalen Weltanschauung. Wenn aber jetzt Marx und Engels ihr Mißtrauen gegenüber der deutschen Arbeiterbewegung langsam einzuschränken begannen, so beruhte dies auf einem Mißverständnis: die deutsche Sozialdemokratie war auch unter dem Sozialistengesetz keine revolutionäre, zur Macht drängende Partei geworden, sie blieb eine der »normalen Berufsparteien der europäischen Arbeiter« (Rosenberg, Demokratie).

Diesen Charakter einer Berufspartei der Arbeiter und die mit ihr verbundene Tendenz zu einer reformistischen Praxis hatte die auf die Arbeit im Parlament konzentrierte Tätigkeit der Partei unter dem Sozialistengesetz besonders ausgeprägt. Die Führung der Partei ging auf die Reichstagsfraktion über; mehr und mehr erschien die parlamentarische Arbeit, basierend auf den wachsenden Wahlerfolgen der Partei, als der richtige Weg zur Machtgewinnung. Diese Tendenz blieb nicht unbestritten, war Anlaß zu offenen Konflikten schon während der Zeit der Unterdrückung und führte in den neunziger Jahren zur Bildung eines radikalen linken Flügels. Schon während des Sozialistengesetzes bestand also objektiv die Diskrepanz zwischen dem Radikalismus in der Theorie und dem Reformismus in der Praxis, subjektiv bestand sie nicht, wie ein frühes Zeugnis sozialdemokratischen Selbstverständnisses zeigt; Ignaz Auer

(1836–1907), später einflußreicher Sekretär der Partei, schrieb 1880 im ›Sozialdemokrat‹:

»Eine Partei der bloßen Revolution . . . ist die deutsche Sozialdemokratie nie gewesen und das soll und das will sie auch heute, trotz dem Ausnahmegesetz, nicht werden. Die Kraft der deutschen Sozialdemokratie bestand und besteht darin, daß sie tatsächlich die Vertreterin des politisch denkenden Arbeiters ist . . . Wollen wir bloß eine Sekte sein, dann können wir uns den Luxus der Revolutionspartei aus Prinzip gestatten; wollen wir aber die Partei der deutschen Arbeiter bleiben, wollen wir nach wie vor der Hort und die Hoffnung des deutschen Proletariats bleiben, dann muß im Vordergrund unseres Strebens das Verlangen stehen, auf dem Wege der friedlichen – ich sage nicht der gesetzlichen – Propaganda auf politischem und wirtschaftlichem Gebiet Reformen und Umwälzungen herbeizuführen, die der arbeitenden Bevölkerung zum Nutzen gereichen und zugleich uns um eine Etappe dem sozialistischen Staate näher bringen.« (Vgl. Bernstein, Ignaz Auer, S. 37ff.)

1. Soziale Lage und soziales Selbstverständnis der Arbeiter vor 1914

Das »goldene Zeitalter der Weltwirtschaft« – jene drei Jahrzehnte vor dem Ausbruch des Ersten Weltkrieges – brachte für Deutschland weiterhin eine Zeit ungebrochener wirtschaftlicher Aufwärtsentwicklung. Im Jahre 1871 wurden in Deutschland – um die wirtschaftliche Entwicklung an nur einem Beispiel zu demonstrieren – 1,6 Mill. t Roheisen erzeugt, 1910 betrug die Roheisenerzeugung (mit Einschluß von Luxemburg) 14,8 Mill. t; mit dieser Produktionsziffer hatte Deutschland alle anderen europäischen Länder überflügelt (Großbritannien produzierte im gleichen Jahr 10,2 Mill. t Roheisen). Kennzeichnend für diese Jahre der deutschen Wirtschaftsentwicklung war die Monopol- und Trustbildung: Das Rheinisch-Westfälische Syndikat kontrollierte z. B. fast 100% der Steinkohlenproduktion seines Gebietes; die Elektro-Industrie war auf zwei Riesenkonzerne konzentriert: AEG und Siemens; auf die fünf größten Banken in Berlin – Deutsche Bank, Disconto-Gesellschaft, Dresdner Bank, Darmstädter Bank und Schaffhausenscher Bankverein – entfielen 1910 fast 50% aller Bankeinlagen; noch vor dem Ersten Weltkrieg begann der Prozeß der Verschmelzung der Großbanken, und es wuchs die gegenseitige Abhängigkeit und Verflechtung zwischen Industriekonzernen und Banken, so daß bald jede Großbank eine enge Verbindung zu einer der führenden Industriegruppen besaß.

Die gewaltige wirtschaftliche Expansion verdeutlicht auch die Tatsache, daß sich die Zahl der Industriearbeiter zwischen 1887 und 1914 verdoppelte; der Prozentsatz der Arbeitslosigkeit lag in jenen Jahren gleichbleibend etwas über 2%. Die Reallöhne stiegen – bei zunehmender Tendenz zur Arbeitszeitverkürzung – in Deutschland stärker als in anderen Industriestaaten (zwischen 1885 und 1910 um 100%); und während der Durchschnittslohn zwischen 1895 und 1907 um 37,5% stieg, erhöhten sich die Lebenshaltungskosten nur um 22,5%. Hinzu kamen die Leistungen der Arbeiterversicherungen: um 1900 gab es bereits 5 ½ Millionen Versicherte, an die über 5 Milliarden Mark (1912 10 Milliarden) ausbezahlt wurden.

Mit dem Regierungsantritt Kaiser Wilhelms II. begann unter dem preußischen Handelsminister Frhr. von Berlepsch (später unter dem Leiter des Reichsamtes des Innern, Graf Posadowsky-Wehner) ein weiterer, wenn auch nicht ungebrochener Ausbau der deutschen Sozialgesetzgebung, vor allem im Hinblick auf den Arbeiterschutz und auf gewisse arbeitsrechtliche Sicherungen. 1891 wurden die entsprechenden Titel der Reichsgewerbeordnung durch das sogenannte »Arbeiterschutzgesetz« neugefaßt; die Reichsgewerbeordnung enthielt u. a. nunmehr Vorschriften über die Verhütung von Gefahren für Leben und Gesundheit der Arbeiter, Bestimmungen über die Arbeitszeit (Sonntagsruhe in der Industrie, elfstündige Arbeitszeit für Arbeiterinnen, Zehnstundentag und Verbot der Nachtarbeit für jugendliche Arbeiter, letzteres auch für Frauen), das Verbot der Beschäftigung von Kindern unter 13 Jahren in Industriebetrieben sowie eine Bestimmung über die mögliche Bildung von Arbeiterausschüssen in den Betrieben. Weitere gesetzliche Bestimmungen über den Schutz der Kinder, Jugendlichen und Frauen wurden 1900 (Neufassung der einschlägigen §§ der Reichsgewerbeordnung), 1903 (sogen. »Kinderschutzgesetz«) und 1908 (im Anschluß an die Internationale Berner Konvention) erlassen. Bereits 1890 wurden Gewerbegerichte zur Regelung von Streitigkeiten zwischen Arbeitern und Unternehmern geschaffen; das 1900 in Kraft tretende Bürgerliche Gesetzbuch schuf die Rechtsgrundlagen für alle Arbeitsverträge. Auch für die neue soziale Schicht der Angestellten wurde nach der Jahrhundertwende eine Reihe von sozialen und rechtlichen Schutzmaßnahmen erlassen: 1900 durch eine Novelle zur Gewerbeordnung Bestimmungen über Ladenschluß, Mindestruhezeit und Unfallverhütung, 1904 das Kaufmannsgerichtsgesetz, 1911 das Angestelltenversicherungsgesetz.

Wer jedoch die wirtschaftliche und soziale Situation des deutschen Industriearbeiters vor 1914 in ihrer nüchternen Wirklichkeit begreifen will, muß sich bewußt machen, daß das Durchschnittseinkommen von 800 bis 900 Mark im Jahr bei den Wohnungs- und Lebensmittelpreisen gerade gestattete, mit einer nicht allzu großen Familie ohne schwere Nahrungssorgen zu leben. Eine Industriearbeiterfamilie war vor 1914 meist nicht in der Lage, gleichzeitig sich satt zu essen, gesund zu wohnen und ausreichende Kleidung zu haben. Die Mitarbeit der Frauen – in der Fabrik oder in Heimarbeit – war daher – gerade in kinderreichen Familien – eine harte Notwendigkeit. Ein besonders düsteres Kapitel bildeten die Wohnverhältnisse: noch

1895 zählte man in Berlin annähernd 25 000 Wohnungen, die aus einem Zimmer bestanden, das von sechs und mehr Personen bewohnt wurde; meist waren es Hinterhauswohnungen, ohne Fenster zur Straße, sonnen- und lichtlos im Schatten der gegenüberliegenden Mauer. Schlafleute, d. h. meist junge ledige Arbeiter und Arbeiterinnen, die nur eine Schlafstelle – ein Bett (oder einen Teil eines Bettes) – in einem fremden Haushalt hatten, auf das sie am Tage keinen Anspruch besaßen, gab es zur gleichen Zeit in Berlin noch beinahe 80 000. Ein Familienleben im überkommenen bürgerlichen und bäuerlichen Verständnis konnte es unter solchen Umständen nicht geben; im Berliner Norden befand sich – wie auch in anderen Großstädten – in jedem dritten Haus eine Kneipe, wo am Abend und am arbeitsfreien Sonntag die tagsüber obdachlosen Schlafleute und die des Lärms und der Enge ihrer Wohnungen überdrüssig gewordenen Familienväter ihren Kummer mit Alkohol betäubten.

Als bei einer Umfrage über die Lebensgewohnheiten der Industriearbeiter einige Jahre vor dem Ersten Weltkrieg ein Berliner Metallarbeiter u. a. auf den Erhebungsbogen, wohl mehr der bürgerlichmoralischen Konvention als der eigenen Lust gehorchend, schrieb, er fände sein Vergnügen mehr in der Familie als im Wirtshaus, kritzelte seine Frau unter die Worte ihres Mannes den beinahe klassisch zu nennenden Ausspruch: »Oller Suffkopp, behandle Du mich so, wie Du vom Arbeitgeber behandelt zu werden wünschest.«

Für die meisten deutschen Arbeiter gab es vor 1914 wenig persönliche Hoffnungen: für sich selbst wagten sie kaum noch etwas zu erhoffen, für ihre Kinder um so mehr;* nicht nur die längst noch nicht überwundenen materiellen Existenzsorgen bedrückten sie, es erbitterten sie vor allem die absolute Abhängigkeit im Arbeitsprozeß von »denen da oben«, dem Arbeitgeber, dem Kapitalisten, dem Werkmeister, und die als unaufhebbar verstandene materielle und geistige Gebundenheit an ihren niedrigen sozialen Status. Ihre Wünsche kreisten daher immer wieder um die gleichen Dinge: mehr verdienen, weiterbilden, unabhängig sein, ein Häuschen mit Land, eine Wohnung, am liebsten »eine kleine Wirtschaft mit etwas Acker und Obstgarten«, »einen kleinen Bauernhof kaufen« oder frei ein Handwerk ausüben.

Der restaurative Zug in der sozialen Orientierung – Bauer,

---

* Für diesen Abschnitt wurden vor allem die Arbeiten von Göhre und Levenstein verwendet; Göhres Arbeit erschien 1891 (also zu Beginn der hier behandelten Zeit), Levensteins Buch einige Jahre vor dem Ersten Weltkrieg.

Handwerker, aber nicht Fabrikarbeiter sein zu wollen – erklärt sich wohl daraus, daß die meisten Industriearbeiter erst in der ersten und zweiten Generation in der Stadt lebten, wo sich ihnen keine neuen sozialen Orientierungsmuster boten, wo sich im günstigsten Falle nur das »mehr Geld verdienen« verwirklichen ließ. Wo die materiellen und geistigen Bedürfnisse ständig unbefriedigt blieben, breitete sich eine gewisse Überschätzung der Güter der fernen bürgerlichen Welt in den Wunschvorstellungen aus und, mit ihr verbunden, kleinbürgerliche Ambitionen: »eine vernünftige Bibliothek«, »ein Klavier«, »ein Fahrrad«, »einen schönen Malkasten«, und immer wieder: gute Kleidung und eine »schöne Wohnung mit Mobiliar«.

Die Wirklichkeitsferne solch individueller Wünsche war den meisten Arbeitern wohl bewußt, und so waren die Zukunftsperspektiven, die sie am stärksten beherrschten, an das kommende Glück ihrer Klasse gebunden, an die Hoffnung auf den Sieg der Sozialdemokratie und auf die Schaffung des Zukunftsstaates. Erst das Klassenbewußtsein, die Überzeugung von dem Sinn und der Notwendigkeit solidarischen Verhaltens mit den Schicksalsgenossen, schuf kollektiv ein Selbstbewußtsein, an dem es individuell so häufig mangelte: »Wir Arbeiter . . . sind die Bahnbrecher der neuen Zeit!« In dieses proletarische Klassenbewußtsein wurden die häufig noch sehr lebendigen Verhaltensmuster der bäuerlich-handwerklichen Standestradition einbezogen, so daß ein eigentümliches proletarisches Standesethos entstand. Das hing auch damit zusammen, daß für die Arbeiterbewegung lange Zeit – noch bis wenige Jahre vor dem Ersten Weltkrieg – das Haupteinzugsgebiet das Handwerk und die handwerklich organisierten Mittelbetriebe bildeten, wie denn auch viele Arbeiterführer aus dem Handwerk kamen: Bebel (Drechsler), Auer und Ebert (beide Sattler), Noske (Korbmacher), Braun und Scheidemann (beide Buchdrucker), Wels (Tapezierer), Wissell (Maschinenbauer), Stegerwald (Schreiner), Jakob Kaiser (Buchbinder).

Erst das kollektive soziale Selbstbewußtsein hob die individuelle Resignation und Hoffnungslosigkeit auf, ließ die tiefe Kluft zu den Angehörigen anderer Klassen ertragen und entfesselte individuelle Energien, für die es im Leben des einzelnen kein Betätigungsfeld mehr gab.

»Hoffnungslos bin ich nicht, denn wer vom Sozialismus so durchdrungen ist wie ich, der glaubt an eine Befreiung wie an ein neues Evangelium.« (So ein 29jähriger Metallarbeiter.)

»Die politische und gewerkschaftliche Bewegung hat erst meinem Wesen Ziel gegeben, meinem Leben Inhalt.« (Ein 39jähriger Metallarbeiter.)

»Ich glaube an die soziale Revolution auf evolutionistischem Wege. Ich bin Optimist von Natur und hoffe nicht, ich weiß. Ob es für mich besser wird im grob materiellen Sinne, weiß ich nicht. Das ist auch nebensächlich. Aber die moderne Arbeiterbewegung beglückt mich und alle meine Freunde durch den wachsenden Strahl der Erkenntnis. Wir begreifen, daß wir nicht mehr Amboß, sondern Hammer sind, die unserer Kinder Zukunft schmieden, und dieses Gefühl wiegt Gold nicht auf.« (Alle Äußerungen stammen aus dem auf Umfragen beruhenden Buch von Levenstein, Die Arbeiterfrage, 1912.)

Der Mann, der selbstbewußt schreiben konnte, »ich hoffe nicht, ich weiß«, war ein 33jähriger schlesischer Bergarbeiter, der mit einem Wochenverdienst von 21 Mark 8 Kinder zu ernähren hatte. An seinem Beispiel wird sichtbar, welche nicht nur politische, sondern auch psychologische Bedeutung die Lehren von Marx und Engels für die politisch wachen Arbeiter haben mußten. Freilich führte das Bedürfnis nach verstandesmäßigem Erfassen der Dinge, das Suchen nach konkreten, faßbaren und daher »unumstößlichen« Wahrheiten manchen nur mit halbem Wissen Ausgerüsteten zu einem engen Rationalismus und unfruchtbarem Dogmatismus.

In der Arbeiterbewegung fand der deutsche Arbeiter einen vollgültigen Ersatz für den ihm im Kaiserreich verwehrten sozialen und politischen Status: nur das Zugehörigkeitsgefühl zur Arbeiterklasse und das Bekenntnis zum internationalen Sozialismus machte das eigene Schicksal erträglich; das stetige Anwachsen der Arbeiterbewegung bis zum Weltkrieg war daher kein Zeichen von Radikalisierung, sondern Ausdruck der allgemeinen Überzeugung: »Wir Arbeiter gehören zur Sozialdemokratie.«

Die deutschen Arbeiter waren vor 1914 von der unerschütterlichen Überzeugung erfüllt, daß die ökonomische Entwicklung eines Tages die herrschende Klasse samt Hohenzollernmonarchie hinwegfegen werde; skeptisch waren sie höchstens im Hinblick auf den klassenlosen Zukunftsstaat, da sie sich einen Staat ohne Obrigkeit nicht vorstellen konnten. An eine Revolution im Sinne eines gewaltsamen Umsturzes dachten sie nicht; sie glaubten vielmehr – wie es jener unbekannte schlesische Bergarbeiter wenige Jahre vor dem Ersten Weltkrieg ausdrückte – an eine »soziale Revolution auf evolutionistischem Wege«. Eine

Generation vor ihm hatte ein Arbeiter dem protestantischen Geistlichen Göhre geantwortet:

»Wir Arbeiter wollen keine Revolution. Wir sind viel zu gebildet dazu. Wir wollen auf friedlichem Wege unser Ziel erreichen; jetzt schon soviel als möglich, und unsere Nachkommen den Rest.«

Später dachte erst recht niemand daran, das so mühsam Errungene leichtfertig aufs Spiel zu setzen, waren doch ohnehin die »Großen«, d. h. die Herren in Regierung, Verwaltung, Armee und Wirtschaft des Kaiserreiches fest davon überzeugt, daß die Sozialdemokratie eines Tages mit roher Gewalt die bestehende Staats- und Gesellschaftsordnung umstoßen würde, und deshalb immer geneigt, die Arbeiterbewegung zu unbedachten Aktionen zu provozieren: auf friedlichem Wege hofften die Arbeiter ihre Ziele zu erreichen.

2. Die praktisch-politische Tätigkeit der Gewerkschaften und der SPD nach der Aufhebung des Sozialistengesetzes

Durch die Schaffung der politischen Arbeiterorganisationen in den sechziger Jahren erhielten auch die Berufsorganisationen der Arbeiter, die Gewerkschaften, neue Impulse. So wurde im September 1869 auf Initiative der Führung des Lassalleschen Arbeitervereins in Berlin ein Allgemeiner Deutscher Arbeiterkongreß einberufen, der zur Gründung eines »Allgemeinen Deutschen Arbeiterverbandes« führte. Lassalle hatte der Gründung von Gewerkschaften ablehnend gegenübergestanden, weil er eine ausschließlich politische Klassenkampfbewegung anstrebte; so war auch die Gewerkschaft der Lassalleaner nur als Gewerkschaftsabteilung innerhalb der politischen Arbeiterorganisation gedacht. Differenzen über Organisationsform – zentrale Organisation, lokale Vereine oder Berufsverbände – und Aufgaben – Unterstellung unter die politische Organisation oder Selbständigkeit in der Vertretung der Arbeiterinteressen – hatten den Zerfall und schließlich 1874 – unter dem Druck staatlicher Verfolgungsmaßnahmen – die Auflösung zur Folge.

Als Gegengründung zu den Lassalleschen Gewerkschaften entstanden 1868 auf Anregung der Deutschen Fortschrittspartei die (nach ihren Begründern genannten) Hirsch-Dunckerschen Gewerkvereine, die innerhalb der kapitalistischen Wirtschafts-

und Gesellschaftsordnung mit liberalen Prinzipien und Mitteln für die Verbesserung der sozialen Lage der Arbeiterschaft wirken wollten.

Auch die von Bebel geführten Arbeiterbildungsvereine und die Eisenacher Sozialdemokratische Partei bemühten sich um die Gründung von Gewerkschaften, nachdem sie sich der Internationalen Arbeiterassoziation angeschlossen hatten, die 1866 in Genf die »Errichtung und Förderung von Gewerksvereinen zur Hauptaufgabe des Arbeiterstandes für die Gegenwart und nächste Zukunft« erklärt hatte. Die auf Initiative der Eisenacher entstandenen »Internationalen Gewerksgenossenschaften« unterschieden sich von dem Lassalleschen Arbeiterverband durch eine größere Unabhängigkeit von der politischen Organisation und einen dezentralisierten Aufbau.

Versuche in den siebziger Jahren, die gewerkschaftlichen Organisationen aller Richtungen auf der Basis des Berufsverbandsprinzips zentral zusammenzuschließen und von den politischen Parteien unabhängig zu machen, scheiterten. Das am 21. Oktober 1878 in Kraft tretende Sozialistengesetz traf auch die Gewerkschaften, mit Ausnahme der Hirsch-Dunckerschen, deren Mitglieder seit 1876 durch Unterschrift bestätigen mußten, weder Mitglied noch Anhänger der sozialdemokratischen Arbeiterpartei zu sein.

In der Illegalität entstanden dann allmählich die Gewerkschaften wieder, getarnt z. B. als Krankenvereine; 1890, dem Jahr der Aufhebung des Sozialistengesetzes, galten über 300 000 Arbeiter als gewerkschaftlich organisiert; die Gewerkschaften waren jedoch fast ohne Einfluß und ohne klares Konzept für ihre Arbeit. Aber schon im November 1890 kam es mit der Bildung der »Generalkommission der Gewerkschaften Deutschlands«, deren Vorsitzender Carl Legien (1861–1920) wurde, zu einem ersten organisatorischen Zusammenschluß der sozialistisch orientierten, später (in Unterscheidung zu den christlichen Arbeiterorganisationen) »frei« genannten Gewerkschaften.

Die Freien Gewerkschaften stellten sich ihre Aufgaben in klarer Abgrenzung zur Arbeiterpartei:

»Der Unterschied zwischen der politischen Tätigkeit, wie die Arbeiterpartei sie entwickelt, und der Aufgabe der Gewerkschaften liegt darin, daß die erstere eine Umgestaltung der gegenwärtigen Gesellschaftsorganisation anstrebt, während die letzteren in ihren Bestrebungen, weil die Gesetze uns hierin Grenzen ziehen, auf dem Boden der heutigen bürgerlichen Gesellschaft stehen« (Aufruf an die Gewerkschaftsmitglieder, 1891, vgl. Varain, S. 11).

Auf dem Boden der bürgerlichen Gesellschaft wollten die Gewerkschaften in solidarischer Aktion ihrer Mitglieder für die Verbesserung der Lohn- und Arbeitsbedingungen der Arbeiter kämpfen. Diese Arbeit erschien ihnen als »Mittel zum Zweck« der Umgestaltung der wirtschaftlichen, gesellschaftlichen und politischen Machtverhältnisse, nicht als Endziel:

»Gleich den Pionieren haben die Gewerkschaften den Boden zu ebnen für eine höhere geistige Auffassung und durch Erringung besserer Lohn- und Arbeitsbedingungen die Arbeiterklasse vor Verelendung und Versumpfung zu bewahren, um so die Massen der Arbeiter zu befähigen, die geschichtliche Aufgabe, welche dem Arbeiterstand zufällt, lösen zu können« (Legien, 1892, zit. bei Breuer, S. 48).

Erfolgreich konnte diese Arbeit nur sein, wenn die Macht und Größe der gewerkschaftlichen Organisationen denen der Unternehmer ebenbürtig waren: »Die Macht der Arbeiter liegt in ihrer Organisation« (Legien, 1898) war daher von Anfang an die Parole, aber auch die Notwendigkeit einer umfassenden Erziehungsarbeit, die Bedeutung der Gewerkschaften als »Kulturfaktoren ersten Ranges«, wurde richtig verstanden.

Die Freien (und später auch die Christlichen) Gewerkschaften waren in zentralen Berufsverbänden organisiert und in einem Spitzenverband, der »Generalkommission« (nach 1919 »Allgemeiner Deutscher Gewerkschaftsbund«), zusammengeschlossen, entsprechend wurden auf örtlicher Ebene Spitzenvereinigungen gebildet, »Ortskartelle« genannt. Dieses Organisationsprinzip war nicht unbestritten, es gab noch lange Zeit sogenannte »Unabhängige Gewerkschaften«, einzelne Berufsverbände mit berufsständischer Orientierung, und lokale, mehr politisch als gewerkschaftlich interessierte Gruppen, die dem in den romanischen Ländern verbreiteten Syndikalismus anhingen, der an die Stelle des parlamentarischen und gewerkschaftlichen Kampfes die »direkte Aktion« der Selbsthilfe setzte; zahlenmäßig waren diese Gruppen bedeutungslos. Bis zum Ersten Weltkrieg war der Prozeß der Konzentration und Zentralisierung der Freien Gewerkschaften ständig im Wachsen; allein in den sechs größten Berufsverbänden der Bau-, Metall-, Transport-, Fabrik-, Holz- und Textilarbeiter waren über 60% der Angehörigen der Freien Gewerkschaften organisiert, der Rest der Mitglieder verteilte sich auf 41 weitere Verbände. Mit

dem allmählichen Eindringen der Gewerkschaften in die Großbetriebe begann sich langsam auch das Industrieverbandsprinzip (Zusammenfassung aller in einem Industriezweig Tätigen
unabhängig vom Beruf) durchzusetzen.

Der Mitgliederstand der Freien Gewerkschaften betrug 1892 (in
Tausend) 237, 1900 680, 1908 (in Millionen) 1,8, 1912 2,6. – Die Mitgliedsbeiträge lagen vor dem Ersten Weltkrieg im allgemeinen zwischen 1,– Mark und 20 Pfennig pro Woche. – Die Ausgaben der
Freien Gewerkschaften zwischen 1891 und 1912 lassen sich wie folgt
aufschlüsseln (jeweils in Millionen):

Reiseunterstützungen	13,6	Arbeitsunfähigkeits-	
Erwerbslosenunterstützung	54,3	unterstützung	66,8
Gemaßregeltenunter-		Invalidenunterstützung	4,6
stützung	9,4	Umzugskosten und Beihilfe	
Streikunterstützung	121,4	in Not- und Sterbefällen	24,3
Rechtsschutz- und Prozeß-			
kosten	3,6		

Nach Herkner besaßen die Gewerkschaften 1907 ein Vermögen von
33 Mill. Mark gegenüber 1,3 Mill. der SPD.

Die ausgegebenen Millionenbeträge und der angegebene Ver-
wendungszweck kennzeichnen eindeutig den Umfang der
gewerkschaftlichen Betätigung in der Selbsthilfe: die Gewerkschaften bemühten sich um eine umfassende soziale Unterstützung ihrer Mitglieder; bei Arbeitskämpfen erhielten die Mitglieder Streikunterstützung, von Aussperrungen oder anderen
Gegenmaßnahmen der Unternehmer betroffene organisierte Arbeiter bekamen Gemaßregeltenunterstützung, bei Ortswechsel
wurden Reise- und Umzugsunterstützungen gewährt; um den
Arbeitsmarkt beeinflussen zu können, richteten die Gewerkschaften eigene Arbeitsnachweise ein; örtliche Arbeitersekre-
tariate bemühten sich um den Rechtsschutz der Gewerkschaftsmitglieder.

Das Hauptbetätigungsgebiet der Gewerkschaften war der
Kampf um Verbesserung der Löhne und Gehälter und um Verkürzung der Arbeitszeit; es gelang ihnen, zwischen 1885 und
1910 eine ungefähr hundertprozentige Steigerung der Real-
einkommen zu erreichen; der 8-Stunden-Tag konnte allerdings
erst während der Novemberrevolution von 1918 durchgesetzt
werden. Die Zahl der Streiks und Aussperrungen war bis zum
Ersten Weltkrieg zwar noch sehr hoch und beinahe ständig
steigend, aber es wuchs auch die Zahl der für die Arbeiter er-

folgreichen Lohnbewegungen ohne Streiks. Darüber hinaus waren die Gewerkschaften ständig bemüht, Tarifverträge von möglichst weitreichender Wirkung mit den Unternehmern abzuschließen. 1913 wurden annähernd 13 500 Tarifverträge gezählt, die für 218 000 Betriebe mit über 2 Mill. Arbeitern galten.

Auch die sozialpolitischen Rechte der Arbeiter wurden durch die Gewerkschaften energisch wahrgenommen: Gewerkschaftsvertreter wirkten als Beisitzer in den Gewerbe- und Kaufmannsgerichten, als Arbeiterbeisitzer in den Schiedsgerichten der Sozialversicherungen, sie vertraten die Gesellen in den Innungen und Handwerkskammern und waren als Arbeitervertreter in den kommunalen Arbeitsnachweisen tätig, sie arbeiteten auch mit den Gewerbeinspektoren zur Beseitigung sozialer Mißstände zusammen.

Die steigende Bedeutung der Gewerkschaften als ein entscheidender Faktor sowohl innerhalb der Arbeiterbewegung als auch in der Wirtschafts- und Sozialordnung des Staates überhaupt spiegelt sich in der wachsenden Zahl der Gewerkschaftsführer innerhalb der Reichstagsfraktion der SPD deutlich wider: 1893 betrug ihr Anteil nur 11,6%, 1912 dagegen 32,7%. Ihre parlamentarische Tätigkeit beschränkte sich nicht allein auf die Mitarbeit beim Ausbau der Sozialgesetzgebung oder auf den Kampf gegen eine wirtschaftspolitische Gesetzgebung, die die Lebenshaltung der Arbeiter ungünstig beeinflußte (wie z. B. die Zolltarife von 1902), sondern bezog sich auch auf allgemein-politische Fragen, z. B. auf die Frage der Änderung des preußischen Dreiklassenwahlrechtes; dabei standen die Gewerkschaftsführer oft im Gegensatz zur Parteiführung, wie noch weiter unten auszuführen sein wird.

In enger finanzieller und personeller Verbindung mit den Gewerkschaften stand die Genossenschaftsbewegung. Die sozialistisch orientierten Konsumvereine haben sich erst 1903 von dem von Schulze-Delitzsch geschaffenen »Allgemeinen Verband der deutschen Erwerbs- und Wirtschaftsgenossenschaften« getrennt und mit Unterstützung der Freien Gewerkschaften den »Zentralverband deutscher Konsumvereine« geschaffen. Adolph von Elm (1857–1916), langjähriges Mitglied der Generalkommission, der 1893 in Hamburg die »Großeinkaufsgesellschaft Deutscher Konsumvereine« gegründet hatte, wurde einer der führenden Männer der Konsumvereine. Die Bedeutung der Konsumvereine als Teil der Selbsthilfeorganisationen der deutschen Arbeiter verdeutlicht wohl am besten

die nüchterne Zahlenangabe aus dem Bericht des Zentralverbandes für 1911: Danach gab es 1142 lokale Genossenschaften mit 1,3 Mill. Mitgliedern und einem Umsatz von 335 Mill.
Mark.

Eine sich über das ganze Deutsche Reich erstreckende Mas-
senbewegung wurde nach der Aufhebung des Sozialistengesetzes auch die Sozialdemokratische Partei. Das läßt sich allein
schon an der Mitgliederbewegung und den Wahlergebnissen
seit 1890 ablesen:

a) Über die Mitgliederbewegung sind seit 1906 folgende Zahlen
nachgewiesen (in Tausend): 1906: 384; 1907: 530; 1908: 587;
1909: 633; 1910: 720; 1911: 836; 1912: 970; 1913: 982; 1914: 1085
b) Wahljahr   Mandate   Stimmenzahl in Mill.   Stimmenanteil in %

Wahljahr	Mandate	Stimmenzahl in Mill.	Stimmenanteil in %
1890	35	1,427	19,7
1893	44	1,787	23,3
1898	56	2,107	27,2
1903	81	3,011	31,7
1907	43	3,259	29,0
1912	110	4,250	34,8

Bei diesen Erfolgen darf jedoch nicht übersehen werden, daß es
der SPD bis 1914 nicht gelang, die beherrschende Position des Zentrums im Rheinland und im Ruhrgebiet zu brechen; im Ruhrgebiet
und in anderen Standorten der Schwerindustrie wirkte sich auch der
Druck der Unternehmer auf die Arbeiter hemmend auf die Ausbreitung der Sozialdemokratie aus; die ländlichen Arbeiter konnte die
Partei in nennenswerter Weise nur in Mecklenburg gewinnen, die
Hoffnung auf eine Eroberung insbesondere der süddeutschen Bauern erwies sich als glatte Fehlspekulation; das Haupteinzugsgebiet
der SPD war und blieb Mitteldeutschland, Berlin-Brandenburg und
Hamburg.

Die Grundlage der Parteiorganisation bildete der sozialdemokratische Wahlverein für jeden Reichstagswahlkreis; wenn dieser sich über mehrere Orte erstreckte, konnte an jedem Ort ein
Ortsverein gegründet werden. Die Vereine schlossen sich zu
Bezirksverbänden und Landesorganisationen zusammen. Politik und Taktik der Partei legte der jährlich stattfindende Parteitag fest, zu dem sich die Delegierten der einzelnen Wahlkreise
(deren Zahl auf Grund der Mitgliederstärke bestimmt wurde)
zusammenfanden; sie waren häufig selbst in Einzelfragen an
bestimmte Auflagen gebunden. Der Parteitag erteilte der
Reichstagsfraktion Weisungen und verlangte von ihr wie vom
Parteivorstand den Rechenschaftsbericht über ihre Arbeit. Der
Parteivorstand wurde jährlich neu gewählt, was in der Praxis

darauf hinauslief, daß er fast immer neu bestätigt wurde. Er führte als Exekutivorgan die Geschäfte der Partei und bildete zusammen mit der Kontrollkommission die Parteileitung. Die Reichstagsfraktion behielt zwar nicht formell, aber tatsächlich ihre unter dem Sozialistengesetz erworbene starke Machtstellung auch nach 1890. Mit der Zunahme der Differenzen innerhalb der Partei über Wege und Ziele der Arbeiterbewegung stieg auch die Bedeutung der regionalen Parteiorganisationen, die sich in stark kontroversen Fragen (z. B. der Budgetbewilligung) nicht an die Beschlüsse des Parteitages hielten.

Der Arbeit der Reichstagsfraktion waren wegen des prinzipiellen Gegensatzes der Partei zur Außen- und Innenpolitik des Staates enge Grenzen gesetzt. Die Reichstagsfraktion hat zwar durchaus versucht, die Interessen ihrer Wähler wahrzunehmen, indem sie loyal an der Gesetzgebung mitwirkte; aber die konsequente Ablehnung des Budgets im Reichstag kam einer permanenten Nichtausnutzung der ihr durch die Entscheidung der Wähler ermöglichten mandatsstarken Position gleich. Erst bei den Reichstagswahlen von 1912 versuchte die Partei, den durch ihre theoretischen Überlegungen bestimmten parlamentarisch-politischen Immobilismus zu durchbrechen, als sie offiziell ein Stichwahlabkommen mit der Fortschrittlichen Volkspartei einging und damit erstmals ein Bündnis mit anderen demokratischen Kräften zur Durchsetzung ihrer politischen Ziele im Parlament suchte; 1913 setzte die Reichstagsfraktion – nunmehr die stärkste Fraktion – ihr politisches Gewicht zugunsten ihrer Wähler bei der Beratung neuer Steuergesetze ein, die die Erhöhung der Militärausgaben sicherte. Zu einer klaren Entscheidung darüber, was sie mit ihrer ständig wachsenden politisch-organisatorischen Macht anfangen sollte, ob und wie sie ihre parlamentarische Stärke ausnutzen sollte, hat sich die SPD vor 1914 nicht durchringen können: der Befürchtung, durch »Kompromisseln« den »prinzipiellen Standpunkt« zu verwässern und den »grundsätzlichen Kampf« gegen den Klassenstaat zu vernachlässigen, stand die Forderung gegenüber, »alle Mittel zur Erreichung des Endzieles« auszunutzen, um die Kräfte des Gegners aufzusplittern und den sozialdemokratischen Führungsanspruch schrittweise durchzusetzen.

In den Landtagen dagegen, in deren Mehrzahl die SPD nach der Jahrhundertwende vertreten war (1903 mit insgesamt 101, 1913 mit insgesamt 231 Abgeordneten), gelang es ihr sehr frühzeitig, unter Ausnutzung der Gegensätze zwischen den anderen

Parteien, für eine fortschrittliche Sozial- und Kulturpolitik zu wirken. Auch die Schaffung neuer Wahlgesetze in Bayern, Württemberg und Baden konnte die Partei beeinflussen. In Konsequenz dieser Politik stimmten die süddeutschen Landtagsfraktionen gegen den Widerstand der Gesamtpartei (erstmals 1891 in Hessen und Baden) dem Budget zu und schlossen Wahlabkommen mit den linksliberalen Parteien. Selbst in Preußen beteiligte sich die Partei seit 1898 an den Landtagswahlen, vorwiegend mit der Absicht, die Ungerechtigkeit des Dreiklassenwahlrechtes zu demonstrieren; 1903 konnte die SPD mit 18,79% der abgegebenen Stimmen nicht einen einzigen Kandidaten durchbringen, während die Konservativen mit 19,39% 143 (von 443) Sitzen erlangten. Noch eindrucksvoller – im Vergleich zu der relativen Unbeweglichkeit der Reichstagsfraktion – waren die Leistungen der SPD in den Kommunen, die auch den sozialdemokratisch-organisierten Frauen in der Sozial- und Wohlfahrtsarbeit ein langentbehrtes Betätigungsfeld boten.

1913 gab es annähernd 11000 Sozialdemokraten in Gemeindevertretungen, 320 in Magistraten und Gemeindevorständen. Für 1910 wurden fast 100000 Sozialdemokraten geschätzt, die in den Vertretungs- und Verwaltungskörperschaften der Arbeiterversicherung, in den Gewerbe- und Kaufmannsgerichten und den kommunalen Arbeitsnachweisen tätig waren.

So hat es sicher einiges für sich, die sozialistische Arbeiterbewegung am Vorabend des Ersten Weltkrieges als einen »legitimen Bestandteil des deutschen Kaiserreiches« zu betrachten. Sozialdemokratie und Gewerkschaften hatten die soziale, politische und kulturelle Emanzipation der deutschen Arbeiterschaft innerhalb der bestehenden monarchisch-autoritären Ordnung des Staates und der Gesellschaft weit vorangetrieben und die Arbeiterbewegung als einen in Rechnung zu ziehenden Faktor in dem Staat und in der Gesellschaft, die zu bekämpfen sie einst angetreten waren, zu etablieren vermocht. Dennoch blieben das Maß der Integration der Arbeiterschaft in die bestehende Ordnung und die Möglichkeit der Identifizierung mit ihr immer beschränkt. Zwar gab es auf sozialpolitischem Gebiet manche Gelegenheit – besonders für die Gewerkschaften –, selbst mit den Behörden des Staates (der schließlich sogar seine Vertreter zu Gewerkschaftskongressen sandte) zusammenzuarbeiten, es wuchs auch von Jahr zu Jahr die Zahl der Unternehmer, die die Gewerkschaften als Partner des Arbeitskampfes anerkannten und Tarifabkommen mit ihnen schlossen: bestimmend jedoch für die Haltung der herrschenden Klasse blieb die aggressive Ablehnung der Arbeiterbewegung – und nicht nur der sozialistischen –, die als ernst zu nehmende Bedrohung der eigenen Führungspositionen verstanden wurde, und gegen die sich immer wieder bis zum Ersten Weltkrieg negative Koalitionen zwischen solchen Gruppen zusammenfanden, die sonst durchaus einander ausschließende Interessen vertraten.

1894 z. B. wurde die Arbeiterbewegung von der sogenannten Umsturzvorlage bedroht, auf Grund derer den Sozialisten das aktive Wahlrecht entzogen werden sollte, 1899 von der Zuchthausvorlage, die schwere Strafen für Streikende vorsah, die Arbeitswillige an der Ausübung ihrer Arbeit hinderten; 1904 wurde in Berlin der »Reichsverband gegen die Sozialdemokratie« gegründet, der erst bei Kriegsausbruch seine Tätigkeit einstellte.

Die fortschreitende Emanzipation der Arbeiterschaft konnte daher Sozialdemokratie und Gewerkschaften gegen den Widerstand der herrschenden Klasse im Staat nur dadurch gelingen, daß sie innerhalb dieses Staates der Arbeiterschaft eine Organisation schufen, die ihr nach außen Schutz gegen die oft maßlose Aggressivität der Gegner und nach innen eine gewisse Geborgenheit in wesentlichen Bereichen des Lebens bot. Die deutsche Arbeiterschaft erhielt so gewissermaßen ihr – wenn auch positiv verstandenes – Getto.

Seit 1900 wurde die Frauenarbeit in der SPD aktiviert; die Arbeiterjugendbewegung begann sich seit 1904 auszubreiten; 1906 konstituierte sich ein zentraler Bildungsausschuß, der die Bildungsarbeit der Partei plante und leitete, 1906 wurde für die Ausbildung der Funktionäre die Parteischule in Berlin eröffnet; ständig wuchs auch die Zahl der Arbeiter-Sportverbände und anderer Freizeitorganisationen an: z. B. Arbeiter-Turn- und Sportbund (1892), Arbeiter-Radfahrerbund »Solidarität« (1896), Arbeiter-Schwimmerbund (1897), Freier Deutscher Ruderverband (1899), Arbeiter-Athletenbund (1906), Arbeiter-Sängerbund (1892), der Touristenverein »Die Naturfreunde« (1896); eine gewisse Bedeutung hatte auch der »Deutsche Arbeiter-Abstinenten-Bund« (1903), nicht unumstritten in der Partei dagegen war der 1905 gegründete Verein der Freidenker (später »Zentralverband proletarischer Freidenker«).

1891 gab sich die deutsche Sozialdemokratie – die Partei nannte sich nun »Sozialdemokratische Partei Deutschlands« (SPD) – in Erfurt ein neues Programm; der einleitende grundsätzliche Teil, weitgehend von Kautsky bestimmt, hielt sich dogmatisch an die Lehren von Marx, insbesondere an das ›Kapital‹, und betonte – schon im ersten Satz – die »Naturnotwendigkeit« der ökonomischen Entwicklung der bürgerlichen Gesellschaft hin zur Vergesellschaftung der Produktionsmittel; der praktische Teil des Programms, von Bernstein verfaßt, enthielt Forderungen, deren Voraussetzung die Anerkennung des bestehenden Staates als Basis für die Verbesserung der politischen und sozialen Situation der Arbeiter war, z. B. allgemeines und gleiches Wahlrecht (u. a. in Preußen), Gleichstellung der Frau, Weltlichkeit der Schule, umfassende Arbeiterschutzgesetzgebung, Sicherung des Koalitionsrechtes. Dieser offenbare programmatische Dualismus fand – aus der Perspektive der Marxschen Lehre – seine Auflösung in der »dialektischen Einheit von Theorie und Praxis«, die – wie Karl Marx selbst mit seiner Tätigkeit in der Ersten Internationale demonstrierte – Reformarbeit und revolutionäre Zielsetzung aufeinander bezieht. So gesehen schien das Programm keinen Widerspruch in sich zu tragen.

Da aber Marx und Engels das Verhältnis zwischen dem »sozialökonomischen Determinismus« ihrer Geschichtsphilosophie und ihrem ethisch motivierten »politischen Aktivismus« nie eindeutig beschrieben, war es möglich, daß – unter bestimmten politisch-psychologischen Bedingungen – die gedachte »dialektische Einheit von Theorie und Praxis«, von naturnotwendiger Entwicklung und menschlichem Handeln zerfiel und das deterministisch-evolutionäre Element der Theorie von Marx und Engels in der Deutung von Kautsky in den Vordergrund rückte. Nach Kautsky war daher die Sozialdemokratie zwar »eine revolutionäre, nicht aber Revolutionen machende Partei«:

»Wir wissen, daß unsere Ziele nur durch eine Revolution erreicht werden können, wir wissen aber auch, daß es ebensowenig in unserer Macht steht, diese Revolution zu machen, als in der unserer Gegner, sie zu verhindern. Es fällt uns daher auch gar nicht ein, eine Revolution anstiften oder vorbereiten zu wollen. Und da die Revolution nicht willkürlich gemacht werden kann, können wir auch nicht das Mindeste darüber sagen, wann, unter welchen Bedingungen und in welchen Formen sie eintreten wird.« (K. Kautsky, Sozialdemokratischer Katechismus, Neue Zeit, Jg. 1893)

Die große Mehrheit der deutschen Sozialdemokraten war nach der Aufhebung des Sozialistengesetzes davon überzeugt, »daß die Entwicklung unserer gegenwärtigen kapitalistischen Gesellschaft von selber sich so zuspitzen wird, daß sie . . . in die sozialistische Gesellschaft hineinwachsen muß«, wie ein bayerischer Reichstagsabgeordneter, Karl Grillenberger, 1891 einmal sagte: »Wir sind der Meinung, daß der Schlußstein aller Reformen, die auf gesellschaftlichem Gebiet vorgenommen werden müssen, einfach die sozialistische Gesellschaft ist.« Bei der Ablehnung »der Straßen- und Barrikadenkämpfe und derartiger Revolutionen« (Bebel) glaubten sich die Sozialdemokraten in Übereinstimmung mit Engels, der vor allem in seiner Einleitung zur Neuausgabe der Marxschen Arbeit über ›Die Klassenkämpfe in Frankreich 1848 bis 1850‹ im März 1895, also kurz vor seinem Tode, erklärt hatte, daß die Straßen- und Barrikadenkämpfe alten Stils der Vergangenheit angehörten, daß sich die Bedingungen für den modernen Klassenkampf geändert hätten: insbesondere mit der erfolgreichen Benutzung des allgemeinen Stimmrechtes durch die deutschen Arbeiter schien sich ihm »eine ganz neue Kampfweise des Proletariats« herausgebildet zu haben:

»Und so geschah es, daß Bourgeoisie und Regierung dahin kamen, sich weit mehr zu fürchten vor der gesetzlichen als vor der ungesetzlichen Aktion der Arbeiterpartei, vor den Erfolgen der Wahl als vor denen der Rebellion...«
»...Die Ironie der Weltgeschichte stellt alles auf den Kopf. Wir, die ›Revolutionäre‹, die ›Umstürzler‹, wir gedeihen weit besser bei den gesetzlichen Mitteln als bei den ungesetzlichen und dem Umsturz.«

Für Engels bedeutete das nach den Erfahrungen des Sozialistengesetzes nur, daß sich die Taktik für die Erreichung des revolutionären Endzieles geändert hatte und daß die legalen Mittel so lange anzuwenden waren, bis sich im richtigen Augenblick der Sprung von der legalen Agitation zur revolutionären Aktion vollziehen könnte; einen prinzipiellen Verzicht auf revolutionäre Kampfmittel enthielten seine Auffassungen nicht. Während sich Engels mit der deutschen Arbeiterpartei, die er für eine aktiv revolutionäre Partei hielt, in Übereinstimmung glaubte, berief sich diese auf Engels als Kronzeugen für die Richtigkeit ihrer Selbstinterpretation, zwar »eine revolutionäre, nicht aber Revolutionen machende Partei« zu sein – ein doppeltes Mißverständnis, das Engels nicht ganz verborgen geblieben zu sein scheint, wie seinem Brief an Liebknecht vom 24. November 1894 entnommen werden kann:

»Du sagst, es handelt sich um ›Herbeiführung wirksamen Handelns‹. Soll mir angenehm sein, aber wann geht das Handeln denn eigentlich los?« (Briefwechsel, S. 396/97)

Die logische Konsequenz der Selbstinterpretation der deutschen Sozialisten wäre gewesen, für die soziale und politische Besserstellung der Arbeiter nichts zu tun, weil die Reformarbeit die Zuspitzung der Klassengegensätze hemmte und die »naturnotwendige«, zum Zusammenbruch führende Entwicklung der kapitalistischen Wirtschaft und Gesellschaft aufhielt. Aufgabe der Partei konnte es nur sein, zur Vorbereitung auf die Revolution, die kommen würde, die man aber nicht machte, die Massen zu organisieren und Wahlagitation zu treiben; der Erfolg oder Mißerfolg der Wahlen waren dann das Barometer, das den Stand der proletarischen Bewegung und die vermeintliche Annäherung an das revolutionäre Endziel anzeigte.

Für eine Partei, »die mit den Massen rechnet« (Auer), wäre die Beschränkung auf einen solchen scheinrevolutionären Immobilismus ein Widerspruch in sich gewesen, und so war dann auch Bebel, der sich selbst auf dem Parteitag 1903 als »den Todfeind der bürgerlichen Gesellschaft« bezeichnete, nach Auffassung der Parteirechten in der Reichstagsfraktion ein »unentwegter Revisionist«. Hier zeigt sich, welche Bedeutung die revolutionäre Parteitheorie in der Interpretation von Kautsky besaß: Sie überdeckte die Diskrepanz zwischen politischem Handeln und ideologischem Anspruch, sie war die Sprachregelung, mit der die reformistische Praxis der Partei als in Übereinstimmung mit der revolutionären Zielsetzung des internationalen Sozialismus stehend anerkannt werden konnte. Das wird besonders deutlich an Kautskys Auffassung über das Wesen des Revolutionärs:

»Dagegen ist jeder ein Revolutionär, der dahin strebt, daß eine bisher unterdrückte Klasse die Staatsgewalt erobert. Er verliert diesen Charakter nicht, wenn er diese Eroberung durch soziale Reformen, die er der herrschenden Klasse abzuringen sucht, vorbereiten und beschleunigen will. Nicht das Streben nach sozialen Reformen, sondern die ausgesprochene Beschränkung auf sie, unterscheidet den Sozialreformer vom Sozialrevolutionär.« (Die soziale Revolution, 1902)

Es stellt sich – angesichts der bereits beschriebenen politischen Praxis der deutschen Sozialdemokratie – die Frage, warum nicht versucht wurde, der reformistischen Praxis eine ihr entsprechende Theorie zu geben (wie Bernstein forderte), warum nicht »die Konsequenzen nach rechts« gezogen wurden, »wenn der Weg nach links versperrt ist oder dafür gilt« (wie Max Weber kritisierte), warum also nicht die Theorie des internationalen revolutionären proletarischen Sozialismus aufgegeben wurde? Die deutsche Arbeiterschaft blieb bis 1914 eine diskriminierte Minderheit im deutschen Kaiserreich, der die gesellschaftliche und politische Gleichberechtigung versagt wurde. Die Überzeugung von dem naturnotwendigen Zusammenbruch des Kapitalismus und mit ihm des herrschenden Klassenstaates und das Bewußtsein solidarischer Verbundenheit und solidarischen Handelns mit der internationalen Arbeiterklasse gab der deutschen Arbeiterschaft ein kollektives Selbstbewußtsein, für dessen Entwicklung innerhalb des eigenen Staates jede Voraussetzung fehlte. Aus dieser gruppenpsychologischen Situation läßt sich auch die Anziehungskraft erklären, die die Endzielvorstellungen von der klassenlosen, herrschaftslosen Gesellschaft, die Utopie des »gelobten Landes« des sozialistischen Zukunftsstaates für die deutschen Arbeiter hatte. Bebel hat diese Zukunftsgesellschaft klassisch in seinem Buch ›Die Frau und der Sozialismus‹ entworfen, das in Hunderttausenden von Exemplaren gelesen wurde.

Die revolutionäre Theorie hatte auch die Funktion, die Sozialdemokratische Partei eindeutig vom Bürgertum abzuheben, denn die gleichen Arbeiter, deren persönliche Wünsche kleinbürgerlich geprägt waren, hätten es als unerträglich empfunden, wenn ihre Partei, die Partei des internationalen Proletariats, nur eine Partei unter vielen Parteien gewesen wäre. Darüber hinaus bot die revolutionäre Theorie, wie sie Bebel und Kautsky vertraten, die Möglichkeit, alle Strömungen in die Partei zu integrieren, um die soziale und politische Einheit der Arbeiterbewegung zu erhalten; das war die Voraussetzung, um die epochale Aufgabe der Arbeiter-Emanzipation durchführen zu können.

So gesehen war der »Kautskyanismus«, wie die revolutionäre Theorie in der Interpretation von Kautsky genannt wird, der

Versuch, die aus der Paria-Situation der deutschen Arbeiterschaft im Kaiserreich entstandenen politisch-psychologischen Spannungen ideologisch zu überdecken. So existentiell notwendig auch ein solcher Versuch für die sozialistische Arbeiterbewegung war, so wenig kann übersehen werden, daß das dogmatische Festhalten an der revolutionären Theorie die politische Führung der deutschen Arbeiterpartei an der Aufstellung und Durchführung eines politischen Aktionsprogramms zur Eroberung der Macht im Staate gehindert hat.

Jean Jaurès, der 1914 ermordete französische Sozialistenführer, bemerkte dazu 1904 auf dem Amsterdamer Kongreß der Internationale:

»Hinter der Starrheit eurer theoretischen Formulierungen, die euch Genosse Kautsky bis ans Ende seiner Tage liefern wird, verbergt ihr vor eurem und dem internationalen Proletariat, daß ihr unfähig seid zu handeln.«

Ein anderer französischer Sozialist, Gustave Hervé, sprach 1907 voller Enttäuschung von den deutschen Sozialisten, die »nur noch Wahl- und Zahlenmaschinen einer Partei mit Mandaten und Kassen« seien: »Mit Stimmzetteln wollt ihr die Welt erobern« (Stuttgarter Tagung der Internationale, 1907).

Das waren vielleicht etwas überspitzte, aber keineswegs falsche Charakterisierungen der deutschen Arbeiterpartei. Nach der offiziellen revolutionären Partei-Ideologie hatte die Parteiorganisation die Aufgabe, das Proletariat für den Klassenkampf zu organisieren, seine Aktivität und Kampffähigkeit zu stärken und durch Wahlagitation und Demonstration der wachsenden Zahl der Wähler und Mitglieder die Macht der Partei zu steigern. Offen blieb dabei, was die Partei mit ihrer ständig wachsenden politisch-organisatorischen Macht anfangen sollte. Da nach Kautsky »die Revolution nicht willkürlich gemacht werden kann« und daher nichts darüber gesagt werden konnte, »wann, unter welchen Bedingungen und in welchen Formen sie eintreten wird«, gab es keine Anschauungen über einen konkreten Weg zur Macht: Organisation wurde zum Ersatz für politische Aktion.

Offenbar glaubte man, daß die SPD eines Tages die absolute Mehrheit im Reichstag haben und ihr dann entweder mehr oder minder kampflos die Staatsgewalt zufallen würde, oder aber (was wahrscheinlicher war), daß die herrschende Klasse zu Staatsstreich und Verfassungsbruch greifen würde; in diesem

Fall würde dann die Anwendung aller Kampfmittel der Arbeiterschaft einschließlich des Massenstreiks – wie insbesondere Bebel meinte – notwendig werden. Übersehen wurde dabei, daß der Ausbreitung der Sozialdemokratie dadurch Grenzen gesetzt waren, daß die Partei sich in ihrer Agitation allein auf die Industriearbeiterschaft beschränkte. Sie vermochte vor 1914 zwar ihre Agitation an die katholischen Industriearbeiter und an die ostelbischen Landarbeiter heranzutragen und auch eine »gewisse Schicht von Mitläufern aus dem Kleinbürgertum und auf dem Lande« (Rosenberg, Entstehung) an sich zu ziehen, die mit den Zuständen im Kaiserreich unzufrieden waren; die Partei besaß eine gewisse Anziehungskraft auf Intellektuelle, auch viele Juden stießen zur Partei, weil sie nur innerhalb der Arbeiterbewegung auf Anerkennung und Durchsetzung ihrer politischen und sozialen Emanzipation rechnen konnten: überragende Erfolge hatte die Partei nicht zu verzeichnen, zumal ihren Bemühungen die notwendige Intensität fehlte. Es war auch kaum zu erwarten, daß sich Kleinbürgertum und Bauern gerade zu jener Partei bekennen sollten, die den Untergang und die Verproletarisierung der Mittelschichten durch die ökonomische Entwicklung der bürgerlichen Gesellschaft voraussagte.

Die Lassallesche These, daß gegenüber der Arbeiterschaft alle anderen Schichten »nur eine reaktionäre Masse« darstellten (so im Gothaer Programm), wirkte hier nach – eine These, die Marx und Engels heftig bekämpft hatten (vor allem Marx in seiner Kritik des Gothaer Programms): sie hielten nicht nur je nach der Situation eine Zusammenarbeit mit anderen (linksliberalen) Parteien, sondern auch eine Öffnung der Partei für die Mittelschichten für notwendig. Nur so konnte die deutsche Arbeiterpartei die »einzige wirklich fortschrittliche Partei« bleiben, »die einzige dazu, die stark genug ist, auch Fortschritte zu erzwingen« (Engels, 1895, zit. bei Rosenberg, Demokratie, S. 253). In Wirklichkeit war die SPD eine isolierte Klassenpartei der deutschen Industriearbeiterschaft; die scharfe Trennung zwischen »sozialdemokratisch« und »bürgerlich« blieb bis kurz vor dem Ersten Weltkrieg erhalten – auch das ein Ergebnis der den Sozialdemokraten aufgezwungenen Paria-Stellung im Kaiserreich, aber auch ein Ausdruck des sich aus der offiziellen Partei-Ideologie ergebenden Immobilismus.

Der Glaube an die ökonomisch determinierte Revolution und die unreflektierte Übernahme der Marxschen Weigerung, »Rezepte für die Garküche der Zukunft« zu verfertigen, waren für den Mangel an politischem Aktivismus, an konkreten Vorstellungen über den Gebrauch der ständig wachsenden Macht und an Plänen für eine gesamtstaatliche sozialistische Politik eine willkommene psychologische Rechtfertigung. Ein wenig überspitzt, aber nicht unrichtig, hat Arthur Rosenberg (in Geschichte der Weimarer Republik) diese Haltung charakterisiert:

»Zu den Problemen der Außenpolitik und des Militärwesens, der Schule und der Justiz, der Verwaltung, ja sogar der Wirtschaft im allgemeinen, und besonders der Agrarfrage, hatte der durchschnittliche sozialdemokratische Funktionär kein inneres Verhältnis. Er dachte nicht daran, daß einmal der Tag kommen könnte, an dem er, der Sozialdemokrat, all diese Dinge würde entscheiden müssen. Am Herzen lag ihm alles, was mit den Berufsinteressen des Industriearbeiters im engeren Sinne zusammenhing. Hier war er sachkundig und aktiv. Daneben bewegte ihn vielleicht am meisten noch die Wahlrechtsfrage.« (S. 12)

Als hemmend für eine konsequente Ausnutzung der allmählich erworbenen Machtstellung erwies sich auch die unrevolutionäre Mentalität der Parteianhänger; sie wären den Anforderungen einer revolutionären Aktivität gegen die bestehende Staats- und Gesellschaftsordnung nicht gewachsen gewesen. Die Führer der Partei hätten sich von den Massen isoliert, wenn sie diese aufgefordert hätten, mit einer revolutionären Kampfpolitik das Errungene unter Umständen wieder aufs Spiel zu setzen. Aber auch die Funktionäre der Partei und Gewerkschaften, die sich durch die Arbeiterbewegung einen gesicherten sozialen Status erworben hatten, waren nicht daran interessiert, die Funktionen und Aufgaben, auf denen dieser Status beruhte, zu gefährden. Solche Tendenzen verstärkten den Grundzug der Unbeweglichkeit in der deutschen Arbeiterbewegung. Hinzu kamen als weitere konservative Elemente die neuen Aufgaben, die Partei und Gewerkschaften angesichts der ungebrochenen Stabilität der bestehenden Staats- und Gesellschaftsordnung wahrzunehmen hatten: die Arbeiter zu schützen vor der Ausbeutung der herrschenden Klasse und ihre politischen und sozialen Errungenschaften zu vergrößern und zu verteidigen.

Bei den Führern der Arbeiterbewegung bestand kein Zweifel darüber, daß die herrschende Klasse nicht kampflos ihre Führungspositionen aufgeben und jede revolutionäre Kampfpolitik mit der Zerschlagung der Arbeiterbewegung beantworten würde. So begründet diese Auffassung einerseits war, so sehr bedeutete sie andererseits eine Unterschätzung der eigenen

Machtstellung. Kein Wunder also, wenn kritische zeitgenös-
sische Beobachter der sozialistischen Arbeiterbewegung statt
der offenbar erwarteten Revolutionäre »gute, zufriedene und
satte Spießbürger« (Hervé), einen »äußerst kleinbürgerlichen
Habitus« und »behäbige Gastwirtsgesichter« (Max Weber) vor-
fanden. Auch das ist in dieser Verallgemeinerung überpoin-
tiert, doch zweifellos spiegelte der kleinbürgerliche Habitus die
politische und soziale Mentalität wider: Anhänglichkeit an die
Organisation, Opferbereitschaft für sie, individueller sozialer
Aufstiegs- und persönlicher Bildungswille, Hoffnung, daß die
Kinder es besser haben würden, und radikale Ablehnung des
herrschenden »preußischen Systems«, »man kritisierte das Bestehende und wartete ab, hatte aber keinen politischen Plan für
die nächste Zukunft . . .« (Rosenberg, Entstehung S. 47).

Das Bemühen der Parteiführung, die weitgespannte soziale
und politische Aktivität der Arbeiterorganisationen mit dem
formalen ideologischen Radikalismus zu erklären, blieb nicht
unwidersprochen. Im Jahre 1891 entwickelte Georg von Vollmar (1850–1922), der Führer der bayerischen Sozialdemokraten, in zwei Reden in München das Programm des spezifisch
süddeutschen Reformismus:

»Wenn man sagt, daß die Sozialdemokratie unveränderlich sei, so
kann man damit vernünftigerweise nur meinen, daß unsere grundlegenden Anschauungen von der Ursache aller menschlichen Ausbeutung und Unterdrückung, von der Möglichkeit und Notwendigkeit ihrer Beseitigung und unserer Pflicht unablässigen Ringens und
Kämpfens für dies Ziel unveränderlich seien. In bezug auf die Gestaltung aber, welches dieses Ringen zu verschiedenen Zeiten an-
nimmt, und welche Mittel die Sozialdemokratie jeweils zur Förderung ihrer Bestrebungen zu benützen hat, gibt es nichts Unveränder-
liches... Mit einem Wort: unsere Grundsätze gehören uns, aber ihre
Anwendung auf das Leben, die politische Taktik richtet sich nach
den jeweiligen politischen und wirtschaftlichen Verhältnissen und
Bedürfnissen und wird zum größten Teile von dem Verhalten der
Inhaber der Macht und den übrigen Parteien bestimmt« (Mommsen,
S. 334).

Vollmar und mit ihm alle Reformisten (so genannt im Unterschied zu den Revisionisten), vor allem: Ignaz Auer, der Sekretär der Partei, und Carl Legien, der Vorsitzende der Generalkommission der Freien Gewerkschaften, verzichteten auf alle
theoretischen Erörterungen und Zukunftsspekulationen und
suchten (mit den Worten Vollmars) »im Interesse der Arbeiter-

bewegung und des Gemeinwesens überhaupt auf der Grundlage der heutigen Staats- und Gesellschaftsordnung Verbesserungen wirtschaftlicher und politischer Art« herbeizuführen.

Es war daher z. B. Vollmar möglich, am Erfurter Programm mitzuarbeiten; auch stimmten die meisten Reformer den Resolutionen des durch Bebel und Kautsky vertretenen Parteizentrums, insbesondere gegen die Revisionisten, auf den Parteitagen zu. Nicht, daß sie an theoretischen Fragen prinzipiell desinteressiert waren, aber sie wollten ihre praktische Tätigkeit nicht in ein neues theoretisches System pressen lassen und waren wohl auch davon überzeugt, daß die deutsche Arbeiterpartei ihre Integrationsfunktionen gegenüber der Arbeiterschaft nur erfüllen konnte, wenn sie den Anspruch aufrechterhielt, eine revolutionäre Partei des internationalen Proletariats zu sein. Deshalb konnte gerade der Reformist Auer dem Revisionisten Bernstein vorhalten: »Mein lieber Ede, das, was Du verlangst, so etwas beschließt man nicht, so etwas sagt man nicht, so etwas tut man.«

Eine Sonderstellung, die durch das Eigengewicht ihrer Organisation bestimmt wurde, nahmen unter den Reformisten die Gewerkschaftsführer ein. Die Auseinandersetzungen über die Eigenständigkeit der Gewerkschaften als Teil der Arbeiterbewegung nach 1900 spalteten sogar das Lager der Praktiker, als insbesondere Ignaz Auer, als Vertreter des Parteivorstandes, neben Bebel für das Recht der Partei zur Bestimmung der Richtlinien für die Politik aller Arbeiterorganisationen eintrat. Solche Forderungen – sie sind auch Ausdruck des Organisationspatriotismus der Partei – wurden von Argumentationen bestimmt, die deutlich die Abhängigkeit von den Auffassungen Lassalles, Marx' und Engels' über die Gewerkschaften zeigten. Lassalles Haltung läßt sich geradezu als antigewerkschaftlich bezeichnen: er war ausschließlich an einer politischen Klassenkampforganisation der Arbeiter interessiert; Marx und Engels dagegen sahen klar die – wenn auch begrenzten – Wirkungsmöglichkeiten der Gewerkschaften: die wirtschaftliche Situation der Arbeiter innerhalb des Kapitalismus zu verbessern und die revolutionäre Endphase des Klassenkampfes vorzubereiten, indem sich die Arbeiter durch Ausschaltung gegenseitiger Konkurrenz als Klasse ihrer Macht gegenüber dem Kapitalismus bewußt werden; doch diese Form des Kampfes ist nach Marx und Engels niemals Selbstzweck, sondern dem »Ziel der politischen Machteroberung« untergeordnet. Die Gewerkschaften, ohnehin der Partei an Mitgliederzahl, Finanzstärke und sozialpolitischer Aktivität überlegen, setzten sich schließlich in dieser Auseinandersetzung durch. Der SPD-Parteitag von 1906 stellte fest, daß die Gewerkschaften »an Wichtigkeit hinter der sozialdemokratischen Partei nicht zurückstehen«. Die beiden Vorstände erhielten die Auflage: »Um bei Aktionen, die die Interessen der Gewerkschaften und der Partei gleichmäßig berühren, ein einheitliches Vorgehen herbeizuführen, sollen die Zentralleitungen der beiden Organisationen sich zu verständigen suchen.« Die Aufgabe der Partei, die theoretischen Konzeptionen für die politische Zielsetzung und die Gestaltung der Zukunft zu erarbeiten, war von den Gewerkschaften nie bestritten worden.

Der Streit um die Eigenständigkeit der Gewerkschaften war eng verknüpft mit der Frage der Bedingungen für die Anwendung des Massenstreiks als politisches Kampfmittel. Die Diskussion um den politischen Massenstreik begann in der deutschen Arbeiterbewegung unter dem Eindruck der russischen Revolution von 1905, aber auch unter dem der Erfolge der schwedischen und belgischen Sozialisten, die mit Hilfe des Generalstreiks das allgemeine Wahlrecht durchgesetzt hatten; man fragte sich nun, ob man den politischen Massenstreik nicht auch in Deutschland zur Bekämpfung des preußischen Dreiklassenwahlrechts und der Wahlrechtsverschlechterung in Sachsen einsetzen sollte. Die konsequenteste Verfechterin eines politischen Massenstreiks war in der deutschen Arbeiterbewegung Rosa Luxemburg. Die Führer der Gewerkschaften dagegen waren in der Frage des politischen Massenstreiks wie auch in der Frage der Arbeitsniederlegungen und Demonstrationen am 1. Mai energisch darum bemüht, alles zu verhindern, was den Bestand ihrer Organisationen und die bisherigen sozialpolitischen Erfolge gefährden konnte: »Ungeheure Opfer hat es gekostet, um den augenblicklichen Stand der Organisation zu erreichen... Um aber unsere Organisation auszubauen, brauchen wir in der Arbeiterbewegung Ruhe« (so Theodor Bömelburg, der Vorsitzende des Bauarbeiterverbandes, auf dem Kölner Gewerkschaftskongreß von 1905). Tatsächlich beruhte die Kampffähigkeit der Gewerkschaften gegenüber den Arbeitgebern auf der Geschlossenheit und Unversehrtheit der Organisationen. Es spielte auch eine Rolle, daß sich die Gewerkschaften bis zum Ersten Weltkrieg vorwiegend auf die Arbeitnehmer aus dem Handwerk und aus den Mittelbetrieben (also auf

Facharbeiter) stützten und erst allmählich in den Großbetrieben (mit den vielen ungelernten Arbeitern) Fuß faßten. Um die Ansätze zur Organisierung in der Großindustrie (wo im Gegensatz zu den Arbeitern die Unternehmer am besten organisiert waren) zu erhalten, mußten die Gewerkschaften besonders vorsichtig vorgehen. Die einseitige Betonung des Kampfes für die Verbesserung der Arbeitsbedingungen jedoch hatte zur Konsequenz, daß nach 1918 auch die Gewerkschaften völlig unvorbereitet den Aufgaben der demokratischen Neugestaltung der Wirtschaft gegenüberstanden.

Nicht nur die Führer der Gewerkschaften, auch Bebel, Kautsky und Bernstein lehnten den Generalstreik – als die höchste Form des politischen Massenstreiks, die zur sozialen Revolution führt – für die deutschen Verhältnisse strikt ab, bejahten aber den politischen Massenstreik – einzelner Berufsgruppen oder auf der Basis lokaler Zusammenschlüsse – als das letzte Kampfmittel, das nur bei lebenswichtigen Fragen, z. B. beim Entzug des allgemeinen Wahlrechts oder des Koalitionsrechtes, anzuwenden sei.

Diese – wenn auch nicht bedingungslose – Zustimmung Eduard Bernsteins, des Wortführers der Revisionisten, überrascht kaum: Das Hineinwachsen in den Sozialismus, das er forderte, war nur unter der Bedingung demokratischer Verhältnisse möglich. Bernstein wollte »die Kluft zwischen Theorie und Praxis der Partei überwinden«, nicht die praktische Politik der Partei revidieren, sondern die von der Praxis abweichende Theorie. Er forderte »die Emanzipation von einer Phraseologie, die heute überlebt ist«, die die Partei daran hindere, auch zu scheinen, was sie nach seiner Meinung längst war: eine »demokratisch-sozialistische Reformpartei«. Bei diesem Bemühen sah sich Bernstein durchaus in Übereinstimmung mit Marx und Engels, deren ökonomische Geschichtstheorie er auf neu beobachtete Tatsachen anzuwenden gedachte, um hieraus der Politik seiner Partei neue Impulse und ein theoretisch abgesichertes taktisches Konzept zu geben:

»Ich bin der Anschauung entgegengetreten, daß wir vor einem in Bälde zu erwartenden Zusammenbruch der bürgerlichen Gesellschaft stehen und daß die Sozialdemokratie ihre Taktik durch die Aussicht auf eine solche bevorstehende große soziale Katastrophe bestimmen bzw. von ihr abhängig machen soll«, schrieb Bernstein 1898 in einem Brief an den Parteivorstand (abgedruckt im Vorwort zur 1. Auflage der ›Voraussetzungen des Sozialismus‹, 1899). Statt auf den großen

Zusammenbruch zu spekulieren, sei es die Aufgabe, »die Arbeiterklasse politisch zu organisieren und zur Demokratie auszubilden, und für alle Reformen im Staate zu kämpfen, welche geeignet sind, die Arbeiterklasse zu heben und das Staatswesen im Sinne der Demokratie umzugestalten.«

Bernsteins Revisionismus wurde von der Parteilinken und vom Parteizentrum erbittert angegriffen und auf dem Parteitag von 1903 niedergekämpft, ohne daß er seinen Einfluß auf einen Teil der Partei verlor. Bernstein mag, zumal im geschichtlichen Rückblick, recht gehabt haben, wenn er eine Revision der Theorie auf Grund der inzwischen erworbenen Einsichten über die dynamische Weiterentwicklung der bürgerlich-kapitalistischen Wirtschaft und Gesellschaft forderte, die Marx' Prognose in einigen Punkten (z. B. dem absehbaren Zusammenbruch des Kapitalismus) widerlegten. Er mag auch recht gehabt haben, wenn er eine Ausnutzung der gegebenen politischen Möglichkeiten verlangte. Ja, er mag sogar mit solchen Ansichten ein besserer Schüler von Marx gewesen sein als seine Gegner. Jedoch überschätzte Bernstein – wie schon Lassalle – die Erfolgschancen der Sozialdemokratie, mit den begrenzten Mitteln des Pseudoparlamentarismus im Kaiserreich einen gesellschaftlichen und politischen Strukturwandel durchsetzen zu können (er setzte dabei zu Unrecht seine Hoffnung auf eine Aktivierung des »linken« Bürgertums für eine demokratische Politik), und er unterschätzte die Bedeutung der traditionellen radikalen Theorie in der Interpretation von Kautsky für das kollektive Selbstbewußtsein gerade der deutschen Arbeiter.

Die radikale Linke – vertreten vor allem durch Rosa Luxemburg (1870–1919) und Karl Liebknecht (1871–1919) – dagegen sah den einzigen Weg zur Durchsetzung der sozialistischen Gesellschaftsordnung im »Hammerschlag der Revolution«, die sie sich als »eine Folge des zähen und unablässigen revolutionären Kampfes einer großen klassenbewußten Volksmasse« vorstellte.

»Die Ergreifung der Staatsgewalt durch das Proletariat, d. h. durch eine große Volksklasse läßt sich vor allem nicht künstlich herbeiführen. Sie setzt... einen bestimmten Reifegrad der ökonomisch-politischen Verhältnisse voraus...« Das Proletariat kann »erst im Laufe jener politischen Krise, die seine Machtergreifung begleiten wird, erst im Feuer langer hartnäckiger Kämpfe den erforderlichen Grad der politischen Reife erreichen«, »der es zur endgültigen großen Umwälzung befähigen wird« (Rosa Luxemburg, Sozialreform oder Revolution, 1899).

Rosa Luxemburg akzeptierte daher die praktische Reformarbeit als Instrument der revolutionären Schulung des Proletariats; erst später, unter dem Eindruck der russischen Revolution von 1905 und der wachsenden Identifizierung der Sozialdemokratie mit dem bestehenden Staat, sah die radikale Linke nunmehr vor allem im politischen Massenstreik und im Aufstand die entscheidenden revolutionären Kampfmittel der deutschen Arbeiterbewegung. Die politisch-taktischen Überlegungen der radikalen Linken gingen an der wirklichen Einstellung der angeblich revolutionären Massen vorbei; jedoch hätten die Auseinandersetzungen über die Theorie in der Partei möglicherweise durch die Gemeinsamkeit der politischen Aktion aufgehoben werden können: Die Linke anerkannte zumindest begrenzt die praktische Reformarbeit, und auf der Rechten erwog Ludwig Frank, einer der liberalsten unter den Reformern, die »totale Mobilisierung der Kräfte der Partei im Dienste der Demokratisierung Deutschlands«. Diese Chance, die Einheit der Partei in der politischen Aktion zu suchen, sah auch Victor Adler, der Führer der österreichischen Sozialisten; er schrieb 1903 vor dem Dresdener Parteitag an Bebel:

»Wenn Du nun... ein Aktionsprogramm in großen Linien andeuten würdest, u. sagen das u. das sind die Punkte, wo wir nun mit voller Wucht einsetzen wollen, mit dem ganzen Gewicht, die uns die 3 Millionen geben, wenn Du Dich nicht wie K. K. [d. i. Karl Kautsky] auf das Programm berufen würdest, das natürlich Alles sagt aber eben darum Nichts, dann würdest Du den ganzen Parteitag mitreißen...« (Adler, Briefwechsel, S. 422/23).

4. Christentum und Arbeiterbewegung vor 1914

Am 15. Mai 1891 (fünf Monate vor der Verabschiedung des Erfurter Programms der SPD) erließ Papst Leo XIII. (1810–1903, Papst seit 1878) die Enzyklika ›Rerum novarum‹; sie wird noch heute als grundlegende Stellungnahme der katholischen Kirche zur sozialen Frage angesehen – gültig für die damaligen Verhältnisse und richtungweisend in vielen Punkten für die darauffolgenden Jahrzehnte. Papst Leo XIII. bestätigt in seiner Analyse der sozialen Situation seiner Zeit die Teilung der Gesellschaft in zwei Klassen, die Verelendung der Besitzlosen und die Zuspitzung der sozialen Konflikte; den Sozialismus aber lehnt er strikt als Irrlehre und Irrweg ab. Der Auffassung des

Sozialismus, daß eine Lösung der sozialen Konflikte nur durch die Aufhebung der kapitalistischen Eigentumsordnung und durch die Vergesellschaftung der Produktionsmittel möglich sei, stellt der Papst die Gewißheit entgegen, daß das Recht zum Besitz von privatem Eigentum ein dem Menschen von Natur aus zukommendes Recht sei.

Von diesem zentralen Satz, daß privater Besitz ein natürliches Recht des Menschen sei, leitet Leo XIII. seine Forderungen nach einer Reform der sozialen Zustände ab: Die sozialen Verhältnisse im allgemeinen und die Lohnverhältnisse des Arbeiters im besonderen müssen so gestaltet sein, daß der Erwerb von Eigentum möglich ist und daß besonders das kleine Eigentum geschützt wird. Diese Aufgaben werden dem Staat zugewiesen. Die natürliche Ordnung der Gesellschaft bedeutet nach päpstlicher Auffassung keine »Gleichmachung von hoch und niedrig, von arm und reich«, auch wird nach kirchlicher Lehre »die Gesellschaft niemals frei von großer Plage werden«; vielmehr erfordert »das gesellschaftliche Dasein« »eine Verschiedenheit von Kräften und eine gewisse Mannigfaltigkeit von Leistungen«. Deshalb besteht auch kein von Natur aus unversöhnlicher Gegensatz zwischen der besitzenden und der nichtbesitzenden Klasse:

»Die Natur hat vielmehr alles zur Eintracht, zu gegenseitiger Harmonie hingeordnet; und so wie in menschlicher Liebe bei aller Verschiedenheit der Glieder im wechselseitigen Verhältnis Einklang und Gleichmaß vorhanden ist, so hat auch die Natur gewollt, daß im Körper der Gesellschaft jene beiden Klassen in einträchtiger Beziehung zueinander stehen und ein gewisses Gleichgewicht darstellen. Die eine hat die andere durchaus notwendig. So wenig das Kapital ohne die Arbeit, so wenig kann die Arbeit ohne das Kapital bestehen.«

Aus dieser gegenseitigen Abhängigkeit ergeben sich für beide Verpflichtungen, für die Arbeiter u. a. »vollständig und treu die Arbeitsleistung zu verrichten« (sofern sie auf einem gerechten Vertrag beruht), »in der Wahrung ihrer Interessen sich der Gewalttätigkeit zu enthalten und in keinem Falle Auflehnung zu stiften«; die Arbeitgeber dagegen dürfen die Arbeiter »nicht wie Sklaven« behandeln, müssen deren persönliche Würde wahren: »dem Arbeiter den ihm gebührenden Verdienst vorenthalten, ist eine Sünde, die zum Himmel schreit«. Grundsätzlich anerkennt also der Papst die kapitalistische Sozial- und Wirtschaftsordnung, er fordert nicht eine Reform des Systems, wohl aber eine der Gesinnungen: nur durch sie können die bestehende unerträgliche Klassentrennung und die scharf verurteilten Auswüchse der kapitalistischen Produktionsmethoden überwunden werden. Diese Reform der Gesinnungen aber ist Aufgabe der Kirche:

»Die Kirche als Vertreterin und Wahrerin der Religion, hat zunächst in den religiösen Wahrheiten und Gesetzen ein mächtiges Mittel, die Reichen und die Armen zu versöhnen und einander nahezubringen; ihre Lehren und Gebote führen beide Klassen zu ihren Pflichten gegeneinander und namentlich zur Befolgung der Vorschriften der Gerechtigkeit.«

Aber nicht nur die Kirche, der Staat und die Besitzenden müssen für die Lösung der sozialen Frage Sorge tragen, sondern auch die Arbeiter selbst: sie werden vom Papst aufgefordert, sich zur Vertretung und Durchsetzung ihrer Rechte in christlichen Arbeitervereinen zusammenzuschließen; auch der Streik wird nicht generell ausgeschlossen.

Auf der Basis dieser päpstlichen Sozialenzyklika entwickelten sich nach 1891 in Deutschland die katholischen Arbeitervereine, arbeitete der Volksverein für das katholische Deutschland und entstanden schließlich die Christlichen Gewerkschaften. Als erste Schritte zu einer späteren berufsständischen Organisation der Gesamtgesellschaft strebten die Sozialpolitiker der Zentrumsfraktion im Reichstag, an ihrer Spitze Franz Hitze (seit 1893 Professor in Münster), bei der Ausgestaltung der Sozialpolitik die berufsgenössische Organisation der Arbeiterversicherungen und die Zusammenarbeit von Unternehmern und Arbeitern in den Betrieben an. Doch nicht mehr die gesellschaftlichen Reformen standen innerhalb des deutschen Katholizismus während der hier behandelten Zeit im Vordergrund, sondern sozialpolitische Einzelmaßnahmen und -erfolge auf der Basis der nun grundsätzlich anerkannten kapitalistischen Wirtschafts- und Sozialordnung. In jenen Jahren versuchten die deutschen Katholiken ihre Rückständigkeit auf wirtschaftlichem und kulturellem Gebiet (als Folge der Säkularisation und des Kulturkampfes, der die Katholiken zu Staatsbürgern zweiter Klasse gestempelt hatte) aufzuholen: »Hinein in die Industrie, hinein in die Großindustrie« (Dr. Bell auf dem Katholikentag 1909) war die Parole seit der Jahrhundertwende. Die gewaltige wirtschaftliche Expansion jener Jahre ließ z. B. F. Hitze hoffen, daß sich durch eine konsequente Sozial- und Lohnpolitik aus der Arbeiterklasse ein neuer Mittelstand herausbilden werde und daß für die verbleibenden Arbeiter durch die steigenden Löhne eine weitgehende Existenzsicherung erreicht werden könne.

Während die wirtschaftlichen Erfolge viele deutsche Katholiken zu einer schwankenden, unsicheren Beurteilung des Kapitalismus verführten, blieb ihre Einstellung zum Sozialismus ohne Unterschied scharf ablehnend; selbst die humanitäre Motivation der sozialistischen Arbeiterbewegung, die noch zu Kettelers Zeiten anerkannt worden war, wurde jetzt nicht mehr verstanden. Die Haltung der sozial verantwortungsbewußten deutschen Katholiken gegenüber der Arbeiterklasse wurde zwar bestimmt von der Anerkennung sozialer Verantwortung aus katholischem Glauben, von klarer Einsicht in die soziale Situation der Arbeiter, von viel Verständnis (auf Grund des christlichen Menschenbildes) für ihre Hoffnungen und Wünsche, war aber gleichzeitig zumeist gekennzeichnet von einer patriarchalisch-hierarchischen Einstellung, die eine wirkliche Partnerschaft nicht zuließ. Besonders die Protokolle der Katholikentage geben darüber beredt Auskunft, so wenn den »einfachen Arbeiterrednern« gedankt wird, wenn von »diesem auch einem Wissenschaftler Ehre machenden Vortrag eines einfachen Berufsarbeiters« gesprochen wird, ganz zu schweigen von manchen wohlmeinenden, auf einen väterlich-ermahnenden Ton eingestimmten Reden. Die katholische Arbeiterbewegung und die Christlichen Gewerkschaften wurden dadurch von vornherein in mehrfacher Weise belastet und damit gegenüber der sozialistischen Arbeiterbewegung benachteiligt: Sie mußten diese als feindlichen großen Bruder bekämpfen, doch wiederum an seiner Seite für die soziale und politische Gleichberechtigung ihrer Klasse in der Gesellschaft arbeiten und schließlich in der eigenen Gruppe um die Anerkennung ihrer Mündigkeit ringen. Johann Giesberts (1865–1938), einer der aktivsten katholischen Arbeiterführer, hat diese Probleme auf dem Katholikentag 1906 in Essen ausgesprochen:

»Die Mündigkeit und Selbstbestätigung der Arbeiter bleibe in unserer Zeit ein unabweisbares Bedürfnis... Die christlichen Arbeiter wollten den Klassenkampf nicht, sondern die Versöhnung der Stände und deren sozialen Ausgleich, aber in dem Sinne, daß man sie als gleichberechtigten Stand im Rahmen des Ganzen anerkenne.«

Die Katholischen Arbeitervereine erhielten neuen Auftrieb durch einen Hirtenbrief der Fuldaer Bischofskonferenz von

1890 und erst recht durch ihre offizielle Anerkennung und Befürwortung in der päpstlichen Enzyklika ›Rerum novarum‹. Seit 1891 kam es zu regionalen Zusammenschlüssen (zuerst in Süddeutschland, Sitz München), die 1911 – ohne Berlin – einen Kartellverband bildeten. Die Mitgliederzahl betrug 1914 etwa 500000; seit 1898 hatten die katholischen Arbeitervereine auch ein weitverbreitetes Wochenblatt zur Verfügung, die ›Westdeutsche Arbeiterzeitung‹. Die Vereine standen ausnahmslos unter geistlicher Führung; ihre Aufgaben bestanden in der kirchlich-religiösen Betreuung, in der Abwehr des Sozialismus, vor allem aber in der »Standeserziehung« ihrer Mitglieder: »von der Klasse zum Stand« sollte die Arbeiterschaft erzogen werden. Besondere Fach- oder Berufsabteilungen innerhalb der Katholischen Arbeitervereine sollten die speziellen Berufsinteressen vertreten (Einrichtung von Arbeitsnachweisen, Rechtsberatung, Fachunterricht und Anregungen bei Arbeitgebern, Gemeindeverwaltungen usw.). Die Arbeitervereine übernahmen also weder gewerkschaftliche noch politische Aufgaben (in den Statuten hieß es: »Politische Bestrebungen sind ausgeschlossen«) und waren (von Hitze) als Vorstufe zu den Gewerkschaften gedacht.

Eine starke Stütze für Katholische Arbeitervereine und Christliche Gewerkschaften war der »Volksverein für das katholische Deutschland«. Er hatte seine Zentralstelle in M.-Gladbach (Leiter seit 1892 August Pieper); Ortsgruppen und Vertrauensmänner verteilten sich über das ganze Land; eine Mark Mitgliedsbeitrag im Jahr sollte es jedem ermöglichen, dem Verein anzugehören: bis 1900 – in der Phase des Aufbaus – gewann er 182000 Mitglieder, 1914 erreichte er die Zahl von 805000. Die weitgespannte Aktivität des Vereins bezog sich hauptsächlich auf drei Arbeitsgebiete: Publizistik, Ausbildung und Schulung, praktische soziale Hilfestellung.

Seit 1891 erschien die Vereinszeitschrift ›Der Volksverein‹; durch die ›Sozialpolitische Korrespondenz‹ wurde die katholische Presse mit Artikeln beliefert; Flugblätter, Flugschriften einschließlich Material für Redner und Broschüren über Fragen der sozialen Tagespolitik wurden teilweise in Millionenauflagen herausgebracht und Bücher zu Grundsatzfragen veröffentlicht. – Bis 1900 führte der Volksverein sogenannte »Praktisch-Soziale-Kurse« – bis zu 10 Tagen – im Land durch; seit 1901 wurden sie ersetzt durch zehnwöchige »Volkswirtschaftliche Kurse« in M.-Gladbach (Leiter Dr. Heinrich Brauns, der spätere Reichsarbeitsminister); sie dienten der intensiven Ausbildung und Schulung der Funktionäre der Katholischen Arbeitervereine und der Christlichen Gewerkschaften; nach 1907 wurden auch 1-Wochen-Lehrgänge für andere Berufsgruppen ins Programm aufgenommen; eine Bibliothek, die 1912 40000 Bände (1932 80000) und 800 Zeitschriften zählte, stand für die Bildungsarbeit zur Verfügung; moderne technische Hilfsmittel wie Lichtbilder und Filme fanden sehr früh Verwendung. – Schon in den neunziger Jahren wurden sogenannte Volksbüros (später Sekretariate) eingerichtet, die in allen sozialen Fragen, aber auch in Schul-, Steuer- und Militärangelegenheiten (für Mitglieder kostenlos) Auskunft und Rat erteilten; in M.-Gladbach selbst gab es darüber hinaus eine »Zentrale Auskunftsstelle«.

Der Volksverein leistete »eine intensive soziale und staatsbürgerliche Schulung des katholischen Volkes, wie es dergleichen vorher nie gegeben hat« (Jostock, Die katholisch-soziale Bewegung, S. 25); er regte darüber hinaus aber auch direkt oder indirekt den weiteren Ausbau des katholischen Vereinswesens an: seit 1907 begann Carl Sonnenschein mit seiner »Sozialstudentischen Arbeit« im Rahmen des Volksvereins, die vor allem die jungen Akademiker für die Aufgaben der sozialen Arbeit interessieren und gewinnen sollte; 1897 wurde der Caritasverband gegründet, der die katholische Sozialarbeit organisatorisch zusammenfaßte und weiter ausdehnte; 1900 entstand der »Katholische Fürsorgeverein für Mädchen, Frauen und Kinder«, 1903 der »Katholische Deutsche Frauenbund«.

Als im Mai 1899 in Mainz der »Gesamtverband der Christlichen Gewerkschaften« gegründet wurde, gab es an christlichen gewerkschaftlichen Organisationen nur die – örtlich und regional meist auf Westdeutschland begrenzten – Verbände der christlichen Bergarbeiter (seit 1894), der Textilarbeiter (1898) und der Metallarbeiter (1899); die übrigen Delegierten gehörten katholischen und evangelischen Arbeitervereinen an; aus Berlin und Süddeutschland kamen die Vertreter des Vereins »Arbeiterschutz«, einem in engem Anschluß an die katholischen Arbeitervereine gegründeten, konfessionell und politisch neutralen Standesverein. Nach der Gründung des Gesamtverbandes entstanden weitere christliche Gewerkschaften, im Gründungsjahr noch die Verbände der Holzarbeiter, Maurer und Lederarbeiter. 1903 gelang die Einrichtung eines Generalsekretariats des Gesamtverbandes; Generalsekretär – seine Position war vergleichbar mit der des Vorsitzenden der Generalkommission der Freien Gewerkschaften – wurde Adam Stegerwald (1874–1945), der die Christlichen Gewerkschaften nach dem Modell der Freien Gewerkschaften organisierte. Im Gründungsjahr zählte der Gesamtverband 17744 Mitglieder, 1907 284649, 1912 350930 (Höchststand der Vorkriegszeit). Auf Initiative der Christlichen Gewerkschaften erfolgte 1903 die Gründung des »Deutschen Arbeiterkongresses« als Dachverband aller nichtsozialistischen Gewerkschaften; 1908 tagte in Zürich die erste internationale Konferenz christlicher Gewerkschaftsführer.

Die Anfangsschwierigkeiten der christlichen Gewerkschaften – lokale Zersplitterung, Planlosigkeit der Gründungen, ungeklärtes Verhältnis zu den konfessionellen Arbeitervereinen – lagen in erster Linie in der Unklarheit über Zweck und Ziel christlicher Gewerkschaften. Ursprünglich bestand auch nach 1890 bei den katholischen Arbeitern die Hoffnung, eine einzige, neutrale Gewerkschaftsbewegung in Deutschland nach dem Vorbild der Trade Unions erhalten zu können. Der enge Anschluß der Freien Gewerkschaften an die sozialdemokratische Partei begrub solche Hoffnungen; damit stellte sich für katholische (und evangelische) Arbeiter immer dringender die Frage, ob die Freien Gewerkschaften, die zunehmend als an eine Partei gebunden und anti-religiös eingestellt angesehen werden mußten, noch länger ihre Interessen vertraten. Wo diese Frage verneint wurde, entstanden die ersten lokalen Verbände der Christlichen Gewerkschaften. Offen blieb dabei zunächst, ob man katholischen oder interkonfessionellen christlichen Gewerkschaften den Vorzug geben sollte; die katholischen Arbeiterführer, vor allem August Brust (1862–1924), der Führer der christlichen Bergarbeiter, und Matthias Erzberger (1875–1921), der damals in Süddeutschland innerhalb der katholischen Arbeitervereine einen gewissen Einfluß besaß, gaben interkonfessionellen, von Laien geleiteten Organisationen den Vorzug. Kein Mißtrauen gegen die Geistlichkeit leitete sie dabei, sondern die Einsicht, daß der gewerkschaftliche Tageskampf die Schaffung schlagkräftiger, aggressiver Organisationen notwendig machen würde. Nachdem auch die Katholikentage von 1896, 1898 und 1899 sich unter dem Einfluß Hitzes von der Nützlichkeit einer »auf christlicher Grundlage aufgebauten Gewerkschaftsbewegung« (als »notwendiger Ergänzung« der konfessionellen Arbeitervereine) hatten überzeugen lassen, setzte sich der interkonfessionelle Standpunkt durch; so wurde auf dem Mainzer Kongreß der Satz angenommen:

»Die Gewerkschaften sollen interkonfessionell sein, d. h. Mitglieder beider christlicher Konfessionen umfassen, aber auf dem Boden des Christentums stehen.« Der erste Punkt der Leitsätze lautete dann: »Die Gewerkvereine sind interkonfessionell und politisch unparteiisch.«

Das waren nach der Auffassung mancher Katholiken, auch mancher katholischer Arbeiter, sehr laue Formulierungen: »christlich« schien ihnen nicht mehr zu bedeuten als »nicht sozialdemokratisch«. Durch Angriffe seitens des katholischen Klerus herausgefordert, gaben sich die Christlichen Gewerkschaften eine Selbstinterpretation, die zwar ihre christliche Grundhaltung betonte, zugleich aber den Weg zu einer einheitlichen Organisation deutscher Gewerkschaften offen ließ:

»Wir erklären es als selbstverständlich und mit Nachdruck, daß wir nach wie vor in Durchführung der gewerkschaftlichen Ziele die christlichen Grundsätze als Richtschnur anerkennen. Eine Vereinigung aller Arbeiter der verschiedenen Berufszweige in einheitlichen Organisationen ist allerdings das zu erstrebende Ziel, doch muß verlangt werden, daß solche Verbände in ihrer Wirksamkeit den christlichen Grundsätzen nicht widersprechen...« (Stellungnahme des Ausschusses des Gesamtverbandes, Nov. 1900).

Die Aufgaben, die sich die Christlichen Gewerkschaften stellten, unterschieden sich von denen der Freien Gewerkschaften kaum: berufliche und sozialpolitische Schulung der Mitglieder, Arbeitsvermittlung, Unterstützung der Arbeitslosen, Mitwirkung beim Abschluß von Tarifverträgen; der Streik wurde unter bestimmten Bedingungen als Mittel des Arbeitskampfes anerkannt und angewendet, die Zusammenarbeit mit den Freien Gewerkschaften in der gewerkschaftlichen Tagespolitik häufig gesucht; politisch fanden die Christlichen Gewerkschaften Anschluß und Unterstützung beim Zentrum und bei den Christlich-Sozialen.

Zurückhaltend zeigten sich die Christlichen Gewerkschaften (und mit ihnen ihre geistigen Mentoren im Volksverein) in der Formulierung einer eigenen weltanschaulichen Begründung der christlichen Arbeiterbewegung; man entging damit der Gefahr, daß prinzipielle Festlegungen möglicherweise nur Meinungsverschiedenheiten über die Ausdeutung allgemein-christlicher Prinzipien zwischen, aber auch innerhalb der beiden Konfessionen herausgefordert hätten. Als Ersatz für die fehlende positive Bestimmung der eigenen weltanschaulichen Motivation bot sich jedoch ein im Gegensatz zur praktischen Arbeit geübter »Anti-Sozialdemokratismus« an; »durch den Eintritt in den Verein bekennt sich jeder als Gegner der sozialdemokratischen Grundsätze und Bestrebungen«, hieß es schon in der Satzung des christlichen Bergarbeiterverbandes von 1894. Eine solche Einstellung bestärkte die Christlichen Gewerkschaften in der Ablehnung des Klassenkampfes und in der Betonung der Partnerschaft zwischen Arbeitern und Arbeitgebern (in den Leitsätzen von 1899: »Arbeit und Kapital sind die aufeinander angewiesenen Faktoren der Produktion«). Eine solche scharfe Abgrenzung von den sozialistischen Freien Gewerkschaften erwies sich auch als notwendig, um die organisatorische Sonderexistenz der Christlichen Gewerkschaften – angesichts gleicher gewerkschaftspolitischer Ziele und gemeinsam geführter Tageskämpfe – gewissermaßen negativ zu begründen und sich ihre Anziehungskraft auf religiös gebundene Arbeiter zu bewahren.

Immerhin lassen sich schon in der Frühzeit der christlichen Gewerkschaftsbewegung Ansätze zu einer christlich-sozialen Gewerkschaftstheorie finden, wie sie dann in den zwanziger Jahren durch Theodor Brauer und Götz Briefs entwickelt worden ist. Die Grundlage der Gewerkschaftsorganisation war nach christlichem Verständnis der Berufsstand und nicht, wie nach sozialistischer Anschauung, die Klasse: die Bewahrung der Standes- und Berufsideale galt als unabdingbares Gebot der gewerkschaftlichen Arbeit. Sahen sich die sozialistischen Gewerkschaften als Kampforganisation der Arbeiterklasse gegen den Kapitalismus, so verstanden sich die Christlichen Gewerkschaften als Standesbewegung mit der Aufgabe der Integration des Arbeiters in die bestehende industriell-kapitalistische Ordnung, zugleich aber als Instrument zur Korrektur der kapitalistischen Ordnung in Richtung auf eine von christlichen Prinzipien bestimmte Gesellschaft.

Die Christlichen Gewerkschaften hatten ihre Kampfkraft aber auch gegen eine Front im eigenen Lager zu richten: die Betonung ihres interkonfessionellen Charakters löste jahrelange Auseinandersetzungen mit einem Teil des deutschen Katholizismus aus. Tatsächlich überwogen stets die katholischen Arbeiter in den Christlichen Gewerkschaften; dennoch wollten die Gegner der Christlichen Gewerkschaften die katholischen Arbeiter nur in kirchlich geleiteten Organisationen zusammengefaßt sehen, wie es die katholischen Arbeitervereine waren; eine interkonfessionelle, interessenpolitische Kampforganisation, die eigene, durch die Auseinandersetzungen zwischen Kapital und Arbeit bestimmte Zielvorstellungen und Arbeitsweisen entwickelte und die Arbeiter der geistlichen Führung entzog, schien ihnen die Reinerhaltung der katholischen Grundüberzeugungen zu gefährden. Bezeichnenderweise machte sich vor allem der Verband der katholischen Arbeitervereine »Sitz Berlin« zum Vorkämpfer dieser Anschauung, der ganz Ostdeutschland, also Diaspora-Gebiet, umfaßte; hier war der Gegensatz zur staatstragenden evangelischen Kirche noch am stärksten ausgeprägt. Überdies wurde die »demokratische Selbsthilfe der Arbeiter« – wie ein katholischer Autor treffend formulierte (Jostock, Der deutsche Katholizismus) – »aus patriarchalisch-feudalistischer Befangenheit« abgelehnt; Bischof Korum, Trier (neben Kardinal Kopp, Breslau, der geistliche Wortführer gegen die Christlichen Gewerkschaften), äußerte sich einmal während des Streites: »Auch wenn die Gewerkschaften nur katholische Mitglieder aufwiesen, die Leitung aber einem Arbeiter zuwiesen, müßten wir sie bekämpfen. Alles kommt darauf an, daß die Geistlichen die katholischen Arbeiter in der Hand behalten.« (zit. bei E. Ritter, S. 323). Die Christlichen Gewerkschaften waren, unter diesem Aspekt betrachtet, auch eine Emanzipationsbewegung der katholischen Arbeiter von der Vormundschaft des Klerus. Adam Stegerwald hat sich zu den Schwierigkeiten der Christlichen Gewerkschaften rückblickend geäußert:

»Sprachen die Führer der Christlichen Gewerkschaften nur als Katholiken, so wurden sie von ihren evangelischen Kollegen nicht verstanden, redeten sie aber als Vertreter einer interkonfessionellen Organisation, konnte man ihnen Unehrerbietigkeit gegen das Oberhaupt ihrer Kirche vorwerfen.«

In dem Streit der deutschen Katholiken wurde auch die päpstliche Autorität bemüht: Die Enzyklika ›Singulari quandam‹ aus dem Jahre 1912 sprach sich unter bestimmten Bedingungen für die Christlichen Gewerkschaften aus; der Streit ging damit theoretisch noch nicht zu Ende – erst die Enzyklika ›Quadragesimo anno‹ von 1931 setzte den endgültigen Schlußstrich –, faktisch aber siegten die Christlichen Gewerkschaften auf der ganzen Linie.

Die evangelischen Arbeitervereine machten ihren Mitgliedern im allgemeinen keine Schwierigkeiten, wenn sie sich in den Christlichen Gewerkschaften betätigen wollten; Pfarrer Weber, einer der führenden Leute der evangelischen Arbeitervereine, hatte sogar 1894 dem Katholiken August Brust bei der Gründung des christlichen Bergarbeiterverbandes Hilfestellung geleistet. Diese Einstellung war nicht etwa Ausdruck der Öffnung der evangelischen Kirche für die soziale Frage, sondern im Gegenteil Ausdruck einer steigenden Indifferenz, einer Verfestigung der konservativ-patriarchalischen Grundhaltung. 1895 tadelte ein Erlaß des evangelischen Oberkirchenrates (dem 1897 die Generalsynode zustimmte) die »unbesonnene Parteinahme für die Forderungen einer einzelnen Bevölkerungsklasse«, d. h. der Arbeiter, und verfügte, die Aufgabe der Geistlichkeit bestehe darin, durch persönliche Seelsorge

»bei den begüterten Klassen dem Gewissen einzuprägen, daß Reichtum, Bildung und Ansehen nur anvertraute Güter sind, welche sie zum Besten ihrer Mitmenschen zu verwalten haben, die unter dem Druck des Lebens stehenden Klassen aber zu überzeugen, daß Wohlfahrt und Zufriedenheit auf gläubiger Einfügung in Gottes Weltordnung und Weltregierung, auf tüchtiger, ehrlicher Arbeit und Sparsamkeit, sowie auf gewissenhafter Fürsorge für das heranwachsende Geschlecht beruhen, daß dagegen Neid und Gelüste nach des Nächsten Gut dem göttlichen Gebote zuwider sind«. (Zit. bei Frank, S. 267.)

Die Kirche zu einem »maßgebend mitwirkenden Faktor in den politischen Tagesstreitigkeiten zu machen«, hieß es in dem Erlaß weiter, sei ebenfalls gegen das göttliche Gebot: »Gott hat sie nicht zu Schiedsrichtern in weltlichen Sachen gesetzt.« Das war die Antwort der evangelischen Kirche auf die Herausforderung der ersten industriellen Revolution; kein anderer als der selbst tief konservative ehemalige Hofprediger Stöcker schrieb 1898: »Das Urteil liegt nahe, daß der Protestantismus der Aufgabe der Zeit nicht gewachsen ist.«

Der Erlaß richtete sich in erster Linie nicht mehr gegen Stöcker, sondern gegen seinen einstigen Gefolgsmann Friedrich Naumann (1860–1919) und dessen Anhänger. Naumann hatte bei Wichern im Rauhen Haus in Hamburg gearbeitet, war dann eine Zeitlang Pfarrer einer armen Landgemeinde im Erzgebirge gewesen und schließlich Vereinsgeistlicher der Inneren Mission in Frankfurt geworden. Er erkannte bald, daß Stöckers Ansatz falsch war: die Arbeiter wollten nicht Objekt der sozialen Bemühungen sein, sondern selber handelndes Subjekt. Im Evangelisch-Sozialen Kongreß, den Stöcker 1890 als Diskussionsforum evangelischer Theologen und Hochschullehrer anderer Fakultäten über soziale Tagesfragen geschaffen hatte, und in den Evangelischen Arbeitervereinen bemühte sich Naumann, seine Auffassungen durchzusetzen: religiöse und soziale Aufgaben miteinander zu verbinden. 1895 schuf sich die Naumannsche Gruppe ein eigenes Presseorgan ›Die Hilfe‹, deren leitender Redakteur 1905 Theodor Heuß wurde. 1896 trennte sich Stöcker vom Evangelisch-Sozialen Kongreß, der zunehmend zu einer Vertretung der kirchlichen Linken wurde; seine Verhandlungen wurden in einer stattlichen Anzahl von Bänden veröffentlicht und haben die Arbeit der deutschen Sozialwissenschaften außerordentlich günstig beeinflußt. Stöcker dagegen schuf sich ein neues Instrument, die Freie kirchlich-soziale Konferenz (1897), die die sozial orientierte kirchliche Rechte sammelte und bis 1914 sehr viel praktische Sozialarbeit im Stile des Volksvereins für das katholische Deutschland leistete. Der Streit zwischen den älteren und den jüngeren Evangelisch-Sozialen hatte auch eine Spaltung der Evangelischen Arbeitervereine zur Folge: eine Gruppe, unter nationalliberaler Führung, betonte die religiöse und patriotische Seite der Aufgaben, eine zweite Gruppe befürwortete die Mitarbeit der evangelischen Arbeiter in den Christlichen Gewerkschaften, eine dritte Gruppe, meist Anhänger Naumanns, hielt es für richtiger, die evangelischen Arbeiter zum Eintritt in die Freien Gewerkschaften zu veranlassen und dadurch deren parteipolitische Neutralität durchzusetzen. Erst 1904 bzw. 1907 fanden sich die meisten evangelischen Arbeitervereine wieder im »Gesamtverband der Evangelischen Arbeitervereine Deutschlands« zusammen.

Naumann zog aus der Haltung seiner Kirche die Konsequenzen: 1897 schied er aus seinem Pfarramt aus, ein Jahr zuvor hatte er in Erfurt den »Nationalsozialen Verein« gegründet. Er hatte damit nicht aufgehört, Christ zu sein, wohl aber seine Überzeugung aufgegeben, daß Kirche und Christentum einen entscheidenden Beitrag zu der Lösung der sozialen Frage leisten könnten. Unter dem Einfluß besonders von Max Webers Auffassungen über Wesen und Aufgaben des nationalen Machtstaates kam Naumann zu der Ansicht, daß einerseits die Mitarbeit der Masse der Industriearbeiter bei der nationalen Machterweiterung Deutschlands unerläßlich war, daß andererseits ein »soziales Kaisertum« im Interesse der inneren Stärke der Nation für weitreichende politische und soziale Reformen sorgen müsse.

»Wir stehen auf nationalem Boden, indem wir die wirtschaftliche und politische Machtentfaltung der deutschen Nation nach außen für die Voraussetzung aller größeren sozialen Reformen im Innern halten, zugleich aber der Überzeugung sind, daß die äußere Macht auf die Dauer ohne Nationalsinn einer politisch interessierten Volksmasse nicht erhalten werden kann. Wir wünschen daher eine Politik der Macht nach außen und der Reform nach innen«, so lautete der erste Programmpunkt des Nationalsozialen Vereins.

Naumann hielt daher Ideologie und Politik der deutschen Sozialdemokratie angesichts der großen nationalen Zeitaufgaben für falsch; die Arbeiter konnten nach seiner Ansicht nur dann auf die Dauer etwas erreichen, wenn sie patriotisch und staatserhaltend auftraten:

»...Eure Löhne, die Preise eurer Lebensmittel hängen nicht zum wenigsten davon ab, welchen Platz dieses Vaterland auf dem Weltmarkt erobern wird. Das deutsche Reich braucht Macht, es braucht Heer und Flotte, eine Partei, die diese elementarsten Notwendigkeiten verneint, schließt sich damit selbst von der Mitwirkung an staatlichen Aufgaben aus. Die Sozialdemokratie muß vom internationalen zum nationalen Sozialismus kommen...«

Als es trotz großer Anstrengungen den Nationalsozialen bei den Reichstagswahlen von 1903 nur möglich war, einen einzigen Kandidaten durchzubringen, löste sich die Partei auf. Einige ihrer Mitglieder gingen zur SPD; Naumann und der größte Teil seiner Anhänger schlossen sich der linksliberalen »Freisinnigen Vereinigung« an; Naumann wirkte hier wie in der Öffentlichkeit durch glänzende Reden und erfolgreiche Publikationen für die stärkere Anerkennung nationaler und sozialer politischer Forderungen. Als er 1919 starb, schrieb Max Weber: »er kam zu früh und zu spät« – zu spät, um als großer parlamentarischer Gegenspieler Bismarcks zu verhindern, daß die deutschen Arbeiter in einen unversöhnlichen Gegensatz zu ihrem Staat getrieben wurden, zu früh, um einer der großen Führer der deutschen Republik zu werden.

Neben den Freien und den Christlichen Gewerkschaften bemühten sich die 1868 gegründeten Hirsch-Dunckerschen Gewerkvereine im Wilhelminischen Reich um die Vertretung der Arbeiterinteressen. Auf ihre Aufgabenstellung und Zielsetzung hatte bis zu seinem Tode im Jahre 1905 Max Hirsch, ein enger Freund Schulze-Delitzschs, einen prägenden Einfluß. Nach englischem Vorbild sollte die Schaffung von Unterstützungseinrichtungen – als Verwirklichung des Prinzips der Selbsthilfe – die Hauptaufgabe der Gewerkvereine sein; auf Streik wurde weitgehend verzichtet, die gemeinsamen Interessen zwischen Arbeitern und Unternehmern stark betont, während die sozialpolitischen und arbeitsrechtlichen Forderungen im Vergleich mit denen der anderen Gewerkschaften sehr zurückhaltend und gemäßigt waren. Die Anziehungskraft der Hirsch-Dunckerschen Gewerkvereine auf die Arbeiter war daher gering: 1872 betrug die Mitgliederzahl 18 803, 1890 62 643, 1900 91 661, 1910 122 571. Die Gewerkvereine hatten eine ähnliche zentralistische Organisation wie die anderen Gewerkschaften und waren in dem »Verband der deutschen Gewerkvereine« zusammengeschlossen.

Zu erwähnen sind auch noch die wirtschaftsfriedlichen (gelben) Werkvereine. Sie waren auf der Zugehörigkeit der Arbeiter zu einem Betrieb gegründet und mehr oder weniger als gegen die Gewerkschaften gerichtete Streikbrecherorganisationen gedacht. 1905 entstand in Augsburg bei MAN der erste Werkverein, 1913 gab es 287 Vereine mit etwa 180 000 Mitgliedern, teilweise zusammengefaßt im »Bund der Werkvereine«. Die gleiche Zielsetzung, jedoch mit stärkerem politisch-nationalem Akzent, hatten die sogenannten »Vaterländischen Arbeitervereine«.

1. Auf dem Wege zum nationalen Staat

»Die Arbeiter haben kein Vaterland«, so steht es im Kommunistischen Manifest von 1848; aus der Nation ausgeschlossen zu sein, an ihrem Leben keinen Anteil zu haben, war das Grundgefühl auch der durch das Sozialistengesetz geprägten Generation sozialistischer Arbeiter. Die Wirkungen von Schule und allgemeiner Wehrpflicht, überhaupt die monarchisch-autoritäre Ordnung von Staat und Gesellschaft, führten nach 1900 nicht nur zum Abbau jenes Grundgefühls, sondern förderten auch einen von den meisten Sozialdemokraten nicht ins Bewußtsein gehobenen »Nationalisierungsprozeß«. Er mochte sich bei vielen auf den bloßen Stolz auf die weltweit gerühmte Tüchtigkeit und die Leistungen der deutschen Arbeiter beschränken, die ihnen bedeutender erschienen als die Leistungen der Arbeiter anderer Länder; er mochte zunächst nur darin bestehen, daß die dauernde Konfrontation mit den Werten der militärischen Tradition und des nationalstaatlichen Denkens – Hingabe an die »Sache des Vaterlandes«, Dienst für seine »nationale Größe« usw. – ihre Spuren hinterließ und aus manchem »vaterlandslosen Gesellen«, aus manchem »Sozen« (wie der Kaiser zu sagen beliebte), einen wohldisziplinierten »Träger des Rockes Seiner Majestät« machte, der dann in der Fabrik oder am Biertisch begeistert ausrief: »Wir sind Soldaten und Sozialdemokraten, beides mit Leib und Seele.« Hinzu kam der berechtigte Stolz auf die aus eigener Kraft hart erkämpften sozialen und politischen Errungenschaften der Arbeiterbewegung: die Arbeiter hatten sich selbst Werte geschaffen, die ihnen objektiv verteidigungswert erschienen sowohl gegen den inneren als auch gegen einen eventuellen äußeren Feind, sie waren nicht mehr die Proletarier, die nichts mehr zu verlieren hatten als ihre Ketten.

Aber auch die Träger der offiziellen Politik der deutschen Sozialdemokratie zeigten sich immer mehr von den Argumenten des nationalen Machtstaatsdenkens beeindruckt: daß Deutschland seine Arbeiterbevölkerung nicht ernähren könne, ohne sich ständig neue Märkte zu eröffnen, daß dazu eine weltweite Expansion notwendig sei, die wiederum Deutschlands Hegemonie in Europa und eine mächtige Flotte voraussetze. Im

Jahre 1913 stimmte eine große Mehrheit der SPD-Reichstags-fraktion für neue Steuergesetze, die es ermöglichten, die Er-höhung der Mittel für Militärausgaben sicherzustellen. Da-mit war der seit Jahrzehnten geübte Grundsatz: »Diesem Sy-stem keinen Mann und keinen Groschen«, durchbrochen; in manchen Kreisen der deutschen Sozialdemokratie setzte sich die Auffassung durch, man werde sich zu Staat und Armee be-kennen müssen, denn im Zeitalter des Imperialismus sei ein wehrloses Volk verloren. Diese relativ weitgehende Bejahung des nationalen Machtstaatsdenkens verstellte der SPD ins-gesamt jedoch nicht die grundsätzliche Einsicht in die verfehlte Außenpolitik des Kaiserreiches, vor deren gefahrvollen Kon-sequenzen sie immer wieder warnte.

Das uneingeschränkte Bekenntnis zur Verteidigung des Vaterlandes, das in jenen Jahren internationaler Spannungen vor Ausbruch des Ersten Weltkrieges immer wieder ausgespro-chen wurde, hatte eine lange Tradition, die keineswegs zu den Auffassungen von Marx und Engels in Widerspruch stand: Das Recht auf eine unabhängige Existenz und auf Selbstvertei-digung einer jeden Nation wurde von ihnen nicht bestritten, wenn sie auch erwarteten, daß jeder Krieg im Sinne der Inter-essen des internationalen Proletariats ausgenutzt würde. Kein Zweifel, daß bei Marx und Engels, erst recht bei Bebel und mehr noch bei Liebknecht die Gebundenheit an die nationalen Traditionen von 1848 hier ihren Ausdruck fand. 1870 hatte die Parteiführung der Eisenacher zum Deutsch-Französischen Krieg erklärt, daß man »mit aller Entschiedenheit die Unantastbar-keit des deutschen Bodens gegen napoleonische und jede andere Willkür verteidigen helfen« wolle. Wiederholt – auch während des Sozialistengesetzes – sind im Reichstag Erklärungen (von Auer, Bebel, Liebknecht) abgegeben worden, daß man bereit sei, »dem Vaterland gegenüber ganz dieselben Pflichten zu er-füllen wie alle anderen Bürger« (Auer); im Sommer 1913, einige Wochen vor seinem Tode, stellte Bebel in der Budgetkommis-sion des Reichstages bei der Beratung des Wehretats fest:

»Es gibt in Deutschland überhaupt keinen Menschen, der sein Va-terland fremden Angriffen wehrlos preisgeben möchte. Das gilt na-mentlich auch von der Sozialdemokratie...«

Bezogen sich auch solche Äußerungen ausschließlich auf die Verteidigung des Staates im Falle eines Angriffes von anderen Mächten, so gab es darüber hinaus sozialdemokratische Politiker, die sich bereit fanden, Wert und Bedeutung des nationalen Staates grundsätzlich anzuerkennen und ihre politischen Konsequenzen daraus zu ziehen. Vollmar rief 1907 auf dem Kongreß der Sozialistischen Internationale in Stuttgart aus:

»Es ist nicht wahr, daß international gleich antinational ist. Es ist nicht wahr, daß wir kein Vaterland haben. Die Liebe zur Menschheit kann mich in keinem Augenblick hindern, ein guter Deutscher zu sein, wie sie andere nicht hindern kann, gute Franzosen und Italiener zu sein. Und so sehr wir die gemeinsamen Kulturinteressen der Völker anerkennen und ihre Verhetzung gegeneinander verdammen und bekämpfen, so wenig können wir an die Utopisterei eines Aufhörens der Nationen und ihres Unterganges in einen formlosen Völkerbrei denken.« – Noske, der spätere Wehrminister der Republik, sagte im gleichen Jahr im Reichstag: »Wir fordern die Unabhängigkeit jeder Nation. Es folgt daraus, daß wir auch Wert darauf legen, daß die Unabhängigkeit des deutschen Volkes gewährleistet bleibe. Wir denken, daß dies wohlverstanden unsere elementare Verpflichtung ist, darüber zu wachen, daß das deutsche Volk nicht durch ein anderes an die Wand gedrückt wird.«

Solche Äußerungen muß man in Beziehung setzen zu den Auseinandersetzungen in der II. Internationale (gegründet 1889) über internationale antimilitaristische Aktionen und über die Anwendung des Generalstreiks als politisches Kampfmittel, insbesondere auch zur Verhinderung eines Krieges. Die Mehrheit der sozialistischen Parteien, führend unter ihnen die Deutschen und die Österreicher, lehnten den Generalstreik im Kriegsfalle ab, da sie der Ansicht waren, daß die Sozialdemokraten in keinem Land die Macht besäßen, sich im Augenblick des Kriegsausbruchs erfolgreich gegen die Staatsmacht zu erheben. Insbesondere für die deutschen Sozialisten wehrte sich Bebel auch im Hinblick auf antimilitaristische Aktionen in Friedenszeiten dagegen, sich zu Kampfmethoden drängen zu lassen, »die dem Parteileben, unter Umständen auch der Existenz der Partei verhängnisvoll werden können« (1907, Stuttgart). Bei solcher Einstellung spielte die Überzeugung mit, daß bei steigender politischer Macht der Sozialisten in Deutschland die herrschende Klasse nicht kampflos abtreten, sondern ein Regime der Gewalt aufrichten würde. Einen solchen Anlaß wollte man nicht provozieren, um nicht die Organisationen, auf deren Existenz allein ja die Macht der Arbeiterbewegung im Staate beruhte, zu gefährden, und auch um den deutschen Arbeitern den seit einem halben Jahrhundert erkämpften sozialen Fortschritt zu erhalten.

Die französischen Sozialisten, nicht minder stark als die deutschen (1914 1,4 Mill. Stimmen und 103 Sitze in der Kammer), und auch die Engländer dachten anders: Sie forderten den politischen Massenstreik im Kampf gegen den Krieg, wobei zweifellos die Tatsache eine Rolle spielte, daß sozialistische Parteien in den parlamentarisch-demokratisch regierten Ländern ein höheres Maß an Einfluß und Gewicht besaßen (in Frankreich stellten die Sozialisten bereits 1899 mit Millerand ihren ersten Minister). Da man in der Internationale der Ansicht war, daß es auf die Verständigung der beiden größten sozialistischen Parteien in Europa ankäme – deren Länder sich überdies in einem besonders gespannten, traditionsbelasteten Verhältnis gegenüberstanden – wurde schließlich 1907 in Stuttgart eine Resolution angenommen (1910 und 1912 in Kopenhagen resp. Basel bestätigt), die alles oder nichts versprach: Die sozialistischen Parteien waren verpflichtet, »alles aufzubieten, um durch die Anwendung der ihnen am wirksamsten erscheinenden Mittel den Ausbruch des Krieges zu verhindern«, wobei eingeräumt wurde, daß sich die Mittel je nach der Verschärfung des Klassenkampfes und der allgemeinen politischen Situation ändern würden. Zu bindenden Erklärungen über die Art der Mittel oder darüber, welche Sanktionsmöglichkeiten die Internationale bzw. ihr Büro haben sollte, kam es bis zum Ausbruch des Ersten Weltkrieges nicht.

Es war vielmehr das Anliegen besonders der deutschen Sozialisten, daß die Internationale das Recht auf Selbstverteidigung einer Nation im Falle eines feindlichen Angriffs anerkannte. Die deutschen Sozialisten, voran Bebel, vertraten dabei den Standpunkt, den sie seit jeher eingenommen hatten:

»Greift Rußland, der Hort der Grausamkeit und Barbarei, der Feind aller menschlichen Kultur, Deutschland an, um es zu zerstückeln und zu vernichten, ...so sind wir so gut und mehr interessiert, wie diejenigen, die an der Spitze Deutschlands stehen, und werden dem entgegentreten.« Rußlands Sieg bedeutet »unsere Niederlage als Sozialdemokraten« (Bebel auf dem Erfurter Parteitag 1891, Protokoll, S. 285).

Die Auffassung, daß Deutschland die Aufgabe der Verteidigung der europäischen Kultur gegen den Zarismus zufalle, mochte bestenfalls bis zum russisch-japanischen Krieg 1904/05 und bis zur russischen Revolution 1905, als sich der Zarismus als ein Koloß auf tönernen Füßen erwies, eine gewisse sachliche Berechtigung gehabt haben; gefühlsmäßig blieb das

»Schreckgespenst des Zarismus« aber immer wirksam als Teilstück jenes noch verborgenen deutsch-sozialdemokratischen Patriotismus, der nur hier und da unkontrolliert offen ausbrach, so wenn ein deutscher Gewerkschaftsführer (Leimpeters, Verband deutscher Berg- und Hüttenarbeiter) sich auf dem Kölner Gewerkschaftskongreß 1905 über den Beschluß der Amsterdamer Tagung der Internationale über die Arbeitsruhe am 1. Mai äußerte:

»Wohin soll das führen? Schließlich bestimmen auf internationalen Kongressen die Engländer, Botokuden und Chinesen, was wir in Deutschland zu tun haben.«

Das hohe moralische und politische Ansehen der deutschen Sozialisten in der Internationale verlor seit 1907 ständig an Gewicht, die Bedeutung der Internationale sank, die großen europäischen sozialistischen Parteien fanden nun schnell und (im Vergleich zur deutschen Bruderpartei) ungehinderter den Weg zu ihrem Staat: denn für sie nahm jetzt Preußen-Deutschland, mit dem sich die deutsche sozialistische Partei zunehmend zu identifizieren schien, die Stellung ein, die die deutschen Sozialisten für das russische Zarenreich reserviert hatten.

Die Identifizierung der deutschen Sozialdemokraten mit dem bestehenden deutschen Nationalstaat mußte unvollständig bleiben: Preußen-Deutschland blieb ein autoritär geordneter Klassenstaat, während aber gleichzeitig der internationale Sozialismus, gemessen an seinen Ansprüchen, zunehmend seinen Glanz verlor. Um dieses Vakuum zu füllen, entwickelte sich nun ein ganz eigenartiges Element sozialdemokratischen Selbstverständnisses, eine Art deutsch-sozialdemokratisches Sendungsbewußtsein: die die deutsche Kulturnation prägenden Werte, ja sogar die Ursprungswerte des Preußentums aus ihrer Entfremdung zu lösen, sie gegen ihre gegenwärtigen Träger erst recht eigentlich zu verwirklichen; wenn man will: das zu leisten, was preußische Aristokratie und deutsches Bürgertum in der Geschichte nie erreicht hatten. Was gemeint ist, zeigen am besten einige Bemerkungen Bebels:

»Wenn wir wirklich einmal das Vaterland verteidigen müssen, so verteidigen wir es, weil es unser Vaterland ist, als den Boden, auf dem wir leben, dessen Sprache wir sprechen, dessen Sitten wir besitzen, weil wir dieses unser Vaterland zu einem Land machen wollen, wie es nirgends in der Welt in ähnlicher Vollkommenheit und Schönheit besteht« (Parteitag 1907 in Essen, Protokoll, S. 255). Oder

(Parteitag 1910 in Magdeburg, Protokoll, S. 250): »Es gibt keinen
zweiten, dem preußischen ähnlichen Staat, aber wenn wir einmal
diesen Staat in der Gewalt haben, haben wir alles... im Süden versteht man nicht diesen Junkerstaat in seiner ganzen Schönheit.«

Ganz deutlich wird hier der rote Faden sichtbar, der von »Kaiser Bebel« (wie Bebel auf internationalen Kongressen apostro-
phiert wurde) zu »König Ebert«, dem ersten Präsidenten der
ersten deutschen Republik, und zu dem »roten Zaren von Preußen«, dem preußischen Ministerpräsidenten von 1920–1932,
Otto Braun, führt. Auf dem Umweg über die Anerkennung der
nationalen Interessen des deutschen Volkes gegenüber denen
anderer Völker begann sich kurz vor Ausbruch des Ersten
Weltkrieges die Einstellung der SPD zum monarchisch-autoritären Staat zu ändern: er erschien nunmehr als einer Korrektur
»würdig«, als der Anstrengung wert, entsprechend den politischen Zielvorstellungen der SPD seine Demokratisierung anzustreben. Doch bevor sich diese Umorientierung politisch auswirken konnte, brach der Erste Weltkrieg aus.

2. Der 4. August und seine Folgen

In der Reichstagssitzung vom 4. August 1914 stimmte die sozialdemokratische Fraktion geschlossen für die Bewilligung der
Kriegskredite; eine oppositionelle Minderheit von 14 Abgeordneten – unter ihnen Karl Liebknecht und Hugo Haase, einer
der beiden Parteivorsitzenden – hatte sich der Fraktionsdisziplin gebeugt. Die Fraktion stellte sich in ihrer Erklärung auf den
Standpunkt, daß der Krieg ein Verteidigungskrieg gegen den
russischen Despotismus sei, dessen Sieg eine ungeheure Gefahr
für die Kultur und Unabhängigkeit Deutschlands bedeuten
würde: »Da machen wir wahr, was wir immer betont haben:
Wir lassen in der Stunde der Gefahr das Vaterland nicht im
Stich.« Die SPD verpflichtete sich auch – wie die anderen Parteien –, für die Dauer des Krieges auf jeden Kampf gegen andere Parteien in der Öffentlichkeit und auf eine Opposition
gegen die Regierung zu verzichten; am 2. August 1914 hatten
bereits Gewerkschaften und Arbeitgeberverbände die Einstellung aller Arbeitsstreitigkeiten für die Kriegsdauer vereinbart.
Die Haltung der Arbeiterorganisationen entsprach der Stimmung ihrer Anhänger. Die nationale Hochstimmung bei Kriegs-
beginn erfüllte auch die deutschen Arbeiter – die jahrzehnte-

langen Bemühungen um ihre Einheit mit dem Vaterland konnten jetzt bedingungslos, ohne Vorbehalt verwirklicht werden. Bedrückende Isolierung, ungesichertes Selbstgefühl, Resignation und Passivität und die Belastungen einer doppelten Loyalität – einmal gegenüber dem nationalen Machtstaat, zum anderen gegenüber dem internationalen Sozialismus – wurden aufgehoben durch die vollkommene Identifizierung mit dem nationalen Staat. Übertrieben pathetisch, aber doch eindrucksvoll hat Konrad Haenisch, ein vom linken zum rechten Flügel gewanderter Sozialdemokrat, seine Haltung im August 1914 dargestellt:

»Dieses drängend heiße Sehnen, sich hineinzustürzen in den gewaltigen Strom der allgemeinen nationalen Hochflut und von der anderen Seite her die furchtbare seelische Angst, diesem Sehnen rückhaltlos zu folgen, der Stimmung ganz sich hinzugeben, die rings um einem herum brauste und brandete, und die, sah man sich ganz tief ins Herz hinein, auch vom eigenen Innern ja längst schon Besitz ergriffen hatte! Diese Angst: wirst Du auch nicht zum Halunken an Dir selbst und Deiner Sache – darfst Du auch so fühlen, wie es Dir ums Herz ist. Bis dann... plötzlich die furchtbare Spannung sich löste, bis man wagte, das zu sein, was man doch war, bis man – allen erstarrten Prinzipien und hölzernen Theorien zum Trotz – zum ersten Male (zum ersten Male seit fast einem Jahrhundert wieder!) aus vollem Herzen, mit gutem Gewissen und ohne jede Angst, dadurch zum Verräter zu werden, einstimmen durfte in den brausenden Sturmgesang: Deutschland, Deutschland über Alles.« (Die deutsche Sozialdemokratie in und nach dem Weltkrieg, Berlin 1916.)

Diese vorwiegend gefühlsmäßige Gebundenheit an das Vaterland wurde mit der existentiellen Notwendigkeit des Kampfes gegen den Zarismus gerechtfertigt; daß auch gegen England und Frankreich gekämpft werden mußte, stand in keiner der in den Augusttagen in der sozialdemokratischen Presse veröffentlichten Verlautbarungen und Erklärungen: diesen Ländern mit erfolgreichen demokratischen Revolutionen fühlte man sich gefühlsmäßig ebenso verbunden, wie man den Zarismus haßte. Beides, Sympathie wie Antipathie, waren »nichts als die Kehrseite des gleichen Weltbildes des politischen Humanismus« (Matthias, Sozialdemokratie und der Osten), den die deutsche Sozialdemokratie als Erbe der Revolution von 1848 übernommen hatte. Die sozialistischen Parteien in Frankreich und England handelten wie die deutschen Sozialdemokraten; aber ihr Patriotismus, ihr nationales Bewußtsein, war orientiert an den Traditionen der erfolgreichen demokratischen Revolutionen in ihren Ländern, deren Werte sie jetzt selbstverständlich gegen den Autoritarismus des deutschen Kaiserreiches verteidigen wollten. Die deutschen Sozialdemokraten aber befanden sich 1914 in der gleichen Situation wie 1866 die deutschen Liberalen und handelten genauso wie diese, deren nicht bewältigte Aufgaben sie doch zu erfüllen gedachten. Die Liberalen hatten sich 1866 für den Weg »durch Einheit zur Freiheit« (statt »durch Freiheit zur Einheit«) entschieden und Bismarck bei der Durchsetzung seiner »Eisen- und Blutlösung« unterstützt; ein halbes Jahrhundert später folgten ihnen die Sozialdemokraten auf diesem Wege: erst kämpfen für Deutschlands Freiheit und Unabhängigkeit, hieß es, dann »sozialistische Neugestaltung« der Gesellschaft. Eine merkwürdige Form der Rechtfertigung des bisher unterdrückten Nationalgefühls war der Versuch, immer wieder nachzuweisen, daß man durchaus im Einklang mit den Lehren von Marx und Engels und den Auffassungen der Internationale stand, »wobei es unweigerlich zu manchen befremdenden geistigen Bocksprüngen kam« (Schulz, S. 114). Die Zustimmung zu den Kriegskrediten ließ sich, solange es sich wirklich um einen Verteidigungskrieg handelte, mit den Auffassungen von Marx und Engels noch vereinbaren, die Zustimmung zum Burgfrieden jedoch nicht mehr, denn Kriege sollten nach Marx und Engels im Interesse des Proletariats ausgenutzt werden. Es stand aber auch im Widerspruch zu ihrer Zielvorstellung einer demokratisch-parlamentarischen Ordnung des Staates und der Gesellschaft, daß die SPD als nunmehr ausschlaggebender Machtfaktor im Staat keinen Versuch machte, der kaiserlichen Regierung ihren »Willen aufzuzwingen und die Kriegsführung in die Hand zu nehmen« (Rosenberg, Entstehung, S. 72).

Unter dem Druck der Kriegsereignisse schien sich der jahrelange innerparteiliche Konflikt auf radikale Weise zu lösen, wenn auch keineswegs durchgängig nach dem Muster der Gruppierungen von vor 1914. Der äußerste rechte Flügel der Partei, der bald ein nationalistisches Machtstaatsdenken vertrat, sammelte sich seit 1915 um die Zeitschrift ›Die Glocke‹, als deren Herausgeber der einst radikale russische Revolutionär Alexander Helphand gen. Parvus zeichnete; zu ihm stießen Paul Lensch und Konrad Haenisch, die vor 1914 ebenfalls auf dem linken Flügel der Partei gestanden hatten, sowie von der alten Rechten u. a. Ernst Heilmann und August Winnig, der später nach dem Kapp-Putsch 1920 ins Lager der politischen Rechten überwechselte. Für sie war der Weltkrieg die große Weltrevolution, in der Deutschland das revolutionäre, England aber das reaktionäre Prinzip vertrat: Deutschlands Sieg liege deshalb nicht nur im Interesse des deutschen Volkes und der deutschen Arbeiter, so meinten sie, sondern entspräche auch den »Zukunftsinteressen des internationalen Sozialismus«. Nach dem Sieg Deutschlands sollte Mitteleuropa unter deutscher Führung zu einem nach Osten und Westen aggressiven Machtblock zusammengeschlossen werden. Das innenpolitische Gegenstück zu dieser nationalistischen Machtstaatsideologie zeigte sozialfaschistische Ansätze: der westeuropäisch-liberalen und der marxistischen Tradition des internationalen Sozialismus wollte man einen »organisatorischen Sozialismus spezifisch deutscher Prägung« entgegensetzen. Der Kreis um das einstige Sprachrohr der Revisionisten, die ›Sozialistischen Monatshefte‹ (vertreten u. a. durch Max Cohen-Reuß, Max Schippel, August Müller), vertrat dagegen die vergleichsweise gemäßigte Ansicht, daß die kontinentaleuropäischen Nationen (also auch Frankreich und Rußland) unter deutscher Führung als Gegengewicht gegen die Wirtschaftshegemonie der beiden angelsächsischen Demokratien zusammengefaßt werden müßten.

Auf dem linken Flügel der SPD kristallisierten sich schließlich zwei Richtungen heraus. Die radikale Linke der Vorkriegszeit unter der Führung von Rosa Luxemburg, Karl Liebknecht, Clara Zetkin und Franz Mehring blieb eine Minderheit, die in der Bewilligung der Kriegskredite die Unterwerfung unter die herrschende Klasse und den Tod der Internationale sah: Jeder Krieg, ob er nun mit einem Sieg oder einer Niederlage Deutschlands ende, sei im Zeitalter des Imperialismus für die Arbeiterklasse gleich verderblich. Ihre Losung war daher »Nieder mit dem Krieg« – der erste Schritt dazu die Ablehnung der Kriegskredite – und die revolutionäre Eroberung der Macht durch die Arbeiterklasse. Rosa Luxemburg hat diese Auffassungen unter dem Pseudonym Junius in der Broschüre ›Die Krise der Sozialdemokratie‹ 1916 (geschrieben 1915) programmatisch dargelegt. Am 4. August 1914 hatte sich Karl Liebknecht noch der Fraktionsdisziplin gebeugt, seit Dezember 1914 lehnte er die Kriegskredite im Reichstag ab, und im Januar 1916 wurde er zum Austritt aus der Reichstagsfraktion gezwungen. Wenige Tage vorher, am 1. Januar 1916, war von oppositionellen Sozialdemokraten um Rosa Luxemburg und Karl Liebknecht die »Gruppe Internationale« gebildet worden, deren Mitteilungsblatt später den Namen ›Spartakus‹ trug (nach dem dann die ganze Gruppe benannt wurde).

Bei der größeren Mehrheit der Linken sammelten sich seit 1915 Anhänger des Parteizentrums (Kautsky), gemäßigte radikale Linke (Haase, Hilferding) und Revisionisten (Bernstein, Eisner), die eine pazifistisch-demokratische Grundhaltung verband. Sie bestritten nicht die Notwendigkeit der Landesverteidigung, bezweifelten jedoch, daß angesichts der Kriegsziel- und Annexionspolitik der Staat und Gesellschaft beherrschenden Gruppen die Tatsache eines Verteidigungskrieges gegeben sei; im Reichstag lehnten sie daher folgerichtig (seit Dezember 1915) die Kriegskredite ab und propagierten einen »Verständigungsfrieden«. Auch der Burgfriedenspolitik vom August 1914 stimmten sie nicht zu; sie lehnten direkte revolutionäre Aktionen, wie die Gruppe »Spartakus« sie verlangte, ab, beanspruchten aber mehr politische Bewegungsfreiheit für die Partei. Im März 1916 aus der Fraktion ausgeschlossen, bildeten 18 sozialdemokratische Abgeordnete der Linken eine eigene Fraktionsgemeinschaft. Der Spaltung der Fraktion folgte die Spaltung der Organisationen im Reich; im Januar 1917 wurde die Opposition aus der SPD ausgeschlossen und Anfang April 1917 die »Unabhängige Sozialdemokratische Partei Deutschlands« (USPD) gegründet; die neue Partei hatte ihre Schwerpunkte in Berlin, Leipzig, Frankfurt a. M., Braunschweig, Halle, Erfurt. Auch die Gruppe »Spartakus« schloß sich der USPD an.

Zwischen dem rechten und dem linken Flügel der Partei stand die Parteiführung (Ebert, Scheidemann, David) mit der Mehrheit der Anhänger (deshalb Mehrheitssozialisten bzw. MSPD genannt). Hier gab es Vorstellungen von »einer Fortentwicklung der sozialdemokratischen Partei in monarchischer Richtung«, Bemühungen, »mit der Monarchie und dem Heere Frieden« zu machen und »zu einer nationalen Demokratie zu gelangen«. Es bestanden auch gute Beziehungen zur Reichsleitung und zum Militär (Scheidemann, Südekum, David, Max Cohen-Reuß). Außenpolitisch distanzierten sich die Mehrheitssozialisten zwar im Parlament von allen Eroberungsplänen, hatten aber zum Teil (David, Noske) nichts gegen eine Ausdehnung des deutschen Wirtschaftsraumes nach Osten und gegen eine gewisse politische und militärische Abhängigkeit – eines sonst möglicherweise selbständigen – Polens von Deutschland einzuwenden. Innenpolitisch blieb die Partei die Gefangene der Burgfriedenspolitik vom August 1914: Sie bewilligte von Jahr zu Jahr ohne Bedingungen die Kriegskredite, wenn auch unter Protest gegen jede Eroberungspolitik und mit der Aufforderung an die Regierung, eine innenpolitische Neuorientierung, insbesondere mit der Abschaffung des Dreiklassenwahlrechts in Preußen, einzuleiten; sie tat aber nichts, um die Regierung dazu zu zwingen und um einen größeren Einfluß auf die Außen- und Innenpolitik des Reiches – etwa durch die Beteiligung der Parteien an der Regierungsverantwortlichkeit – durchzusetzen; sie fürchtete, das Volk und die Front zu spalten, wenn sie offen gegen die Regierung auftrat.

Blieben in der Führung der MSPD immer gewisse Vorbehalte gegen die Kriegspolitik vom August 1914 verborgen oder offen wirksam – die Führer der Gewerkschaften standen fest auf dem Boden der Politik des 4. August; Anfang 1916 schrieb das Organ der Generalkommission der Gewerkschaften, das ›Correspondenzblatt‹:

»Die Politik des 4. August entspricht den vitalsten Gewerkschaftsinteressen, sie sichert die Fernhaltung jeder feindlichen Invasion, sie schützt uns vor der Zerstückelung deutschen Gebietes und vor der Vernichtung blühender deutscher Wirtschaftszweige, sie schützt uns vor dem Schicksal eines unglücklichen Kriegsschlusses, der uns auf Jahrzehnte hinaus mit Kriegsentschädigungen belasten würde...«

Ein Mitglied der Generalkommission, Wilhelm Jansson, vertrat die außenpolitischen Vorstellungen der äußersten Rechten der MSPD, und Carl Legien, ihr Vorsitzender, verlangte während der Auseinandersetzungen mit der Opposition in der Partei von Anfang an die rückhaltlose Durchsetzung des Standpunktes der Mehrheit: die Generalkommission »konnte keine Parteigruppe dulden, deren Haltung das Vertrauen der Regierung in die Führung der organisierten Arbeiterschaft erschütterte« (Varain, S. 85). Die »gute Portion Opportunismus« im Interesse der Arbeiterklasse, die sich die Gewerkschaften schon vor dem Kriege selbst zugestanden hatten, ermöglichte es ihrer Führung, nicht nur das bisher Errungene im großen und ganzen trotz kriegsbedingter Einschränkungen zu erhalten, es gelang ihr darüber hinaus z. B. durch die Mitarbeit am Hilfsdienstgesetz und durch Zusammenarbeit mit den Militärbehörden in den kriegswichtigen Betrieben, die Anerkennung durch den Staat als Vertreter der Arbeiterschaft zu erlangen (dem parlamentarisierten Kabinett des Prinzen Max von Baden gehörten dann 1918 drei Gewerkschafter an), die Gleichberechtigung mit den Unternehmerverbänden anzubahnen und die uneingeschränkte

Koalitionsfreiheit zu praktizieren. Die Politik der Gewerkschaftsführung blieb von den Mitgliedern (besonders im Metallarbeiterverband und in einigen kleineren Verbänden) nicht unwidersprochen: Eine erhebliche Zahl der unteren Verbands- und Betriebsfunktionäre sympathisierte mit der USPD; in Berlin vor allem, aber auch in einigen anderen Städten, kam es sogar zu einer Organisation der oppositionellen Vertrauensleute der Großbetriebe (unter der Leitung von Richard Müller), später »Revolutionäre Obleute« genannt, die vor und während der Revolution von 1918 eine wichtige Rolle spielten.

Für die Christlichen Gewerkschaften, die sich schon immer im Gegensatz zu den Freien Gewerkschaften als »christlich-national« verstanden hatten, gab es keine Debatten über ihre Einstellung zum Krieg; ihr Vorsitzender, Stegerwald, teilte noch 1917 die bei der politischen Rechten in Deutschland verbreiteten Siegfriedensvorstellungen (im Gegensatz zu Erzberger, von dem die Initiative zur sogenannten Juli-Resolution von 1917, die einen Verständigungsfrieden verlangte, ausging). »Christlich-national« bedeutete für die Christlichen Gewerkschaften gleichzeitig »monarchisch« und »antirepublikanisch«; das hinderte sie nicht daran, auf eine stärkere politische Gleichberechtigung der Arbeiter im Staat, aber auch innerhalb der sie politisch repräsentierenden Gruppen zu drängen. Das führte besonders innerhalb des Zentrums zu schweren Spannungen: Auf der ersten Tagung der »Arbeiterzentrumswähler Westdeutschlands« im Juni 1918 in Bochum kam es zu einer harten Kritik an der Politik der Partei, die sich »zu stark an agrarischen Interessen orientiere und an dem Verhalten und den Forderungen der ostelbischen Konservativen« (vgl. den Bericht über die 1. Tagung der Arbeiterzentrumswähler Westdeutschlands in Bochum, Juni 1918). Dies bezog sich auch auf die Haltung des rechten Parteiflügels im Preußischen Abgeordnetenhaus, der mit den Konservativen gegen die Aufhebung des Dreiklassenwahlrechts gestimmt hatte. Er wurde dabei von einem Teil des hohen katholischen Klerus unterstützt, der fürchtete, daß durch die auf Grund des gleichen Wahlrechtes zu erwartende »rote Flut« die christliche Schule gefährdet würde. Die katholischen Arbeiter waren traditionell an das Zentrum gebunden, sie standen außerdem in einem eindeutigen Gegensatz zur Sozialdemokratie: beides führte dazu, daß die katholischen Arbeiter zum Kampf innerhalb des Zentrums bereit waren, aber nicht daran dachten, die Partei zu spalten.

Am 4. August 1914 schien die Welle nationaler Begeisterung die alten Gegensätze im monarchisch-autoritären Staat zwischen der Arbeiterschaft und den Staat und Gesellschaft beherrschenden Gruppen weggeschwemmt zu haben. Die kriegsbedingten Eingriffe in die Rechte der Arbeiter und der Kampf um ihre Erhaltung gegen die Unternehmer (die weit über die Kriegsnotwendigkeiten hinaus den Einfluß der Arbeiterschaft zurückzudrängen suchten) belehrten die deutschen Arbeiter bald darüber, daß der alte Klassenstaat sich nicht geändert hatte; ihre Führer hatten keinen Einfluß auf die Politik der Regierung, im Gegensatz zu England, wo während des Krieges Arbeiterführer in der Regierung und in der Verwaltung saßen; die Verschleppung der preußischen Wahlrechtsreform und die Militärdiktatur Ludendorffs schienen ihnen ein Beweis für die Unnachgiebigkeit der herrschenden Klasse zu sein. Seit dem ersten Kriegswinter hatte die Bevölkerung zudem als Auswirkung der Blockade und einer unzulänglichen Versorgungspolitik mit dem Hunger zu kämpfen. Ein ungeschicktes Rationierungssystem bevorzugte die Landwirtschaft (die sich ihrerseits namentlich in Süddeutschland über Gebühr von der preußischen Verwaltung gegängelt fühlte) und begünstigte den Schleichhandel, der den vermögenden Schichten und den mit Kriegsmaterial handelnden Fabrikanten und Kaufleuten zugute kam. In der Armee, die zwar vom Rationierungssystem ausgenommen war, machte die unterschiedliche Verpflegung von Offizieren und Mannschaften (nicht an der Front, aber in der Etappe und unter den Matrosen der stilliegenden Hochseeflotte) zunehmend böses Blut.

Zu allem kam die große Enttäuschung über die Dauer des Krieges und das Ausbleiben des erwarteten Sieges hinzu. Die Arbeiter sahen den Krieg, unter dem Front und Heimat so entsetzlich zu leiden hatten, längst verloren und erwarteten einen Frieden auf der Basis der Verständigung der kriegführenden Mächte; Reichsleitung, Oberste Heeresleitung (unter Hindenburg und Ludendorff) und die konservativen Staatsparteien dagegen betrieben eine Politik der Eroberung fremden Landes und wollten den Krieg nicht anders als mit einem Siegfrieden abschließen: Statt 1917 Frieden im Osten zu machen, marschierten deutsche Truppen in weite Gebiete Rußlands ein, statt nach dem Eintritt Amerikas in den Krieg und dem gescheiterten verschärften U-Boot-Krieg Frieden zu suchen, begann die Oberste Heeresleitung im Frühjahr 1918 eine großangelegte Offensive im Westen; diese Offensive führte nach anfänglichen Erfolgen zur absoluten Niederlage der deutschen Armee und im Oktober 1918 zum Waffenstillstandsbegehren der Obersten Heeresleitung (Ludendorff).

Bei der deutschen Arbeiterschaft aber war der gefühlsbetonte Patriotismus des Jahres 1914 längst (spätestens seit 1917) in einen ebenso gefühlsbestimmten Pazifismus umgeschlagen. So kam es seit 1917 zu Streiks der Arbeiter und zu Protestkundgebungen in der Flotte: Im April 1917 (nach dem »Kohlrübenwinter«) streikten in Berlin und anderen Großstädten die Metallarbeiter wegen der vorgesehenen Kürzung der Brotrationen (die dann auch zurückgenommen wurde); im Januar 1918 legten in ganz Deutschland etwa 1 Million Arbeiter ihre Arbeit nieder; im Juli/August 1918 streikten die oberschlesischen Bergarbeiter, weil sie wegen ihrer körperlichen Entkräftung eine 8stündige Arbeitszeit pro Tag durchsetzen wollten. Zu Unruhen auf den in Kiel und Wilhelmshaven liegenden Großkampfschiffen kam es erstmals im Sommer 1917, wobei sich der aufgestaute Haß gegen den Klassenstaat auf die Offiziere übertrug; wegen Meuterei wurden damals zwei Matrosen (Reichpietsch und Köbis) hingerichtet. Ende Oktober 1918, als die Hochseeflotte den Befehl erhielt, zu einem Angriff auf die englische Flotte auszulaufen, verweigerten die Matrosen den Gehorsam: Sie wollten, da der Krieg verloren war, nicht für ein sinnloses Unternehmen ihr Leben lassen. Durch diesen Aufstand wurde die Revolution in Deutschland ausgelöst.

Eine Untersuchung des Ablaufs und der Ziele der revolutionären Bewegungen während des Krieges zeigt, daß »Spartakus« keinen Einfluß auf sie hatte. Die Sympathien der Arbeiter für Liebknecht galten nicht dem radikalen Revolutionär, sondern dem Mann, der die Forderung »Nieder mit dem Krieg!« verfocht. Die Arbeiter unterschieden auch kaum zwischen MSPD und USPD; so wurden im Januar 1918 je drei Führer der beiden Parteien (MSPD: Ebert, Scheidemann, Braun; USPD: Haase, Ledebour, Dittmann) unter dem Druck der Massen in die Streikleitung gewählt. Bei den Matrosen war es keineswegs anders: die revoltierenden Matrosen (zu denen auch Katholiken und Zentrumsanhänger gehörten) machten keinen Unterschied zwischen Liebknecht, Scheidemann und Erzberger (»Hoch Scheidemann« und »Wir wollen Erzberger« hieß es). Anfang November gelang es dann auch dem Beauftragten der Regierung, dem Mehrheitssozialisten Gustav Noske, in Kiel sehr schnell den Aufstand in die Hand zu bekommen. Dieser Einstellung entsprachen auch die Ziele der Bewegung: Friede und bürgerliche Demokratie – und keineswegs Sturz der Regierung und Ausrufung einer Republik und erst recht nicht Einführung des Sozialismus.

Im Januarstreik 1918 wurde gefordert: 1. Frieden ohne Annexion, 2. Hinzuziehung von Arbeitervertretern zu den Friedensverhandlungen, 3. Ausgiebige Nahrungsversorgung, 4. Aufhebung des Belagerungszustandes, 5. Aufhebung der Militarisierung der Betriebe, 6. Sofortige Freilassung aller politischen Gefangenen, 7. Demokratisierung des Staates, Wahlrechtsreform. – Die Matrosen der Hochseeflotte verlangten im November 1918 Amnestie für alle verurteilten Matrosen und Straflosigkeit für alle an der revolutionären Bewegung Beteiligten (»keine ungünstige Eintragung in das Führungsbuch«), einheitliches Essen für Offiziere und Mannschaften, eine Beschwerdekommission der Mannschaften, Abschaffung der Grußpflicht gegenüber Offizieren außer Dienst und der Anrede der Offiziere in der dritten Person.

Am 4. November 1918 eroberten die aufständischen Matrosen die Stadt Kiel und bildeten hier zusammen mit den Werftarbeitern den Arbeiter- und Soldatenrat, in dessen Händen die revolutionäre Gewalt lag. Bis zum 7. November schloß sich fast die gesamte Flotte der Bewegung an, die sich nun nach dem Kieler Muster über Hamburg im ganzen Land ausbreitete: am 7. November erreichte die Revolution München, am 9. November auch Berlin. Am Vormittag dieses Tages dankte Kaiser Wilhelm II., für die rebellierenden Arbeiter und Soldaten das Symbol allen Unheils, ab, und Prinz Max von Baden (seit dem 5. Oktober Chef einer dem Parlament verantwortlichen Regierung) übertrug das Reichskanzleramt auf Friedrich Ebert (1871–1925), den Partei- und Reichstagsfraktionsvorsitzenden der MSPD. Kurz darauf rief Philipp Scheidemann (1865–1939), der zweite führende Mann der MSPD, von einem Fenster des Reichstagsgebäudes die Republik aus; er kam damit Liebknecht zuvor, der wenig später im Lustgarten, wo sich seine Anhänger gesammelt hatten, die »Sozialistische Republik Deutschlands« ausrief.

Während Ebert mit den Führern der Unabhängigen über die Bildung der neuen Regierung verhandelte, riefen die Spartakus nahestehenden »Revolutionären Obleute« eine Versammlung der Arbeiter- und Soldatenräte ein, die beschloß, daß am nächsten Tag überall Räte zu wählen seien, die dann am Nachmittag die Regierung ernennen sollten. Der 10. November war ein Sonntag: nachmittags um 3 Uhr begannen ungefähr 3000 Berliner Arbeiter- und Soldatenräte im Zirkus Busch zu tagen. Es zeigte sich, daß die Anhänger der Mehrheitssozialisten in der Überzahl waren: die inzwischen vereinbarte Regierung (SPD: Ebert, Scheidemann, Landsberg, USPD: Haase, Dittmann und Barth von den Revolutionären Obleuten) wurde als »Rat der Volksbeauftragten« bestätigt; auch der »Vollzugsrat der Arbeiter- und Soldatenräte«, das Kontrollorgan der Räteversammlung gegenüber der Regierung, wurde paritätisch besetzt. Ebert hatte gesiegt, aber sein Sieg war machtmäßig noch nicht abgesichert; da rief am Abend des 10. November der neue Generalquartiermeister Groener Ebert an: die Armee stellte sich zur Verhinderung eines Bürgerkrieges der neuen Regierung zur Verfügung und verlangte dafür von Ebert, daß seine Regierung für Ruhe und Ordnung sorge und die militärische Disziplin und Befehlsgewalt der Offiziere schütze.

Auf dem Reichskongreß der Arbeiter- und Soldatenräte, der vom 16. bis 19. Dezember in Berlin tagte, setzten sich die Mehrheitssozialisten mit ihrer Forderung nach der Wahl einer Nationalversammlung, die über Gestalt und Charakter der neuen parlamentarischen Republik bestimmen sollte, gegen die Anhänger der Räterepublik durch.

Als wenige Tage später die Volksmarinedivision, Anfang November zum Schutz der Revolutionsregierung von Cuxhaven nach Berlin gekommen, meuterte, rief Ebert Truppen der alten Armee zu Hilfe; darauf traten die Unabhängigen aus der Regierung aus, und Noske und Wissell wurden in den Rat der Volksbeauftragten berufen. Aber auch der Spartakusbund trennte sich von der USPD und gründete unter Führung von Rosa Luxemburg und Karl Liebknecht Ende Dezember die »Kommunistische Partei Deutschlands« (KPD). In den ersten Januartagen kam es dann in Berlin zu erneuten Unruhen, zum sogenannten »Spartakusaufstand«: Anhänger der KPD (nicht Rosa Luxemburg), ein Teil der Revolutionären Obleute und die Lokalorganisation der USPD hielten den Zeitpunkt für den Sturz der Regierung für gekommen. Noske stellte Freikorps auf (die Truppenverbände der alten Armee hatten sich nach Rückkehr in die Heimat – nach dem Waffenstillstand am 11. November – schnell aufgelöst) und ließ den Aufstand am 10./11. Januar 1919 niederschlagen. Am 15. Januar wurden Rosa Luxemburg und Karl Liebknecht von Soldaten der Freikorps ermordet. Eine Welle von Streiks, Unruhen und Aufständen durchzog nun Deutschland; dabei kam es u. a. in München Anfang April zur Ausrufung der Räterepublik (7. 4.–2. 5.). Überall griffen Freikorps, nunmehr als Regierungstruppen, ein, während die am 19. Januar gewählte und am 6. Februar in Weimar zusammengetretene Nationalversammlung über die Verfassung der neuen deutschen Republik beriet.

Für die Führer der MSPD – als Träger der neuen staatlichen Gewalt – war die Revolution schon am 10. November 1918 zu Ende. Sie hatten weder die Revolution noch die Republik gewollt. Erst als alle Versuche, die seit dem 5. Oktober parlamentarisierte Monarchie zu erhalten, fehlschlugen, stellten sie sich »zweifellos im letztmöglichen Augenblick« (Kotowski, Novemberrevolution) an die Spitze der revolutionären republikanischen Bewegung. Danach war es das Bestreben Eberts und seiner Mitarbeiter, durch eine in kürzester Frist einberufene Nationalversammlung die revolutionäre Bewegung verfassungs- und gesetzmäßig zu kanalisieren. Das Programm der Volksbeauftragten (einschließlich der Unabhängigen) hieß daher: Zuerst Wiederherstellung der staatlichen und wirtschaftlichen Organisation, um die Existenz des deutschen Staates und Reiches zu sichern; danach sollte eine sozialdemokratische Neuordnung von Staat und Gesellschaft angestrebt werden, wozu die künftige demokratische Verfassung die Möglichkeit bieten sollte. Dieses Programm der Wiederherstellung von »Ruhe und Ordnung« war nur mit Hilfe der alten obrigkeitsstaatlichen Bürokratie und der kaiserlichen Armee durchführbar, mit denen die Träger der revolutionären Gewalt gewissermaßen am Tage der Revolution ein Bündnis eingingen. Die Gewerkschaften aller Richtungen fanden sich am 15. November mit den Unternehmerverbänden zu einer Arbeitsgemeinschaft zusammen. In der ihr zugrunde liegenden Vereinbarung wurden zwar die seit Jahrzehnten an erster Stelle stehenden gewerkschaftlichen Forderungen (z. B. der Achtstundentag, Aufhebung aller Koalitionsbeschränkungen) durchgesetzt und die Gewerkschaften von den Unternehmern und dem Staat offiziell anerkannt; zugleich aber wurde jede Möglichkeit struktureller Eingriffe in die Wirtschaft blockiert. Im November 1918 stellte es sich deutlich heraus, daß die sozialdemokratischen Führer keine in die Zukunft weisende, die revolutionäre Situation ausnutzende, demokratisch-sozialistische Konzeption für die Neuordnung von Staat und Gesellschaft hatten, die schaffen zu wollen der große Anspruch der Sozialisten gegenüber dem alten Staat seit Jahrzehnten gewesen war. Sozialistische Neuordnung hieß jetzt bestenfalls: »unbegrenzte politische Freiheitsrechte« und »soziale Sicherheit« (so zu lesen im Programm des Rates der Volksbeauftragten vom 12. November 1918). Überhaupt schien es eher so, als ob die Führer der Sozialdemokratie »offenbar nicht ungern die Verantwortung für neue Wege weisende, einschneidende Entscheidungen an die Nationalversammlung weiter[gaben]« (Elben, S. 171). Besonders verhängnisvoll für das weitere Schicksal der Republik und das Verhältnis der Arbeiterschaft zu ihr war, daß die SPD-Führung 1918/19 sich um die Anerkennung ihrer Politik in den eigenen Reihen mit der ehrlich gemeinten Parole bemühte, sie führe ihren Kampf für Deutschlands Rettung vor dem Bolschewismus. Mit dieser Auffassung verfehlte sie die politische Wirklichkeit: die Kräfte, »die der parlamentarischen Demokratie entgegenstanden«, waren »zahlenmäßig und ideologisch viel zu schwach und viel zu zersplittert, um überhaupt Aussicht auf Erfolg zu haben« (Tormin, S. 137); mit ihrem Kampf gegen die Arbeiter- und Soldatenräte beraubten sich die sozialdemokratischen Führer vielmehr »selbst eines zuverlässigen Instruments zur demokratischen Durchdringung und Kontrolle des Verwaltungsapparates« (Kolb, S. 408).

Zwischen der Mehrheit der USPD und der MSPD bestanden keine Meinungsverschiedenheiten über das politische Ziel: eine parlamentarische Demokratie. Die USPD wollte die Nationalversammlung nur einige Monate verschieben, um in der Zwischenzeit die Sozialisierung der Grundstoffindustrie und die Demokratisierung der Verwaltung zu verwirklichen. Sie trennte sich erst von der SPD und radikalisierte sich, als die politischen Gegner auf der Linken durch den Einsatz der kaiserlichen Armee ausgeschaltet werden sollten (Dezember 1918). – Die Tätigkeit der überwiegend mehrheitssozialistisch eingestellten Arbeiter- und Soldatenräte bestand in den Revolutionsmonaten im wesentlichen in der Aufrechterhaltung der Ordnung, sie hatten die Funktion eines Bindegliedes zwischen der Bevölkerung und der Verwaltung, ihr Ziel war die Demokratisierung der Verwaltung und des Staates: »1918/19 waren die Arbeiterräte für die im November zur politischen ›Mündigkeit‹ gelangten Schichten nicht nur die einzig zur Verfügung stehenden, sondern auch die geeigneten Instrumente zur Erringung und zum Ausbau von Machtpositionen in der Verwaltung und damit zur Sicherung eines demokratischen Charakters der jungen Republik« (Kolb, S. 405). – Die Ziele der großen Ruhrbergarbeiterbewegung Anfang 1919 (die später durch Waffengewalt niedergeschlagen wurde) waren beschränkt auf die Sozialisierung, verstanden als Einführung der betrieblichen Mitbestimmung und ihre Sicherung durch von der Arbeiterschaft getragene Räte. – Die Revolutionären Obleute, die den linken Flügel der USPD bildeten und mit dem Spartakusbund zusammenarbeiteten, waren wohl die konsequentesten Verfechter des Rätesystems nach sowjetischem Muster. Ihr Einfluß war aber örtlich und organisatorisch begrenzt; der KPD schlossen sie sich später, obwohl dazu aufgefordert, nicht an. – Im Spartakusbund bzw. in der KPD war Rosa Luxemburg als echte Schülerin von Marx und Engels eine scharfe Kritikerin Lenins. In ihrer Schrift ›Die russische Revolution‹ aus dem Jahre 1918 hieß es: »Es ist die historische Aufgabe des Proletariats, wenn es zur Macht gelangt, an Stelle der bürgerlichen Demokratie sozialistische Demokratie zu schaffen, nicht jegliche Demokratie abzuschaffen.« Mit ihrer Auffassung, daß die Revolution kein einmaliger Schlag, sondern ein langes zähes Ringen eines sich seiner Aufgaben und seiner Kraft nicht von vornherein bewußten Proletariats war, stand sie (mit einem kleinen Kreis von Anhängern) in einem gewissen Widerspruch zu der Mehrheit der utopischen Radikalen, die das Endziel der Rätediktatur in greifbarer Nähe sahen und es mit putschistischer Taktik zu erreichen suchten. Aber auch bei ihr wie bei Liebknecht wurde jene Spannung zwischen dem Glauben an die geschichtlich-ökonomischen Entwicklungsgesetze und dem Willen zu revolutionärer Aktivität sichtbar, die sie zu der Annahme einer rasch wachsenden Radikalisierung der Massen und einer entsprechenden Einflußnahme auf sie verführte. Auch die Führer des Spartakus verfehlten 1918/19 die Wirklichkeit, indem sie die »revolutionäre« Masse völlig falsch einschätzten und diese Fehleinschätzung ihrer Taktik der Machteroberung zugrunde legten.

Die SPD war 1918/19 nicht in der Lage, die gesellschaftlichen und bewußtseinsmäßigen Grundlagen für den neuen Staat zu schaffen: Sie besaß keine alle Bereiche von Staat und Gesellschaft umfassende Konzeption sozialdemokratischer Politik und zeigte sich in vom monarchisch-autoritären Staat geprägten Ordnungsvorstellungen befangen; die Kluft zwischen der großen Utopie einer sozialistischen Zukunftsgesellschaft und der desillusionierenden Wirklichkeit eines geschlagenen, hungernden und zerrissenen Volkes lähmte offenbar jede über die unmittelbaren Anforderungen des Tages hinausgehende Aktivität; die Abhängigkeit von den kaiserlichen Militärs und Beamten ließ ohnehin kaum Spielraum für die Durchsetzung neuer Vorstellungen. Möglicherweise aber hätte eine offene Einschätzung der als bolschewistisch und antidemokratisch disqualifizierten Gruppen und Bewegungen und eine entsprechende Einflußnahme auf sie, jene als zwingend angesehene Alternative zwischen einer bolschewistischen Diktatur oder einem Bündnis mit Bürokratie und Armee des Kaiserreiches aufgehoben zugunsten einer dritten Möglichkeit: »einer neuen, volkstümlichen Republik« (Rosenberg, Entstehung und Geschichte).

So wurde die Revolution von 1918 zu einer verpaßten Chance: die Arbeiterschaft wandte sich enttäuscht von ihren Führern ab oder hielt ihnen die Treue, ohne sie zu verstehen; die Führer selbst aber hatten sich in eine politische Zwangssituation hineinmanövriert, aus der es kein Ausspringen mehr gab. Rudolf Hilferding (1877–1941) war nicht der einzige sozialdemokratische Politiker, der sich rückschauend selbstkritisch äußerte:

»Unsere Politik in Deutschland war seit 1923 sicher im ganzen und großen durch die Situation erzwungen und konnte nicht viel anders sein. In diesem Zeitpunkt hätte auch eine andere Politik kaum ein anderes Resultat gehabt. Aber in der Zeit vor 1914 und erst recht von 1918 bis zum Kapp-Putsch war die Politik plastisch, und in dieser Zeit sind die schlimmsten Fehler gemacht worden.« (Brief an Kautsky vom 23. Sept. 1933, zit. bei Kolb, S. 7)

Rudolf Wissell (1869–1962) hatte schon auf dem Weimarer Parteitag der MSPD im Juni 1919 resigniert festgestellt: »Ich glaube, die Geschichte wird, wie über die Nationalversammlung, auch über uns in der Regierung hart und bitter urteilen.«

1. Wirtschaft und Gesellschaft in der Weimarer Republik

Die Ereignisse vom November 1918 brachten keine Umstrukturierung der Gesellschaft und können insofern kaum als eine soziale Revolution bezeichnet werden: In wenigen Jahren konnte sich die Vorrangstellung der herrschenden Klasse des Kaiserreiches innerhalb von Staat, Wirtschaft und Gesellschaft wieder stabilisieren. Zunächst verdeckten jedoch bis 1923 politische und wirtschaftliche Krisen weitgehend diese Tatsache. Die Republik lebte in den ersten vier Jahren immer knapp am Rande ihrer Existenzmöglichkeiten: Versailler Friedensvertrag (seit Januar 1920 in Kraft), Kapp-Putsch (März 1920), kommunistische Aufstandsversuche im Ruhrgebiet und in Mitteldeutschland (März–April 1920 und März 1921), Ermordung Erzbergers (August 1921) und Rathenaus (Juni 1922), Inflation (seit Herbst 1922 im höchsten Stadium), Ruhrkampf (seit Januar 1923), Hitler-Putsch (November 1923). Erst die Stabilisierung der Währung (November 1923), die Regelung der Reparationsleistungen durch das Dawes-Abkommen (August 1924) und eine von Gustav Stresemann geführte deutsche Außenpolitik der schrittweisen Verständigung (September 1926 Aufnahme Deutschlands in den Völkerbund) führte zu einer bis Ende 1929 anhaltenden Periode der Erholung.

Die zunächst verschleierte Vorherrschaft der altpreußischen Aristokratie, der staatlichen Bürokratie, des feudalisierten Großbürgertums und der Militärs kam mit der Stabilisierung zum Durchbruch – am sinnfälligsten wohl symbolisiert in der Wahl Paul von Hindenburgs, des besiegten Generalfeldmarschalls der alten kaiserlichen Armee, zum Reichspräsidenten der jungen Republik im Jahre 1925. Die Diplomaten und Generäle, die Beamten und Minister, viele Industrielle und Parteiführer der Republik kamen aus den Führungsschichten des Kaiserreichs. Aber ebensoviel Bedeutung wie die personelle Dominanz der alten Führungsschichten hatte es, daß es diesen Schichten einst gelungen war, ihre Wertmaßstäbe auf die Gesellschaft und auf die Institutionen des Staates und der Wirtschaft zu übertragen: »die Werte der Disziplin, der Zucht, der Pflicht und des Gehorsams, der traditionellen Berufung zu autoritärer Herrschaft, der nationalen Größe, der Unterordnung des Einzelnen unter das vom Staat repräsentierte ›Ganze‹« (Dahrendorf, S. 275). Zwar wurden in der Weimarer Republik fast alle gesellschaftlichen Privilegien der alten Führungsschichten beseitigt und ihr politischer Führungsanspruch aufgehoben, aber nach wie vor waren die Wertmaßstäbe und Verhaltensmuster der monarchisch-autoritären Ordnung gültig: Die patriarchalisch-autoritäre Familienstruktur, die militärisch-autoritäre Organisation der Betriebe, die hierarchisch-autoritäre Ordnung der sozialen Rangfolge, die von der Distanz zwischen »oben und unten« gekennzeichnete Beziehung des Bürgers zum Staat – an all dem änderte sich grundsätzlich in der Weimarer Republik nicht viel. Die demokratisch-parlamentarische Staatsform der Weimarer Republik war auf keine ihr entsprechende gesellschaftliche Struktur gegründet. Die Machtpositionen der parlamentarischen Demokratie wurden von Anfang an von antidemokratischen, autoritären Kräften mitbesetzt und schließlich allein beherrscht; diese Kräfte verstanden die parlamentarische Demokratie als ein bürokratisch-funktionierendes, plebiszitär-manipuliertes, konstitutionell-autoritäres System der staatlichen Ordnung, und sie benutzten die demokratische Apparatur zur Verfälschung der ursprünglichen sozialen und demokratischen Intentionen bei der Gründung der Republik. Die wenigen Ansätze zu einer Demokratisierung der Wirtschaft blieben weit hinter den Erwartungen zurück, wie sie in der Verfassung ausgesprochen wurden.

Die beabsichtigte Sozialisierung zumindest der Schlüsselindustrien beschränkte sich schließlich auf die Schaffung von Selbstverwaltungskörperschaften im Kohlen- und Kalibergbau und in der Stahlindustrie. Während die Selbstverwaltung in der Stahlindustrie bald abgebaut wurde, blieb sie in den beiden anderen Industriezweigen bis zum Ende der Republik erhalten. Da sich Arbeitgeber und Arbeitnehmer, die die Mehrheit besaßen, häufig auf Kosten der Verbraucher über Löhne und Preise einigten, mußte die Reichsregierung immer wieder auf Grund ihres Vetorechtes Preisvereinbarungen zugunsten der Verbraucher erzwingen. Im Grunde bedeutete die Selbstverwaltung also nichts anderes als ein staatlich kontrolliertes Zwangskartell. – Vor 1914 galten kollektive Tarifverträge als rein private Abmachungen zwischen den Vertretungen der Unternehmer und der Arbeiter; in der Weimarer Republik wurde der kollektive Arbeitsvertrag als gesetzlich abgesicherte, normale Arbeitsvereinbarung angesehen. Im Jahre 1913 waren Tarifverträge für 2 Mill. Beschäftigte in Kraft, 1919 bereits für fast 6 Mill., 1928 für über 12 Mill. Nur freie und unabhängige Gewerkschaften hatten das

Recht, für die Arbeiterseite Kollektivverträge auszuhandeln. Der Staat behielt sich vor, bei schwierigen Verhandlungen zu vermitteln, Kollektivverträge für »allgemein verbindlich« zu erklären, d. h. den Geltungsbereich von Vereinbarungen auch auf diejenigen auszudehnen, die an den Verhandlungen nicht beteiligt gewesen waren, und da, wo Vereinbarungen nicht zustande kamen, eigene Entscheidungen zu treffen (Zwangsschlichtung). Letzteres war ursprünglich als Ausnahme gedacht, wurde dann aber schließlich zur Regel. Diese Entwicklung wurde wesentlich verursacht durch den Widerstand der Unternehmer gegen Ausbau und Festigung der Sozialpolitik.

Das Ergebnis der »Zügelung« der Rätebewegung durch SPD- und Gewerkschaftsführung war das Betriebsrätegesetz vom Februar 1920. Nach diesem Gesetz mußte jährlich in jedem Betrieb mit mindestens fünf Beschäftigten ein Vertrauensmann, ab 20 Beschäftigten ein aus mehreren Personen bestehender Betriebsrat gewählt werden. Die diesem zufallende Doppelaufgabe der »Wahrnehmung der gemeinsamen wirtschaftlichen Interessen der Arbeitnehmer (Arbeiter und Angestellten) dem Arbeitgeber gegenüber« und der »Unterstützung des Arbeitgebers in der Erfüllung der Betriebszwecke« (so das Betriebsrätegesetz § 1; u. a. hatten die Betriebsräte das Recht auf Einsicht in die Rechnungsbücher und auf stimmberechtigte Vertretung im Aufsichtsrat) erwies sich als schwer, wenn nicht überhaupt als undurchführbar. Das lag nicht nur an der Haltung der Unternehmer oder an der noch nicht ausreichenden Ausbildung der Betriebsräte, sondern war ein strukturelles Problem: Die konsequente Interessenvertretung der Arbeitnehmer und die Wahrnehmung der nur an den unternehmerischen Aufgaben ausgerichteten Betriebsinteressen sind sachlich schwer miteinander zu vereinbaren. Die allgemein anerkannten günstigen Auswirkungen des Betriebsrätegesetzes bezogen sich daher vor allem auf die Tätigkeit der Betriebsräte als »verlängerter Arm der Gewerkschaften« bei der Durchführung und Überwachung der Tarifverträge und auf die innerbetriebliche Vermittleraufgabe, als »Bindeglied« und »Stoßdämpfer« zwischen Arbeitnehmern und Arbeitgebern zu wirken. Von den in der Verfassung von Weimar (Artikel 165) vorgesehenen Reichsarbeiter- und Reichswirtschaftsräten hatte nur der letztere eine unbedeutende Existenz.

Nach der Währungsstabilisierung und der Annahme des Dawes-Plans begann für die deutsche Wirtschaft »eine Zeit der Erholung«, »für deren Breite und Kraft man in Deutschland bis dahin kein Vorbild kannte« (Stolper, S. 113). Sie war durch zwei Faktoren bedingt: durch die Verbesserung der Produktionsmethoden nach den Erfordernissen der herrschenden hochkapitalistischen Wirtschaftsform (Rationalisierung) und durch den Strom des Auslandskapitals, besonders des amerikanischen, nach Deutschland.

Die Rationalisierung ermöglichte der deutschen Wirtschaft, ihre führende Position in der chemischen, elektrotechnischen und optischen Industrie, teilweise auch in der Textilindustrie und im Maschinenbau, zurückzugewinnen. Schon 1926 erreichte die deutsche Ausfuhr den Vorkriegsstand, 1929 übertraf sie den Stand von 1913 um 34% (trotz der Gebietsverluste in Europa und der Abtretung der Kolonien). – Durch die ausländischen Kredite wurde nicht nur die deutsche Wirtschaft wieder aufgebaut, tatsächlich wurden mit ihnen auch die deutschen Reparationsschulden bezahlt. Von 1924 bis 1931 betrugen die Reparationszahlungen insgesamt 10,8 Milliarden Mark, die deutsche Auslandsverschuldung erreichte demgegenüber die Höhe von 20,5 Milliarden, zuzüglich 5 Milliarden ausländischer Kapitalanlagen in Deutschland, denen allerdings 10 Milliarden deutsche Kapitalinvestitionen im Ausland gegenüberstanden.

Der wirtschaftliche Aufschwung wurde von einer neuen Welle industrieller Konzentration begleitet:

Von den etwa 20 Milliarden Mark Kapital der (1926 amtlich erfaßten) 12 400 Aktiengesellschaften entfielen 13,25 Milliarden allein auf 2000 Gesellschaften. Der Bergbau war mit 93% aller Unternehmungen in Konzernen zusammengefaßt, die Farbenindustrie mit 96%, die Stahlindustrie mit 95%, die Elektroindustrie mit 87%; damals entstanden auch die Großkonzerne der IG-Farben und der Vereinigten Stahlwerke.

Die Unternehmer waren im November 1918, um die sie bedrohende Sozialisierung zu verhindern, mit den Gewerkschaften eine Arbeitsgemeinschaft, die 1924 wieder auseinanderbrach, eingegangen. Nach wie vor waren sie der Auffassung, daß das privatkapitalistische System des »freien Spiels der Kräfte« die beste aller wirtschaftlichen Ordnungen darstelle. Dabei waren sie bereit, ein begrenztes Maß an Sozialpolitik als ein notwendiges Korrektiv dieser Ordnung zu akzeptieren. Daß in der Periode der Stabilisierung gerade von seiten der Unternehmer wieder der Gedanke der »freien Vereinbarung der sozialen Gruppen unter sich« propagiert wurde, lief auf eine Ausschaltung des Staates hinaus, der (schon traditionell bestimmt) eine vorwiegend soziale Tendenz vertrat. Darüber hinaus versuchten die Unternehmer die Politik des Staates durch politische Parteien und wirtschaftliche Interessenverbände (wie die Deutsche Volkspartei, z. T. auch die Deutschnationale Volkspartei, die Vereinigung der deutschen Arbeitgeberverbände und den Reichsverband der deutschen Industrie) zu beeinflussen.

Die Zeit von 1919 bis 1933 ist durch ein weiteres Anwachsen der Arbeitnehmerschaft, Arbeiter wie Angestellte, gekennzeichnet; besonders die zunächst durch den Krieg bedingte Verwendung von weiblichen Arbeitskräften in Industrie und Handel hielt an. Die Löhne und Gehälter hatten während der Inflation einen weit unter der Vorkriegszeit gelegenen Tiefstand erreicht, der aber in den Jahren nach der Währungsstabilisierung rasch überwunden werden konnte.

Anfang 1924 verdiente ein gelernter Metallarbeiter ca. 28 RM in der Woche, im Juli 1928 über 50 RM; für den gelernten Maurer stieg der Lohn in der gleichen Zeit von 27 auf 62 RM, für den Buchdrucker von 26 auf 54 RM, für den gelernten Textilarbeiter von 20 auf 37 RM. Die Lebenshaltungskosten dagegen stiegen von 1924 bis 1929 nur um rund 20%.

Der Realverdienst erreichte 1928 im Durchschnitt aller Beschäftigten und Arbeitslosen nur die Höhe des Jahres 1913/14, jedoch bestanden erhebliche Unterschiede in den einzelnen Industriezweigen, die entweder konjunkturell besonders begünstigt (Maurer, Metallarbeiter) oder in denen die Gewerkschaften traditionell stark (graphisches Gewerbe) waren. Daher läßt sich sagen, daß die Lebenshaltung des Arbeiters sich nach 1923 günstiger gestaltete als in der Vorkriegszeit, solange er nicht arbeitslos war oder arbeitslose Familienmitglieder mitzuversorgen hatte. Eine ähnliche Entwicklung zeigten die Angestelltengehälter, bei denen jedoch die untertarifliche Bezahlung älterer Angestellter (zu denen vielfach schon 30jährige gerechnet wurden) oder ihre Einstufung in niedrigere Gehaltsklassen sehr ins Gewicht fiel.

Der Achtstundentag galt für die Arbeiter als eine der wichtigsten Errungenschaften der Revolution. Es charakterisiert das soziale Kräfteverhältnis in der Republik, daß gerade er am heftigsten umstritten war: Die Arbeitgeber verlangten höhere Arbeitszeiten, weil ohne sie die Deutschland auferlegten wirtschaftlichen Lasten nicht zu erfüllen wären; die Gewerkschaften beriefen sich darauf, daß die Arbeitsintensität bei kürzeren

Arbeitszeiten größer sei und daß auch die Auswirkungen der Rationalisierung die Einhaltung des Achtstundentags ermöglichen müßten. Die Arbeitgeber setzten sich in der Praxis durch: im Oktober 1926 arbeiteten von den amtlich erfaßten ¾ Millionen Arbeitern 53% über 48 Stunden wöchentlich, davon 50% 52–54 Wochenstunden. Erst das Arbeitszeitnotgesetz vom April 1927 konnte das Überstundenunwesen etwas eindämmen.

Der im November 1918 versprochene Ausbau der Sozialversicherung scheiterte zunächst an der Inflation. Nach 1923 kam es dann zu einer großzügigen Erweiterung der bereits bestehenden Versicherungsleistungen, 1927 zur Ergänzung des Versicherungssystems durch die Einführung der Arbeitslosenversicherung.

Die Beiträge zur Sozialversicherung betrugen (im Reichsdurchschnitt, jeweils vom Grundlohn) 6% für Krankenversicherung, 3% für Arbeitslosenversicherung, 1,4% für Unfallversicherung, 5% für Invalidenversicherung, also zusammen 15,4%, von denen 8% auf den Versicherten, 7,4% auf den Arbeitgeber entfielen. – Weiter wurden in der Weimarer Republik gesetzlich geregelt: die Arbeitsvermittlung, die Arbeitsgerichtsbarkeit, die Arbeitszeit, das Angestelltenvertragsrecht, der Kündigungsschutz für ältere Angestellte, die Neuregelung der Schlichtungsordnung und das Lehrlingswesen.

Die Arbeitslosigkeit war selbst in den Jahren der Hochkonjunktur 1927/28 größer als vor dem Kriege in Zeiten der Depression. In den Anfangsjahren der Republik 1919/20 führte die Demobilisierung zu hohen Arbeitslosenziffern, nach 1923 lagen sie in der ohne Rücksicht auf die sozialen Folgen durchgeführten Rationalisierung begründet; für die gesteigerte Produktion fehlte es an Absatzmöglichkeiten, überdies blieben angesichts der Preisbindungen der Konzerne und Kartelle die Preise unangetastet, so daß auch die Kaufkraft der Verbraucher durch niedrigere Preise bei höheren Löhnen nicht gesteigert werden konnte.

Die Arbeitslosigkeit (aller Berufe) betrug: Anfang 1919: 1 Mill., Mitte 1919: ½ Mill., Mitte 1920: ¼ Mill., Anfang 1921: 400000, Ende 1921: 150000, 1922: 120000, Mitte 1923: 140000, Winter 1923/24: 1,25 Mill., 1924: 400000, 1925: 200000, Anfang 1926: 2 Mill., Mitte 1926: 1,25 Mill., 1927: 350000, 1928: 600000, Mitte 1929 (Krisenbeginn): 1,25 Mill., Mitte 1930: 2,76 Mill., Mitte 1931: 3,99 Mill., Februar 1932: 6,12 Mill., Mitte 1932: 5,39 Mill., Januar 1933: 6,13 Mill.

Die Arbeitsverhältnisse der Arbeiter und Angestellten wurden, nachdem sich die Republik politisch und wirtschaftlich stabilisiert hatte, von den Auswirkungen der Rationalisierung bestimmt: In den Betrieben wurden zunehmend komplizierte Maschinen und Apparate verwendet und der Produktionsablauf mechanisch (z. B. durch Fließbandfertigung) gesteuert; dies hatte zur Folge, daß die für spezielle Teilarbeitsprozesse Angelernten gegenüber den gelernten Facharbeitern und den ungelernten Hilfsarbeitern bevorzugt wurden. Durch die neuen Produktionsmethoden nahm die individuelle Werk- und Arbeitsfreude ab, dafür stieg die Bedeutung der Freizeit für den einzelnen; die Rationalisierungsmethoden erleichterten wohl den Arbeitsplatzwechsel, aber die Arbeitsbedingungen blieben im wesentlichen die gleichen; Ansätze zu einer betrieblichen Sozialpolitik sollten die Arbeiter stärker an »ihren« Betrieb binden. Auch bei den Angestellten wurde der vor dem Krieg noch auf die individuelle Arbeitsleistung abgestellte Arbeitsprozeß immer mehr durch die mechanisierte, unselbständige Teilarbeit (unter Bevorzugung der jüngeren und unter ihnen vor allem der weiblichen Arbeitskräfte) ersetzt. Zwischen den Arbeitern und den (kleinen und mittleren) Angestellten gab es kaum noch Unterschiede im Hinblick auf Arbeitsbedingungen und Arbeitsentgelt.

2. *SPD und KPD in der Weimarer Republik*

Die Ereignisse vom November 1918 hatten die Position der SPD im Vergleich zur Vorkriegszeit grundlegend verändert: einst von der verantwortlichen Mitarbeit im Staat ausgeschlossen und ohne gesellschaftliche Anerkennung, war sie jetzt zu der verantwortlichen, ja ausschlaggebenden Kraft im neuen Staat geworden. Die Wahlen zur Nationalversammlung hatten beiden sozialistischen Parteien zusammen nur 45,5% aller Wählerstimmen gebracht, also nicht das erwartete eindeutige Votum für eine sozialistische Umgestaltung von Staat und Gesellschaft. Entsprechend ihrem in den Tagen der Revolution vertretenen Grundsatz, die Mehrheitsentscheidung des Volkes abwarten und sich nach ihr richten zu wollen, gingen die Sozialdemokraten (ohne Unabhängige) eine Koalition mit der Deutschen Demokratischen Partei und dem Zentrum ein, um mit ihnen gemeinsam den neuen Staat aufzubauen. Die am

19. August 1919 verabschiedete Verfassung überließ die Entscheidung über viele Fragen – besonders auch der Wirtschafts- und Sozialordnung – künftiger Machtverteilung und Machtausübung. Gebunden an ihre Koalitionspartner (1919/20 und 1921/22 mit den Demokraten und dem Zentrum, 1923 und 1928–1930 auch mit der Deutschen Volkspartei) oder in die Opposition gezwungen (1920, 1924–1928), hat die SPD (seit 1922 wieder mit dem rechten Flügel der USPD vereinigt) das politische und soziale Machtgewicht der Arbeiterorganisationen nicht wirkungsvoll auszunutzen vermocht: z. B. weder bei der Gestaltung des Rahmengesetzes für die Sozialisierung und des Betriebsrätegesetzes (im Vergleich zu den entsprechenden Bestimmungen der Verfassung, vgl. Art. 156 und 165), noch nach dem Kapp-Putsch 1920, noch 1925 bei der Reichspräsidentenwahl (als sie für den zweiten Wahlgang vorschnell ihren Kandidaten Otto Braun zugunsten des Zentrumskandidaten Marx zurückzog), noch 1928, als sie wieder – durch das Votum der Wähler zur stärksten Partei geworden – die Regierung bildete.

Diese Zurückhaltung in der Ausnutzung des eigenen Machtgewichtes hing mit der schon 1918/19 offenkundig gewordenen (und sich nach 1930 verhängnisvoll bestätigenden) Abneigung der sozialdemokratischen Führer gegen außerparlamentarische Aktionen und mit ihrem Unvermögen zusammen, revolutionäre Stimmungen unter den Arbeitern und auch in weiten Kreisen des Mittelstandes in politisches Handeln umzumünzen. Möglichkeiten zu einer aktiven Kampfpolitik gab es während der Weimarer Republik mehrmals; sie blieben alle ungenutzt: 1922 nach dem Mord an Rathenau, 1923 auf der Höhe des Ruhrkampfes, den die Unternehmer mit einem Generalangriff auf die sozialpolitischen Errungenschaften der Arbeiter verknüpften, ferner während der Reichsexekution gegen Sachsen und Thüringen oder 1926 anläßlich des Volksentscheides über die entschädigungslose Enteignung der Fürsten, die, wenn man vom Kapp-Putsch absieht, das erste und letzte Mal beide Arbeiterparteien – SPD und KPD – zu solidarischer Aktion verband. Die SPD-Führer haben darüber hinaus – solange sie die Regierungsverantwortung mittrugen – die 1918 eingeschlagene Politik der »Abwehr des Bolschewismus« weiterverfolgt; die provokatorische und aggressive Haltung der KPD gegenüber der Republik und ihre wachsende Anziehungskraft auf die deutschen Arbeiter bestärkte sie in dieser Politik. Dies wiederum hatte zur Folge, daß die SPD-Führer revolutionäre Stimmungen und politische Unruhen unter den Arbeitern meist ohne Rücksicht auf mögliche Unterschiede in der Motivation und Haltung als kommunistisch abwerteten. Das zeigt den Grad der Isolierung der sozialdemokratischen Führer von den deutschen Arbeitern, ist aber auch ein klarer Ausdruck ihrer politischen Mentalität und offenbart den Kern ihres politischen Programms in der Weimarer Republik: Ruhe und Ordnung zu erhalten, die Republik zu schützen, »unter den gegebenen Machtverhältnissen« das »Höchstmaß« »möglicher Fortschritte« zu erreichen, wie es Wilhelm Keil, ein erfahrener Parlamentarier, 1925 auf dem Heidelberger Parteitag der SPD formulierte:

»Wir Sozialdemokraten fühlen uns als die eigentlichen Träger der demokratischen Republik und haben sie mit allen Kräften zu verteidigen ... Im Innern ist und bleibt die Sozialdemokratie der Anwalt der Armen, der Schaffenden und Enterbten. Hier haben wir auf allen Gebieten des öffentlichen Lebens unsere volle Kraft einzusetzen für die Wahrung der Lebensinteressen der schaffenden Arbeiter und der unschuldigen Opfer der kapitalistischen Wirtschaft gegen die Begünstigung des Besitzes. Wir haben nicht demagogische Schaugerichte zu bieten, mit denen den Notleidenden nicht gedient ist, sondern unsere Forderungen so zu bemessen und unsere Taktik so einzustellen, daß das Höchstmaß der unter den gegebenen Machtverhältnissen möglichen Fortschritte erreicht wird. Daraus ergibt sich, wenn wir in Opposition stehend sind, daß unsere Forderungen die Grenze nicht überschreiten dürfen, die wir einzuhalten genötigt wären, wenn wir Anteil an der Regierung gehabt hätten.«

Ein solches Konzept politischen Verhaltens führte leicht »zur Selbstgenügsamkeit am kleinen, sichtbaren Erfolg, zur Überschätzung der gegnerischen Widerstände und mit dem fehlenden Wagemut und einem verstärkten Sicherheitsbedürfnis schließlich zur Gefahr einer politischen Erstarrung« (S. Neumann, S. 32), zur »selbstzufriedenen Gedankenlosigkeit eines stagnierenden Opportunismus« (wie Julius Leber 1933 in seinem kritischen Rückblick auf die Politik seiner Partei feststellte). Nachdem die SPD auf eine Politik struktureller Veränderungen in Staat, Gesellschaft und Wirtschaft verzichtet hatte, blieb das Gebiet ihrer traditionell bestimmten, eindrucksvollen Erfolge auch in der Weimarer Republik die Sozialpolitik, für die sie unverdrossen einen zähen parlamentarischen Kampf führte. Merkwürdigerweise hat sie dabei – genau wie die Gewerkschaften – nicht die Problematik des »geborgten Wohlstandes« (bedingt durch die deutsche Verschuldung an das Ausland) erkannt, sondern sich im wesentlichen darauf beschränkt, der Arbeiterschaft einen möglichst großen Anteil an diesem Wohlstand zu verschaffen.

Die Aufzählung der Leistungen der deutschen Sozialdemokraten in der Weimarer Republik bliebe ohne den Hinweis auf das preußische Konzept ihrer Politik unvollständig. Preußen wurde seit 1919 – von einigen unbedeutenden Unterbrechungen abgesehen – von einem sozialdemokratischen Ministerpräsidenten (Paul Hirsch, seit 1920 Otto Braun, 1872–1955) und einem sozialdemokratischen Innenminister (Carl Severing, 1875–1952, bzw. Albert Grzesinski) geführt; hier in Preußen versuchte die SPD das Beispiel eines »republikanischen Volksstaates« zu praktizieren; das hieß nach ihren politischen Vorstellungen: perfekt funktionierende und korrekt verwaltete demokratische Institutionen. So wie Bismarck einst von Preußen aus das Reich eroberte, so hofften die deutschen Sozialdemokraten, je mehr ihr Einfluß auf die Reichspolitik zurückging, die deutsche Republik von der preußischen Bastion her zurückgewinnen zu können. Dieses preußische Konzept der Sozialdemokratie gewann schließlich größere Bedeutung als die von der SPD schon 1918 angestrebte Verwirklichung ihres einheitsstaatlichen Programms. Neben Preußen hatte die SPD einen maßgebenden Einfluß in den Landesregierungen und Verwaltungen von Baden, Hessen und Hamburg (1929 stellte die SPD gut ⅓ der Landtagsabgeordneten aller deutschen Länder). In Tausenden deutscher Städte und Gemeinden wirkten sozialdemokratische Bürgermeister und Stadträte; besonders in den Großstädten und Industriegemeinden, in den »roten Inseln im Meer des Kapitalismus«, hat die SPD die Aufgaben einer modernen Kommunalpolitik vorbildlich gelöst.

Diese erfolgreiche praktische Arbeit für die Republik in den Ländern und Gemeinden fand jedoch keine theoretische Fundierung, wurde vielmehr im Gegenteil »fast wie mit bösem Gewissen betrieben« (S. Neumann): Die Kluft zwischen »konsequenter Staats- und bequemer Parteipolitik« (J. Leber) wurde in der Weimarer Republik nicht geschlossen.

»Man muß entweder regieren oder man muß in ausgesprochener Opposition stehen. Zu einem nicht die Verantwortungsfreudigkeit, zum anderen nicht den Mut zu haben, also eine Politik des Durchlavierens festen Entschlüssen vorzuziehen, das ist der größte Fehler, den eine politische Partei begehen kann«, schrieb Julius Leber im April 1928 (vgl. Ein Mann geht seinen Weg, S. 177).

Die Schwäche der sozialdemokratischen Position in der Weimarer Republik lag auch darin begründet, daß sich die Sozialdemokraten, obwohl sie 1918/19 nur für wenige Wochen die alleinigen Repräsentanten der staatlichen Gewalt gewesen waren, als die Gründer und Hüter, »als die eigentlichen Träger der demokratischen Republik« (Keil, vgl. S. 170) verstanden. Sie sahen es als ihre Aufgabe an, diese Republik »mit allen Mitteln« (Hilferding) zu verteidigen; die Gegner der Republik haben dieses Selbstverständnis durchaus anerkannt, indem sie das Hauptgewicht ihrer Angriffe auf die Republik gegen die SPD richteten. Die SPD aber überwand sich immer wieder (besonders nach 1930) dazu, zur Erhaltung der Republik Maßnahmen zuzustimmen oder doch zu tolerieren, die ihren politischen Prinzipien strikt zuwiderliefen, bzw. sie unterließ politische Aktionen, die diesen Prinzipien entsprochen hätten. Die SPD hat sich im Unterschied zu allen anderen demokratischen Parteien eindeutig und intensiv darum bemüht, ein für alle Staatsbürger verbindliches republikanisches Staats- und Bürgerbewußtsein zu schaffen. Sie ist an dieser Aufgabe gescheitert; ihre Führer haben Demokratie mit dem perfekten Funktionieren der demokratischen Institutionen und dem unbedingt legalen Verhalten ihre Träger identifiziert.

Noch ein weiterer Faktor lähmte die sozialdemokratischen Führer in ihrem Bemühen um die demokratische Ausgestaltung der Republik: Gerade die Kräfte, die von den Sozialdemokraten als Träger und Verteidiger der Republik wegen ihres fehlenden oder doch zumindest unzureichenden republikanischen Engagements hätten angegriffen werden müssen, betrieben in den Jahren der Stabilisierung den Wiederaufstieg Deutschlands zum nationalen Machtstaat; aber auch den sozialdemokratischen Führern war der nationale Aufstieg Deutschlands eine existentielle Aufgabe, selbst wenn sie ihn nicht führend mitvollziehen konnten. Es war fast dieselbe Situation, in der sich die Partei vor 1914 befunden hatte; dieser Situation entsprach auch ihre durchaus loyale Haltung gegenüber den internationalen Arbeiterorganisationen nach dem Kriege (1919/20 lebte noch einmal die II. Internationale auf, 1923 wurde die Sozialistische Arbeiter-Internationale gegründet, die III. kommunistische Internationale bestand seit 1919): Was nach außen hin als mangelnde Eindeutigkeit in der Haltung der Partei erschien, war der Ausdruck jener doppelten Loyalität, sowohl gegenüber dem nationalen Staat als auch gegenüber der internationalen

Arbeiterklasse, denen sich die Sozialdemokratie aus langer Tradition gleichermaßen verpflichtet fühlte.

Die ambivalente Politik der SPD spiegeln Wahlanalyse und Analyse des inneren Gefüges der Partei wider: Den Verlust an Arbeiterstimmen, den die Partei 1920 und nochmals im Mai 1924 als Quittung für ihre Politik während und nach der Revolution zu verzeichnen hatte, konnte sie niemals wieder aufholen. Das Ziel, alle Arbeiter in der SPD zu sammeln, wurde nicht erreicht: die katholischen Arbeiter blieben im wesentlichen dem Zentrum treu, evangelische Arbeiter, soweit sie in den christlichen Gewerkschaften organisiert waren, wählten bürgerlich-nationale Parteien. Der Zuwachs an Wählerstimmen 1928 und 1930 im Vergleich zu 1924 kam vor allem aus dem Reservoir der auseinanderfallenden Deutschen Demokratischen Partei; das galt zum Teil auch für die Mitgliederzunahme. Wie schon in der Vorkriegszeit blieb der Einfluß der SPD auf die Landarbeiter (besonders in den östlichen Provinzen Preußens) gering; Kleinbauern und Kleinbürgertum blieben der Partei fern, ebensowenig stießen in nennenswerter Weise die verproletarisierten Angestellten zur SPD (im Gegensatz zu den Beamten niederer Kategorien). Auch auf die Jugend übte die Partei nicht die von ihr erwartete Anziehungskraft aus. Die SPD war zwar keine reine Partei der Arbeiterklasse mehr, aber erst recht noch keine Volkspartei geworden. Schon vor 1914 bemerkbare Tendenzen zur »Verbürgerlichung« der Arbeiterbewegung hatten ihren Grund nicht darin, daß sie sich dem Mittelstand geöffnet hatte, sondern daß sich die Lebensbedingungen der Arbeiterschaft verbessert und die Möglichkeiten des sozialen Aufstiegs erweitert hatten.

Wahlergebnisse der SPD 1919–1933:

Wahljahr		Stimmenzahl	Stimmenanteil in %	Mandate
1919	SPD	11,5 Mill.	37,9	163
	USPD	2,3 Mill.	7,6	22
1920	SPD	6,1 Mill.	21,6	102
	USPD	5,0 Mill.	18,0	84
Mai 1924	SPD	6,0 Mill.	20,5	100
Dez. 1924	SPD	7,9 Mill.	26,0	131
1928	SPD	9,1 Mill.	29,8	153
1930	SPD	8,5 Mill.	24,5	143
Juli 1932	SPD	7,9 Mill.	21,6	133
Nov. 1932	SPD	7,2 Mill.	20,4	121
März 1933	SPD	7,2 Mill.	18,3	120

Für 1930 werden etwa 30–40% der für die SPD abgegebenen Stimmen liberalen Kreisen zugerechnet; in der Vorkriegszeit betrugen sie etwa 25% (wobei das Stichwahlsystem zu berücksichtigen ist, das oft zur Wahl des kleineren Übels zwang, während nach 1918 das Votum für eine Partei eine echte politische Entscheidung bedeutete). – Für den geringen Einfluß der SPD in den östlichen Provinzen sei folgendes Beispiel angeführt: 1926 stimmten in Ostpreußen nur 20% der Wähler für den Volksentscheid über die Fürstenenteignung ab, im Gegensatz dazu erreichten die beiden Arbeiterparteien in den Großstädten vielfach absolute Mehrheiten.

Mitgliederentwicklung in der SPD

Jahr	Männer	Frauen	zusammen
Anfang 1920	973 201	207 007	1 180 208
Anfang 1925	537 109	153 693	690 802
Anfang 1930	803 442	218 335	1 021 777
Ende 1931	778 622	230 331	1 008 953

Von den über 1 Mill. Mitgliedern der SPD im Jahre 1930 waren 60% Arbeiter (1926: 73%), 10% Angestellte, 3% Beamte, 17% Hausfrauen. Vor dem Kriege gehörten nur 10% der Mitglieder nicht zu den Arbeitern. 1930 waren 8% der Mitglieder unter 25, 9% über 60 Jahre alt.

Die Überlegenheit traditionellen Verhaltens über die der SPD durch die Mitverantwortung am Staat zufallenden neuen politischen Aufgaben drückte sich wohl am deutlichsten darin aus, daß die überkommenen Organisationsprinzipien unverändert erhalten blieben: die Organisationsstruktur behielt ihren durch die oppositionell-kämpferische Gegenposition zum monarchisch-autoritären Staat bestimmten »bürokratisch verläßlichen, ja einen an militärischen Prinzipien orientierten militant schlagfertigen Charakter« (Bracher, S. 73). Soziale Herkunft (vorwiegend aus handwerklichen und Facharbeiterberufen) und parteiberuflicher Werdegang (über die »Ochsentour« des Hinaufdienens) der Funktionäre blieben unverändert; der immer häufiger von seiten der äußersten Rechten und Linken erhobene Vorwurf der »Verbonzung« der Partei war allerdings weitgehend eine demagogische Übertreibung: bei mehr als 1 Mill. Mitgliedern betrug die Zahl der Parteibürokratie (nach S. Neumann, S. 30) nicht mehr als 10 000 Personen. Die Stabilität der Organisationen und die Solidität des Apparates gaben der SPD gegenüber den anderen demokratischen Parteien einen großen Vorsprung: Auseinandersetzungen konnten leichter beigelegt, Brüche verhindert und Niederlagen besser überwunden werden; aber das alles ging zugleich auf Kosten der Anpassungsfähigkeit der Partei in der Taktik und Strategie ihrer Politik und verhinderte vor allem ein gründliches Durchdenken der mit dem Jahre 1918 angebrochenen neuen Entwicklungsphase. Ihrer inneren Struktur nach behielt die SPD durchaus den Charakter einer schichtspezifischen Integrationspartei: einer im wesentlichen auf die Arbeiterschaft bezogenen Klassenpartei. Ohne Zweifel wurde der Charakter der Partei in starkem Maße durch die soziale und politische Mentalität des Gros der Mitglieder und Anhänger bedingt.

Für viele sozialdemokratisch erzogene Arbeiter bedeutete die Republik eine große Enttäuschung: Die Deutschland von seinen ehemaligen Kriegsgegnern auferlegten Sanktionen und die mit ihnen verbundenen Krisenerscheinungen mochten als notwendige Folge des alten Systems und des verlorenen Krieges angesehen werden – die innenpolitische Situation dagegen wurde als ein Sieg der Gegenrevolution und als ein Scheitern der revolutionären Kräfte verstanden. Die demokratische Republik, das große Ziel der Arbeiterbewegung seit ihrem Beginn, wurde 1918/19 begeistert begrüßt, weil sie die Verwirklichung des Sozialismus, zumindest eine spürbare, andauernde Hebung der wirtschaftlichen, sozialen und politischen Situation der Arbeiterschaft versprach. Statt dessen hob die Republik in den Vorstellungen vieler Arbeiter weder die Vorherrschaft der traditionellen Führungsschichten – Militär, Bürokratie, Aristokratie und Großbürgertum – auf, noch befreite sie die Arbeiter von ihrer wirtschaftlichen Unsicherheit, noch beseitigte sie soziale Ungerechtigkeiten. 1922/23, auf dem Höhepunkt von Inflation und Ruhrkampf, herrschte unter den Arbeitern eine derart revolutionäre Stimmung, daß die Annahme (von A. Rosenberg, Geschichte, S. 136), die Mehrzahl der deutschen Arbeiter habe im Sommer 1923 hinter der KPD gestanden, durchaus begründet erscheint; aber diese revolutionäre Stimmung fand bei keiner Partei, auch nicht bei der KPD, Widerhall. Auch als die Stabilisierung der Republik sich auszuwirken begann, blieb bei der Mehrheit der enttäuschten Arbeiter ein verborgenes, nie ganz überwundenes Mißtrauen oder doch eine müde Gleichgültigkeit gegenüber dem demokratischen Staat zurück, eine Minderheit von Enttäuschten stand der Republik sogar in einer ausgesprochenen Feindschaft gegenüber.

Angesichts der sinkenden sozialen Geltung und der politischen Uneinigkeit der Arbeiterklasse erschien den meisten Arbeitern jedoch eine neue Revolution oder auch nur eine aktive Kampfpolitik ausgeschlossen; diese Einstellung brachte einen starken Zug von Resignation in ihre politische Mentalität. Unter den gegebenen Umständen war auch das soziale Selbstbewußtsein der Arbeiter im Vergleich zur Vorkriegszeit – wo wenigstens die Zukunft noch für alle Wünsche Raum ließ – eher ungesicherter: Arbeiter zu sein, bedeutete weniger denn je, und der Drang zur sozialen Statuserhöhung – das hieß jetzt vor allem Angestellter zu werden – war so stark ausgeprägt, daß die Tatsache der proletarischen Existenz und das Schwinden des sozialen Ansehens der Angestellten überhaupt nicht wahrgenommen wurde.

Die überwiegende Zahl der deutschen Arbeiter, selbst diejenigen, die sich bitter enttäuscht fühlten, hielt an ihren alten Organisationen fest, und Mißtrauen und Staatsverdrossenheit wurden durch die traditionell geübte Parteidisziplin gemildert. Vor allem aber schützten sie die Organisationen der Arbeiterbewegung nach wie vor vor wirtschaftlicher Unsicherheit und sozialem Abstieg; sie boten einen vertrauten Ort der Geborgenheit, wo das Zusammenleben und das Zusammenwirken mit Gleichgesinnten das bedrückende Gefühl der sozialen und politischen Diskriminierung auszugleichen vermochte.

Erst gegen Ende der Stabilisierungsperiode machte sich unter den Arbeitern ein gewisses Vertrauen in den Staat bemerkbar, eine Hoffnung auf neue Ansatzmöglichkeiten, die Republik doch noch zu ihrem Staat ausgestalten zu können. Erst recht ließ die Bedrohung der Republik durch rechts- und linksextremistische Gruppen seit 1930 deutlich werden, welchen Wert die unvollendete Demokratie von 1918 für die Arbeiterschaft als Basis ihres Kampfes um politische und soziale Gleichberechtigung besaß.

Die Tatsache, daß die SPD nach wie vor die Aufgabe einer vorwiegend schichtspezifischen Integrationspartei zu erfüllen hatte, führte auch in der Weimarer Republik zu weiterer organisatorischer Expansion und Vervollkommnung:

Gründung der Arbeiterwohlfahrt als Verband der freien Wohlfahrtspflege (1919/20). – Schaffung eines Reichsausschusses für sozialistische Bildungsarbeit (nach 1919); Zusammenschluß aller kulturell tätigen Verbände der Arbeiterbewegung zum »Sozialistischen Kulturbund« (1923). – Ausbau der Jugendorganisationen: Reichsausschuß der Jungsozialisten (1919) für über 18-(seit 1927 über 20-) jährige Parteimitglieder; Sozialistische Arbeiter-Jugend (1922), Zusammenschluß der Jugendverbände der SPD und USPD für 14- bis 18- resp. 20-jährige Jugendliche; Reichsarbeitsgemeinschaft der Kinderfreunde (1923). – Gründung von Akademiker-Organisationen: Arbeitsgemeinschaft Sozialdemokratischer Lehrer und Lehrerinnen (1919); Arbeitsgemeinschaft Sozialdemokratischer Juristen (1925); Arbeitsgemeinschaft Sozialdemokratischer Ärzte (1926); Sozialistische Hochschulgemeinschaft (1931) zur Unterstützung sozialdemokratischer Studenten und zur Förderung der wissenschaftlichen Zusammenarbeit. – Maßgeblich beteiligt war die SPD am »Reichsbanner«, dem 1924 gegründeten Bund republikanischer Frontsoldaten, und an der »Eisernen Front« (1931), einer republikanischen Kampforganisation aus SPD, Arbeiter-Sport-Organisationen, Gewerkschaften, Reichsbanner (Zeichen: Drei Pfeile) mit ca. 10 Mill. Mitgliedern. – Zur sozialdemokratischen Presse: 1929 203 Zeitungen, darunter 74 Kopfblätter, 129 Verlage, 107 eigene Druckereien.

Auch die Führungsspitze der SPD (Parteivorstand und Fraktion) veränderte sich strukturell kaum: Schon seit der Jahrhundertwende war der Typ des Volkstribunen (wie Bebel und Liebknecht) abgelöst worden durch eine neue Führergeneration zuverlässiger, realistischer Männer (wie Friedrich Ebert und Hermann Müller, 1876–1931, 1919 an Stelle Eberts Parteivorsitzender, 1920 und 1928–1930 Reichskanzler); diesen Männern mangelte es aber oft an politischer Phantasie, kämpferischem Wagemut und Einsicht in die veränderte Ansprechbarkeit der Menschen in politischen Fragen. Meist ursprünglich Facharbeiter oder Handwerker, waren sie über die Parteipresse oder Gewerkschaftsarbeit zu höheren Positionen in der Partei gekommen; gerade in der Weimarer Republik bestimmte dieser so ausgeprägt handwerkliche Typ die Partei und verstärkte die in der Arbeiterschaft schon immer vorhandene Tendenz zur Verbürgerlichung. Als Berufspolitiker verfügten sie über ein großes Maß an langjähriger parteiinterner und politischer Erfahrung; die Führungsspitze zeigte daher, bei der Neigung zu lebenslanger Amtsdauer, starke Tendenzen zur Überalterung; jüngere Kräfte hatten es nicht leicht, sich durchzusetzen, zumal angesichts eines merkwürdig rückständigen Verhältnisses der Älteren zu den Jüngeren innerhalb der Partei überhaupt; aber die Einbruchstellen für begabte jüngere Politiker waren doch größer als in der Vorkriegszeit.

Das auf dem Parteitag der SPD in Görlitz 1921 beschlossene neue Programm, das die marxistische Terminologie vermied

und darauf angelegt war, auch nichtproletarische Schichten an-
zusprechen (»Die Sozialdemokratische Partei Deutschlands ist
die Partei des arbeitenden Volkes in Stadt und Land«), schien
die Entwicklung der SPD zu einer nationalen und sozialen Reformpartei auch programmatisch abzuschließen. Schon 1922,
bedingt durch die Vereinigung von SPD und USPD, wurde
der praktische Teil, 1925 auf dem Parteitag in Heidelberg das
Gesamtprogramm ersetzt. Das Heidelberger Programm von
1925 knüpfte wieder an das Erfurter Programm von 1891 an.
Die Basis des Heidelberger Programms bildete die ökonomische
Analyse der Gegenwart; als ihr Ergebnis wurde die steigende
Konzentration und wachsende Macht des Kapitals, der »immer schroffer« werdende »Gegensatz zwischen Ausbeutern
und Ausgebeuteten«, der »immer erbitterter« werdende »Klassenkampf zwischen den kapitalistischen Beherrschern der Wirtschaft und den Beherrschten« und das Anwachsen der proletarischen Schichten (unter Einbeziehung der Angestellten und
Akademiker) festgestellt.

Auf dem Boden der Verfassung der demokratischen Republik sollte daher durch eine systematische Reformpolitik und
durch die Eroberung der politischen Macht für die Arbeiterklasse die Vergesellschaftung der Produktionsmittel als Voraussetzung einer sozialistischen Gesellschaft erkämpft werden:

»Das Ziel der Arbeiterklasse kann nur erreicht werden durch die
Verwandlung des kapitalistischen Privateigentums an den Produktionsmitteln in gesellschaftliches Eigentum. Die Umwandlung der
kapitalistischen Produktion in sozialistische für und durch die Gesellschaft betriebene Produktion wird bewirken, daß die Entfaltung
und Steigerung der Produktivkräfte zu einer Quelle der höchsten
Wohlfahrt und allseitiger Vervollkommnung wird. Dann erst wird
die Gesellschaft aus der Unterwerfung unter blinde Wirtschaftsmacht
und aus allgemeiner Zerrissenheit zu freier Selbstverwaltung in har-
monischer Solidarität emporsteigen.«

Diese Formulierungen mochten den in der alten revolutionären
Phraseologie erzogenen Arbeitern die Frage nach der Bedeutung und nach dem Weg des Sozialismus in der neuen, mit
dem Jahre 1918 begonnenen Entwicklungsphase beantworten.
Die gerade im Hinblick auf die der SPD 1918 zugefallenen Aufgaben notwendige theoretische Klärung der sozialistischen
Grundbegriffe: Internationalismus, Staat, Demokratie, Klassenkampf brachte das Programm ebensowenig wie eine konkrete
soziologische Analyse der Machtverhältnisse im Staat. Die

überkommene Kluft zwischen Theorie und Praxis war auch in der Weimarer Republik erhalten geblieben: Die SPD hielt einerseits den theoretischen Anspruch aufrecht, den klassengebundenen Staat und die bürgerlich-kapitalistische Gesellschaft in eine sozialistische Ordnung von Staat und Gesellschaft umgestalten zu wollen; andererseits bemühte sie sich im Interesse der Arbeiter unter aktiver Einflußnahme auf den Staat um Reformen in und an einer als durchaus korrekturwürdig anerkannten Ordnung. »Aber unsere Partei hat noch eine andere Aufgabe, als nur immer die Trommel zu rühren ... wir sind eine Partei geworden, die über dem Trommeln nicht die praktische Arbeit vergessen darf«, hielt Rudolf Breitscheid (1874–1944), der führende Außenpolitiker der SPD, den Linken in der Partei vor, die eine ständige grundsätzliche Opposition gegen die bürgerliche Republik forderten und jede Regierungsbeteiligung und Übernahme öffentlicher Verantwortung ablehnten.

Den Versuch, die Kluft zwischen Theorie und Praxis zu überdecken, in dem Gegensatz zwischen rechten und linken Strömungen in der Partei zu vermitteln und damit zugleich der Agitation der KPD den Boden zu entziehen, unternahmen die Parteitheoretiker, indem sie die bürgerlich-kapitalistische Wirklichkeit der Republik anerkannten, ihr aber eine revolutionär-sozialistische (marxistische) Deutung gaben: so wenn Rudolf Hilferding (1877–1941), Kautskys Nachfolger in der Führungsspitze als Parteitheoretiker, erklärte, in der demokratischen Republik besitze die Arbeiterschaft die Staatsform, in der allein sie ihr unmittelbares Kampfziel, sich zur ausschlaggebenden politischen Macht zu entwickeln, erreichen könne; so wenn er die kapitalistischen Kartelle und Konzerne als die Vorstufe einer sozialistischen Planwirtschaft verstand; oder wenn er (wie 1927 auf dem SPD-Parteitag in Kiel) die Parole ausgab, »die ganze Arbeiterklasse als politische Partei zu konstituieren«. Diese Parole sollte eigentlich nur ausdrücken, daß die SPD auch die religiös gebundenen Arbeiter, besonders diejenigen, die Zentrum wählten, gewinnen wollte; das wiederum sollte beweisen, daß die gleiche ökonomische Situation auch zu gleicher politischer Aktion zwinge. Es gab Gruppen auf der Linken wie auf der Rechten der Partei, die sich gegen diese Neuauflage der Kautskyschen Integrationsideologie auflehnten: sie sei scheinrevolutionärer Wortradikalismus, verschleiere die Wirklichkeit und verführe die Partei zu einem stagnierenden Opportunismus.

Die Linke sammelte sich um die von Max Seydewitz, Dr. Kurt Rosenfeld, Heinrich Ströbel und Max Adler (dem Theoretiker des österreichischen Marxismus) herausgegebene Zeitschrift ›Klassenkampf‹ (1927) sowie um Dr. Paul Levis Zeitschrift ›Sozialistische Politik und Wirtschaft‹ (1923), die sich 1928 zusammenschlossen. »Die Sozialistische Arbeiterpartei« (SAP), die sich 1931 von der SPD abspaltete, ging aus dieser Gruppe hervor. – Der 1917 gegründete Internationale Jugendbund des Göttinger Mathematikers und Philosophen Leonard Nelson lehnte auf Grund seines konsequent rationalistischen (antimarxistischen) Denkens die Anpassungspolitik der SPD ab und erstrebte ein Bündnis mit der streng marxistischen und pazifistischen Linksopposition. Die Gruppe wurde 1925 erst aus der SAJ, dann auch aus der Partei ausgeschlossen und gründete den »Internationalen Sozialistischen Kampfbund« (ISK), der sich wie die SAP, außerordentlich aktiv, später im Kampf um die Republik und gegen den Rechtsradikalismus bewährte. – Die »Rechte« zeigte weniger Geschlossenheit und organisatorischen Zusammenhang, bemühte sich aber ebenfalls um eine theoretische und praktisch-politische Neuorientierung der SPD: so der Hofgeismarer Arbeitskreis der Jungsozialisten (1923–1926), der eine nationale Orientierung der Politik und die Verwirklichung der Volksgemeinschaft forderte; besonderen Einfluß besaßen hier Hermann Heller, Gustav Radbruch, Paul Natorp und Hendrik de Man. Eine Gruppe jüngerer Reformisten (Carlo Mierendorff, Theodor Haubach, Julius Leber), die sowohl den revolutionären Radikalismus der Linken als auch den liberal-demokratischen Reformismus der Parteiführung ablehnte, hoffte, die altgewordene Partei und die bedrohte Republik durch ein auf militant-demokratischer Überzeugung beruhendes Handeln und durch ein gefühlsmäßiges Engagement für die Demokratie zu beleben; diese Gruppe erhielt erst in der Endphase der Republik eine gewisse Bedeutung. – Eine Sonderstellung nahmen die Religiösen Sozialisten ein, die eine eigene Gruppe außerhalb der SPD bildeten, sich aber politisch meistens zu ihr bekannten. Die verschiedenen regional begrenzten Zusammenschlüsse, die nach 1918 entstanden waren, bildeten 1924 die »Arbeitsgemeinschaft der religiösen Sozialisten Deutschlands«, 1926 nahm sie den Namen an »Bund der religiösen Sozialisten Deutschlands« (Publikationsorgan: Zeitschrift für Religion und Sozialismus, herausgegeben von Georg Wünsch). Der Bund vertrat unter der Leitung der evangelischen Pfarrer Erwin Eckert und Emil Fuchs einen konsequenten Pazifismus und stand der radikalen Linken nahe (Eckert ging später aus Protest gegen die Tolerierungspolitik der SPD zur KPD). Ein mehr theoretisch als praktisch-politisch interessierter Kreis bildete sich um die evangelischen Professoren Paul Tillich, Eduard Heimann, Carl Mennicke (ihre Publikationsorgane: 1920–1927 ›Blätter für den religiösen Sozialismus‹, seit 1930 ›Neue Blätter für den Sozialismus‹); dieser Kreis stimmte – wenn auch zunehmend kritisch eingestellt – der Konzeption des

Heidelberger Programms grundsätzlich zu (zum Problem Protestantismus und Marxismus vgl. S. 186 ff.). Die Gesamtzahl der religiösen Sozialisten wurde auf etwa 25–30000 geschätzt. Außerdem gab es seit Anfang 1929 eine kleine Gruppe von katholischen Sozialisten unter Heinrich Mertens (s. S. 184). – Zur Orientierung werden im folgenden die wichtigsten theoretischen Schriften über den Sozialismus während der Weimarer Republik genannt: Max Adler, Marxistische Probleme, 5. Aufl. 1922; Max Adler, Der Marxismus als proletarische Lebenslehre, 3. Aufl. 1930; Rudolf Hilferding, Das Finanzkapital, 2. Aufl. 1923; Fritz Sternberg, Der Imperialismus, 1926; Otto Bauer, Kapitalismus und Sozialismus nach dem Weltkriege, 1931; Eduard Heimann, Soziale Theorie des Kapitalismus, 1929; Eduard Heimann, Kapitalismus und Sozialismus, 1931; Gustav Radbruch, Kulturlehre des Sozialismus, 1922; Hermann Heller, Sozialismus und Nation, 1924; Hendrik de Man, Zur Psychologie des Sozialismus, 2. Aufl. 1927.

Die SPD ist von 1919–1930 weder den revolutionär-sozialistischen noch den liberal-demokratischen Weg konsequent zu Ende gegangen: die Kluft zwischen radikaler Theorie und reformistischer Praxis, zwischen konsequenter Staats- und bequemer Parteipolitik, zwischen ungebrochener Bewahrung der Tradition und opportunistischer Anpassung an die jeweils gegebenen Möglichkeiten wurde nicht geschlossen. Das Ziel war das gleiche geblieben: für »die geistige, politische und ökonomische Befreiung der arbeitenden Massen« zu kämpfen – doch es gelang der SPD nicht, die den Staat prägende Partei in einer von der Majorität des Volkes getragenen Republik zu werden, die die politische *und* soziale Demokratie verwirklichte.

Noch viel weniger gelang es der Kommunistischen Partei Deutschlands, ihr Ziel zu erreichen: die Mehrheit der deutschen Arbeiter zu gewinnen und die demokratische Republik durch eine Diktatur des Proletariats zu ersetzen. Als die KPD Ende Dezember 1918 gegründet wurde, bestand sie aus einer kleinen Minderheit von Arbeitern und Intellektuellen; die syndikalistische Ultralinke, welche die direkte revolutionäre Erhebung des Proletariats forderte, hatte sich schon auf dem Gründungsparteitag gegen die eigene Führung (Liebknecht, Luxemburg) durchgesetzt und die Beteiligung an den Wahlen zur Nationalversammlung abgelehnt. Nach der Ermordung der beiden Führer beherrschte die Ultralinke die Partei, bis Paul Levi (der später über die USPD zur SPD zurückkehrte) als Repräsentant der Rechten im Herbst 1919 die Führung der Partei übernahm. Die Ultralinken spalteten sich daraufhin im Frühjahr 1920 ab und bildeten die »Kommunistische Arbeiterpartei Deutschlands« (KAPD). Die KPD verlor zwar die Hälfte ihrer Mitglieder, aber dadurch wurde die Vereinigung mit dem linken Flügel der USPD möglich; sie kam nach dem Parteitag der USPD in Halle im Oktober 1920 zustande (der verbleibende Rest der USPD ging 1922 wieder mit der SPD zusammen, eine kleine Gruppe unter Führung von Georg Ledebour und Theodor Liebknecht blieb danach als USPD bestehen, Ledebour wurde 1924 aus der USPD ausgeschlossen und gründete den »Sozialistischen Bund«). Erst jetzt war die KPD mit ca. 400 000 Mitgliedern eine Massenpartei, die unter Levis Führung die Taktik der Einheitsfront zwischen allen proletarischen Gruppen einschlug. Eine neue Führung unter Heinrich Brandler und August Thalheimer glaubte in Übereinstimmung mit der KPdSU schon wenige Monate später, im März 1921, daß der Zeitpunkt zum Losschlagen gekommen sei: die »Märzaktion« (vor allem in Mitteldeutschland) wurde zu einer klaren Niederlage der KPD, und die von Levi eingeschlagene Taktik mußte weiterverfolgt werden. Sie wurde so konsequent verfolgt, daß »revolutionäre Gelegenheiten«, wie der Mord an Rathenau oder Inflation und Ruhrkampf, im wesentlichen »ungenutzt« blieben. So kam es im April 1924 erneut zu einer Linksschwenkung, die sich angesichts der beginnenden Stabilisierung der Republik bald als politisch unwirksam erwies. Daher wurde schon Ende 1925 auf Druck des Exekutivkomitees der Kommunistischen Internationale (Komintern) die linke Führung (Ruth Fischer, Arkadij Maslow) abgesetzt und eine neue Führungsgruppe unter Ernst (Teddy) Thälmann (1866–1944), Heinz Neumann und Walter Ulbricht gebildet. Ihr Kurs – Konzentration der Kräfte, Einheitsfront-Taktik, Opposition in den Parlamenten und in den Gewerkschaften – war bis 1929 gültig; er lief parallel mit der Stalinschen Politik der Stützung auf die Rechte im Kampf gegen Trotzki. Als Stalin 1928/29 mit der Rechten brach und seine Politik des »sozialistischen Aufbaus« begann, mußten auch die deutschen Kommunisten nach links schwenken (damals erfolgte der Ausschluß der »Rechten« unter Brandler und Thalheimer, die sich im Dezember 1928 zur KPD-Opposition [KPO] zusammenschlossen); die bald einsetzende Weltwirtschaftskrise erleichterte ihnen diese Schwenkung: In der Überzeugung, daß die Weltwirtschaftskrise als Endkrise des Weltkapitalismus die Massen automatisch nach links, in die Arme der KPD, treiben würde, beschlossen sie, jetzt gegen die »faschistische Einheitsfront«, in die sie die SPD einschlossen, zu kämpfen; ja, das Hauptgewicht ihrer Agitation und ihrer politischen Aktionen richtete sich gerade gegen die SPD, deren Politik und Ideologie als »Sozialfaschismus« diskriminiert und als »Waffe der Bourgeoisie« gegen die Arbeiterklasse und Hindernis auf dem Wege zur Diktatur des Proletariats angegriffen wurde.

Wahlergebnisse der KPD 1920–1933

Wahljahr		Stimmenzahl	Stimmenanteil in %	Mandate
	1920	0,5 Mill.	2,0	4
Mai	1924	3,7 Mill.	12,6	62
Dez.	1924	2,7 Mill.	9,0	45
	1928	3,2 Mill.	10,6	54
	1930	4,6 Mill.	13,1	77
Juli	1932	5,3 Mill.	14,6	89
Nov.	1932	5,9 Mill.	16,8	100
März	1933	4,8 Mill.	12,3	81

Die Mitgliederzahlen der KPD sind nicht genau feststellbar: Für 1920 (nach der Vereinigung mit dem linken Flügel der USPD) werden 400 000 Mitglieder angenommen, die »Märzaktion« brachte ein Absinken auf ca. 180 000 Mitglieder; für 1924 wurden von der KPD 180 000 resp. 150 000, für 1926 160 000 und für 1931 200 000 Mitglieder angegeben. Der 1924 gegründete Rot-Frontkämpferbund wurde auf ungefähr 130 000 Mitglieder geschätzt (Die Revolutionäre Gewerkschaftsopposition s. S. 181). – Die Anhängerschaft der KPD bestand nicht nur aus ungelernten Arbeitern; vielmehr hatte die KPD vor allem Zuzug in hochindustrialisierten Gebieten: die KPD als ausgesprochene Klassenpartei übte offensichtlich gerade auf selbstbewußte Arbeiter eine besondere Anziehungskraft aus.

Die Organisation der KPD war zunächst auf die Kaderbildung durch das Straßen-Zellen-System eingerichtet. Als dieses System nicht die gewünschten Erfolge brachte, ging die KPD zur Betriebszellenarbeit über, wo in der unmittelbaren Auseinandersetzung am Arbeitsplatz größere Erfolgschancen bestanden.

Die KPD wurde in ihrer Politik immer abhängiger von der Komintern bzw. der KPdSU; diese Abhängigkeit führte zu einem Zickzackkurs zwischen revolutionärer putschistischer und loyaler Oppositionstaktik; mit der wachsenden Moskau-Hörigkeit war auch der Abbau der ursprünglich weitreichenden innerparteilichen Demokratie und die Etablierung eines ideologischen Dogmatismus verbunden.

Auch die Führer der Freien Gewerkschaften setzten sich im November 1918 für eine baldige Ordnung in Staat und Wirtschaft ein, um in gewohnter Weise und mit den seit Jahrzehnten erfolgreich angewandten Mitteln für die Belange der Arbeiterschaft weiter kämpfen zu können. Daß der neue Staat eine demokratisch-parlamentarische Republik werden sollte, hatte für sie zunächst keine zentrale Bedeutung: ihre wachsenden Erfolge im Rahmen des monarchisch-autoritären Staates schienen zu beweisen, daß die Gewerkschaften, sofern ihrer Arbeit ein entsprechender Raum gegeben wurde, innerhalb jeder Staatsform tätig sein konnten. Die Gewerkschaften haben die neue staatliche Ordnung nicht kämpferisch erstrebt, sie aber als gegeben anerkannt und als Voraussetzung für weitere Möglichkeiten ihrer Wirksamkeit gegenüber der extremlinken Opposition im eigenen Lager verteidigt. Von Anfang an stellten sich die Führer der Gewerkschaften zur Lösung der neuen politischen Aufgaben zur Verfügung: fast ein Drittel der Fraktion der MSPD in der Nationalversammlung waren Gewerkschaftsfunktionäre (darunter fünf Mitglieder der Generalkommission und neun Vorsitzende der Einzelgewerkschaften), eine Reihe von ihnen übernahm Ministerämter (Robert Schmidt, Alexander Schlicke, Rudolf Wissell), ein Mitglied der Generalkommission, Gustav Bauer, führte 1919/20 die Reichsregierung.

Die Übernahme staatspolitischer Verantwortung durch die Führer der Gewerkschaften zog – neben den Auswirkungen des Krieges – eine außerordentliche Schwächung der gewerkschaftlichen Organisationen nach sich: es mußte auf verhältnismäßig ungeschulten Führungsnachwuchs zurückgegriffen werden, der die Aufgaben der organisatorischen Eingliederung und gewerkschaftspolitischen Prägung der neuen Mitgliedermassen, die nach den Novemberereignissen den Gewerkschaften zuströmten, nur unzureichend bewältigen konnte. Sicherlich hemmte auch die Schwäche der gewerkschaftlichen Organisationen die Gewerkschaftsführer 1918/19 in ihrer Aktivität; aber nicht allein darin lag begründet, daß sie 1918/19 nichts unternahmen, um mit der politischen Demokratie auch die Grundlagen einer sozialen Demokratie zu schaffen, daß sie auf der alten traditionell erprobten Politik beharrten und sich darum bemühten, den sozialen Utopismus in den eigenen Reihen zu dämpfen: Sie hatten wie die Führer der Sozialdemokratie keine Konzeption für die soziale Demokratie, sie erst recht nicht, denn die Formulierung der politischen und sozialen Ziele hatten die Gewerkschaftsführer in der Vorkriegszeit bewußt der Partei überlassen:

»Wir können nicht allein ohne die Unternehmer die Wirtschaftsprobleme lösen«, erklärte auf dem Gewerkschaftskongreß im Juni 1920 in Nürnberg Adolf Cohen, der Vorsitzende der größten Einzelgewerkschaft, des Metallarbeiterverbandes, »das würde genau dahin führen, wie es in Rußland ist ... eine größere Verlegenheit könnte uns nicht passieren, als wenn die anderen heute sagen würden ›da habt ihr das Ganze, macht ihr's‹.«

Die Arbeiter in eine sozialistische Planwirtschaft hineinwachsen zu lassen, sie zur Übernahme der Funktionen innerhalb dieser Wirtschaftsordnung zu erziehen (»Die wichtigste Aufgabe der Vorbereitung des Sozialismus ist der Sozialisierung der Bildung vorbehalten«, hieß es auf dem Gewerkschaftskongreß 1919), mit den Instrumenten der gewerkschaftlichen Tagesarbeit auf dem Boden der demokratischen Republik den Sozialismus der Verwirklichung näherzubringen – darin sahen die Gewerkschaften jetzt ihre Aufgaben; sie schon in der Vorkriegszeit in Angriff zu nehmen, daran hatte die Gewerkschaften nicht nur der monarchisch-autoritäre Klassenstaat, sondern ebensosehr die parteioffizielle, radikale Ideologie gehindert. Auch der gesetzlichen Verankerung der Betriebsräte, dem einzigen konkreten Ergebnis auf dem Wege zur Demokratisierung der Wirtschaft nach der »Zügelung« der Rätebewegung, haben die Gewerkschaftsführer nur sehr zögernd zugestimmt; sie fürchteten, die Betriebsräte könnten für eine Reihe wesentlicher Aufgaben die Gewerkschaften ersetzbar machen; eine gewisse Rolle spielte dabei auch die Überlegung, daß die Belastung mit innerbetrieblicher Verantwortung die Arbeiter von den allgemeinen Zielen der Gewerkschaftsbewegung trennen und die gewerkschaftliche Unabhängigkeit beeinträchtigen würde; alle diese Befürchtungen wurden durch die Praxis nicht bestätigt.

Im März 1920 rettete ein von den Freien Gewerkschaften und den beiden sozialistischen Parteien ausgerufener Generalstreik, dem sich die Gewerkvereine und die Christlichen Gewerkschaften anschlossen, die Republik, nachdem die Reichswehr nicht bereit war, die republikanische Regierung gegen die Putschisten unter Führung des Generallandschaftsdirektors Kapp zu schützen. Im monarchisch-autoritären Staat hatten die

Gewerkschaften den politischen Massenstreik als Kampfmittel abgelehnt; sie hatten befürchtet, daß er die Existenz ihrer Organisationen bedrohen und die in mühevoller Arbeit errungenen sozialpolitischen Erfolge wieder in Frage stellen würde: der politische Massenstreik hätte sich gegen die legale Regierung gerichtet. 1920 galt es aber, gerade durch den Massenstreik die legale Regierung der Republik zu schützen, die verfassungsmäßige Ordnung des parlamentarisch-demokratischen Staates zu verteidigen. Mit der Republik aber verteidigten die Gewerkschaften gleichzeitig ihre sozialen Errungenschaften gegen einen Gegner, der die »reaktionären Kräfte von einst« repräsentierte. Die Gewerkschaften wollten jedoch nicht nur das Bestehende – die neue Republik – erhalten, sondern sie wirklich demokratisch ausgestalten. Ihre Forderungen wurden in neun Punkte zusammengefaßt:

»1. Entscheidender Einfluß der genannten Arbeitnehmerverbände auf die Umgestaltung der Regierungen in Reich und Ländern sowie auf die Neuregelung der wirtschafts- und sozialpolitischen Gesetzgebung«; 2. Bestrafung der Putschisten; 3. Rücktritt von Reichswehrminister Noske und dem preußischen Innenminister Heine; »4. Gründliche Reinigung der gesamten öffentlichen und Betriebsverwaltungen von allen reaktionären Personen ...; 5. Schnellste Durchführung der Demokratisierung der Verwaltung unter Zuziehung und Mitbestimmung der wirtschaftlichen Organisationen der Arbeiter, Angestellten und Beamten; 6. Sofortiger Ausbau der bestehenden und Schaffung neuer Sozialgesetze ...; 7. Sofortige Sozialisierung des Bergbaus und der Elektrizitätswirtschaft, Übernahme des Kohlen- und des Kalisyndikats durch das Reich«; 8. Enteignungsgesetz gegen Großgrundbesitzer, die Lebensmittel nicht abführen oder ihre Betriebe nicht rationell bewirtschaften; »9. Auflösung aller konterrevolutionären, militärischen Formationen, Übernahme des Sicherheitsdienstes durch die organisierte Arbeiterschaft.«

Es gelang den Führern der Gewerkschaften nicht, eine Arbeiterregierung (in der alle Gewerkschaftsrichtungen und die beiden sozialistischen Parteien vertreten sein sollten) durchzusetzen, sie fanden auch keine parlamentarische Mehrheit, die ihre Forderungen programmatisch aufnahm, zumal die USPD sich ihnen versagte. Carl Legien wie auch andere profilierte Gewerkschaftsführer waren nicht bereit, selbst das Reichskanzleramt zu übernehmen: ein Scheitern seiner Bemühungen um die Bildung einer Regierung hätte die gesamte Arbeiterbewegung – wie Legien zu befürchten schien – nach links, von der parlamentarischen Demokratie weg zur Rätediktatur gedrängt. Das gerade wollte er verhindern: »Um die Zügel in der Hand zu halten, durfte er nicht versuchen, selbst eine Regierung zu bilden« (Varain, S. 181). Es scheint aber auch, daß die Gewerkschaften mit der Weitergabe ihrer Forderungen an den bestehenden Staat ihre Kraft bereits erschöpft hatten, sie besaßen nach späterem eigenem Eingeständnis weder die äußere Macht, sie durchzusetzen, noch eine klare Konzeption der politischen und sozialen Ordnung, in die ihre Forderungen einzubetten gewesen wären.

So blieb das Hauptarbeits- und -kampfgebiet der Gewerkschaften die Sozialpolitik; bis 1924 hemmte sie jedoch in ihrer Arbeit die organisatorische und finanzielle Schwächung, die durch Mitgliederschwund und durch die Folgen der Inflation bedingt war. Erst mit dem Beginn der wirtschaftlichen Stabilisierung gewannen die Gewerkschaften ihre Bewegungsfreiheit zurück; dies dokumentierte sich allein schon in der Zahl und dem Umfang der Arbeitskämpfe: 1924 gingen durch Streiks und Aussperrungen über 36 Mill. Arbeitstage (in der Weimarer Republik erreichte Höchstzahl) verloren.

Während der Periode der Stabilisierung gelang den Gewerkschaften auch der Wiederaufbau ihrer Organisationen:

Mitgliederbewegung 1913–1931

Jahr	Mitglieder	Jahr	Mitglieder	Jahr	Mitglieder
1913	2,5 Mill.	1924	4,0 Mill.	1929	4,9 Mill.
1918	2,8 Mill.	1925	4,2 Mill.	1930	4,7 Mill.
1919	7,3 Mill.	1926	3,9 Mill.	1931	4,1 Mill.
1922	7,8 Mill.	1928	4,9 Mill.		

1919 organisierten sich die Freien Gewerkschaften im »Allgemeinen Deutschen Gewerkschaftsbund« (ADGB) neu: anstelle des losen Zusammenschlusses in der Generalkommission trat ein fester Verband, dessen Vorsitzender (nach Legiens Tod 1920) Theodor Leipart (1867 bis 1947) war. Das Industrieverbandsprinzip setzte sich auch in der Weimarer Republik (trotz eines formellen Beschlusses darüber) nicht voll durch. Dem ADGB angeschlossen war seit 1919 der »Allgemeine freie Angestelltenbund« (AfA-Bund), der 1930 462000 Mitglieder hatte, und seit 1922 der »Allgemeine Deutsche Beamtenbund« (ADB). Wie in der SPD zeigte sich auch in den Gewerkschaften eine zunehmende Tendenz zur Verfestigung des bürokratischen Apparates; auch hier waren die Folgen dieser Tendenz Unbeweglichkeit und Überalterung des Apparates sowie eine zunehmende Entfremdung zwischen den Mitgliedern und den hauptamtlichen Funktionären.

Die Übereinstimmung in der Zielsetzung und die gegenseitige Abhängigkeit in der politischen Aktion festigten auch in der Weimarer Republik die Beziehungen zwischen SPD und Freien Gewerkschaften: Von den 156 Mitgliedern der sozialdemokratischen Reichstagsfraktion 1928/1930 waren 56 Mitglieder (37%) hauptamtliche Gewerkschaftsfunktionäre bzw. es gewesen, ehe sie Parteifunktionen übernommen hatten; die Fraktion zählte ferner 6 nichtgewerkschaftliche Sozialpolitiker (vgl. Timm, S. 46). Im Gegensatz zu den Auseinandersetzungen vor dem Ersten Weltkrieg, bei denen die Partei das Recht zur Bestimmung der Richtlinien für die Politik aller Arbeiterorganisationen für sich in Anspruch nahm, war es in der Weimarer Republik eher so, daß die Gewerkschaften ihre Zielvorstellungen in der SPD durchzusetzen versuchten.

Die wachsende Härte der Auseinandersetzungen mit den Arbeitgebern seit 1923 und die innenpolitische Situation der Republik ließ die Führer der Gewerkschaften erkennen, daß die politische Demokratie nicht die erhoffte Demokratisierung des sozialen und wirtschaftlichen Lebens nach sich gezogen hatte. Ebensowenig blieb ihnen die Enttäuschung der Mitglieder über die mageren Ergebnisse der Revolution verborgen wie deren »resignierte Flucht in Zukunftsträume und Utopien«. Darum versuchte man seit 1925, dem Begriff der Wirtschaftsdemokratie – bis dahin nicht mehr als ein Schlagwort mit revolutionären Vorzeichen – einen konkreten, theoretisch fundierten Inhalt zu geben: »Wir brauchen in der Gewerkschaftsbewegung nicht eine Sonne am Firmament, sondern ein Ziel, das auf Erden zu verwirklichen ist«, sagte Fritz Tarnow (1880–1951), Vorsitzender des Holzarbeiterverbandes und führend im Vorstand des ADGB, 1925 auf dem Kongreß der Gewerkschaften in Breslau. Die Aufgabe war also: einen praktikablen und erfolgversprechenden Weg zur Demokratisierung der Wirtschaft mit den Mitteln des traditionellen gewerkschaftlichen Reformismus zu finden; das Ziel war: »die Demokratisierung der Wirtschaft als Prozeß der Umwandlung des Wirtschaftssystems vom Kapitalismus zum Sozialismus« zu beschleunigen und so die »Verwirklichung des Sozialismus« voranzutreiben. Während die SPD auf ihrer traditionellen radikalen Ideologie beharrte, bezogen sich die Gewerkschaften auf den traditionellen Revisionismus: »durch Demokratie zum Sozialismus«.

Wirtschaftsdemokratie sollte vor allem und in erster Linie bedeuten: Sozialpolitik, sollte ferner bedeuten: Ausbau der betrieblichen Mitbestimmung und Einführung regionaler überbetrieblicher Selbstverwaltungsorgane, Förderung der öffentlichen Unternehmungen, der Genossenschaften und des »eigengewerkschaftlichen Kapitalismus«. Praktische Konsequenzen hatten die theoretischen Debatten um die Wirtschaftsdemokratie – im eigenen Lager durchaus umstritten – nicht: die Sozialpolitik war und blieb das entscheidende Wirkungsfeld der Gewerkschaften, auf dem unmittelbare, für die Mitglieder spürbare Erfolge errungen werden konnten. Die Errungenschaften der Sozialpolitik mußten schließlich – als 1929 die Wirtschaftskrise hereinbrach und sich das soziale und politische Leben zunehmend radikalisierte – zum »einzigen Maßstab für Erfolg und Ziel der politischen Arbeit« (Timm) der Gewerkschaften und der SPD werden: Der Kampf um die Arbeitslosenversicherung im März 1930 war für die Gewerkschaften und die SPD – unter dem Druck der innergewerkschaftlichen und innerparteilichen Opposition – zu einem Stück Klassenkampf geworden: ein Kompromiß in dieser Frage war für sie ein Verrat an der Arbeiterklasse, und dahinter stand die Sorge, daß die Organisationen der Arbeiterbewegung ihre Geschlossenheit einbüßen und damit ihre Schlagkraft verlieren würden. So verständlich eine solche Reaktion auf die Stimmung der durch die Weltwirtschaftskrise existenzbedrohten Arbeiter und angesichts der Aggressivität der Unternehmer war: mit dem Bruch der Großen Koalition von 1929 gab man die letzte mögliche Basis für eine parlamentarische Regierung und in letzter Konsequenz die Republik als Kampf-Voraussetzung für das Wirken der Arbeiterorganisationen auf, oder besser gesagt: nicht so sehr die Aufgabe der Großen Koalition war der eigentliche Fehler, sondern daß man in der Folgezeit keine alternative politische Konzeption besaß.

Die radikale Opposition innerhalb des ADGB gegen die reformistische Politik der Gewerkschaftsführung war von Anfang an sehr stark, besonders im Metallarbeiterverband, in dem die »Revolutionären Obleute« eine Rolle spielten. Auch die KPD suchte seit 1920 innerhalb der Gewerkschaften politischen Einfluß. Die Gewerkschaften wehrten sich dagegen mit dem Ausschluß kommunistischer Führer und mit der Ausschaltung kommunistischer Mitglieder durch organisatorische Maßnahmen. Die dauernde Auseinandersetzung mit den Kommunisten verhinderte den Aufbau einer konstruktiven innergewerkschaftlichen Opposition, die als Gegengewicht gegen Bürokratisierung und Isolierung der Führungsgruppen notwendig gewesen wäre. – 1928 begann die KPD mit dem Aufbau eigener Gewerkschaften: der »Revolutionären Gewerkschaftsopposition« (RGO), die besonders bei den Rohrlegern, Bauhandwerkern, Metall-,

Berg-, Land- und Hafenarbeitern einen begrenzten Einfluß hatte; der geringe Erfolg der RGO führte 1931 zur Wiederaufnahme der alten Taktik, sich innerhalb der Gewerkschaften zu betätigen.

4. Kapitalismus-Kritik und christliche Sozialreform

Die Ereignisse des Jahres 1918 und die ihnen nachfolgende Zeit politischer Wirren und sozialer Unsicherheit aktivierten auch die Reformbereitschaft der deutschen Katholiken. »Nicht kommunistischer, sondern christlicher Sozialismus« hieß es 1918; das bedeutete keine Zustimmung zur Sozialisierung und zu gemeinwirtschaftlichen Organisationsformen (Vorstellungen, wie sie um 1900 unter Anerkennung der Marxschen Kapitalismus-Kritik der westfälische Pfarrer Wilhelm Hohoff vertreten hatte), sondern nur eine konsequentere Anwendung der katholischen sozialen Ordnungsvorstellungen. Das zeitbedingte Schlagwort »christlicher Sozialismus« wurde daher auch bald wieder aufgegeben; während der ganzen Zeit der Weimarer Republik blieb aber ein tiefes Mißtrauen, ja eine heftige Kritik gegenüber dem Kapitalismus lebendig, über dessen Wesen man sich nach der Jahrhundertwende angesichts des wachsenden Wohlstands hatte täuschen lassen. Die Sozialpolitik, von Hitze als erprobtes Mittel angesehen, die Arbeiterschaft am Wohlstand zu beteiligen, verlor angesichts der Herrschaft des Großkapitals ihre einstmals überragende, wenn auch immer umstrittene Bedeutung innerhalb der katholischen Soziallehre. Die Kenntnis und Anwendung der neuen sozialwissenschaftlichen Methoden und Arbeitsergebnisse (Max Weber, Werner Sombart, Max Scheler), vor allem aber die von der katholischen Jugendbewegung und Kulturkritik ausgehenden neuen geistigen und religiösen Impulse trugen entscheidend zu dieser Einstellungsänderung bei. Die Kapitalismus-Kritik führte zu der Anerkennung der wissenschaftlichen Leistungen von Marx und zu einer positiven Bewertung mancher seiner Ergebnisse; sie hatte weiter ein vertieftes Verständnis der sozialistischen Arbeiterbewegung, eine Wiederentdeckung der »sittlichen Idee« des Sozialismus zur Folge: Sozialismus erschien nun manchen katholischen Sozialwissenschaftlern als

»Träger eines neuen Lebensgefühls und Lebenswillens«, als »die Idee einer neuen, höheren vollkommeneren Lebensgemeinschaft und Schicksalsverbundenheit, die lebt aus einer selbstlosen Treue und

Hingabe von Menschen an Menschen, als sie bis dahin verwirklicht ist«. »Diese Idee flammt auf in einer großen Liebe, die statt kalter Herrschaft von Menschen über Menschen eine Gemeinschaft der Brüderlichkeit aufbauen will ... Dieses Ideal ist ein ganz und gar christliches.« So August Pieper, der langjährige Generaldirektor des Volksvereins, in seinem Buch ›Kapitalismus und Sozialismus als seelisches Problem‹ (1924); weitere Literatur: Theodor Steinbüchel, Der Sozialismus als sittliche Idee (1921), Paul Jostock, Der Ausgang des Kapitalismus (1928), Theodor Brauer, Der moderne Sozialismus (1929). Daneben als grundlegende sozialwissenschaftliche Untersuchung: Goetz Briefs, Das gewerbliche Proletariat (1925).

Dieses neue Verständnis des Sozialismus war nicht mit einer Anerkennung seiner theoretischen Basis verbunden: Sozialismus – verstanden als »Gefühl und Wille« – war vielmehr eine Bewegung, die mit den großen katholisch-sozialen Traditionen erfüllt werden mußte. Die Besinnung auf sie, die geistige Gestaltung einer grundlegenden Neuordnung der Gesellschaft und ihre Umsetzung in politische und soziale Wirklichkeit wurde als die zeitgerechte Aufgabe des sozialen Katholizismus erkannt. Diese im deutschen und österreichischen sozialen Katholizismus weit verbreitete Erkenntnis führte jedoch nicht zu einer einheitlichen Linie bei der Formulierung der sozialen Ordnungsvorstellungen; es gab vielmehr eine ganze Reihe von Richtungen, die miteinander stritten, die die Kraft des sozialen Katholizismus zersplitterten und eine tatsächliche »katholisch-soziale Aktion« in den zwanziger Jahren weitgehend verhinderten.

Die romantisch-konservative Richtung, die von Wien aus auf Deutschland Einfluß nahm, war selbst wieder in mehrere Gruppen gespalten; ihre Gemeinsamkeit bestand lediglich darin, daß sie sich alle auf Vogelsang bezogen.

Der Kreis um Anton Orel und seine Wochenzeitung ›Das neue Volk‹, Karl Lugmayer mit seiner Zeitschrift ›Neue Ordnung‹, Josef Eberle in seiner Wochenschrift ›Schönere Zukunft‹ (alle in Wien) verwarfen das »unsittliche System des Kapitalismus« und forderten mehr oder weniger konsequent eine Rückkehr zu der feudal-autoritären Ordnung des Mittelalters; bei Orel fanden sich überdies stark antisemitische Züge. – Einen ebenfalls auf Vogelsang bezogenen Konservativismus, »der rechts steht und links denkt«, vertraten Ernst Karl Winter und August M. Knoll; mit ihrer romantisch-konservativen Grundüberzeugung verbanden sie die Forderung und Anerkennung sozialer Reformarbeit.

Romantisch-konservativ geprägt, aber offen für die Anforderungen des neuen technischen Zeitalters, waren auch große

Teile der katholischen Jugendbewegung in Deutschland unter ihren Führern Nikolaus Ehlen, Romano Guardini und Friedrich Dessauer. Die sehr kämpferischen Anschauungen dieser Gruppen über eine moderne Sozialreform manifestierten sich vor allem in der ›Rhein-Mainischen Volkszeitung‹, die von Friedrich Dessauer herausgegeben und von Walter Dirks, Heinrich Scharp und Ernst Michel redigiert wurde. Auch die Anfänge eines katholischen Sozialismus – seit Januar 1929 versuchte Heinrich Mertens in Frankfurt um das ›Rote Blatt der katholischen Sozialisten‹ seine Anhänger zu sammeln – hatten ihren Ursprung in der »sozial-romantischen Bewegung«. Für sie war der – von den Marxschen Lehren abgelöste – Sozialismus die »geschichtlich berufene Überwindung des Kapitalismus«. Katholizismus und Sozialismus – so hofften die katholischen Sozialisten – sollten sich auf der Basis des Naturrechtes treffen; praktisch-politisch ging der Weg zum Sozialismus für sie (in Anlehnung an Eduard Heimann) über die Sozialpolitik und das Arbeitsrecht.

Die Gruppe der katholischen Sozialisten hatte kaum politischen Einfluß; das ›Rote Blatt‹ stellte im Dezember 1930 sein Erscheinen wieder ein. Aber unübersehbar blieb doch, daß sich Katholiken zu fragen begannen, wie sie Gläubigkeit mit einer offenen Bejahung des Befreiungskampfes und der Ziele der sozialistischen Arbeiterschaft vereinbaren konnten. Von hier aus stellte sich die weitere Frage nach einer möglichen Weggemeinschaft zwischen Sozialismus und Katholizismus im Kampf gegen den Kapitalismus. Alle diese Fragen wurden durch ›Quadragesimo anno‹ (s. S. 185 f.) zunächst negativ beantwortet: für die katholische Kirche war die radikale (»marxistische«) Ideologie der deutschen Sozialdemokratie, die trotz aller Auseinandersetzungen scheinbar ungebrochen weiterwirkte, nicht annehmbar. Vgl. zu diesem Problemkreis auch: Ernst Michel, Politik aus dem Glauben (Frankfurt 1926) und Walter Dirks, Erbe und Aufgabe (Frankfurt 1931). – Weit über die katholischen Sozialisten hinaus ging Vitus Heller, der Führer der Christlich-sozialen Partei (s. S. 193); er und seine Anhänger (s. ihre Wochenzeitung ›Das neue Volk‹) fühlten sich als »Revolutionäre des Katholizismus«, bekämpften das »offizielle kapitalistische Christentum« und vertraten ein von Marx abgeleitetes Wirtschaftsprogramm (unter Ablehnung des historischen Materialismus); sie lehnten aber ein Bündnis mit der SPD ab (weil diese den Marxismus verraten habe) und zogen die Diktatur als »offene Herrschaft des Proletariats« der Demokratie und dem Parlamentarismus vor.

Anfang der dreißiger Jahre schien es so, als ob sich der »Universalismus« von Othmar Spann auch innerhalb des sozialen

Katholizismus durchsetzen könnte. Spann, der an der Wiener Universität lehrte, hat zwar Erhebliches zur Wiederentdeckung der Soziallehren der Romantik beigetragen, war aber gleichzeitig der Hegelschen Staatslehre verbunden: »der Staat kommt von sich selbst her«, seine Aufgabe ist: strenge Ordnung im Innern und kraftvolle Politik nach außen. Diese Nähe zu totalitären Staatsauffassungen und der fehlende Bezug auf das Naturrecht machten Spann für die katholische Soziallehre untragbar. Als »katholisch-soziale Einheitslinie« kristallisierte sich daher immer stärker der von Heinrich Pesch S. J. (1854–1926) entworfene Solidarismus heraus:

»Der Solidarismus sucht die Fehler des individualistischen und sozialistischen Systems zu vermeiden, das Richtige, das in beiden Systemen sich findet, zu erhalten; er will sowohl der Bedeutung und den Ansprüchen des Individuums und der Individualität gerecht werden, wie den Anforderungen, die für das gesellschaftliche Gemeinschaftsleben und aus demselben sich vernunftgemäß ergeben.« (Lehrbuch der Nationalökonomie, 5 Bde., Bd. 1, 2. Aufl. 1914)

Der Solidarismus war kein bloßer Kompromiß zwischen Liberalismus und Sozialismus: Er betrachtete – auf der Grundlage des von Thomas von Aquin begründeten Naturrechts – die Gesellschaft als einen moralischen Organismus; als Lebensprinzip dieses Organismus sah er die Solidarität der einzelnen und Gruppen und als sein oberstes soziales und wirtschaftliches Ordnungsprinzip das Gemeinwohl an.

Bei der Herausarbeitung der praktischen Konsequenzen dieser Lehre ergaben sich durchaus Unterschiede in der Ausdeutung: breite Streuung des Eigentums bis zur Forderung der Gewinnbeteiligung der Arbeiter durch Aktien, Siedlung und Bodenreform, »geregelte Konkurrenz« u. U. durch Übergang zur Gemeinwirtschaft, gegebenenfalls durch betriebliche und überbetriebliche Mitbestimmung. – Pesch's Solidarismus weitergeführt haben während der Zeit der Weimarer Republik insbesondere: Oswald von Nell-Breuning S. J., Gustav Gundlach S. J., Johannes Messner O. P.

Zum 40. Jahrestag von ›Rerum novarum‹ erschien 1931 die Enzyklika ›Quadragesimo anno‹ Papst Pius' XI. (1857–1939, Papst von 1922); sie nahm zu den Bemühungen um eine neue katholische Soziallehre abschließend, neuordnend und weiterführend Stellung: Der Monopol- und Finanzkapitalismus wird abgelehnt, die extreme liberale Wettbewerbswirtschaft verneint, der Sozialismus (obwohl gewisse »revisionistische« Erscheinungen positiv vermerkt werden) als mit der Lehre der katholischen Kirche unvereinbar erklärt, aber auch die sozial-romantische Ablehnung des modernen Industrialismus verworfen; statt dessen fordert Pius XI. – wie schon Leo XIII. – die Entproletarisierung durch Eigentumsbildung, als deren Hebel er nicht nur den gerechten Lohn, sondern auch Mitbesitz und Gewinnbeteiligung an den Unternehmen ansieht. Auf der Basis eines derart gezügelten Kapitalismus soll nun eine neue soziale und wirtschaftliche Ordnung entstehen: die berufsständische Ordnung, in der Individuen und Gruppen nicht mehr nach dem Merkmal des Besitzes oder Nichtbesitzes voneinander geschieden sind, sondern ihre Einordnung in die Gesellschaft durch ihre gesellschaftliche Funktion bestimmt wird. Wie diese Ordnung im einzelnen gestaltet werden soll, dazu äußert sich Pius XI. nicht (das sollte Aufgabe der katholischen Sozialwissenschaft sein); er sagt nur deutlich mit seiner Kritik an den totalitären Tendenzen des faschistischen Korporativstaates, was diese Ordnung nicht sein darf. Die Reform der äußeren Umstände, die Papst Pius XI. fordert, ist für ihn ohne eine Reform der Gesinnung nicht denkbar; sie ist daher neben der Zuständereform das zweite Grundthema seiner Enzyklika:

»Tiefere und eindringendere Betrachtung zeigt klar, daß der so heiß ersehnten Erneuerung der Gesellschaft eine ganz innerliche Erneuerung im christlichen Geiste voraufgehen muß, den so viele Menschen im wirtschaftlichen Leben verleugnen. Andernfalls werden alle Bemühungen vergeblich sein, und das Gebäude wird statt auf Felsengrund auf flüchtigen Sand gebaut.« (Quadragesimo anno, n. 127)

›Quadragesimo anno‹ intensivierte auch in Deutschland die Diskussion um eine geschlossene katholische Soziallehre; zu einer umfassenden Strukturanalyse der kapitalistischen Gesellschaft, die die Voraussetzung für eine Konkretisierung der durch die päpstliche Sozialenzyklika aufgestellten Prinzipien und Normen gewesen wäre, kam es nicht.

Soweit überhaupt den sozialen Problemen gegenüber aufgeschlossen, blieben die meisten deutschen Protestanten auch nach 1918 in den Stöckerschen Traditionen befangen: eine vom starken, nationalen Staat (der möglichst eine Monarchie zu sein hatte) getragene, sehr gemäßigte Sozialpolitik, die auf eine Konservierung des Mittelstandes hinauslief, war nach wie vor ihr Programm; Eigeninitiativen der Arbeiterschaft und ihrer Organisationen wollten sie nur in beschränktem Maße zulassen. Konsequenzen wurden also aus der Tatsache, daß durch den

Zusammenbruch der Monarchie das Bündnis zwischen »Thron und Altar« aufgelöst worden war, nicht oder zu spät gezogen.

Nur für eine Minderheit der deutschen Protestanten gab das Jahr 1918 den Anstoß zu einer radikalen Abkehr von der traditionellen Einstellung ihrer Kirche zur sozialen Frage. Diese Protestanten waren davon überzeugt, daß die Kirche in ihrer bisherigen Predigt und Praxis gegenüber der sozialen Frage versagt hatte; sie hielten die bisherige soziale Arbeit, die Taktik der zögernden, schrittweisen Reformen, die die Kirche als verbündet mit dem Kapitalismus hatte erscheinen lassen, für falsch. Sie wollten die radikale Umkehr, das »Ernstmachen mit dem Glauben an Gott« und mit dem von ihm verheißenen Reich, sie glaubten, im Sozialismus, in der sich vor ihren Augen vollziehenden proletarischen Revolution, eine Erneuerung christlicher Frömmigkeit zu sehen:

»Die religiösen Sozialisten sind die Vorkämpfer des revolutionären Proletariats auf dem Gebiete des religiösen und kirchlichen Lebens; sie kämpfen in den Kirchen gegen die Kirchen um eine neue Gemeinschaft, um eine neue Kirche, die aus Christi Geist das Leben des einzelnen und das Leben der Gesellschaft für die kommende sozialistische Ordnung vorbereitet, festigt und heiligt.« (Pfarrer Erwin Eckert, Was wollen die religiösen Sozialisten?, 1927)

Ihre politische Taktik war, sowohl in der Kirche zu bleiben als auch zugleich in den Organisationen der Arbeiterbewegung tätig zu werden: sie wollten »fromme Menschen, zuverlässige und opferbereite Genossen sein«. Zur Selbstverständigung bildeten sie zunächst regional begrenzte, dann über ganz Deutschland verbreitete Gruppen (ihre politische Geschichte s. S. 172 f.); die Vorbilder für ihre soziale Aktivität fanden sie in den Schweizer Religiös-Sozialen (Hermann Kutter, Leonhard Ragaz). Die religiösen Sozialisten wurden enttäuscht und enttäuschten selbst: Innerhalb der Arbeiterbewegung hatten sie sich mit der gerade nach 1918 anwachsenden Freidenkerbewegung auseinanderzusetzen; in der SPD waren sie zwar geduldet und wurden gelegentlich auch aus Opportunitätsgründen unterstützt, wirkliche Aufmerksamkeit fanden sie nur in einigen Kreisen der sozialistischen Jugendbewegung; das stagnierende Beharren der SPD auf der traditionellen Ideologie und ihre politische Taktik der Anpassung stand überdies im Widerspruch zu der Vorstellung der religiösen Sozialisten von einem fortschrittlichen, die revolutionären Tendenzen der Zeit auffangenden und gestaltenden Sozialismus. Sie lehnten zwar Marx' und Engels' nach ihrer Auffassung zeitbedingtes atheistisches Denken ab, in der Analyse sozialer Probleme und in der Zielsetzung orientierten sie sich aber durchaus an ihnen; der Weg manches religiösen Sozialisten führte schließlich konsequent zur Anerkennung der Ziele der radikalen Gruppen in der Arbeiterbewegung. Andererseits machten sich die religiösen Sozialisten nicht genügend Gedanken über Tradition, Wesen und Aufgaben der Kirche, um wirklich auf sie Einfluß gewinnen zu können; meist waren sie theologisch liberal oder sogar freireligiös orientiert; auch zum eigentlichen Proletariat haben sie – vielleicht abgesehen von Baden und einigen Großstädten – kaum Zugang finden können.

Ein kleiner Kreis von evangelischen Professoren, Paul Tillich (1886–1965), Eduard Heimann (geb. 1889) und Carl Mennicke, hatte ebenfalls kaum Breitenwirkung; in der Tiefe der intellektuellen Durchdringung der Problematik des religiösen Sozialismus und in ihrer Wirkung auf bewußte, kritisch gestimmte Marxisten überragten sie die anderen Gruppen weit (s. auch S. 172). Die Kirche und die aktive Politik interessierte sie kaum: sie bemühten sich um die religiöse, nicht konfessionsgebundene »Vertiefung des Sozialismus«, um ihn zu seinem »wahren Selbstverständnis« zu führen.

Paul Tillich vor allem, von Karl Barth und den religiösen Sozialisten in Frankreich beeinflußt, suchte zu beweisen, daß den kämpferischen Bestrebungen des Proletariats eine eschatologische Religion innewohne. Aufgabe des religiösen Sozialismus war es nach seiner Auffassung, diese Religion des Proletariats den Massen oder doch ihren Führern bewußt zu machen, um sie zu einem gläubigen Realismus zu befähigen, der aber frei sein sollte von Verklärungen, Ekstasen und jeder Apokalyptik (vgl. vor allem ›Grundlinien des religiösen Sozialismus‹, 1923 und die Auseinandersetzung mit dem konventionellen Sozialismus der Rechten wie der Linken innerhalb der Arbeiterbewegung: ›Die sozialistische Entscheidung‹, 1933, neu gedruckt: Ges. Werke, Bd. II, Stuttgart 1962).

5. Überblick über die politische Geschichte der christlichen Arbeiterorganisationen in der Weimarer Republik

Für die Katholischen Arbeitervereine begann mit dem Jahre 1918 eine Arbeitsperiode, die von vielseitiger Aktivität gekennzeichnet war; diese Aktivität schlug sich zunächst in der Festigung und Ausbreitung der Organisation nieder:

1921 wurde ein neues Programm für die Katholischen Arbeitervereine angenommen, 1927 der »Reichsverband der katholischen Arbeiter- und Arbeiterinnenvereine« gegründet, 1928 ein Generalsekretariat in Berlin unter der Leitung von Dr. Hermann J. Schmitt errichtet, im selben Jahr die katholische Arbeiterinternationale gebildet, seit 1925 entstanden vor allem in Westdeutschland Werkjugendgruppen. Mit der ›Westdeutschen Arbeiterzeitung‹ unter der redaktionellen Leitung von Joseph Joos (1878–1965) und seit 1927 von Nikolaus Groß (1898–1945) besaß die katholische Arbeiterbewegung ein Verbandsorgan von hohem Niveau.

Im Unterschied zu der Zeit vor dem Ersten Weltkrieg standen jetzt die Fragen der Wirtschafts- und Gesellschaftsordnung im Vordergrund der Diskussionen; sie fanden ihren Niederschlag in den programmatischen Äußerungen der Katholischen Arbeitervereine: 1921 nahm der Kartellverband der Katholischen Arbeitervereine die Forderung nach dem Ausbau der »Arbeits- und Ertragsgemeinschaft zwischen Arbeitgebern und Arbeitnehmern« in sein Programm auf; 1928 forderte Bernhard Letterhaus (1894–1944), damals Verbandssekretär der Westdeutschen Katholischen Arbeitervereine, auf dem 1. Kongreß der katholischen Arbeiterinternationale für die Arbeiterschaft ein »garantiertes Recht der Mitbestimmung und Mitgestaltung in Betrieb und Wirtschaft« und Maßnahmen »zur Durchsichtigmachung der Unternehmen und Betriebe, paritätische Ausgestaltung öffentlich-rechtlicher Vertretungen in Handel und Gewerbe«, sowie Kartellämter. Mit der Forderung nach einer »planvollen Wirtschaftspolitik« und »einer besseren Verteilung vorhandener Güter« sowie mit ihrer konsequent republikanischen Einstellung in politischen Fragen bildeten die Katholischen Arbeitervereine den linken Eckpfeiler der christlichen Arbeiterbewegung in der Weimarer Republik.

Die Christlichen Gewerkschaften nahmen (mit Einschränkungen) die Gegenposition ein. In den gewerkschaftspolitischen Tagesfragen unterschieden sie sich in Stellungnahme und Aktivität – wie schon vor dem Ersten Weltkrieg – kaum von den Freien Gewerkschaften: das war eine Auswirkung des gewohnten gewerkschaftlichen Pragmatismus. Im Unterschied zur Vorkriegszeit bemühten sich die Christlichen Gewerkschaften aber jetzt um die Formulierung einer eigenen Gewerkschaftsideologie, die ihr Vorsitzender, Adam Stegerwald, auf den Begriffen »deutsch, christlich, demokratisch, sozial« aufgebaut sehen wollte: »Deutsch« bedeutete, daß man sich keineswegs durchgängig und offen zur Republik bekannte, »christlich« zu sein, hatte nicht mehr Verbindlichkeit als vor dem Ersten Weltkrieg, »demokratisch« hieß, daß man der »formalen Demokratie des französischen Zentralismus« die »deutsche Demokratie... der Selbstverwaltung« entgegenstellte (so Stegerwald), unter »sozial« verstand man die Ablehnung des Klassenkampfes und die organische Eingliederung der Stände in das Volksganze. Dieses ideologische Selbstverständnis ermöglichte die Aufrechterhaltung des radikalen Gegensatzes zur Sozialdemokratie, schloß aber die kämpferische »Vertretung der Arbeiterinteressen«, zu der sich der »klassenbewußte Arbeiter« Stegerwald durchaus bekannte, nicht aus. »Deutsch, christlich, demokratisch, sozial« – diese Begriffe enthielten auch ein politisches Programm, das der ehrgeizige Stegerwald mit dem Machtgewicht und der Sonderstellung der von ihm repräsentierten Organisationen zu verwirklichen gedachte.

Die Christlichen Gewerkschaften waren zahlenmäßig weit schwächer als die Freien Gewerkschaften: 1919 1,0 Mill. Mitglieder, 1920 1,1 Mill., 1922 1,0 Mill., 1929 0,79 Mill., 1930 0,77 Mill., 1931 0,69 Mill.; ihr Einfluß war jedoch regional bedeutend: 1929 waren 50% ihrer Mitglieder im Rheinland und in Westfalen organisiert; in den Mittel- und Kleinstädten überflügelten sie hier alle anderen Gewerkschaften. – Im November 1918 war der Deutsch-Demokratische Gewerkschaftsbund, seit 1919 Deutscher Gewerkschaftsbund (DGB) genannt, gegründet worden; ihm gehörten alle nicht-sozialdemokratischen Arbeiterorganisationen an: der »Gesamtverband der Christlichen Gewerkschaften«, der christliche »Gesamtverband deutscher Angestelltenverbände« (Gedag) mit dem »Deutschnationalen Handlungsgehilfen-Verband« (DHV) und der christliche »Gesamtverband deutscher Beamtengewerkschaften«. Die Hirsch-Dunckerschen Gewerkvereine (1922 230000, 1931 149000 Mitglieder) traten schon 1919 aus dem DGB aus und gründeten 1920 mit den zu ihnen gehörenden Angestellten- und Beamtenorganisationen (»Gewerkschaftsbund der Angestellten«, GdA, »Beamtenring«) den »Gewerkschaftsring deutscher Arbeiter-, Angestellten- und Beamtenverbände«.

Politisch wurden die Christlichen Gewerkschaften und der DGB vor allem von der Zentrumspartei und der Deutschnationalen Volkspartei (in der Endphase der Republik über den DHV sogar von der NSDAP) repräsentiert. Unzweifelhaft war diese parteipolitische Zersplitterung eine Belastung für die organisatorische Schlagkraft und für das politische Selbstverständnis der christlichen Gewerkschaftsgruppen: während z.B. das

Zentrum mit anderen auf dem Boden der Verfassung stehenden Parteien wiederholt Regierungskoalitionen einging, blieb die DNVP, abgesehen von einem Zwischenspiel 1927/28, eine monarchistische Oppositionspartei. So gelang es auch nie, die nationalistisch eingestellten Gruppen im DGB, ja selbst in den Christlichen Gewerkschaften zu einem offenen Bekenntnis zur Republik zu veranlassen. Stegerwald hatte 1920 mit Unterstützung von Heinrich Brüning (geb. 1885), damals Sekretär Stegerwalds und ein Jahr später Geschäftsführer des DGB, und von Theodor Brauer, dem Theoretiker der Christlichen Gewerkschaften, versucht, seinen Gewerkschaften eine eigene parteipolitische Vertretung zu schaffen; er war aber vor allem an den Katholischen Arbeitervereinen gescheitert, die das Zentrum nicht aufgeben wollten: dessen katholische Grundlage versprach ihnen eine ungleich größere politische Festigkeit als eine Partei mit einer unbestimmten christlich-nationalen Ideologie.

Nach dem Scheitern dieses Versuchs sah Stegerwald seine Aufgabe darin, »die Einbeziehung des politisch rechtsstehenden Volksteils in die Verantwortung im Staat« anzustreben; in einer stabilen rechten Mehrheitsbildung, in einem Bürgerblock, sollten die Christlichen Gewerkschaften zu dem ausschlaggebenden Machtfaktor werden und diesem Bürgerblock ein soziales Alibi und die notwendige »Verankerung in den Massen« geben. So hoffte Stegerwald, die organisatorische Sonderexistenz seiner Gewerkschaften gegen die sozialdemokratische Konkurrenz sichern zu können; das ist ihm zwar gelungen, aber er hat, indem er die Rechte dem Staat zu gewinnen suchte, die Linke vergessen und so mitgeholfen, sie dem Staat zu entfremden. »Ich will«, rief er 1922 auf dem Katholikentag in München aus, »daß die Sozialdemokratie vom christlichen Volksteil überwunden werde.«

Seine Politik blieb im eigenen Lager nicht unwidersprochen: Die »klassenkämpferischen« Gewerkschafter, wie der Führer der christlichen Bergarbeiter, Heinrich Imbusch (1878–1945), fürchteten, daß die staatspolitischen Experimente Stegerwalds, vor allem die von ihm vertretene politische Rechtsorientierung, die Unabhängigkeit der Christlichen Gewerkschaften auf dem sozialpolitischen Wirkungsfeld gefährden würden. Der katholisch-republikanische Flügel, vertreten u. a. von Jakob Kaiser (1888–1961), Bernhard Letterhaus und Karl Arnold (1901 bis 1958), kämpfte um eine eindeutig positive Stellung zur Republik; sie erkannten, daß die Voraussetzung für eine erfolgreiche Arbeit die Erhaltung der Republik war, die Republik sahen sie gerade von jenen politisch und sozial reaktionären Kräften bedroht, die Stegerwald als seine Bundesgenossen betrachtete.

Im Jahre 1918 haben die katholischen Arbeiter im Zentrum den Sprung ihrer Partei von der Monarchie zur Republik führend mitvollzogen. Jakob Kaiser, damals Sekretär der Christlichen Gewerkschaften in Köln, erklärte z. B. auf dem Parteitag des Zentrums im Jahre 1920 bündig: »Reaktion und Rückschritt machen wir nicht mit. Entweder wird die Zentrumspartei christlich und demokratisch sein, oder sie wird nicht mehr sein.« Die katholischen Arbeiterführer sahen nach dem Zusammenbruch der Monarchie in der Republik den politischen Ort für ihre Arbeit; ungeachtet ihres existenziellen Interesses, die weltanschaulichen Gegensätze zum Sozialismus mit unverminderter Härte sich auswirken zu lassen, war die klassenkämpferische Richtung ihrer politischen Aktivität eindeutig und ihre Kritik an der alten Ordnung massiv. Mit den Novemberereignissen des Jahres 1918 stieg der Einfluß der Arbeiter innerhalb des Zentrums auffallend: während im alten Reichstag nur fünf Arbeitervertreter der Zentrumsfraktion angehört hatten, waren es in der Nationalversammlung 26; auch verlangten die Arbeiter, daß eine entsprechende Organisation allen Ständen einen ihrem sozialen Gewicht angemessenen politischen Einfluß sicherstellte; 1920 wurde auch der Vorsitzende der Christlichen Gewerkschaften, Adam Stegerwald, in den Vorstand der Zentrumspartei gewählt.

Der 1918 von der Zentrumsführung eingeschlagene Weg blieb nicht unbestritten: nach wie vor gehörten, vor allem aus den Kreisen des Adels und der Landwirtschaft, Monarchisten zur Partei, die meist auch gleichzeitig gegen die Wirtschafts- und Sozialpolitik des Zentrums opponierten; schon 1919/20 kam es auf dem rechten Flügel des Zentrums zu den ersten Absplitterungen (vgl. Grebing, Geschichte, S. 97f.). Um die Einheit der Partei und damit des deutschen Katholizismus nicht zu gefährden, schlug die Zentrumsführung nach dem Kapp-Putsch eine Politik ein, die die republikanische Verfassung anerkannte, aber ständig weiter nach rechts tendierte; die »linke« Politik des Zentrums-Kanzlers Joseph Wirth (1879–1956) in den Jahren 1921/22 bedeutete dieser Tendenz gegenüber nur eine Episode.

Mit der politischen Orientierung nach rechts ging auch der Einfluß der Arbeiter innerhalb des Zentrums zurück; aber ihre

Opposition gegen die Politik ihrer Partei – die sich oft auch gegen Adam Stegerwald richtete, der mehrfach die Reichstagsfraktion führend bestimmte – war hart und schien auch ernste Konsequenzen, wie im Jahre 1927 der Vorschlag eigener Listen für die Arbeiterzentrumswähler, nicht auszuschließen. Unterstützung fanden die katholischen Arbeiter innerhalb des Zentrums vor allem bei Wirth und dem Kreis um die ›Rhein-Mainische Volkszeitung‹; die Katholischen Arbeitervereine, besonders ihr Publikationsorgan, die ›Westdeutsche Arbeiterzeitung‹, gaben der Opposition häufig Richtung und Ziel; dagegen gingen vom Volksverein, der das Gewicht seiner Arbeit nach 1918 von der sozialpolitischen Theorie und Praxis auf die »sozial-ethische Erweckungsarbeit« verlagerte, kaum noch politische Impulse aus, nachdem seine besten Köpfe (wie der langjährige Reichsarbeitsminister Dr. Heinrich Brauns) in der aktiven Politik tätig waren.

Schon 1922 hatten sich im Ruhrgebiet oppositionelle Gruppen innerhalb der Katholischen Arbeitervereine vom Zentrum getrennt und sich zur »Christlichen Volksgemeinschaft« (später »Partei der Christlich-sozialen Volksgemeinschaft«) zusammengeschlossen; die Gruppe errang bei den Mai-Wahlen von 1924 mit 124 451 Stimmen einen Achtungserfolg. – Seit 1918 gab es in Bayern unter der Führung des Würzburger Volksvereinssekretärs Vitus Heller eine Christlich-soziale Partei Bayerns, die die gegen die Bayerische Volkspartei opponierenden katholischen Arbeiter zu ihren Anhängern zählte. Die Christlich-soziale Partei trennte sich im Januar 1925 vom Zentrum, mit dem sie bisher zusammengearbeitet hatte, und schloß sich 1927 mit der Christlich-sozialen Volksgemeinschaft zusammen; sie hieß danach Christlich-soziale Reichspartei. Für diese Gruppe der katholischen Arbeiter war die politische Einheit des Katholizismus durch die Politik des Zentrums zerschlagen: »Die Massen des schaffenden Volkes stehen heute links, nicht in der Mitte! Wenn der Katholizismus eine Aufgabe heute hat, ist es die: Zu den Massen nach links zu gehen, mitzutun in einem großen Linksblock...«. 1931 nahm die Partei den Namen »Arbeiter- und Bauernpartei« an: sie wollte eine »Volksfront der Arbeiter und Bauern« schaffen mit dem Ziel, den kapitalistischen Klassenstaat zu stürzen. Weder im Hinblick auf ihre regionale Verbreitung noch auf ihre zahlenmäßige Stärke, noch auf ihre geistige Wirkung hat die Partei Vitus Hellers je eine Bedeutung gehabt, wohl aber hat sie für manchen katholischen Arbeiter den Weg nach links geebnet.

Das Ergebnis der Reichstagswahlen von 1928 zeigte, daß eine stille Abwanderung der Zentrumswähler nach links in vollem

Gange war: das Zentrum verlor 406 997 Stimmen und acht Mandate, und zwar vorwiegend in seinen Arbeiterhochburgen an Rhein und Ruhr und in Oberschlesien. Die vom Zentrum abgefallenen Wähler waren nicht zur Christlich-sozialen Reichspartei gegangen (sie erhielt insgesamt nur 110 000 Stimmen), sondern: »Die Kritischen sind zu den Sozialisten gegangen, die Verhetzten zur KPD« (Westdeutsche Arbeiterzeitung, 2. 6. 1928).

Der Gegensatz der katholischen Arbeiter zur Sozialdemokratie – so hatte einer der verantwortungsbewußten katholischen Arbeiterführer, Joseph Joos, schon 1926 festgestellt – hatte sich verändert: er wurde nur noch in reinen Weltanschauungsfragen empfunden, nicht mehr so sehr in der Verfolgung der sozialen und wirtschaftlichen Ziele; ein scharfer Kampf gegen die Sozialisten fand – nach Joos' Aussage – in katholischen Proletarierkreisen keine Begeisterung mehr. Die Wahlen von 1928 hatten gezeigt, daß ein Teil der katholischen Arbeiter auch durch einen Appell an ihr katholisches Gewissen nicht mehr im Zentrum festgehalten werden konnte. Und nicht nur dem Zentrum, selbst der Kirche kehrten zunehmend mehr katholische Arbeiter den Rücken; schon 1924 hatte Joseph Joos eingestehen müssen, daß auch in Deutschland, besonders in den Großstädten, die katholische Kirche an Boden verliere und in politischen und sozialen Fragen die Meinung des Geistlichen nicht mehr als maßgeblich gelte. Andererseits wurden die katholischen Arbeiter, die 1928 zur Sozialdemokratie abwanderten, wohl kaum von deren theoretischen Grundsätzen angezogen; sie hatten unmittelbar und spontan auf ihre soziale Not reagiert, für die sie im eigenen Lager nicht mehr genügend Verständnis fanden. Für die profiliert katholischen Arbeiter aber galt, was Joos Hilferding nach dem Kieler Parteitag auf die Forderung, die SPD müsse auch die religiös gebundenen Arbeiter zu gewinnen suchen, geantwortet hatte (Germania 2. 6. 1927):

»Die in der christlich-kirchlichen Atmosphäre lebenden Arbeitermassen haben ein Klassenbewußtsein eigener Art, das sie wohl zu einer berufswirtschaftlichen, sozialen, politischen und kulturellen Initiative und zu organisatorischen Maßnahmen drängt, aber ohne darum Sozialdemokraten werden zu können. Wir sagen mit Absicht: zu können. Sie können es nicht, weil ihr ganzes Arbeiterklassenstreben eingebaut ist in den religiösen Sinn vom Leben in allen seinen Auswirkungen.« – Franz Hüskes, der Führer der Christlichen-sozialen Volksgemeinschaft, trat nach deren Vereinigung mit der Partei Hellers aus seiner Partei aus. Er gab zu, daß für ihn die Versuchung nahegelegen habe, sich der Sozialdemokratie anzuschließen: aber »meine Erziehung, meine selbstgewonnenen Überzeugungen und die praktischen Erlebnisse waren so gefestigt, daß ich ganz unmöglich den Schritt zur Sozialdemokratie machen konnte«. Ihm sei kein anderer Weg geblieben, als ins Zentrum zurückzukehren.

Auf dem Kölner Parteitag des Zentrums Ende 1928 wurde Prälat Ludwig Kaas (1888–1952), Professor für Kirchenrecht in Trier und seit 1920 Zentrumsabgeordneter im Reichstag, gegen Joos und Stegerwald zum Vorsitzenden der Partei gewählt. Der drohende Zerfall der Partei, bewirkt durch den Gegensatz der sozialen Gruppeninteressen, konnte dadurch aufgehalten werden: die Einheit der Partei wurde durch einen über diesen Gegensätzen stehenden Geistlichen repräsentiert. Trotz aller politischen und sozialen Gegensätze, die auch jetzt nicht aufgehoben, wohl aber abgemildert werden konnten, war die politische Einheit des deutschen Katholizismus bis 1933 nie mehr ernstlich in Gefahr: das Zentrum war unbestritten eine »im Religiösen verankerte Weltanschauungspartei« (Becker, S. 429). Träger der neuen politischen Orientierung des Zentrums aber war jene Gruppe von katholischen Jung-Konservativen unter der Führung Heinrich Brünings, die in Opposition zur Politik ihrer Partei eine Besinnung auf die weltanschaulichen, katholisch-konservativen Grundlagen der Politik forderte. Eine solche Forderung stimmte mit den Zielen der »Katholischen Aktion« überein, die seit 1928 auch in Deutschland eine religiöse Aktivierung der katholischen Laien erstrebte. Die katholischen Arbeiter haben dieser neuen politisch-weltanschaulichen Orientierung des Zentrums nicht nur keinen Widerstand entgegengesetzt, sondern sie grundsätzlich mitvollzogen.

Die Christlich-Sozialen, nach Stöckers Tod unter der Führung seines Schwiegersohnes Reinhard Mumm (1873–1932), und die Führer der evangelischen Arbeiterbewegung (wie Franz Behrens, Margarete Behm und Gustav Hülser) schlossen sich 1918 der Deutschnationalen Volkspartei (DNVP) an, die sich im Gegensatz zur alten Deutsch-Konservativen Partei bewußt als konservative Sammlungspartei konstituiert hatte. Die evangelische Arbeiterbewegung wurde also organisatorisch von den evangelischen Arbeitervereinen und den Christlichen Gewerkschaften (einschließlich des DHV) getragen und politisch von der DNVP repräsentiert; innerhalb der DNVP hatten die Arbeiter zur Durchsetzung ihrer Interessen einen Reichs-arbeiterausschuß (später Deutschnationaler Arbeiterbund) ge-bildet.

Von den 42 DNVP-Abgeordneten in der Nationalversammlung waren 5 Arbeiter und 2 Handwerker. – Auch die »gelben« Verbände wurden, wenn überhaupt, vorwiegend durch die DNVP, aber auch durch die Deutsche Volkspartei vertreten; ihre Organisationen waren stark zersplittert; 1918 wurde zunächst eine Annäherung an die Gewerkschaftsprogrammatik (Aufnahme des Streikrechts als Notwehrrecht) versucht, bald jedoch der alte Gedanke der Werkgemein-schaft wieder aufgenommen.

Als sich 1928 der Großindustrielle Alfred Hugenberg in der DNVP durchgesetzt hatte und einen militant antirepublikani-schen und sozialreaktionären Kurs steuerte, trennten sich Ende 1929 die evangelischen Arbeitervertreter von ihrer Partei und schlossen sich mit dem Christlichen Volksdienst (1924 in Würt-temberg entstanden) zum Christlich-Sozialen Volksdienst zu-sammen. Diese neue Organisation war eine Notlösung: Sie sollte einerseits – ihren ursprünglichen Intentionen entspre-chend – den bewußt evangelischen Gruppen eine politische Plattform bieten – sie wollte keine Partei, sondern eine Glau-bens- und Arbeitsgemeinschaft sein, »die im öffentlichen Leben die Herrschaft und den Willen Gottes als oberste Richtschnur ihres Handelns vertritt«; andererseits wollte sie dem evange-lisch-nationalen Arbeiterflügel eine Möglichkeit zur parlamen-tarischen Vertretung seiner politischen Ziele geben. Seinem Programm nach wollte der Christlich-Soziale Volksdienst we-der rechts noch links zugeordnet werden, nicht bürgerlich noch sozialistisch sein, sondern christlich; er war durchaus antikapi-talistisch eingestellt, glaubte aber aus christlicher Gesinnung auf den Klassenkampf verzichten zu müssen; seine nationalen Tendenzen waren nicht frei von jener traditionsbelasteten Ver-bindung zwischen evangelischem Christentum und deutschem Nationalismus.

Der stärkste Verband der christlichen Angestelltengewerk-schaften, der 1893 gegründete Deutschnationale Handlungs-gehilfenverband, fand nach 1918 ebenfalls in der DNVP seine parlamentarische Vertretung. Sein Geschäftsführer, Walter Lambach, war seit 1920 ein führendes Mitglied der deutsch-nationalen Reichstagsfraktion; er trennte sich bereits 1928 von der unter den Einfluß Hugenbergs geratenen Partei, ging zunächst zu den Volkskonservativen, dann 1929 zum Christlich-Sozialen Volksdienst.

Die ursprünglich gehegte Hoffnung, daß der DHV mit seinen 300000 Mitgliedern den von der DNVP abgesplitterten Gruppen die notwendige Massenbasis geben würde, erwies sich bald als Fehlspekulation; schon 1930 wählten die Anhänger des DHV viel stärker nationalsozialistisch; von den 107 Mitgliedern der NSDAP-Reichstagsfraktion kamen 16 aus dem DHV, oder anders ausgedrückt, fast ein Drittel der im Reichstag vertretenen 47 DGB-Mitglieder waren Nationalsozialisten. Überraschend kam diese Reaktion der Mitglieder eigentlich nicht: der DHV war seit seiner Gründung antisemitisch und nationalistisch im alldeutschen Sinne eingestellt (»Wir sind national. Unser Volk ist unser höchstes Gut. Deshalb gab und gibt es für unseren Verband keine staatlichen Grenzen. Soweit die deutsche Zunge klingt, reicht der Verband«, erklärte W. Lambach 1926 auf dem Kaufmannsgehilfentag in München). Die Ideologie des DVH hatte also gewisse Berührungspunkte mit dem Nationalsozialismus, für den sich viele Mitglieder des DHV unter dem Druck der großen Krise nach 1930 zunehmend anfälliger erwiesen.

Es ist schon festgestellt worden (s. S. 159f.), daß die wirtschaftliche und soziale Situation der Angestellten während der Weimarer Republik eindeutig proletarische Kennzeichen trug: dauernde Unselbständigkeit, Abhängigkeit von der Lage auf dem Arbeitsmarkt, Abhängigkeit der Entlohnung von der wirtschaftlichen Konjunktur und der persönlichen Leistungsfähigkeit. Aus dieser Situation entwickelte sich jedoch keine soziale und politische Solidarität zwischen Arbeitern und Angestellten; vielmehr suchten die Angestellten, besonders wenn sie aus dem selbständigen Mittelstand kamen, die soziale Kluft zwischen Arbeitern und Angestellten aufrechtzuerhalten, um dadurch das sie bedrängende Gefühl der sozialen Deklassierung zu überdecken. Die Angestellten aber, die aus der Arbeiterschaft stammten, pflegten in sich das Bedürfnis nach sozialem Abstand von den »Proletariern«, um sich die Illusion des sozialen Aufstiegs bewahren zu können. So sahen die Angestellten in den Arbeitern, die doch ihre Schicksalsgefährten waren, und weniger in den Unternehmern ihren sozialen und politischen Gegner; statt ein ihrer Situation entsprechendes positiv gerichtetes Selbstgefühl zu entwickeln, beharrten sie auf dem negativ gerichteten, der Wirklichkeit entgegengesetzten Selbstverständnis, keine Proletarier sein zu wollen. Dieses merkwürdige Selbstverständnis erklärt die hektische Bewahrung von Gefühlen und das ängstliche Anklammern an Begriffe aus der bürgerlichen Welt, denen längst der reale Boden entzogen war; aber

auch das vermochte nur sehr oberflächlich die geistige Obdach-
losigkeit und soziale wie politische Orientierungslosigkeit der großen Masse der Angestellten zu verbrämen.

Die Versuche, eine neue mittelständische Ideologie zu entwerfen, aufgebaut auf der Illusion, der Mittelstand, zu dem sich die
Angestellten rechneten, müsse Mittler zwischen Kapital und
Arbeit sein, hatte keine positiven Auswirkungen (gerade der
DHV war Träger solcher Bemühungen gewesen). Auch die
aggressive Vertretung der Forderungen der Angestellten im
Stile gewerkschaftlicher Kampfpolitik hatte offensichtlich keinen nachhaltigen Einfluß auf die Mentalität der Angestellten-
schicht, die immerhin zu 30% gewerkschaftlich organisiert
war: erst der Nationalsozialismus schien ihre Wünsche nach
Geborgenheit, Sicherheit und sozialem Prestige zu erfüllen.

1. *Die deutsche Arbeiterbewegung in der Endphase der Republik*

Durch die Reichstagswahlen im September 1930, nach denen die NSDAP mit 107 Abgeordneten als zweitstärkste Fraktion nach der SPD in den Reichstag einzog, wurde zum ersten Mal deutlich, daß Parteien totalitären Charakters wie NSDAP und KPD in der Lage waren, die parlamentarisch-demokratische Staatsordnung zu zerstören und eine Diktatur an ihre Stelle zu setzen. Die SPD, »die stärkste und konsequenteste Kraft der parlamentarischen Demokratie in Deutschland« (Matthias, Die Sozialdemokratie), sah nun keine andere Wahl mehr, als die von Brüning geführte Regierung des konstitutionell-autoritären Systems der Präsidentschaftsrepublik zu tolerieren; um die Republik zu erhalten, stimmte sie Maßnahmen zu oder duldete sie zumindest, die ihren Prinzipien zuwiderliefen oder dem Sinn der parlamentarisch-demokratischen Ordnung widersprachen, weil sie im Vergleich zu den Diktaturen von rechts und links das kleinere Übel bedeuteten.

Mit dem Bruch der Großen Koalition im März 1930 zog sich die SPD auf eine »Opposition nach Vorkriegsmuster« zurück, die den Mangel an einem konstruktiven politischen Konzept nur ungenügend verdeckte – die Duldung des Kabinetts Brüning zwang sie nun zu völliger Handlungsunfähigkeit: gewiß war es für sie ein Vorteil, keinen Minister in diesem »Kabinett der sozialen Reaktion« zu haben, sie mochte auch hoffen, die Konkurrenz der KPD, die organisatorische Zersplitterung der Linken überhaupt (1931 wurden etwa 20 sozialistische Gruppen einschließlich der beiden großen Parteien gezählt) und den Druck des linken Flügels innerhalb der Partei so besser auszugleichen zu können, aber sie verzichtete gleichzeitig darauf, das soziale Gewicht der Arbeiterklasse in politische Macht umzusetzen. Weder SPD noch Gewerkschaften hatten der keineswegs unbestrittenen Deflationspolitik Brünings ein eigenes wirtschaftspolitisches Konzept für die Überwindung der Krise entgegenzustellen: den Lebensstandard der Arbeiterschaft möglichst zu erhalten, darin erschöpfte sich ihre wirtschafts- und sozialpolitische Initiative. Im übrigen war man überzeugt, daß erst die Wirtschaftskrise überwunden, also die kapitalistische Wirtschaftsordnung wiederhergestellt sein müsse, ehe an die

Festigung der parlamentarischen Ordnung gedacht werden könne.

An dieser passiven, fast hilflosen Reaktion auf die Weltwirtschaftskrise und die Bedrohung der Demokratie offenbarte sich – so folgenschwer wie noch nie in der Geschichte der Arbeiterbewegung – der immer wieder den kämpferischen, ursprünglich revolutionären Impetus verschüttende Immobilismus der SPD: da die Partei auf eine exakte Analyse der gesellschaftlichen Kräfte verzichtet hatte, war es ihr unmöglich, Konsequenzen für die politische Aktion zu ziehen; hinzu kam die Verkennung der zunehmend revolutionären Situation in der deutschen Arbeiterschaft; nicht zuletzt spielte auch eine verborgene Angst vor der Übernahme der politischen Machtausübung eine Rolle.

Dieselbe Mischung aus politischer Ratlosigkeit und Passivität einerseits, Opferbereitschaft und Verantwortungsbewußtsein andererseits zeigte die SPD im Juli 1932, als Papen zum Schlag gegen Preußen ausholte: der Parteivorstand der SPD erklärte, »bei allem, was kommen möge, die Rechtsgrundlagen der Verfassung nicht zu verlassen«; der einzige Protest bestand in der Klage des sozialdemokratischen preußischen Ministerpräsidenten Otto Braun vor dem Verfassungsgerichtshof; darüber hinaus vertröstete der Parteivorstand sich und die Anhänger der Partei auf die baldigen Reichstagswahlen, bei denen mit dem Stimmzettel in der Hand die Macht der Arbeiterorganisationen bewiesen werden könne, denn, so lautete das Argument, man lasse sich nicht das Gesetz des Handelns vom Gegner vorschreiben. Die Führer der Partei und der Gewerkschaften beschwichtigten sich nun in den Monaten bis zur Ernennung Hitlers zum Reichskanzler gegenseitig mit der Versicherung, man brauche nur auf den Knopf zu drücken, um die Arbeiterorganisationen zur direkten Aktion zu veranlassen. Den Rückgang der NSDAP-Stimmen im November 1932 deuteten sie (verbunden mit den allerersten Anzeichen einer Beruhigung der Wirtschaftskrise) mit sichtlicher Erleichterung dahingehend, »die Vernunft werde auf die politische Bühne zurückkehren und das demokratische System retten« (Edinger, S. 7). Hinter solchen Argumenten versteckten sich die Abneigung gegen außerparlamentarische Aktionen und gegen das mit ihnen verbundene, nicht eindeutig kalkulierbare Risiko, die Scheu vor blutigen Auseinandersetzungen, die Erstarrung des politischen Denkens in den Formen des parlamentarischen

Machtkampfes und wohl auch »die heimliche Furcht vor den Konsequenzen eines unwahrscheinlichen Sieges« (Matthias, Die Sozialdemokratie).

Otto Braun hat später (in seinem Buch ›Von Weimar bis Hitler‹, 1940) die Zumutung, die Republikaner im Juli 1932 zum gewaltsamen Aufstand aufzurufen, unter Hinweis auf die schwerbewaffnete Reichswehr, auf die militanten Verbände der Reaktion, auf die möglicherweise nicht eindeutige Haltung der preußischen Polizei als verbrecherischen Wahnwitz zurückgewiesen (S. 256/57); Gewerkschaftsführer haben einen Generalstreik zum damaligen Zeitpunkt als undurchführbar bezeichnet; Wilhelm Hoegner, damals einer der bayerischen Reichstagsabgeordneten der SPD, hingegen schreibt (in seinen Erinnerungen ›Der schwierige Außenseiter‹, 1959, S. 63) wohl wissend um all diese Argumente: »Allerdings, selbst wenn es zu Blutvergießen gekommen wäre, die Opfer, die dem deutschen Volke durch den zweiten Weltkrieg auferlegt wurden, wären ihm möglicherweise durch einen bewaffneten Widerstand gegen Papen am 20. Juli 1932 erspart geblieben.« Ob die damals verantwortlichen Arbeiterführer recht hatten oder jene, die zum Widerstand bereit waren, darüber läßt sich nachträglich nicht entscheiden. Goebbels schrieb jedenfalls am 21. Juli 1932 in sein Tagebuch: »Die Roten haben ihre große Stunde verpaßt. Die kommt nie wieder.«

Die Haltung der SPD-Führung seit 1930 war innerhalb der Partei heftig umstritten. 1931 trennte sich der linke Flügel unter Max Seydewitz, Kurt Rosenfeld und Ernst Eckstein von der Partei und gründete die Sozialistische Arbeiterpartei (SAP) als den letzten Versuch, die Voraussetzungen für eine einheitliche revolutionäre Organisation »der sozialistischen Arbeiterbewegung auf nationaler und internationaler Grundlage zu schaffen« (Prinzipienerklärung der SAP, 1932). Es gelang der SAP jedoch zu diesem Zeitpunkt nicht mehr, unter der Arbeiterschaft die erhoffte Resonanz für den Kampf gegen den Faschismus zu finden. Auch die »Neue Rechte«, zu der vor allem die jüngere Führergeneration gehörte (Carlo Mierendorff, 1897–1943, Julius Leber, 1891–1945, Theodor Haubach, 1896–1945, Kurt Schumacher, 1895–1952), vermochte sich nicht innerhalb der Partei durchzusetzen. Diese jungen Politiker sahen, daß die SPD ihre Führungsrolle in der deutschen Arbeiterbewegung verlor, und erkannten die damit verbundene Gefahr für die Republik; sie forderten daher, daß die Partei auch außerparlamentarisch zu dem Machtfaktor werden müsse, der sie parlamentarisch einmal gewesen sei; sie verlangten, daß die Partei nicht nur negativ Stellung nehmen, sondern durch eine positive Zielsetzung die Führung an sich reißen und die Arbeiter durch »die sozialistische Vision in Staat, Wirtschaft und Gesellschaft« (Mierendorff) auch gefühlsmäßig zu binden versuchen müsse. Die Parteispitze sah in solchen Vorschlägen nur den durch nichts gerechtfertigten Versuch, die altbewährte politische Theorie und Taktik über Bord zu werfen, und den Ausdruck eines schlecht gezügelten politischen Ehrgeizes oder jugendlicher Ungeduld.

Die Parteiführung mochte sich bei ihrer Argumentation gegen die »Jungen« auch auf die Treue und Disziplin der Anhänger berufen; sie hatte damit nur bedingt recht. Die Zahl der für die SPD seit 1930 abgegebenen Stimmen ging absolut und prozentual zurück (s. S. 165); die Wahlanalyse zeigt jedoch, daß die für alle Parteien der Linken abgegebenen Stimmen ziemlich konstant blieben, obwohl nicht zu übersehen ist, daß nach 1930 ein Teil der Jungwähler aus der Arbeiterschaft nach rechts zur NSDAP abwanderte. Im wesentlichen blieb die deutsche Arbeiterschaft ihren traditionellen Überzeugungen treu; ganz deutlich kristallisierte sich aber innerhalb der Linken eine Radikalisierung zugunsten der KPD heraus, die am Ende der Republik in einigen Wahlkreisen die SPD weit überflügelte:

SPD und KPD erzielten zusammen folgende Wahlergebnisse: 1930: 13,1 Mill. Stimmen, 37,6%; Juli 1932: 13,2 Mill. Stimmen, 36,2%; Nov. 1932: 13,3 Mill. Stimmen, 37,2%. – 1930–1932 erhielt die KPD in fünf Wahlkreisen mehr Stimmen als die SPD:

		Sept. 1930 (in %)	Juli 1932 (in %)	Nov. 1932 (in %)
Berlin	SPD	28,0	27,9	23,8
	KPD	33,0	33,4	37,7
Merseburg	SPD	19,5	19,8	19,3
	KPD	25,0	24,3	27,1
Köln-Aachen	SPD	14,1	14,6	14,7
	KPD	14,5	17,5	19,3
Düsseldorf-Ost	SPD	13,7	12,2	11,5
	KPD	26,0	26,3	28,3
Düsseldorf-West	SPD	11,8	10,2	9,6
	KPD	17,5	19,8	22,6

Der Stimmenzuwachs der KPD kam vor allem aus den Reihen der unorganisierten Arbeiter, die angesichts des sozialen Elends (Februar 1932 6,12 Mill. Arbeitslose, darunter 44,9% aller Gewerkschaftsmitglieder) an dem politischen Weg der SPD und den politischen Mitteln der Republik zu verzweifeln begannen. Aber auch die Haltung der in der SPD organisierten Arbeiter war durchaus ambivalent: es gab mehr als genug Zweifel an der Politik der SPD, die vielen als zu wenig radikal angesichts der nationalsozialistischen Bedrohung erschien; viele Arbeiter stellten sich die Frage, ob es denn überhaupt noch lohne, sich für diese Republik einzusetzen, die ihnen wieder als der Staat »der anderen« erschien. Die aus solchen Fragen resultierende Passivität und Verdrossenheit konnte oft durch den Einfluß der traditionellen pseudo-revolutionären Theorie überwunden werden: die auch die Existenz der Arbeiterschaft bedrohende soziale und politische Entwicklung wurde als das längst vorausgesehene Ende des bekämpften Kapitalismus verstanden, als ein Ende, dem ein neuer Anfang mit dem Sieg der Arbeiterklasse folgen würde. Vor allem aber hat nach 1930 die Bedrohung durch den Nationalsozialismus »eine den Alltag der Partei tief aufwühlende Welle kämpferischer Impulse«, die sich deutlich von der »deprimierenden Ohnmacht« der Parteiführung abhob, ausgelöst (Matthias, Die Sozialdemokratie, S. 84). Diese Bereitschaft zum Kampf ist nie auf die Probe gestellt worden, weil die Parteispitze nie das Zeichen zum Losschlagen gab; spontan zu handeln aber, daran hinderte die kampfbereiten Anhänger die traditionell geübte Parteidisziplin. An die Stelle der Kampfbereitschaft traten am Ende der Republik daher häufig ein Gefühl tiefster Resignation, der schwindende Glaube an die Parteiführung und nach dem 30. Januar 1933, unter dem zunehmenden Druck von Terror, Hetze, Drohungen und Versprechungen, der Abbau des Gegensatzes gegen den totalitären Führerstaat.

Die Parteiführung ging nach dem Schlag gegen Preußen durch Papen am 20. Juli 1932 den eingeschlagenen Weg weiter: sie blieb – bei allem persönlichen Mut ihrer Führer – bei der »Stillhaltetaktik«. Auch nach dem 30. Januar 1933 wollte sie »auf dem Boden der Verfassung und Gesetzlichkeit« bleiben, den Kurs, soweit es mit der persönlichen Würde und den alten Grundsätzen der Partei vereinbar war, an die veränderten Verhältnisse anpassen, um die Partei zu erhalten. Die einzige Aktivität, zu der sich die SPD-Führung aufschwang, waren »kraftvolle rhetorische Ablenkungsmanöver« (Matthias, Das Ende), um die eigene Ohnmacht zu verdecken und die Anhänger, die immer noch auf das Zeichen zum Losschlagen warteten, zu beruhigen und zurückzuhalten. Diese Ablenkungsmanöver trugen das Kennzeichen einer »resignierten Flucht in die Tradition«: man sprach von der unausweichlichen ökonomischen Entwicklung, die zu einem Sieg der Arbeiterklasse führen müsse, man berief sich auf die unter der Parole »an unserer Gesetzlichkeit werden unsere Feinde zugrunde gehen« erfolgreich geführte Politik gegen Bismarck, die man auch gegen Hitler für angebracht hielt. Das Legalitätsdenken verführte schließlich auch zu Ansätzen einer opportunistischen Anpassung an das nationalsozialistische Regime: so trat die SPD z. B. am 30. März 1933 aus der Sozialistischen Arbeiterinternationale aus; am 17. Mai 1933 stimmte die von dem früheren Reichstagspräsidenten Paul Löbe (1875–1967) geführte Rumpf-Fraktion der SPD – allerdings unter der Morddrohung des nationalsozialistischen Reichsinnenministers Frick – der außenpolitischen Erklärung der Reichsregierung zu (die bereits ins Exil gegangenen Parteivorstandsmitglieder haben diesen Schritt nicht gebilligt). Das alles blieb erfolglos: am 22. Juni 1933 wurde die SPD verboten, ihre Organisationen zerschlagen, ihre Mitglieder verfolgt, verhaftet, in die Emigration gezwungen – tief getroffen und doch nicht ohne Hoffnung. Am 23. März hatte die SPD als einzige Partei des Reichstags unter konsequenter Ausnutzung der Möglichkeiten des parlamentarischen Kampfes dem Ermächtigungsgesetz ihre Zustimmung verweigert; der Parteivorsitzende Otto Wels (1873–1939) hatte in seiner mutigen Rede u. a. erklärt:

»Vergeblich wird der Versuch bleiben, das Rad der Geschichte zurückzudrehen… Wir deutschen Sozialdemokraten bekennen uns in dieser geschichtlichen Stunde feierlich zu den Grundsätzen der Menschlichkeit und Gerechtigkeit, der Freiheit und des Sozialismus. Kein Ermächtigungsgesetz gibt Ihnen [der Regierung] die Macht, Ideen, die ewig und unzerstörbar sind, zu vernichten…«

Solche Worte von beinahe prophetischer Bedeutung können, bei aller Bewunderung für den Mut, sie auszusprechen, nicht darüber hinwegtäuschen, daß auch die SPD trotz ihrer erbitterten Gegnerschaft gegen den Nationalsozialismus dessen totalitären Charakter nicht klar erkannte. Das lag entscheidend daran, daß das Selbstverständnis der Partei an den Äußerungsformen der Vorkriegszeit gebunden geblieben war. Zu diesen Äußerungsformen gehörten:

1. Die Befangenheit in den traditionellen, in der Vorstellung der Partei bewährten Kampfformen, auf Grund derer sich die SPD nur

zum parlamentarischen Machtkampf auf dem Boden des Rechtsstaates bereitfinden konnte; die Konsequenz dieses Legalitätsdenkens war, daß der Nationalsozialismus mit Mitteln und Praktiken bekämpft wurde, die seinem totalitären Wesen nicht gewachsen waren.

2. Ein fast unbegrenzter Organisationspatriotismus, der die Organisationen der Arbeiterbewegung mit dem Mythos der Unzerstörbarkeit umgab, ihre Erhaltung zum Selbstzweck erhob und in der letzten Konsequenz eine opportunistische Annäherung an das nationalsozialistische Regime nicht ausschloß.

3. Die ideologische Unbeweglichkeit, die sich vor allem in dem Glauben an die ökonomisch determinierte Entwicklung äußerte, der einen Sieg der Arbeiterklasse verhieß, und in dem Verzicht auf die Analyse der konkreten gesellschaftlichen Bedingungen; die Stagnation in der Programmatik der SPD in der Weimarer Republik hat sicher dazu beigetragen, daß Angestellte, städtischer Mittelstand und Bauern sich dem Nationalsozialismus zuwandten: die SPD war (neben der KPD) die Partei, die den Mittelschichten ihre wachsende Verelendung durch den Siegeszug des Kapitalismus vorausgesagt hatte; gerade gegen sie mußten sich daher die Ressentiments dieser tatsächlich in ihrer Existenz bedrohten Schichten richten.

4. Die Berufung auf ein durch Aufklärung und politischen Humanismus geprägtes Welt- und Menschenbild; man überschätzte die Menschen als schlechthin gut und vernünftig, übersah die gefährliche Anziehungskraft irrationaler Kräfte in der Politik und wurde unfähig, sie zu erkennen und sich ihrer zu erwehren.

Keine andere demokratische Organisation hatte ein besseres Konzept zur Bekämpfung des Nationalsozialismus als die SPD; vielmehr schwand die demokratische Substanz dieser Organisationen gegen Ende der Republik zusehends: die Sozialdemokraten waren schließlich »die letzten Verteidiger der geschriebenen Verfassung und des längst abgedankten parlamentarischen Systems« (Matthias, Die Sozialdemokratie, S. 90).

Die KPD hatte selbst die Parole ausgegeben, daß das deutsche Volk nur »die Wahl habe zwischen Kommunismus und Nationalsozialismus«; das hatte zur Folge, daß nicht nur der Mittelstand, sondern auch das Großbürgertum, konservative und kirchliche Kreise sich von den Nationalsozialisten davon überzeugen ließen, der Sieg des Nationalsozialismus werde »Deutschlands Rettung vor dem Bolschewismus« bedeuten. Ob die KPD ihr politisches Ziel der Machteroberung je erreicht hätte, muß dahingestellt bleiben: ihren höchsten Stimmenanteil erreichte sie im November 1932 mit 16,8%. Am Ende der Republik erkannte die KPD endlich, welche Bedrohung der Nationalsozialismus auch für sie war; sie versuchte nun, ihre gegen die SPD gerichtete Politik zu revidieren und eine »Einheitsfront der Arbeiterklasse« zu schaffen. Bei dem berechtigten großen Mißtrauen der SPD gegenüber der KPD ließen sich solche Pläne nicht mehr verwirklichen: jetzt war es zu allem viel zu spät – und die KPD wurde das erste Opfer des nationalsozialistischen Terrors.

Der Vorstand des ADGB teilte während der Endphase der Weimarer Republik im wesentlichen die Auffassung der SPD-Führung: beide unterstützten und bestätigten sich in ihrer Argumentation meist gegenseitig. Erst die Erörterung des sogenannten Schleicher-Experimentes offenbarte prinzipielle Unterschiede zwischen Partei- und Gewerkschaftsführung: die Gewerkschaften zeigten sich im Dezember 1932/Januar 1933 der Bildung einer Gewerkschaftsachse zur Stützung einer gegen die NSDAP gerichteten autoritären Präsidialregierung Schleichers nicht abgeneigt, die Partei lehnte solche Pläne ab. Hier kündigte sich bereits jener politische Opportunismus der Gewerkschaftsführung an, der dann nach dem 30. Januar 1933 gegenüber dem nationalsozialistischen Regime eine Rolle spielen sollte.

Auch die Gewerkschaftsführer erkannten die nationalsozialistische Gefahr nicht in ihrem vollen Ausmaß: Sie hielten streng am Legalitätsprinzip fest, »Organisation – nicht Demonstration« war ihre Parole, um den nationalsozialistischen Machthabern keinen Anlaß zu einem Vorgehen gegen die Gewerkschaften zu geben; sie hofften, durch ein wachsendes Maß der Anpassung an das neue Regime die gewerkschaftlichen Organisationen unversehrt erhalten zu können (gegebenenfalls auch als Zellen künftigen Widerstandes); sie wurden schließlich zu der Illusion verführt, daß es eine Möglichkeit der friedlichen Auseinandersetzung auch mit dem Nationalsozialismus geben müsse.

Am 20. März 1933 erklärte der Bundesvorstand des ADGB u. a., daß die sozialen Aufgaben der Gewerkschaften erfüllt werden müßten, »gleichviel, welcher Art das Staatsregime ist«; diese Erklärung wurde Hitler am 21. März von dem ADGB-Vorsitzenden Leipart brieflich zugeleitet. Am 29. März erhielt Hitler von Leipart einen zweiten Brief, in dem ihm u. a. die restlose Lösung der Gewerkschaften von der SPD mitgeteilt wurde. Am 15. April begrüßte der ADGB die Erklärung des 1. Mai zum Nationalfeiertag und stellte jedem Mitglied die Teilnahme frei; am 19. April wurde diese Erklärung revidiert und die Beteiligung empfohlen: »Der Bundesausschuß des ADGB begrüßt den 1. Mai als gesetzlichen Feiertag der nationalen Arbeit und fordert die Mitglieder der Gewerkschaften auf, in vollem Bewußtsein ihrer Pionierdienste für den Maigedanken, für die Ehrung der schaffenden Arbeit und für die vollberechtigte Eingliederung der Arbeiterschaft in den Staat, sich allerorts an der von der Regierung veranlaßten Feier festlich zu beteiligen« (Schumann, S. 58). Am 22. April kam es daraufhin zum Bruch zwischen dem ADGB und dem Internationalen Gewerkschaftsbund; am 30. April löste sich der Afa-Bund auf; am 1. Mai beteiligten sich gewerkschaftlich organisierte Arbeiter kaum an den nationalsozialistischen Maifeiern; am 2. Mai wurden in ganz Deutschland die Gewerkschaftshäuser besetzt, das Gewerkschaftsvermögen beschlagnahmt und die Führungsspitze »in Schutzhaft« genommen.

Für die Freien Gewerkschaften gilt ungleich mehr noch als für die SPD selbst, daß sie an dem verzweifelten Versuch scheiterten, durch politischen Selbstmord den organisatorischen Tod zu verhindern.

Für die Christlichen Gewerkschaften konnte es keine günstigere politische Konstellation geben als die Regierung Brüning: zwei Männer ihres Vertrauens bestimmten den Kurs der Regierung, der Reichskanzler selbst, der von 1921 bis 1924 Geschäftsführer des DGB gewesen war, und der Reichsarbeitsminister Stegerwald, der langjährige Vorsitzende des Gesamtverbandes der Christlichen Gewerkschaften. Brüning stützte sich außerdem auf die gemäßigten Kräfte der Rechten, zu denen auch einige ehemalige deutschnationale, führende Angehörige des DGB (Behrens, Hülser, Lambach) gehörten. Entscheidend für die begeisterte Aufnahme der Regierung Brüning durch die Christlichen Gewerkschaften war jedoch etwas anderes: Der schon immer gewünschte starke Staat, der das »formale«, »unfruchtbare parlamentarische System« überwinden sollte, schien einer Verwirklichung nahe; auch das ständige taktische Ziel der Christlichen Gewerkschaften, unter Ausschaltung oder Zurückdrängung der Linken, das Zünglein an der Waage und gleichzeitig das soziale Gewissen einer Rechtskoalition zu sein, schien erreicht. Schwierigkeiten bereitete den Christlichen Gewerkschaften nur die Zustimmung zu den Notverordnungen, die auf einen Abbau der Sozialpolitik hinausliefen oder die Arbeitnehmer einseitig belasteten; aber es gelang ihnen mehrmals, Änderungen durchzusetzen.

Auch die katholischen Arbeiter im Zentrum feierten Brüning als einen großen Staatsmann und brachten ihren Stolz darüber zum Ausdruck, »daß die deutsche Zentrumspartei und die christliche Arbeiterschaft dem deutschen Volk einen der Ihrigen als den leitenden Staatsmann präsentieren dürfen...«: zu Brüning gab es im Lager der katholischen Arbeiter keine Alternative mehr. Aber die Befürchtung besonders Wirths (der 1930/31 Reichsinnenminister im 1. Kabinett Brüning war), daß die Linke durch das rechtsorientierte Regierungsexperiment Brünings dem Staat »verlorengehen« könnte, fand bei den katholischen Arbeitern Verständnis; ihre Führer traten daher für die Erhaltung der Koalition zwischen Zentrum und SPD in Preußen ein; die langsam durchdringenden Vorstellungen der Zentrumsführung, eine Koalition mit Hitler zu suchen, um seiner Opposition durch die Belastung mit der Verantwortung den Wind aus den Segeln zu nehmen, stieß weitgehend auf Ablehnung; auch Brüning schloß für sich selbst dieses Experiment aus.

Die katholischen Arbeiter waren in ihrer Mehrheit Gegner des Nationalsozialismus; die »Lösung« der sozialen Frage, die der Nationalsozialismus anbot, erkannten sie bald als Bluff und Bauernfängerei. Bis 1933 gelang der NSDAP kein entscheidender Einbruch in die Reihen der katholischen Arbeiter wie des Zentrums überhaupt; die katholischen Arbeitervereine bildeten in Westdeutschland in der Endphase der Republik sogar Schutzorganisationen gegen die radikalen Kräfte von rechts und links. Von der Führung der Zentrumspartei und einem Teil des katholischen Klerus dagegen wurde 1932/33 nicht verstanden, daß die Alternative zur Weimarer Republik, die sich nach Brünings Sturz im Mai 1932 stellte, eine totalitäre Staatsordnung war, die die Rechte der Kirche aufheben und die Gläubigen daran hindern würde, ihre religiösen Pflichten zu erfüllen und im Sinne des Katholizismus politische und soziale Aktivität zu entfalten. Diesem Mangel an Erkenntnisfähigkeit lag eine mit anderen politischen Gruppen in Deutschland geteilte Fehleinschätzung des totalitären Wesens des Nationalsozialismus und eine Überbewertung der Gefahr des Bolschewismus – zum damaligen Zeitpunkt – zugrunde. Dies wirkte sich folgenschwer auf die Einstellung der deutschen Katholiken zum Nationalsozialismus nach dem 30. Januar 1933 aus: Welcher gläubige Katholik konnte noch daran denken, Hitler Widerstand entgegenzusetzen, wenn dieser von einem Teil des Klerus als »großer Führer«, »Vater der Nation«, »rechtmäßige Obrigkeit«, »Retter vor dem drohenden Bolschewismus« begrüßt wurde? Hingegen kamen später aus der katholischen Arbeiterbewegung wohl mit die profiliertesten Vertreter des katholischen Widerstandes gegen den Nationalsozialismus.

Die Einstellung der Christlichen Gewerkschaften zum Nationalsozialismus war nicht so eindeutig; es fehlte hier nicht an gelegentlichen scharfen Angriffen gegen die NSDAP; die Christlichen Gewerkschaften waren im Winter 1932/33 sofort zur Unterstützung des Schleicher-Experiments bereit, um die drohende Gefahr des Nationalsozialismus einzudämmen. Doch auf die Dauer konnten sie sich wohl in ihrer Mehrheit der Propagierung des starken, nationalen Staates nicht entziehen; darüber hinaus galten für sie dieselben Beweggründe wie für die Freien Gewerkschaften. Die Christlichen Gewerkschaften haben daher nach dem 30. Januar 1933 ziemlich lautlos dem Zwang zur »Eingliederung« in die »Deutsche Arbeitsfront« nachgegeben. Schrittmacher auf ihrem Wege der Annäherung an den totalitären Führerstaat war der »Deutsch-nationale Handlungsgehilfenverband«; er war bereits seit 1930 stark von Nationalsozialisten unterwandert (vgl. S. 197); seine Führer Bechly und Habermann hatten während der Regierung Brünings versucht, eine Koalition zwischen Brüning und Hitler zustandezubringen, allerdings mit dem Ziel, die »sozialistischen« Tendenzen in der NSDAP zu stärken.

Am 17. März 1933 erklärten sich die Christlichen Gewerkschaften für unpolitisch und boten zusammen mit den Hirsch-Dunckerschen Gewerkvereinen ihre Mitarbeit im neuen Staat an; am 11. April sagten sie ihre Beteiligung an den Feiern zum 1. Mai zu. In den Angestellten- und Beamtenverbänden der Christlichen und Hirsch-Dunckerschen Gewerkschaften übernahmen zu dieser Zeit bereits NSDAP-Mitglieder die Führungsfunktionen; der DHV erklärte am 29. April seinen Übertritt ins nationalsozialistische Lager. Am 3. Mai unterstellten sich auch die Christlichen Gewerkschaften dem »Aktionskomitee zum Schutze der deutschen Arbeit«, ohne daß sie zunächst – aus taktischen Gründen – ihre organisatorische Sonderexistenz verloren; am 5. Mai konnte Robert Ley Hitler melden, daß sich alle wesentlichen Gewerkschaften mit 8 Mill. Mitgliedern »in gleicher Weise bedingungslos unterstellt hatten« (vgl. Schumann, S. 71). Am 24. Juni 1933 wurden auch die Christlichen Gewerkschaften in die DAF (»Deutsche Arbeitsfront«) eingegliedert und ihre Führer zu »Verrätern an der nationalen Revolution« erklärt.

Mitte April 1933, also kurz vor Zerschlagung der Gewerkschaften, hatten sich die Gewerkschaftsführer aller Richtungen unter dem Druck der Verhältnisse zur Bildung einer Einheitsgewerkschaft entschlossen, zu deren Konstituierung es aber nicht mehr kam. Der Zusammenschluß hat das Ende der Gewerkschaften nicht aufhalten können; es erscheint auch fraglich, ob selbst unter veränderten Verhältnissen damals die Einheit überhaupt schon zu verwirklichen gewesen wäre. Erst der gemeinsame Widerstand führender Gewerkschafter aller Richtungen gegen den Nationalsozialismus – Leuschner, Kaiser, Habermann – hat eine Vertrauensbasis geschaffen, auf der das Konzept einer Einheitsgewerkschaft entwickelt werden konnte.

2. Nationalsozialismus und Arbeiterschaft im »Dritten Reich«

Die »Nationalsozialistische Deutsche Arbeiterpartei« ist entgegen ihrem anspruchsvollen Namen weder vor noch nach 1933 je eine Arbeiterpartei, geschweige denn eine sozialistische Partei gewesen: 1930 betrug der Anteil der Arbeiter in der NSDAP 28,1% (Anteil der Arbeiter an den Erwerbstätigen 45,9%), 1935 32,2% (Anteil an den Erwerbstätigen 46,3%).

In ihrem 1920 verkündeten Programm versprach die NSDAP die »Abschaffung des arbeits- und mühelosen Einkommens« (Programmpunkt Nr. 11), »restlose Einziehung aller Kriegsgewinne« (Nr. 12), »Verstaatlichung aller (bisher) vergesellschafteten (Trusts) Betriebe« (Nr. 13), »Gewinnbeteiligung an Großbetrieben« (Nr. 14), »sofortige Kommunalisierung der Großwarenhäuser und ihre Vermietung zu billigen Preisen an kleine Gewerbetreibende« (Nr. 16), »eine unseren nationalen Bedürfnissen angepaßte Bodenreform, Schaffung eines Gesetzes zur unentgeltlichen Enteignung von Boden für gemeinnützige Zwecke« (Nr. 17).

Von diesen Programmpunkten wurde im »Dritten Reich« kein einziger verwirklicht, der Programmpunkt Nr. 17 war schon 1928 auf Verlangen von Interessengruppen dahingehend revidiert worden, daß die NSDAP »auf dem Boden des Privateigentums« stehe. Es bildeten sich zwar nach 1933 innerhalb der Gesellschaft mit den Funktionären der Partei neue Führungsschichten heraus, auch die Wirtschaft wurde schließlich einer totalen staatlichen Reglementierung unterworfen: doch blieb die kapitalistische Wirtschafts- und Sozialstruktur im wesentlichen unangetastet. Diese Wirklichkeit wurde mit den Schlagworten von der »Volksgemeinschaft«, von den »schaffenden Deutschen der Stirn und Faust« usw. ideologisch verbrämt; so willkürlich ausdeutbare Propagandathesen wie »Gemeinwohl geht vor Eigennutz« (Programmpunkt Nr. 24) dagegen boten dem nationalsozialistischen Regime die Möglichkeit zu einem schrankenlosen Opportunismus, da von Fall zu Fall, von Gelegenheit zu Gelegenheit bestimmt werden konnte, was das angebliche Gemeinwohl erforderte.

Auch der »Sozialismus« der NSDAP war nicht mehr als ein Mittel des politischen Machtkampfes: die »Masse« der Arbeiterschaft erschien Hitler als der geeignete Träger seiner Kampfbewegung; ihm schwebte dabei – wie er in ›Mein Kampf‹ offen zugab – die »marxistische« Arbeiterbewegung und ihre augenscheinliche Kunst der Massenbeherrschung als Leitbild vor. Völlig fremd und unverständlich blieb Hitler deren humanitäres Ziel der Emanzipation der Unterdrückten; dieses Ziel erst, und nicht propagandistische Kunstgriffe, wie Hitler glaubte, gab der Arbeiterbewegung ihre Stärke. Hitlers Verachtung des Menschen und des Arbeiters im besonderen erhellen seine zahlreichen abfälligen Äußerungen über die »Masse«.

Am 28. Februar 1926 z. B. sagte Hitler vor dem großbürgerlichen Hamburger National-Klub von 1918: »Diese breite sture Masse, die vernarrt, verbohrt für den Marxismus kämpft, ist die einzige Waffe für die Bewegung, die den Marxismus brechen will« (Jochmann, S. 109ff). – Otto Strasser, einer der Führer des »linken« Flügels der NSDAP, berichtete, daß Hitler ihm bei ihrer letzten Unterredung vor der Trennung im Mai 1930 in Berlin geantwortet habe: »... Sehen Sie, die große Masse der Arbeiter will nichts anderes als Brot und Spiele, die hat kein Verständnis für irgendwelche Ideale. Wir wollen eine Auswahl der neuen Herrenschicht, die nicht wie Sie von irgendeiner Mitleidsmoral getrieben wird, sondern sich darüber klar ist, daß sie auf Grund ihrer besseren Rasse das Recht hat, zu herrschen und die diese Herrschaft über die breite Masse rücksichtslos aufrechterhält und sichert.« (O. Strasser, Ministersessel oder Revolution, Berlin 1930. Zit. nach Broszat, Der Nationalsozialismus, S. 53.)

Der ursprünglich starke sozialistische Flügel der NSDAP, geführt von Gregor Strasser, ideologisch vertreten durch Gottfried Feder und Graf Reventlow, forderte dagegen offen im Sinne des Parteiprogramms die Verstaatlichung der Grundindustrien, die Beteiligung der Arbeiter an Gewinn, Besitz und wirtschaftlicher Verantwortung und die Überführung von Grund und Boden in Volkseigentum; auch bei solchen Forderungen spielten propagandistische Erwägungen eine Rolle: an Rhein und Ruhr und in Berlin konnte die NSDAP nur mit einem solchen radikalen Programm mit den anderen Parteien, besonders mit der KPD, erfolgreich konkurrieren. Der Strasser-Flügel konnte sich gegen den »kleinen Bourgeois Hitler«, wie man ihn einst bezeichnet hatte, nicht durchsetzen. Nach 1933 offenbarte sich rasch, was Hitlers »Sozialismus« eigentlich bedeutete: er war allein auf den Staat bezogen, er war das Mittel, Deutschland nach innen und außen zu stärken und für den zukünftigen Krieg zu präparieren, er erwies sich – zumal dann angesichts der wachsenden Reglementierung der Wirtschaft – als ein System des extremen Staatssozialismus. Robert Ley enthüllte den Kern des National»sozialismus« in der ihm eigenen primitiven Offenheit:

»Was Deutschland nützt, das ist recht, was Deutschland schadet, ist unrecht. So ist Sozialismus letzten Endes kein Mitleid und keine Wohlfahrt für den einzelnen Menschen, sondern Sozialismus ist die Frage: Was nützt Deutschland? Was nützt diesem Volke?« (Wir alle helfen dem Führer, 1937, zit. bei Winkler, S. 21.)

»In Deutschland gibt es keine Privatsache mehr! Wenn du schläfst, ist es deine Privatsache, sobald du aber wach bist und mit einem anderen Menschen in Berührung kommst, mußt du eingedenk sein, daß du ein Soldat Adolf Hitlers bist und nach einem Reglement zu leben hast und zu exerzieren... Privatleute haben wir nicht mehr. Die Zeit, wo jeder tun und lassen konnte, was er wollte, ist vorbei.« (Soldaten der Arbeit, 1938, zit. bei Winkler, S. 33.)

Der linke Flügel der NSDAP anerkannte prinzipiell die Gewerkschaften, forderte nur ihre Entpolitisierung, um sie als Instrument für die eigene Arbeit benutzen zu können. Auch Hitler schien vor 1933 aus den gleichen Gründen zur Tolerierung der Gewerkschaften bereit zu sein; seine Zukunftsperspektive für sie hieß jedoch: »Träger einer nationalsozialistischen Gesinnung und Auffassung« zu sein; das bedeutete, daß sie zu einem abhängigen Instrument des alles beherrschenden Führerwillens degradiert werden sollten, wenn sie nicht überhaupt überflüssig wurden. An einen Aufbau nationalsozialistischer Gewerkschaften vor 1933 dachte Hitler nicht: zwangsläufig wären auch NS-Gewerkschaften in die sozialpolitische Auseinandersetzung mit den Arbeitgebern hineingezogen worden; aber gerade die Arbeitgeber durften nicht von der NSDAP angegriffen werden, da sie als Wegbereiter zur Macht unersetzbar waren. Die »Nationalsozialistische Betriebszellenorganisation« (NSBO), die seit 1927, von Berlin ausgehend, spontan in den Industriegebieten entstand, hatte keine eigentlichen gewerkschaftlichen Aufgaben, sie war ein nach dem Vorbild der RGO organisierter, der Kontrolle der Partei unterstellter Kader in den Betrieben (Dezember 1932 170000 Mitglieder); die Mitglieder der NSBO blieben daher in den Gewerkschaften, schon um bei Arbeitskämpfen sozial gesichert zu sein. Hitler aber duldete die NSBO als Ventil für die »radikalen Linken« in der NSDAP (wie es z. T. auch die SA war).

Der erste Schlag gegen die deutsche Arbeiterbewegung nach der nationalsozialistischen Machtübernahme erfolgte bereits Anfang April 1933 mit dem »Gesetz über Betriebsvertretungen...«; durch dieses Gesetz konnten von entsprechenden staatlichen Behörden Betriebsräte, die »in staats- und wirtschaftsfeindlichem Sinne eingestellt sind«, abgesetzt und neue Betriebsratsmitglieder, die der NSDAP angehörten, ernannt werden; das Regime reagierte mit diesem Gesetz auf das Ergebnis der Betriebsrätewahlen vom März 1933: die NSDAP hatte trotz Propaganda und Druck nur 25% der Stimmen erhalten. Bevor im Mai 1933 die Gewerkschaften zerschlagen wurden, fädelten die Nationalsozialisten ihr »psychologisch geschicktestes Täuschungsmanöver« (Schumann) ein: Der 1. Mai, seit 1899 der Kampf- und Feiertag der internationalen Arbeiterbewegung, wurde durch Gesetz vom 10. April 1933 zum »Feiertag der nationalen Arbeit« erklärt; in den deutschen Arbeitern sollte damit die Illusion geweckt werden, als ob der nationalsozialistische Führerstaat ihre berechtigten Interessen nicht nur anerkannte, sondern sogar zu fördern bereit war. Die Zerschlagung der Gewerkschaften begründeten die Nationalsozialisten, voran Ley, mit dem Kampf gegen den Bolschewismus und mit angeblichen Korruptionsfällen; auch dies zwei »Begründungen«, die geschickt auf die Mentalität des deutschen Volkes zugeschnitten waren.

Als Gewerkschafts-Ersatz wurde die Mammut-Organisation der »Deutschen Arbeitsfront« (DAF) unter der Führung von Robert Ley gegründet; sie hatte zunächst einen scheindemokratischen Verbandsaufbau, auch blieben die kleinen Funktionäre der früheren Gewerkschaften auf ihren Posten: dies alles, wie auch die Wahl des Namens »Deutsche Arbeitsfront«, sollte die deutschen Arbeiter davon überzeugen, daß die Nationalsozialisten nichts anderes erstrebten als die schon immer als wünschenswert angesehene Einheitsfront der Gewerkschaften. Schon Ende 1933 begann der Umbau der DAF zu einer nach dem Vorbild der NSDAP funktionierenden und ihr unterstellten Organisation, der auch die Unternehmer angehören mußten; gleichzeitig setzte der Abbau der NSBO ein.

Die DAF war danach nichts anderes als eine NS-Schulungs- und Propaganda-Einrichtung für die deutschen Arbeiter (von denen sich 10% bis zum Ende des »Dritten Reiches« der Zwangsmitgliedschaft entzogen haben). Durch ihre hohen Einnahmen aus Mitgliedsbeiträgen (1,5% von Lohn resp. Gehalt bei einem Mitgliederstand von 30 Millionen im Jahre 1939) und die Verfügung über das beschlagnahmte Gewerkschaftsvermögen war die DAF eine der reichsten NS-Organisationen; einen Einfluß auf die Wirtschaft vermochte sie jedoch nicht auszuüben. Ende 1933 wurde im Rahmen der DAF die NS-Gemeinschaft »Kraft durch Freude« (KdF) gegründet, die sich zu einem riesigen Konzern (150000 Funktionäre) der Freizeitindustrie zur sozial verbrämten Betreuung und Beeinflussung der Arbeitnehmer im Interesse des totalitären Staates entwickelte.

Die Nationalsozialisten ließen die durch die deutsche Arbeiterbewegung vor 1933 erkämpften staatlichen Sozialleistungen aus guten Gründen unangetastet; jede Form demokratischer Selbstbestimmung und Selbstverwaltung wurde dagegen zerstört. Schon mit Gesetz vom 19. Mai 1933 wurde das System der Kollektivverträge und der unabhängigen, notfalls staatlichen Schlichtung aufgehoben; Hitler ernannte für das ganze Reichsgebiet 13 »Treuhänder der Arbeit«, Beamte des Arbeitsministeriums, die als Organe des Staates Lohntarife und Arbeitsbedingungen festsetzten. Das »Gesetz zur Ordnung der nationalen Arbeit« vom 20. Januar 1934 setzte das Führerprinzip auch für die innere Ordnung des Betriebes durch:

»§ 1: Im Betriebe arbeiten die Unternehmer als Führer des Betriebes, die Angestellten und Arbeiter als Gefolgschaft gemeinsam zur Förderung der Betriebszwecke und zum gemeinen Nutzen von Volk und Staat.

§ 2: Der Führer des Betriebes entscheidet der Gefolgschaft gegenüber in allen betrieblichen Angelegenheiten, soweit sie durch dieses Gesetz geregelt werden. Er hat für das Wohl der Gefolgschaft zu sorgen. Diese hat ihm die in der Betriebsgemeinschaft begründete Treue zu halten...«

Auf Grund dieses Gesetzes gab es nur noch einen aus Nationalsozialisten bestehenden Vertrauensrat, der beratende Funktionen besaß; in allen Zweifelsfragen entschied der »Treuhänder der Arbeit«. Die Unternehmer waren durch dieses Gesetz wieder »Herr im Hause«, wenn auch in ihrer Freizügigkeit durch den Staat kontrolliert und beschränkt, vor allem aber waren sie von der Auseinandersetzung mit den Arbeiterorganisationen befreit. Als Ersatz für die den Arbeitern entzogenen Rechte sah das Gesetz eine sogenannte »Soziale Ehrengerichtsbarkeit« vor, auf Grund derer Verstöße gegen die »sozialen Pflichten« von Unternehmern und »Gefolgschaft« geahndet werden konnten (z. B. durch Aberkennung der Führereigenschaft des Unternehmers, bzw. durch Entlassung des Arbeiters); auch ihre Anwendung war völlig der Willkür der den Betrieb beherrschenden Funktionäre der DAF überlassen.

Noch vor Kriegsausbruch hob das nationalsozialistische Regime die Freizügigkeit des Arbeiters bei der Wahl des Arbeitsplatzes auf (1938 Einführung der Arbeitsverpflichtung): die Arbeiter waren Soldaten im Dienste des Regimes. Die neue Terminologie zur Beschreibung ihrer Umwelt trug einen entsprechenden militärischen Charakter: von »Arbeitseinsatz«, »Arbeitsschlachten«, »Betriebsappellen« und »Dienst an Führer und Volk« usw. war jetzt die Rede. Die Unternehmer, der städtische Mittelstand und die Bauern gewannen durch das nationalsozialistische Regime z. T. bedeutend an materieller Sicherung und an sozialem Prestige hinzu; sie erhielten sogar durch den Aufbau der Wirtschaft nach quasi berufsständischem Muster eine Art organisatorische Vertretung. Die Arbeiter dagegen hatten als einzige weder eine eigene Vertretung – sie wurden »betreut« und in militärischer Abhängigkeit gehalten – noch änderte sich an ihrer materiellen Lage Entscheidendes. Zwar wurde parallel zur internationalen Entwicklung auch in Deutschland das Krisentief überwunden und schon 1936 sogar die Vollbeschäftigung erreicht – dies in erster Linie als Folge der militärischen Aufrüstung; doch bestand im »Dritten Reich« bis 1939 ein indirekter, danach ein direkter Lohnstopp: die Löhne der Arbeiter stiegen nur wenig über den Tiefstand der Jahre 1932/33. Durch die Vollbeschäftigung, durch Wegfall von Kurzarbeit und Mitarbeit der Familienmitglieder erhöhte sich zwar der Lebensstandard der Arbeitnehmer, erreichte jedoch niemals wieder die Höhe von 1928/30.

Stolper gibt an (S. 174/75), daß nach sechs Jahren Wirtschaftsaufschwung die Einkommenserhöhung je beschäftigten Arbeiter und Angestellten nur etwa 200 Mark im Jahr betrug. – Von 1928 bis 1938 sank trotz der Vollbeschäftigung der Anteil der Löhne und Gehälter (einschließlich der leitenden Angestellten) am Volkseinkommen von 62 auf 57%. Der Einkommenszuwachs der Jahre 1933–1938 entfiel zu 43% auf eine Minderheit, die ihr Einkommen aus Vermögen und Unternehmen bezog.

Die Vollbeschäftigung, die Weiterführung der staatlichen Sozialpolitik, die auf die Mentalität der Arbeiter berechneten Parolen von den »schaffenden Deutschen der Stirn und Faust« und nicht zuletzt der wachsende Terror haben dazu beigetragen, daß es den Nationalsozialisten allmählich gelang, die ablehnende Haltung der Arbeiter langsam abzubauen; dennoch war der Anteil der deutschen Arbeiterbewegung am Widerstand gegen Hitler im Vergleich zu anderen Bevölkerungsgruppen der relativ größte.

3. Der Widerstand aus der Arbeiterbewegung

Nach dem 30. Januar 1933 vollzog sich die nationalsozialistische Machtergreifung und Machtbefestigung hinter der Fassade einer nationalistisch aufgezäumten Propaganda und mit der pseudolegalen Verbrämung u. a. durch das Ermächtigungsgesetz. Die politischen Gegner aber wurden offen durch Terror und Gewalt ausgeschaltet: sie wurden verhaftet, mißhandelt, ermordet, in die Emigration oder Illegalität gezwungen.

Als nach dem Verbot der SPD am 22. Juni 1933 eine neue Terrorwelle einsetzte, wurde u. a. auch Kurt Schumacher am 6. Juli 1933 verhaftet, bis März 1943 blieb er in verschiedenen Gefängnissen und Konzentrationslagern in Haft; von September 1943 bis Februar 1944 und im August/September 1944 wurde er wieder inhaftiert. – Der KPD-Führer Ernst Thälmann war bereits nach dem Reichstagsbrand am 3. März 1933 verhaftet worden, nach elfjähriger Haft wurde er im August 1944 im KZ Buchenwald ermordet.

Obwohl die Organisationen der Arbeiterbewegung zerschlagen und die meisten Führer durch Verhaftung oder Zwang zur Emigration ausgeschaltet worden waren, wurde von Anfang an der Widerstand gegen das NS-Regime organisiert. Es war kein zentral organisierter Widerstand, vielmehr bildeten sich zunächst meist kleine Gruppen auf lokaler Ebene, die ihre Tätigkeit als gesellschaftliche Veranstaltungen, als Debattierklub, Lesezirkel, Sportvereine usw. tarnten. Die Führer dieser Gruppen und ihre Mitglieder kamen größtenteils aus der Arbeiter-Jugendbewegung, aus dem Reichsbanner und den sozialdemokratischen Studentengruppen; sie waren meist Radikale des rechten oder linken Flügels der SPD gewesen. Diese Widerstandsgruppen repräsentierten also nicht die alte Partei; ihre Mitglieder waren entsprechend dem Legalitätsdenken der Führungsspitze (in Analogie zur Haltung der Partei während des Sozialistengesetzes) in keiner Weise auf eine illegale Tätigkeit vorbereitet. Von vielen älteren, durchaus konsequent antinationalsozialistisch eingestellten Sozialdemokaten konnte aus sozialen Gründen eine aktive Widerstandstätigkeit nicht erwartet werden, z. B. wenn sie für eine zahlreiche Familie zu sorgen hatten. Viele ältere Mitglieder verhielten sich daher, ohne ihr politisches Bewußtsein aufzugeben, passiv; ältere Arbeiterführer, wie z. B. Severing, Keil und Leipart, die relativ unbehelligt im Lande bleiben konnten, hielten entsprechend Widerstandsaktionen für sinnlos, nutzlos und unverantwortlich. Einigen Widerstandsgruppen gelang der Aufbau auch örtlich verzweigter Organisationen: so dem »Roten Stoßtrupp«, einer Gemeinschaft von Studenten und jungen Arbeitern in Berlin; eine Gruppe junger revolutionärer Sozialisten (Mitglieder des linken Flügels der SAJ und ehemalige Kommunisten), die sich »Neu Beginnen« nannte, hatte sich schon 1931 zusammengefunden, um der erwarteten Machtübernahme Hitlers vorbereitet entgegentreten zu können (zu dieser Gruppe gehörte Fritz Erler, 1913–1967, der 1938 verhaftet und 1939 zu 10 Jahren Zuchthaus verurteilt wurde). Die kleinen sozialistischen Gruppen, die vor 1933 außerhalb der SPD gestanden hatten, z. B. ISK und SAP, zeigten sich weit besser auf die illegale Arbeit vorbereitet: Theorie, Disziplin und Organisation nach dem Prinzip der Zellenbildung hatten diesen Organisationen schon vor 1933 trotz ihrer geringen Zahl eine starke Durchschlagskraft verliehen. So leisteten sie auch in der Illegalität Bedeutendes; besonders hervorzuheben ist dabei die erfolgreiche Zusammenarbeit der innerdeutschen Widerstandsorganisationen mit ihren Exilgruppen; das galt auch für »Neu Beginnen«. Auch die KPD und ihre Absplitterungen – Kommunistische Partei-Opposition (KPO) und die Gruppe der Trotzkisten – leisteten von Anfang an einen zentral geleiteten Widerstand; besonders bei der KPD erforderte er hohe Opfer an Menschenleben.

In den meisten Gruppen (mit Ausnahme des ISK und der SAP) bestand die Vorstellung, daß das Hitler-Regime sich nicht lange halten würde; entsprechend zielte ihre illegale Arbeit auf die Erhaltung des demokratischen Bewußtseins und auf die Vorbereitung unmittelbarer Aktionen ab:

Flugblätter, Zeitungen, Zeitschriften, Broschüren wurden hergestellt oder illegal nach Deutschland eingeschleust und verteilt; besonders in den Großbetrieben wurde die antinationalsozialistische Einstellung der Arbeiter unterstützt und auch hier und da der Versuch zu einer Massenaufklärung, z. B. 1936 während der Olympischen Spiele, unternommen. Daneben wurden Ausweichquartiere für Verfolgte geschaffen, Hilfe bei der Emigration geleistet, Angehörige von Verfolgten betreut; in einigen Fällen gelang sogar die Befreiung von Inhaftierten.

Auch die katholische Arbeiterbewegung wurde von den Nationalsozialisten seit 1933 offen bekämpft: 1936 wurde der Reichsverband der katholischen Arbeiterverbände verboten, regional waren in den meisten deutschen Ländern die Vereine bereits 1933 unterdrückt oder aufgelöst worden; die ›Westdeutsche Arbeiterzeitung‹ mußte 1933 ihr Erscheinen einstellen (die neue Zeitung ›Ketteler-Wacht‹ verbot das Regime 1938). Die Verbandszentrale der Katholischen Arbeitervereine in Westdeutschland, das Ketteler-Haus in Köln, wurde zum Kristallisationskern des Widerstandes der katholischen Arbeiterbewegung: Hier arbeiteten der Verbandspräses der Katholischen Arbeitervereine, Prälat Dr. Otto Müller, Joseph Joos, Nikolaus Groß als Redakteur der ›Ketteler-Wacht‹ und der Verbandssekretär Bernhard Letterhaus; mit ihnen in Verbindung standen einige führende Funktionäre der Christlichen Gewerkschaften, vor allem Jakob Kaiser, Heinrich Körner, Karl Arnold; in Berlin wirkte als Generalsekretär des Reichsverbandes der Katholischen Arbeitervereine Dr. Hermann Joseph Schmitt im gleichen Sinne. Fast regelmäßig fanden in Köln Zusammenkünfte statt, von hier aus wurden Verbindungen zum Ausland angeknüpft und die Organisationen auch unter den Bedingungen der Illegalität zu erhalten versucht.

Hitlers außen- und innenpolitische Erfolge bewirkten bis 1936 eine Stabilisierung seines Regimes; viele seiner früheren Gegner arrangierten sich im »Dritten Reich« – geblendet von seinen Erfolgen oder unter dem Druck des wachsenden Gestapo-Terrors; bis 1936/38 gelang es der Gestapo auch, die meisten zentralen Gruppen des Arbeiter-Widerstandes zu zerschlagen. Unter diesen veränderten Bedingungen konnte der Widerstand nur darin bestehen, das gegen das Regime gerichtete politische Bewußtsein zu erhalten und sich zu bestätigen und die Gruppenmitglieder auf die Zeit nach der Niederlage des Nationalsozialismus vorzubereiten. Die an politische oder religiöse Überzeugungen gebundenen Gesinnungsgemeinschaften, erst recht aber die vielen einzelnen, die aus einem Gefühl für menschliche Redlichkeit in eine oppositionelle Haltung getrieben wurden, hatten ein ungeheures Maß an moralischer Kraft aufzubringen: Inmitten einer feindlichen Umwelt, inmitten eines Volkes, das mehr und mehr dem herrschenden Regime verfiel, nahmen sie die freigewählte Isolierung auf sich.

Bei Kriegsausbruch waren (nach Weisenborn) etwa 300 000 Deutsche aus politischen Gründen in den Konzentrationslagern eingesperrt: »Man darf ohne Zweifel annehmen, daß bis zum Jahre 1939 die meisten dieser politischen Gefangenen der Arbeiterbewegung angehörten« (Weisenborn, S. 149). Von den 1807 zwischen 1940 und 1945 im Zuchthaus Brandenburg aus politischen Gründen Hingerichteten waren 773 Arbeiter und Handwerker, 363 Angestellte und Beamte (vgl. Weisenborn, S. 258). – Über die Einstellung vieler Arbeiter gegenüber dem Nationalsozialismus noch im Jahre 1936 gibt ein Bericht sozialdemokratischer Funktionäre an den SPD-Exilvorstand Auskunft (zit. bei Leber/Moltke, Für und wider, S. 181): »...Bayerische Motorenwerke (BMW) München: ...Alle müssen sich zwar dem herrschenden Druck fügen, aber wo sie können, zeigen sie, daß sie an dem ganzen Hitlerquatsch sehr wenig Interesse haben. Das zeigte sich deutlich wieder einmal bei der letzten Führerrede, für die Gemeinschaftsempfang angeordnet wurde... Während der Rede unterhielten sich die Arbeiter untereinander, so daß die Werks-SA einschreiten mußte, um wieder einigermaßen Ruhe herzustellen... Im letzten Drittel der Übertragung kam einmal ein größerer Applaus aus dem Lautsprecher, der länger anhielt. Sofort stürzten die Arbeiter zu den Toren und verlangten, hinausgelassen zu werden, da die Rede aus sei. Die Türwärter ließen sich überrumpeln, und nun setzte ein allgemeines Gerenne nach den Ausgängen ein. Ja, sogar die Fenster wurden geöffnet und durch sie drängten sich die Menschen hinaus, als wenn sie auf einer Flucht wären...«

Erst der von den Nationalsozialisten entfesselte Zweite Weltkrieg, der von der deutschen Arbeiterbewegung schon vor 1933 vorausgesagt worden war, gab der Widerstandsbewegung in Deutschland neuen Aufschwung. Richtungweisend im sozialdemokratischen Widerstand waren jetzt die nach der Stabilisierung des Regimes aus der Haft entlassenen jüngeren Parteiführer: Wilhelm Leuschner (1890–1944), von 1928 bis 1933 hessischer Innenminister, 1932 stellvertretender Vorsitzender des ADGB, bemühte sich um den Aufbau einer geheimen gewerkschaftlichen Widerstandsorganisation; er, Jakob Kaiser von den Christlichen Gewerkschaften und Max Habermann vom Deutschnationalen Handlungsgehilfenverband erarbeiteten das programmatische Konzept künftiger Einheitsgewerkschaften und suchten die Position der Arbeiterschaft in der freien Gesellschaft zu bestimmen (dabei unterstützte sie der Historiker Ludwig Reichhold und Dr. Elfriede Nebgen); alle drei Männer waren führend an den Vorbereitungen für den 20. Juli beteiligt (Leuschner war in der Regierung Goerdeler als Vizekanzler vorgesehen). Carlo Mierendorff und Theodor Haubach, die beide nach der Entlassung aus dem KZ Gelegenheit zur Emigration gehabt hätten, blieben in Deutschland und bauten den sozialistischen Widerstand neu auf; beide gehörten zum Kreisauer Kreis des Grafen Moltke. In der gleichen Richtung tätig war Julius Leber, der mit Mierendorff, Haubach und Leuschner in enger Verbindung stand und von Gustav Dahrendorf und Adolf Reichwein unterstützt wurde; Leber verband eine persönliche Freundschaft mit Stauffenberg, er war von der Widerstandsgruppe des 20. Juli als Innenminister vorgesehen.

Auch die katholische Arbeiterbewegung intensivierte ihre Widerstandsbemühungen während des Krieges. Neben Nikolaus Groß, Dr. Otto Müller und Dr. H. J. Schmitt war besonders Bernhard Letterhaus aktiv: 1942 als Hauptmann in die Abteilung Abwehr des OKW berufen, wirkte er als Verbindungsmann zwischen dem Widerstandskreis der katholischen Arbeiterbewegung im Ketteler-Haus in Köln und der militärischen Opposition um den 20. Juli.

Nach dem 20. Juli wurden hingerichtet: Leuschner, Leber, Haubach (Mierendorff war 1943 bei einem Luftangriff auf Leipzig umgekommen), Reichwein, Letterhaus, Groß; im Gefängnis starb (74-jährig, nach Mißhandlungen) Dr. Otto Müller; Selbstmord beging (weil er Beteiligte nicht verraten wollte) Habermann; hohe Zuchthausstrafen erhielten: Körner (1945 nach der Befreiung umgekommen), Dahrendorf, H. J. Schmitt; Jakob Kaiser konnte sich bis Kriegsende in der Nähe von Berlin verborgen halten; Joseph Joos war schon seit 1940 inhaftiert.

Auch die Kommunisten bauten während des Krieges ihre Widerstandsgruppen neu auf: In der »Rote Kapelle« genannten Gruppe von Harro Schulze-Boysen und Arvid Harnack fanden sich vorwiegend junge (nicht nur kommunistische) Intellektuelle zusammen; die »Rote Kapelle« hatte Kontakte zu sozialistischen Gruppen im westlichen Ausland und zur Sowjetunion (1941/42 Funkverbindung); die Führer der Gruppe wurden 1942 hingerichtet. Eine andere bedeutende kommunistische Widerstandsgruppe sammelte sich um Anton Saefkow, Franz Jakob und Bernhard Bästlein, die 1943/44 von Berlin aus eine schlagkräftige und weitverzweigte Organisation innerhalb der oppositionellen Arbeiterschaft aufbauten; sie hatten auch Kontakte zu sozialdemokratischen und bürgerlichen Widerstandskreisen; im Juli 1944 konnte die Gestapo mit Hilfe eines Spitzels die Gruppe verhaften: Saefkow und zahlreiche (nach

Weisenborn fast 100, nach Nitzsche über 400) Gruppenmitglieder wurden hingerichtet.

Schließlich ist noch der Widerstand vieler kleinerer Gruppen und einzelner zu erwähnen, von denen nur sehr wenig oder bisher gar nichts bekannt ist (es gibt bis heute noch keine zusammenfassende Darstellung des Arbeiter-Widerstandes im »Dritten Reich«): sie halfen Juden, Fremdarbeitern, Kriegsgefangenen und anderen Verfolgten, sie hörten »Feindsender« ab und verbreiteten ihre Nachrichten, sie verweigerten den Wehrdienst oder den Gehorsam bei verbrecherischen Befehlen – dies alles unter dem Einsatz ihres Lebens. Für sie alle, für die genannten wie die ungenannten Widerstandskämpfer gegen den Nationalsozialismus, galt, was Julius Leber kurz vor seiner Hinrichtung am 5. Januar 1945 seine Freunde wissen ließ: »Für eine so gute und gerechte Sache ist der Einsatz des eigenen Lebens der angemessene Preis.«

4. Die SPD in der Emigration

Am 27. April 1933 wählte die SPD auf einer »Reichskonferenz« einen neuen Vorstand, »um die Partei zu verjüngen und aktiver zu machen«; am 4. Mai, nach der Aktion gegen die Gewerkschaften, richtete die Partei im Saarland eine aus sechs Mitgliedern des Vorstandes bestehende »Auslandsvertretung« ein; als der in Berlin verbliebene Restvorstand am 17. Mai 1933 der außenpolitischen Erklärung der Reichsregierung zustimmte, kam es zum Bruch zwischen der Berliner Gruppe und der Auslandsvertretung, die nunmehr ihren Sitz nach Prag verlegte und sich nach dem Verbot der SPD am 22. Juni 1933 als Vorstand der SPD konstituierte.

Zum SPD-Vorstand vom 27. April 1933 gehörten u. a. Otto Wels, 1. Vorsitzender, Hans Vogel (1879–1945), 2. Vorsitzender, Siegfried Aufhäuser (1884–1969), Vorsitzender des Afa-Bundes, Erich Ollenhauer (1901–1963), seit 1928 Bundesvorsitzender der SAJ, Friedrich Stampfer (1874–1957), seit 1916 Chefredakteur des ›Vorwärts‹, Paul Löbe, Wilhelm Sollmann (1881–1951). – Wels, Vogel, Stampfer und Ollenhauer gehörten zur Auslandsvertretung der SPD; Sollmann und Aufhäuser emigrierten, Löbe war 1933 und 1944 in Haft. – 1937 verlegte der Parteivorstand auf Grund des Drucks Hitlers auf die tschechische Regierung seinen Sitz nach Paris; 1940, nach dem deutschen Sieg über Frankreich, gelang den meisten SPD-Führern die Flucht illegal durch Spanien nach Lissabon: Vogel, Ollenhauer u. a. gingen nach London (Wels war 1939 gestorben), Stampfer und Sollmann in die USA; Rudolf Hilferding und Rudolf Breitscheid fielen der Gestapo in die Hände: Hilferding endete 1944 im Pariser Gestapo-Gefängnis angeblich durch Selbstmord, Breitscheid kam 1944 im KZ Buchenwald bei einem Luftangriff um.

Der emigrierte Parteivorstand sah es als seine Aufgabe an, die revolutionäre Gegenbewegung der SPD gegen den Nationalsozialismus zu leiten und zu organisieren. Die Führer der legalen Partei waren zwangsweise Revolutionäre geworden; ihre bisherigen praktischen Erfahrungen in der Führung der Partei und ihre theoretischen Überzeugungen von dem Sinn des Kampfes der Arbeiterschaft übertrugen sie ebenso zwangsweise auf ihre neue Aufgabe. Sie glaubten, daß sich Vernunft und Freiheitswillen im deutschen Volk durchsetzen würden und daß das deutsche Volk unter Führung der Arbeiterbewegung gegen die Diktatur Hitlers aufstehen würde; sie hofften, daß die wirtschaftlichen und außenpolitischen Schwierigkeiten, die dem NS-Regime entstehen müßten, dazu beitragen könnten; Hitler und das »Dritte Reich« sahen sie (zumindest bis 1935) als vorübergehende Erscheinungen an, Hitlers Sturz erschien ihnen unausweichlich. Diese Unterschätzung ihres Gegners verband sich mit einer Überschätzung der Resistenzkraft des deutschen Volkes gegenüber dem Nationalsozialismus: es stand in seiner überwältigenden Mehrheit auf seiten Hitlers. So wurde auch die Bedeutung der deutschen Widerstandsbewegung falsch eingeschätzt: die Bemühungen des Exil-Parteivorstandes, vom Ausland her eine revolutionäre Bewegung zu organisieren, erreichten immer weniger, fast völlig isolierte Gegner des Nationalsozialismus, »die keinerlei Einfluß auf den Lauf der Ereignisse« (Edinger, S. 204) hatten, aber in ihrer Treue zu ihren politischen Idealen und zur alten Partei sich nicht scheuten, Freiheit und Leben aufs Spiel zu setzen. Die vom Parteivorstand erwartete Hilfe des Auslandes blieb völlig aus: man sah in den deutschen Emigranten »über Bord geworfenes, hilfloses Strandgut«, dem man bestenfalls Mitleid entgegenbrachte. Während des Krieges waren die deutschen Sozialisten fast völlig von der Widerstandsbewegung in Deutschland abgeschnitten: der 20. Juli scheint sie, trotz der aktiven Beteiligung sozialdemokratischer Führer, völlig überrascht zu haben. Trotz seiner Isolierung und der wachsenden Aussichtslosigkeit seines Kampfes erlag der Exil-Parteivorstand nie der Versuchung, auf die Angebote der Kommunisten zur Bildung einer proletarischen Einheitsfront einzugehen: die Bedeutung dieser Haltung für die Sache des demokratischen Sozialismus zeigte sich dann nach 1945.

Im Exil spaltete sich die SPD in eine Vielzahl von Gruppen auf mit den unterschiedlichsten Auffassungen über die Vergangenheit der Partei, über die Praxis der Emigrationsarbeit, über das programmatische Gesicht der Partei in der Zukunft; jede Gruppe beanspruchte die Führung der Exil-Bewegung, keine Gruppe konnte sich durchsetzen.

Neben dem Exil-Parteivorstand, der sich nur sehr zögernd einer Neuorientierung öffnete, gab es die sogenannte »Alte Linke« (vertreten u. a. durch Aufhäuser), die den radikalen Bruch mit der liberalen, revisionistischen Tradition und den »Klassenkampf des vereinigten deutschen Proletariats« forderte; die Gruppe »Neu Beginnen« (u. a. Richard Loewenthal, Erwin Schöttle, Waldemar von Knoeringen) lehnte die traditionelle Partei-Ideologie des ökonomischen Determinismus und politischen Evolutionismus ab und suchte nach neuen Wegen zu einem »wirklich neuen revolutionären Marxismus«, dem ein emotionelles Engagement zugrunde liegen sollte.

Ihnen gegenüber stand eine andere Gruppe, deren ebenfalls stark emotionell bestimmtes Konzept die Rückkehr zum »patriotischen Sozialismus Lassalles« vorsah (so Sollmann); die Verbündeten für ihren Kampf wollten sie bei den rechten Gegnern Hitlers suchen: christliche Sozialisten, Deutschnationale, Otto Strasser. (Zur weiteren Orientierung sei auf die Bücher von Matthias, Sozialdemokratie und Nation, und Edinger verwiesen.) Nachdem 1938 die innere Zersplitterung der sozialdemokratischen Emigrationsgruppen ihren Höhepunkt erreicht hatte, kam es 1941 – unter dem Eindruck des Kriegsverlaufs – in London zum Zusammenschluß des restlichen Exil-Parteivorstandes (Vogel, Ollenhauer) mit der Gruppe »Neu Beginnen«, der SAP und dem ISK (Willi Eichler) zur »Union deutscher Sozialistischer Organisationen in Großbritannien«; diese Gruppe, in ihrer weiteren Entwicklung durch den Labour-Sozialismus beeinflußt, hat nach 1945 entscheidend das Gesicht der wiedergegründeten SPD mitbestimmt. In New York dagegen konnte die Zersplitterung nicht überwunden werden.

Über alle Gegensätze hinweg schienen sich aus den Diskussionen über die Grundlagen der SPD in der Emigration wie in Deutschland die Umrisse einer neuen Partei herauszuschälen: eine Partei, die sich zwar noch in erster Linie auf die Arbeiterschaft stützt, aber keine Klassenpartei mehr sein soll; eine Partei, die die Nation als Voraussetzung für die Durchsetzung ihrer Politik anerkennt und ihr Führungsaufgaben für eine enge poli-

tische Gemeinschaft der demokratischen Nationen Europas zuweist; eine Partei, der der Klassenkampf nichts anderes mehr
bedeutet als Kampf um die Umgestaltung des gesamten nationalen Lebens im Sinne einer Synthese von Freiheit und sozialer
Gerechtigkeit.

1. Die gesellschaftliche Situation des Arbeiters heute

Wie es scheint, ist der Arbeiter von heute kein Proletarier mehr: er hat ein über sein Existenzminimum hinausreichendes Einkommen, er gleicht sich in Lebensweise und -einstellung mehr und mehr den Mittelschichten an, die man traditionell als Kleinbürger bezeichnet, und vor allem: es fehlt das proletarische Klassen(kampf)bewußtsein.

Der Proletarier, besitzlos und ohne Vermögensreserven, ist angewiesen auf die dauernde Nachfrage nach der Ware, die er zu verkaufen hat: seine Arbeitskraft; er kann nicht planen, er hat keine Sicherheit, er ist austauschbar, in ständiger Abhängigkeit und fast ohne jede Möglichkeit des Aufstiegs über die Klassenschranke hinaus: seine Position als bloßes Objekt prägt sein Bewußtsein. In diesem klassischen Sinne kann man heute die Arbeiter in der Bundesrepublik nicht mehr als Proletarier bezeichnen, die nichts zu verlieren haben als ihre Ketten. Zu einem entscheidenden Teil von ihnen selbst solidarisch erkämpft und erarbeitet, ist ihre soziale Sicherheit größer geworden, ihr Lebensstandard gestiegen und damit ihre Mentalität geändert.

Und doch bestehen auch heute noch wesentliche Grundtatsachen der Proletarität, wenn auch – der gesamtgesellschaftlichen Entwicklung entsprechend – in teilweise gewandelter Erscheinungsform. Auch heute noch ist der Anteil der Arbeiter an den materiellen und an den geistigen Gütern unserer technischen Zivilisation sehr begrenzt: Wohlstand ist relativ und schon gar nicht nur materiell meßbar.

Nach wie vor ist die Möglichkeit der Lebensplanung für den Arbeiter begrenzt: In der eigenen Einschätzung seiner Situation spielt die Furcht vor der Arbeitslosigkeit noch immer eine große Rolle; tatsächlich ist ja eine durch die Automation verursachte technologische Arbeitslosigkeit als Bedrohung der sozialen Sicherheit durchaus gegeben, so lange jedenfalls, wie sich die Automatisierung ungeplant, ausschließlich unter den Gesichtspunkten des Privatinteresses und des Gewinns vollzieht. Das subjektive Gefühl, austauschbar, ersetzbar, abhängig zu sein und ein ganzes Leben zu bleiben, wird durch konkrete Tatsachen hervorgerufen: ein großer Teil der traditionell als

Handwerk erlernten Berufe sind in ihrer wirtschaftlichen und sozialen Bedeutung entwertet, der für spezielle Arbeitsvorgänge angelernte Arbeiter gewinnt unter dem Zeichen der Rationalisierung und der Automation gegenüber dem Facharbeiter immer mehr an Boden; viele, die handwerkliche Berufe erlernt haben, müssen sich gleich nach dem Abschluß ihrer Lehre umschulen lassen; dieses Schicksal, die Entwertung ihrer beruflichen Qualifikation erleben zu müssen, trifft viele in der Lebensmitte, und mancher alte Arbeiter findet sich am Ende seines Arbeitslebens wieder in einer Position, die kaum besser ist als die seiner Lehrjahre, oder er muß vorzeitig aus dem Arbeitsprozeß ausscheiden, weil er sich an neue Produktionsmethoden nicht mehr anpassen kann.

Das Sinken der beruflichen Geltung muß nicht unbedingt immer verbunden sein mit dem Verlust des materiellen Status: aber offensichtlich spielt für den Menschen die Frage, ob er durch sich selbst und andere in seiner Berufs- und Lebensleistung bestätigt werden kann, eine größere Rolle als Geld. Diese Selbst- und Fremdbestätigung ist heute gerade für den Arbeiter (von der Sondersituation der Angestellten wird noch zu reden sein) wenig gegeben: die Selbstentfremdung des Menschen, wie sie Marx als ein Kriterium der kapitalistischen Produktionsverhältnisse analysiert hat, besteht weiter; »die Befreiung des Menschen zu einem menschlichen Leben in einer menschlichen Gesellschaft steht noch aus« (W. Dirks in: Gibt es noch ein Proletariat?, S. 92).

In der differenzierten Arbeitswelt von heute trifft die alte Einteilung der Arbeitnehmer in Arbeiter, Angestellte und Beamte – obzwar noch immer gültig u. a. im Entgeltsystem, in der Sozialversicherung, im Arbeitsrecht – nur noch sehr bedingt die Realitäten. Zum Zwecke des internationalen Vergleichs ist es üblich geworden, zu unterscheiden zwischen den Beschäftigten im primären Produktionssektor (Land- und Forstwirtschaft, Fischerei u. ä.), im sekundären (Industrie, Bergbau, Bau- und Energiewirtschaft u. ä.) und im tertiären (Verteilung, Transport, Handel, Verwaltung, Dienstleistungen aller Art und alle anderen Tätigkeiten, die eine nicht-materielle Leistung hervorbringen). Herrschafts-soziologisch scheint es erlaubt (nach Dahrendorf), davon zu sprechen, daß anstelle des alten Gegensatzes zwischen »Kapital und Arbeit« der zwischen der immer kleiner werdenden Gruppe der Herrschenden, die an den Schalthebeln der Wirtschaft, Gesellschaft und Politik sitzen, und der großen Menge der Beherrschten getreten ist: »Nicht das freie Spiel der Kräfte ist der Normalzustand der Gesellschaft, sondern das freie Spiel des Mächtigen mit dem Ohnmächtigen« (W. Hallstein, 1958–67 Präsident der EWG-Kommission, zit. bei Köpping, S. 38).

Als ein starkes Hemmnis bei dem Streben des Arbeiters nach individueller und sozialer Anerkennung und Geltung erweist es sich, daß die Organisation des Betriebes immer noch an quasi-militärischen Leitbildern orientiert ist, daß im Betrieb immer noch die traditionellen monarchisch-autoritären Leitwerte von Befehl und Gehorsam vorherrschen; trotz aller Betonung durch Unternehmer, daß es heute im Betrieb auf das Mitdenken, Mitsprechen und überzeugte Mithandeln des Mitarbeiters ankomme, gibt der Arbeiter (besser: der Arbeitnehmer überhaupt) dennoch »seine Freiheit mit der Garderobe im Umkleideraum ab«: der Arbeiter ist »in der Regel Objekt eines hierarchischen Systems: Er ist das letzte Glied in der Kette« (Bahrdt in: Gibt es noch ein Proletariat?, S. 32). Zur Betriebsorganisation im Stile einer heimlichen Monarchie gehört auch das Bemühen, die Arbeiter an den Betrieb materiell, aber auch moralisch zu binden: also nicht nur durch Prämien, zusätzliche soziale Leistungen und Altersversorgung, Werkswohnungen etc., durch Einflußnahme und Lenkung der Freizeitgewohnheiten, sondern auch durch paternalistisch-soziales Wohlwollen, durch die Vorstellung einer voneinander abhängigen und füreinander sorgenden Betriebsfamilie.

Solche Bemühungen der Unternehmer haben einen tiefen Sinn: ebenso wichtig wie soziale Sicherheit ist für den Arbeiter das Gefühl der sozialen Geborgenheit; eine Erscheinung, die die Arbeiterorganisationen, die heute allzusehr ihre Arbeit auf die Erringung materieller Güter abstellen, zum Nachdenken über den Sinn ihrer Arbeit herausfordern sollte, wenn sie nicht den Kampf um den Arbeiter an die Unternehmer verlieren wollen; allerdings bleibt dabei zu bedenken, daß die Sehnsucht nach sozialer Geborgenheit nur dann keine Flucht vor der selbstverantwortlichen Gestaltung des Lebens ist, kein Beharren im Zustand autoritätsgläubiger Unterlegenheit, wenn sie in dauernder Spannung zu einem Bedürfnis nach Unabhängigkeit und Verantwortlichkeit für andere steht.

Welche Auswirkungen die quasi-militärisch-hierarchische Betriebsstruktur für das demokratische Modell von Staat und Gesellschaft haben muß, ist unschwer zu erkennen:

»Der Betrieb ist der Ort, von dem das soziale, berufliche und wirtschaftliche Schicksal des Arbeitnehmers seinen Ausgang nimmt.

Dort hat seine gesellschaftliche Freiheit bzw. Unfreiheit ihren Anfang. Dort wird die große Gesellschaft für ihn anschaulich und praktisch bedeutsam. Wenn er gezwungen wird, gehandeltes Objekt und passiver Befehlsempfänger in seinem Betrieb zu sein, kann man kaum von ihm erwarten, daß er als verantwortlicher Staatsbürger in einer demokratischen Gesellschaft zu handeln vermag. Eine demokratische Gesellschaft kann nur aufgebaut werden, wenn auch der Betrieb demokratisiert wird.« (Mainz-Kasteler ›Thesen zur Demokratisierung des Arbeitsplatzes‹ der evangelischen Kirche, 1960, vgl. Gewerkschaftliche Monatshefte, Juni 1961.)

Die Tendenzen zu einem modernen paternalistisch orientierten Betriebsfeudalismus lassen die gleichen Folgen befürchten: sie mindern das ohnehin nicht stark ausgeprägte Interesse an politischen und sozialen Aufgaben noch mehr, sie unterstützen die Vorstellungen von der konfliktlosen Gesellschaft und von der regelnden, ausgleichenden, obrigkeitlichen Funktion des Staates, sie entziehen den Trägern des demokratischen Pluralismus in der Gesellschaft – wie z. B. den Organisationen der Arbeitnehmerschaft – zumindest psychologisch den Boden für ihre Wirkungsmöglichkeiten.

Es scheint nicht ausgeschlossen, daß die Automation Änderungen in der Struktur der Betriebsorganisation auslösen wird: denkbar wäre eine Abschwächung (wenn nicht sogar Auflösung) der hierarchischen Ordnung des Betriebes durch die Anforderungen des automatisierten Produktionsprozesses, der den Verantwortungs- und Entscheidungsspielraum des Arbeiters bei gleichzeitig zunehmender Isolierung erhöht; Automatisierungsfachleute sprechen ausdrücklich von einem »Umbau unserer Begriffe von Arbeitsethos, Disziplin und Pflicht« und führen u. a. als eine neue »soziale Tugend« die »wachsame Faulheit« an; unbestritten ist in diesem Zusammenhang auch die zunehmende Angleichung der Funktionen von Arbeitern und Angestellten: so sehr zu wünschen ist, daß dadurch bewußtseinsmäßig verfestigte irreale »Klassen«-schranken überwunden werden können, ebenso sehr ist zu befürchten, daß das herrschafts-soziologische Modell der Gesamtgesellschaft auch auf den Betrieb übertragen werden könnte: hier die kleine Gruppe hochqualifizierter und privilegierter Spezialisten, dort die austauschbare Menge der Angelernten.

In ihrer individuellen und sozialen Bedeutung überhaupt noch nicht einschätzbar sind die psycho-physischen Auswirkungen der Automation auf den Arbeitnehmer. Ein Blick auf die Skala der neuen »sozialen Tugenden«, die vom Arbeiter unter den Bedingungen der automatisierten Produktionsweise erwartet werden, vermittelt am besten einen Eindruck von dem revolutionären Wandlungsprozeß, in dem Individuum und Gesellschaft sich befinden: Mobilität, Anpassungsfähigkeit, gute Auffassungsgabe (für in ihrer Tiefe oft nicht durchschaubare Vorgänge), Fähigkeit zur Abstraktion, Entscheidungsfreudigkeit, aber auch: Genauigkeit, Zuverlässigkeit, Fähigkeit zur Zusammenarbeit, Verantwortungsbewußtsein. Nicht nur, daß sich die Anforderungen an den Arbeiter von der körperlichen auf die geistig-seelische Inanspruchnahme verschoben haben, sondern man sucht in dieser Skala vergebens die Wertvorstellungen der traditionellen Arbeitsethik: Fleiß, Gehorsam und guter Wille; andererseits verdeutlicht sie eindrucksvoll die ungeheure Spannung, in der der »Menschentyp der Zukunft« leben wird: wie wird der Mitarbeiter – um nur ein Beispiel zu nennen –, der ein Maximum an Anpassungsfähigkeit, an Elastizität zu leisten hat, zugleich zuverlässig sein können?

Es ist eine offene Frage, wie solchen Anforderungen entsprochen werden kann: Zwar ist anerkannt, daß die Automation im allgemeinen die äußeren Arbeitsbedingungen verbessert, aber gleichzeitig die Sinnentleerung des beruflichen Lebens existentiell noch deutlicher erfahren läßt: Eintönigkeit, Einsamkeit, die Strapazierung des Geistes durch Langeweile gehören zu den – wie es scheint – unumgänglichen Begleiterscheinungen der automatisierten Produktionsweise; aus amerikanischen Untersuchungen sind einige psycho-somatische Reaktionen auf eine solche Überforderung und Überbeanspruchung im negativen Sinne bekannt: z. B. Angstzustände, Anfälligkeit für Magen- und Herzkrankheiten.

Wie sehen nun unter solchen Bedingungen die Arbeiter sich selbst und die Gesellschaft? Die soziale Selbsteinschätzung der (Fach-)Arbeiter trägt doppeldeutige Züge: in der berufs- und leistungsbezogenen funktionellen Rangfolge schätzen sie sich sehr hoch ein: sie gruppieren sich nach dem Arzt, dem Techniker und Ingenieur und dem Hochschulprofessor an 4. Stelle ein, erst dann folgen Lehrer, Direktoren, Werkmeister (9. Stelle), Beamte (13. Stelle) und Angestellte (15. Stelle). Aber im umgekehrten Verhältnis zu dieser funktionellen Rangfolge beurteilen sie ihren sozialen Status innerhalb der Gesamtgesellschaft: viele Arbeiter sehen die Gesellschaft zweigeteilt zwischen »oben« und »unten«, sich selbst auf der untersten Stufe stehend. Das »oben« beginnt bei den Meistern, Betriebsräten, Gewerkschaftssekretären; auch die Angestellten werden der »anderen Seite« hinzugerechnet.

Hier einige Beispiele aus der Untersuchung über ›Das Gesellschaftsbild des Arbeiters‹ zur Frage der Mitbestimmung: »Nein, das Kapital wird immer stärker sein...« (28 Jahre, Aufgeber). – »...Der Arbeiter muß kleingehalten werden. Er soll gut leben können, aber er darf nicht zuviel zu sagen haben...« (26 Jahre, Elektriker). – »Wenn einer mal in so einen Aufsichtsrat aufgestiegen ist, gehört er praktisch nicht mehr zu uns...« (48 Jahre, Schweißer). – »Man will die Arbeiter doch nur beruhigen. Sie sollen meinen, jetzt bin ich fein raus. In Wirklichkeit sind die doch da oben nur geduldet... In Wirklichkeit regiert ja doch das Kapital. Die Arbeit kann dagegen nicht an« (ohne nähere Angabe). – »Einer, der ja einmal Arbeiter ist, verfällt diesem Stand und kommt nicht wieder heraus. Der muß sich damit abfinden, der ist irgendwie unten in der menschlichen Gesellschaft« (Feinwalzer, ohne Altersangabe). – Dieser sozialen Mentalität entsprechen z. B. folgende immer wiederkehrende, feste Redewendungen (Topoi): »Wo das Geld ist, ist die Macht.« »Der Arbeiter ist ja doch stets der Dumme.« »Die da oben sind stärker.«

Wie ist nun die Diskrepanz zu erklären, die darin liegt, daß sich die Arbeiter im funktionellen Rang sehr hoch bewerten, in ihrem sozialen Status innerhalb der Gesamtgesellschaft sich aber ebenso niedrig einschätzen? Einem ausgeprägten Leistungsbewußtsein im Hinblick auf die Bedeutung der eigenen Arbeit steht die Erfahrung gegenüber, daß über Lohnerhöhungen und Arbeitszeitverkürzungen hinaus nicht mehr viel zu erreichen ist, daß für den Arbeiter die Möglichkeiten der aktiven Mitgestaltung in der Arbeitswelt, aber erst recht zur Übernahme öffentlicher Verantwortung nicht oder kaum konkret nachvollziehbar sind: die Demokratie und ihre Institutionen können immer noch nicht als die der sozialen und psychologischen Wirklichkeit gemäßen Formen verstanden werden. So bleibt es bei jener Barriere »die da oben« und »wir da unten«, an der die Impulse zur Überwindung der traditionellen Autoritätsstruktur unserer Gesellschaft zerbrechen; so bleiben soziale Verhaltensweisen bestehen, die von Mißtrauen, Zweifel, vordergründiger Anpassung oder Flucht vor der Trostlosigkeit des Alltags in eine Scheinwelt bestimmt zu sein scheinen.

Wie wenig fragwürdig autoritäre Verhaltensweisen noch immer sind, zeigt sich an der Einstellung der Angestellten zu den Wandlungsprozessen der industriellen Arbeitswelt und der Gesellschaft überhaupt. Auch der Angestellte sieht sich so, wie er sich immer gesehen hat: er kennt ein »oben« und »unten«, ordnet sich selbst in der

Mitte ein, aber entwickelt eine ausgesprochen scharfe Unterscheidungsfähigkeit und Sensibilität für soziale Abstufungen. Er sieht die Gesellschaft nicht zweigeteilt, sondern hierarchisch, und innerhalb dieses hierarchischen Systems gibt es für ihn den absehbaren möglichen Aufstieg. Wie groß das Vertrauen in diese »natürliche Ordnung« der Dinge ist, zeigt sich daran, daß die weit vorangeschrittene Automatisierung der Büroarbeit kaum als eine Bedrohung empfunden wird: man glaubt, daß sich alles schon wieder in die gewohnten Muster einordnen lassen wird. Die Desorientierung in der Wirklichkeit ist bei den Angestellten viel größer als bei den Arbeitern; es kann nämlich nach allen Erfahrungen kein Zweifel darüber bestehen, daß die Automation in der Büroarbeit zur radikalen Zerstörung der traditionell hierarchischen Ordnung führen wird.

Resignation und Skepsis der Arbeiter von heute beruhen »auf dem Gefühl, daß all das, was sie bereits erreicht haben, sehr rasch wieder verloren gehen kann, bevor das, was sie eigentlich erträumten, gewonnen ist« (Bahrdt, S. 43). Es sind bezeichnenderweise die qualifizierten, überdurchschnittlich bezahlten Facharbeiter, die am unzufriedensten sind. Mit dieser Resignation und Skepsis verbunden ist das Verharren in traditionellen Verhaltensweisen, die im Widerspruch stehen zu den tatsächlich vorhandenen, rechtlich-institutionell gesicherten Möglichkeiten, die auch dem Arbeiter gegeben sind, um sozial aufzusteigen. Hier sei nur auf die noch stark ausgeprägte Bildungsfeindlichkeit der Arbeiterfamilie hingewiesen, die immer noch weitgehend auf eine qualifizierte, gegebenenfalls akademische Berufsausbildung der Kinder verzichtet. Das kann allerdings nicht nur als ein deutliches Zeichen der Resignation gegenüber einer »bürgerlich-kapitalistisch-liberalistisch« orientierten Gesellschaft verstanden werden, es ist ebenso sehr ein Zeichen der Anpassung an das Leitbild gerade dieser Gesellschaft: durch schnelles Verdienen will man unter Umgehung einer langen Ausbildungszeit rasch in den Besitz der Symbole des Wohlstandes und damit zu einer individuellen Geltung in der Gesellschaft gelangen. Ein weiteres Zeichen der Tendenz, in traditionellen Verhaltensweisen zu verharren, ist etwa die Mühsamkeit des Lernens, durch rationales Planen und zielvolle Orientierung über den Tag hinaus die spontane unmittelbare Bedürfnisbefriedigung auf ein sinnvolles Maß zu reduzieren. In diese Kette gehört auch das freilich noch von anderen Faktoren bestimmte Festklammern an überholte arbeitsethische Werte: häufig kommt der Widerstand gegen eine sinnvolle Arbeitszeitverkürzung aus den Reihen der Arbeiter selbst.

Wenn die Arbeit als sinnlos und langweilig empfunden wird, wenn es im Leben an Anerkennung, Vertrauen und Geltung fehlt, wenn der Leidensdruck von Resignation und Skepsis zu groß wird, liegt die Flucht in eine Scheinwelt nahe, in die ganz von Erwartungen, Wünschen und Hoffnungen bestimmte Vorstellung einer Welt, in der alle gleich sind, weil der Former X den gleichen Anzug tragen und beinahe den gleichen Wagen fahren kann wie sein Generaldirektor Y. Die Existenz des arbeitenden Menschen zerfällt dann in die harte Wirklichkeit der Arbeitswelt und in den schönen Traum der von ihr völlig unabhängigen, von sozialen Bezügen weitgehend entblößten Freizeitwelt: es entsteht so etwas wie eine soziale Schizophrenie. Durch sie droht eine Verschüttung gerade der Eigenschaften: Verantwortungsbereitschaft, Solidarität, Einsicht in die Zusammenhänge von Ursache und Wirkung, die im Interesse einer Demokratisierung der Gesellschaft der Weiterentwicklung bedürften.

Es herrscht nun bei jenen, die die Bedingungen der modernen Produktionsweise als unveränderbar hinnehmen, der Trend, das entscheidende Gewicht der Therapie auf die Freizeit zu legen. Die Hoffnung aber, daß die schweren Schäden einer als sinnentleert empfundenen Arbeit durch mehr Freizeit automatisch geheilt werden können, dürfte eine gefährliche Illusion sein. Es bestehen sehr tiefgehende funktionale Beziehungen zwischen Arbeit und Freizeit, und solange der eine Bereich menschlichen Daseins – die Arbeit – ausschließlich fremdbestimmt ist, wird es schwer sein und fehlen die wichtigsten Voraussetzungen, den anderen Bereich – die Freizeit – der Selbstverwirklichung des Menschen nutzbar zu machen. Denn gerade »an der Berufssphäre der Lebensleistung ist positiv und negativ die ganze Person des Menschen intensiv beteiligt« (Sopp, S. 123); es ist also auch keine Lösung, dem, der einen ihm angemessenen Platz in der Gesamtgesellschaft haben will, den Status eines Volksaktionärs, Auto- oder Eigenheimbesitzers als Ersatz anzubieten.

Doch sollte ein im Sinne der Demokratisierung unserer Gesellschaft positiver, fast revolutionierender Aspekt der größeren Freizeit und der gesteigerten Konsummöglichkeiten ebensowenig übersehen werden: Wer mehr Zeit übrig hat, als zum Arbeiten, Essen und Schlafen notwendig ist, wer mehr Geld hat, als er zum Anschaffen des Lebensnotwendigsten braucht, wer daher lernen muß zu wählen zwischen mehreren Alternativen (Fernsehen oder Plattenspielen, Urlaubsreise oder Bausparvertrag), der erfährt ein Stück ganz konkreter Freiheit und die mit ihr verbundenen Konsequenzen – auch die einer möglichen Fehlentscheidung: der übt sich – wirklichkeitsnah und existenzbezogen – in die Demokratie ein.

Auch haben neuere sozialwissenschaftliche Untersuchungen ergeben, daß eine genaue Durchleuchtung des Freizeitverhaltens dazu beitragen wird, gern gebrauchte Klischees des Kulturpessimismus abzubauen; vgl. z. B. Hanhart (S. 145 resp. 141): passiver Massensport als »Ausdruck einer weltzugewandten, aufgeschlossenen, agilen und aktiven Persönlichkeit«, die also für soziale Aktion im öffentlichen Interesse durchaus ansprechbar erscheint, oder: Vereinsmitglieder, insbesondere Mehrfachmitglieder, die sich als sozial besser integriert erweisen als Nichtmitglieder und deshalb stärker für politische Aufgaben zu interessieren sind. Auch sind offensichtlich Leitbilder zu einem »persönlichkeitsbereichernden Freizeitverhalten«, wenn auch noch nicht verhaltensrelevant, so doch durchaus vorhanden (vgl. Hanhart: bei Züricher Arbeitern steht Lesen an 1., Sport an 5. und Fernsehen an 8. Stelle).

Die Leitbilder unserer Gesellschaft sind jedoch bisher nicht partnerschaftlich-demokratisch geprägt; sie verhindern vielmehr die Überwindung des hierarchischen, quasi-militärischen Denkens und Verhaltens in Betrieb, Gesellschaft und Staat, sie erlauben die Aufrechterhaltung der Zweiteilung der Gesellschaft in die wenigen »da oben«, die doch machen, was sie wollen, und die vielen »da unten«, die doch nur die Dummen sind, oder sie verführen zu individualistischer, weltabgewandter Selbstgenügsamkeit im Privaten oder zu unbedachtem Nachvollzug dessen, was eben angeblich alle tun. Technischer Fortschritt, Entwicklung der Gesellschaft und das Bewußtsein der Menschen klaffen einstweilen noch in einer beinahe nicht mehr denkbaren Weise auseinander:

»Wir erziehen unsere Kinder in der Schule im Geiste Humboldts und Goethes und schicken sie dann in eine Wirtschaft, deren Stil Ford und Rockefeller geprägt haben. Vor dem Fabriktor sind wir Demokraten, in der Fabrik praktizieren wir die Monarchie« (Phoenix-Rundschau 5/6, 1962).

Unmittelbar nach dem Zusammenbruch der nationalsozialistischen Diktatur, im Frühjahr 1945, begannen Sozialdemokraten
überall in Deutschland, ihre Partei – die Sozialdemokratische
Partei Deutschlands – wiederaufzubauen. Als eine Konsequenz
der historisch-politischen Entwicklung stand es für sie außer
Frage, daß nunmehr die Stunde des Sozialismus gekommen
war: Jenes »nach Hitler – wir«, 1932 von Breitscheid geprägt,
sollte seine späte Erfüllung finden.

»Die Sozialdemokratische Partei ist die einzige Partei in Deutschland
gewesen, die an der großen Linie der Demokratie und des Friedens
ohne Konzessionen festgehalten hat. Darum kann nur sie allein von
sich sagen, daß die Grundsätze ihrer Politik ihre Prüfung vor dem
Richterstuhl der Geschichte bestanden haben. Alle anderen Richtungen in Deutschland sind mehr oder weniger schuld an dem Aufkom-
men des Nazismus ... Wenn die Sozialdemokratie jetzt den Anspruch auf die Führung beim Neubau des deutschen Staatswesens
erhebt, dann tut sie das nicht aus einem selbstsüchtigen Parteimotiv.
Sie denkt nicht daran, auch nur den Versuch zu machen, andere un-
belastete und aufbauwillige Kräfte in Deutschland von dem Recht
auf Mitgestaltung auszuschließen. Sie will aber eine klare Entscheidung darüber, ob wir in Deutschland einen Neubau oder einen Wiederaufbau vornehmen wollen. In den bürgerlichen Strömungen machen sich zuviel Kräfte des Wiederaufbaus geltend.«

Diese von einem starken sozialistischen Selbstbewußtsein getragene Überzeugung schrieb im Sommer 1945 Kurt Schumacher nieder, der – trotz schwerer körperlicher Leiden durch
eine 11jährige KZ-Haft – von Hannover aus seiner Partei die
entscheidenden Impulse gab.
   Für Schumacher bedeutete Sozialismus »Kampf um die geistige, politische und ökonomische Befreiung der arbeitenden
Menschen«, »Kampf um das Recht und die Freiheit gegen Ver-
gewaltigung und Knechtung«; Sozialismus war für ihn un-
denkbar ohne die Demokratie: »Die Demokratie ist untrenn-
bar von Begriff und Ethik des Sozialismus«; erst Sozialismus
und Demokratie zusammen geben die geistige und politische
Grundlage für »die Änderung der ökonomischen und gesell-
schafts-psychologischen Voraussetzungen der deutschen Politik« (zit. bei Kaden, S. 72). Mit dieser eindeutigen Haltung hat
Schumacher von vornherein jener ambivalenten Einstellung
zur parlamentarischen Demokratie – »Die Republik, das ist

nicht viel, der Sozialismus ist unser Ziel« –, die das Verhältnis der Sozialisten zur Weimarer Republik belastet hatte, den Boden entziehen können: die Erfahrung des Totalitarismus hatte das »Ja« zur Demokratie unbefragbar gemacht.

Die unaufhebbare Verbindung zwischen Sozialismus und Demokratie ermöglichte es der SPD, bei der Diskussion um die Schaffung einer vereinigten Arbeiterpartei eine klare Entscheidung zu treffen. Neben der zunächst als »Büro Dr. Schumacher« in Hannover getarnten Zentrale der westdeutschen SPD und dem Rest-Emigrations-Vorstand in London bestand ein sogenannter Berliner Zentralausschuß (Grotewohl und Fechner), der ebenfalls Anspruch auf die Führung der Gesamtpartei erhob, obwohl sein Einfluß auf die sowjetische Besatzungszone beschränkt war. Aber nicht nur etwa hier im Berliner Zentralausschuß, sondern überall in der deutschen Sozialdemokratie bestand nach 1945 die Hoffnung, daß die Spaltung der deutschen Arbeiterbewegung in zwei Parteien – SPD und KPD – überwunden werden würde.

Für diese Hoffnung gibt es eine ganze Reihe von Erklärungen: zunächst der Schock des Jahres 1933, als die Dynamik der nationalsozialistischen »Revolution« die von dem Mythos der Unzerstörbarkeit getragenen Organisationen der Arbeiterbewegung einfach überrollte; dann aber aus der Situation des Jahres 1945 verständliche Haltungen, die weit über die Sozialdemokraten hinaus bei vielen Deutschen unmittelbar unter dem Eindruck der Zerstörung des Staates und der Wirtschaft Resonanz fanden: tief emotionell bedingte Sympathien für die proletarischen Revolutionäre aus dem Osten, ebenso emotionell gefärbte Aversionen gegen die westlichen, kapitalistischen Sieger, die die restaurativen anti-sozialistischen Kräfte in Westdeutschland zu stärken geneigt waren. Orientierung an Rußland bedeutete für viele Hoffnung auf ein neues Europa, gegründet auf die Solidarität der bisher von der Geschichte vernachlässigten Nationen; die Sowjetunion – aufgestiegen aus Hunger, Elend, Not zu einer Siegermacht, die ihren Krieg als vaterländischen Krieg geführt hatte – das war für sehr viele – rechts und links – das Vorbild, nach dem man jetzt im Jahre 1945 suchte. Demgegenüber konnte der Westen nichts oder doch nur sehr wenig anbieten: Freedom and Democracy, Freiheit und Demokratie – das waren für die Deutschen des Jahres 1945 ziemlich unverbindliche Worte; sie verstanden Stalin viel besser: »Die Hitlers kommen und gehen, das deutsche Volk aber bleibt bestehen.«

Sehr häufig wird diesen Einstellungen nicht viel mehr zugrunde gelegen haben als die Furcht vor der Auseinandersetzung mit der Vergangenheit und das Ausweichen vor den Anforderungen der Wirklichkeit ins Pseudo-Revolutionäre. Jedenfalls verhinderten diese Vorstellungen bei den deutschen Sozialisten – unabhängig von den politischen Entscheidungen der SPD-Führung nach 1945 – lange Zeit eine realistische Einschätzung der sowjet-kommunistischen Ideologie und Wirklichkeit: trotz der Konfrontation beispielsweise mit den Terrormaßnahmen gegen Sozialdemokraten in der sowjetischen Besatzungszone nach der Zwangsvereinigung von KPD und SPD herrschte dennoch das Wunschdenken, daß es möglich sein müsse, über die zugegebenermaßen schreckliche Wirklichkeit hinaus und sie überwindend zu einem »reinen« Kommunismus zu gelangen, daß es über alle Unterschiede hinweg doch gelingen müsse, »die ›ehrliche Überzeugung‹ aller Beteiligten zur Basis gemeinsamer politischer Anstrengungen zu machen« (Kaden, S. 283) – verständlich waren alle diese Auffassungen angesichts des traditionellen idealistisch-humanistischen Welt- und Menschenbildes der sozialistischen Arbeiterbewegung durchaus.

Kurt Schumacher lehnte mit der ihm eigenen Härte und Unversöhnlichkeit ein Zusammengehen mit den Kommunisten ab, obwohl auch er grundsätzlich die »Einheitspartei der Arbeitenden aller Berufe und Schichten« für geschichtlich notwendig hielt; aber für ihn war die KPD »nicht eine deutsche Klassen-, sondern eine fremde Staatspartei«, in ihrer Theorie und Praxis vollkommen abhängig von der Sowjetunion. Schumacher argumentierte gegen eine Vereinigung mit der KPD aber nicht nur »national«, sondern zumindest ebenso stark »prinzipiell demokratisch«. Sozialismus ohne Demokratie, ohne Menschlichkeit, ohne Geistesfreiheit war für ihn kein Sozialismus. »So wie die Vorstellungen von der Auserwähltheit des deutschen Herrenvolkes verschwinden müssen, so müssen auch die Ideen von der Diktatur des Proletariats verschwinden«, schrieb er im April 1946, kurz vor der Zwangsvereinigung, im Berliner ›Tagesspiegel‹. Zu diesem Zeitpunkt war die gesamte SPD in den Westzonen mit ihm einig, daß die Vereinigung der beiden Arbeiterparteien nichts anderes war als »ein außerordentlich brutaler Versuch der Eroberung der Sozialdemokratischen Partei durch die kommunistische Führung«. Noch bevor also die Teilung Deutschlands in das politische Bewußtsein gedrungen war, hat Schumacher um der Demokratie willen die Teilung der

SPD auf sich genommen; die gleiche Haltung wie er nahm auch der Londoner Emigrationsvorstand ein.

Auch in einer anderen Frage versuchte Schumacher gleich nach 1945 für seine Partei die Weichen zu stellen: in der Frage der nationalen Bindung der demokratischen Konzeption des Sozialismus. Auch in dieser Frage stimmte er mit seinen politischen Freunden in der Emigration überein, die sich zu einer »realistischen Berücksichtigung der ›Nation‹ als einer geschichtlichen, sozialen Lebensordnung in der politischen Konzeption der Sozialdemokratie« durchgerungen hatten (vgl. Matthias, Sozialdemokratie und Nation, S. 255). Oberflächlich betrachtet, könnte man meinen, Schumacher hätten vordringlich taktische Erwägungen geleitet: ohne die konsequente Vertretung der nationalen Interessen des deutschen Volkes schien es 1945 nicht möglich, den aggressiven Nationalismus in Deutschland zu überwinden. Die Problematik lag jedoch tiefer: Schumachers Grund-Überzeugung war ein an Preußen-Deutschland gebundener Patriotismus; alle Elemente seiner theoretischen Konzeption lassen sich rational auf ihn zurückführen und emotional durch ihn erklären. Wie Lassalle sah Schumacher in der nationalen Selbstbestimmung die Voraussetzung für Freiheit, Demokratie und Sozialismus in Deutschland; ohne den nationalen Patriotismus, ohne die »Grundlage der nationalen Weltordnung« war für ihn auch Internationalität nicht denkbar. Wer anders dachte, war nach Schumachers Auffassung kein Deutscher, sondern ein »Russe«, ein »Separatist« oder gar ein »Kanzler der Alliierten«. Seinen preußisch-deutschen Patriotismus verband Schumacher – wie vor ihm Lassalle – mit der Überzeugung von der geschichtlichen Sendungsaufgabe der deutschen Arbeiterbewegung; ihre sozialen und politischen Interessen und Ziele waren nun, im Jahre 1945, zum ersten Mal in ihrer Geschichte vollkommen, uneingeschränkt identisch mit denen der Nation, mehr noch: die SPD war es allein, die die Interessen der Nation in dieser geschichtlichen Situation artikulieren konnte. In Schumachers Konzeption eines nationalen Sozialismus fanden die nie restlos – weder im Kaiserreich noch in der Weimarer Republik – befriedigten nationalen Identifikationswünsche der deutschen Sozialdemokratie ihre – verspätete – Erfüllung: gerade in dem Augenblick, als »die Idee des Nationalstaats… eine spürbare Abwertung erfuhr« (Kaden, S. 295). Der Weg nach Europa, die Öffnung für eine internationale Orientierung und der Blick für die vordringlichen Aufgaben in der zweiten Hälfte des 20. Jahrhunderts wurden der SPD nach 1945 durch diese nationale Ausrichtung ihrer Politik erheblich erschwert.

In einem anderen, nicht minder traditionsbelasteten Problem gelang der SPD nach 1945 wenigstens der Versuch einer Neuorientierung: in ihrem Verhältnis zu den Lehren von Karl Marx. Die Auseinandersetzung mit Marx' Methode, seiner Geschichtsauffassung und seinen ökonomischen Voraussagen fand vor allem in den theoretischen Zeitschriften wie ›Das sozialistische Jahrhundert‹, Berlin, ›Sozialistische Monatshefte‹, Stuttgart, ›Volk und Staat‹, Karlsruhe, und ›Sozialistische Tribüne‹, Frankfurt a. Main, statt. Besaßen die Lehren von Marx noch eine aktuelle Aussagekraft oder war der Marxismus als Gesellschaftslehre endgültig widerlegt? Nach wie vor bezogen sich einige Theoretiker uneingeschränkt auf Marx' historischen Materialismus und seine philosophisch-historisch-soziologische Methode; andere lehnten nicht nur den Inhalt der Marxschen Lehren ab, sie bestritten auch die Relevanz des ihnen zugrunde liegenden heuristischen Prinzips. Überwiegend bestand jedoch die Meinung: Wesentliche Aussagen von Marx über die Entwicklung der kapitalistischen Wirtschaft, etwa die Konzentrationstheorie, sind bestätigt, andere, nur aus dem geschichtlichen Standort erklärbar, zeitbedingt also, besitzen nur noch historisches Interesse; insgesamt können die Lehren von Marx nicht mehr den Rang und das Gewicht eines unangreifbaren Dogmas beanspruchen; dagegen kann die Anwendung der Marxschen Denkmethode zur Erkenntnis der geschichtlichen Situation und zur Umsetzung der analytischen Ergebnisse in konkrete Aufgaben ohne Einschränkung gelten; aber gegenüber der deterministischen Deutung der Marxschen Lehren durch Kautsky wird nun stark die Bedeutung des organisierten Willens gleichgesinnter Menschen für die Entwicklung der Geschichte hin zum Sozialismus betont:

»Die Motive des sozialistischen Kampfes waren und sind vor und nach Marx die gleichen«, schrieb Paul Sering in seinem damals vieldiskutierten Buch ›Jenseits des Kapitalismus‹ (S. 21), »der Wille, den Menschen aus der Abhängigkeit von persönlicher Unterdrükkung und unpersönlichen Marktgesetzen zu befreien, das Verlangen nach sozialer Gerechtigkeit, der Glaube an die Möglichkeit einer Ordnung, die sich nicht auf dem Nebeneinander der Ameisen, sondern auf der brüderlichen Zusammenarbeit der Schaffenden aufbaut. Was wissenschaftliche Analyse tun kann, ist, die Bedingungen aufzuzeigen, unter denen die Verwirklichung solcher Ziele möglich wird, und die Kräfte, von denen diese Verwirklichung abhängt. Aber diese Kräfte setzen sich durch das Handeln wollender Menschen, nicht ohne ihr Zutun durch, und die Notwendigkeit, die die Geschichte kennt, ist nie die Unvermeidlichkeit eines bestimmten Ausgangs des Kampfes . . .«

Schumacher, vor 1933 in seinen Auffassungen vor allem an Fichte und Lassalle orientiert, gewann erst nach 1945 ein positives Verhältnis zu Marx. Seine Lehren sind für ihn »keine Dogmen«, »keine Gebäude von Lehrsätzen«, wohl aber bekennt er sich zu Marx' »Methoden der ökonomischen und politischen Analyse«; der Marxismus ist für ihn weder »alleiniges Motiv« noch »einziges Mittel der Erkenntnis für den Sozialismus«, er anerkannte vielmehr den Pluralismus der Motivationen für ein Bekenntnis zum Sozialismus.

»Wir müssen als Deutsche erkennen, daß man Sozialist und Demokrat sein kann, sowohl aus diesen Methoden der ökonomischen Analyse als auch aus den Erkenntnissen etwa einer rationalen Philosophie oder aus moralischen und ethischen Gründen oder aus dem Geiste der Bergpredigt heraus.« (Rede Okt. 1946 vor »Geistesarbeitern« in Berlin, Turmwächter der Demokratie. Ein Lebensbild von Kurt Schumacher, Berlin 1954, Bd. II, S. 308)

In engem Zusammenhang mit der Anerkennung des Pluralismus der Motivationen stand auch Schumachers Forderung, die SPD müsse ihr politisches Selbstverständnis als Volkspartei suchen. Er hielt nach wie vor »die Klasse der Industriearbeiter« für die Hausmacht der SPD, meinte aber, daß die SPD die Aufgabe der Demokratisierung des Mittelstandes übernehmen müsse; ohne einen demokratisch orientierten Mittelstand war die Demokratie nicht zu sichern, wie die Erfahrungen in der Zeit der Weimarer Republik gezeigt hatten; ohne die Gewinnung der Mittelschichten (worunter Schumacher Angestellte, Bauern, Gewerbetreibende und geistige Berufe subsumierte) war auch der Sozialismus nicht zu verwirklichen: der Wandel der produktionstechnischen Methoden und seine Auswirkungen auf die wirtschaftliche und gesellschaftliche Struktur beschleunigten das Hineinwachsen der Arbeiter in die Mittelschichten, verwischten zumindest die früheren scharfen Trennungslinien; die Industriearbeiterschaft hatte also im Sinne von Marx keine Aussicht mehr, mit dem Stimmzettel die Mehrheit im Staate zu erringen (abgesehen davon, daß die SPD durch die Beschränkung auf die Westzonen ihre politisch besonders ergiebigen Einzugsgebiete in Mitteldeutschland verloren hatte). Schumacher schwebte keine »Volkspartei« nach dem Verständnis der 60er Jahre vor: eine Rahmen- und Sammelpartei, die unbegrenzt Interessen koordiniert und zusammenfaßt; er wollte die Klassenpartei der »arbeitenden Massen«.

Es gelang 1945 nicht, »der alten Partei ein neues Gesicht zu geben«, die SPD ist 1945 nicht neu, sondern wiedergegründet worden: »Sie kehrte mit dem ganzen Gewicht ihrer jahrzehntelangen Geschichte in die Öffentlichkeit zurück« (Kaden, S. 281, 284). Die tragende Rolle beim Aufbau der Organisation und der Gestaltung des politischen Gesichtes der Partei fiel im wesentlichen den in Deutschland gebliebenen Funktionären der Jahre vor 1933 zu; sie hatten die kritische Besinnung ihrer Führer, sei es in der Emigration, sei es in den Zuchthäusern und KZ's der Nationalsozialisten, nicht oder nur ungenügend mitvollzogen und knüpften in ihrem sozialistischen Selbst- und Weltverständnis wieder dort an, wo sie 1933 aufgehört hatten. Diese Mitglieder und Funktionäre, die der Partei 1945 das organisatorische Rückgrat gaben, waren 12 Jahre lang von der internationalen Entwicklung völlig isoliert gewesen; der Einfluß der Emigranten oder der ausländischen sozialistischen Parteien war 1945 zudem außerordentlich gering; so blieben ihnen als Leitbild für den Wiederaufbau der SPD allein die Erinnerungen aus der Weimarer Zeit. Neue Parteimitglieder, die erst nach 1945 zur SPD stießen, gewannen kaum über ihren regionalen Einflußbereich hinaus politische Bedeutung; die besten unter den älteren Funktionären wanderten häufig in die Parlamente, in die Regierungen und in die Verwaltung ab.

So entstand ein Parteileben nach altem Muster, das von dem Stolz auf die Tradition, von ergebener Treue gegenüber den Führern, von Mißtrauen gegen Staat, Unternehmer, Kirchen und Intelligenz und von einem pseudorevolutionären, gefühlsbetonten Radikalismus geprägt war. Unter solchen Bedingungen blieb wenig Raum für die Überprüfung der überkommenen ideologischen Position, für neue Denkorientierungen und für spontane Äußerungen eines »sozialistischen Aktionswillens«, wie ihn Schumacher forderte. Wie enttäuscht viele neue Mitglieder von der alten Partei waren, läßt sich an der Entwicklung von 1947 bis 1950 ablesen: die Zahl der Parteimitglieder sank von 875 479 auf 683 896.

Die alten traditionellen Belastungen wurden in der Politik der SPD bald wieder mit ihrem ganzen Gewicht spürbar. Der radikalen Phraseologie stand die Abneigung gegen spontane, außerparlamentarische Aktionen gegenüber: so etwa bei dem Kampf der SPD gegen die Wiederaufrüstung, als sie zwar dem Parlament das Recht zur Entscheidung über einen deutschen Wehrbeitrag absprach, aber weder die Debatten über ihn im Bundestag boykottierte noch die außerparlamentarische Macht der Arbeiterorganisationen mobilisierte. Die Kluft zwischen dogmatischer Unversöhnlichkeit im Prinzipiellen und bereitwilliger Übernahme praktisch-politischer Verantwortung öffnete sich wieder: während Schumacher im Bundestag unbeirrt den Kurs der »intransigenten Opposition« (Pirker) steuerte, trug die SPD einen beträchtlichen Teil der politischen und wirtschaftlichen Aufbauarbeit in den Ländern und Kommunen, ganz abgesehen davon, daß sie im Bundestag selbst loyal bemüht an der demokratischen Ausgestaltung der von ihr prinzipiell bekämpften Gesetze mitarbeitete. Statt aus den Ergebnissen politisch-wissenschaftlicher Analysen die Leitlinien für ein von der Zukunft bestimmtes Handeln zu beziehen, beschränkte sich die SPD auf eine passive, durch Wunschdenken gekennzeichnete Zukunftserwartung: so etwa, wenn sie lange Zeit meinte, die privatkapitalistische Restauration müsse absehbar mit einer Krise enden, die die SPD automatisch zur Macht bringen werde.

Die Politik der SPD von 1947 bis 1960 – beginnend 1947 mit der Opposition im Wirtschaftsrat, dann nach der Mitarbeit im Parlamentarischen Rat seit 1949 sich fortsetzend im Bundestag mit der Opposition gegen die Europa- und Deutschlandpolitik der Bundesregierung und gegen die deutsche Wiederaufrüstung – war einerseits gekennzeichnet von dem Verfehlen der Wirklichkeit, andererseits von der mangelnden Fähigkeit, ihre Leistungen als parlamentarisch-demokratische Opposition und die Bedeutung dieser Opposition für die Demokratie den deutschen Wählern überzeugend verständlich zu machen.

Nachdem für Westdeutschland die Vereinigung von KPD und SPD verhindert werden konnte, trat die KPD in Westdeutschland zunächst nicht als radikale, revolutionäre Klassenpartei auf, sondern als eine antifaschistisch-demokratische Partei des »Kampfes für die nationale Einheit Deutschlands und einen gerechten Frieden« und als eine Partei, die einen besonderen deutschen Weg zum Sozialismus beschreiten wollte. Mit dieser Taktik vermochte die KPD bei den ersten Landtagswahlen beachtliche Erfolge zu erzielen; sie stellte in den ersten

Nachkriegsregierungen der deutschen Länder auch eine Reihe von Ministern. Die These vom besonderen deutschen Weg zum Sozialismus wurde im Laufe des Jahres 1948 (in dem die gleiche Problematik zum offenen Bruch zwischen Jugoslawien und der Sowjetunion führte) aufgegeben, das Vorbild der Sowjetunion unbedingt anerkannt und der revolutionäre Klassenkampf wieder in den Vordergrund gestellt. Im Zusammenhang mit dieser politischen Gleichschaltung der KPD standen die »Säuberungen« der Partei von tatsächlichen oder potentiell oppositionellen Kräften, die im März 1950 auch den stellvertretenden Vorsitzenden, Kurt Müller, der eine der Situation der Bundesrepublik entsprechende Politik der KPD und ihre Trennung von der SED gefordert hatte, trafen.

1949 lehnte die KPD das Grundgesetz ab, beteiligte sich aber an den Wahlen zum ersten Bundestag; das negative Ergebnis der Wahlen (5,7%, 15 Mandate) führte zu dem Versuch, »revolutionären Klassenkampf« und »nationalen Widerstand« miteinander zu verbinden: die »Nationale Front« unter Führung der KPD sollte sich ebenso gegen die »alliierten Kolonialmächte« wie gegen ihre Helfer, die deutsche Bourgeoisie, richten. Das Ziel der Politik und Taktik der KPD war – seit Juli 1952 immer wieder auch in der Öffentlichkeit ausgesprochen – die Beseitigung der bestehenden gesellschaftlichen und politischen Ordnung der Bundesrepublik, und zwar mit außerparlamentarischen Mitteln, durch den »revolutionären Sturz des Adenauer-Regimes«; es war dabei vor allem an den politischen Massenstreik gedacht. Erst im April 1956, während des bereits vor dem Bundesverfassungsgericht laufenden Prozesses wegen Feststellung der Verfassungswidrigkeit der KPD, erfolgte der Widerruf der Zielsetzung des »revolutionären Sturzes« der bestehenden demokratisch-parlamentarischen Regierung: die KPD wollte jetzt die Mittel des Parlamentarismus ausnutzen, eine irreale Zielvorstellung, da die KPD im Bundestag gar nicht mehr, sondern nur noch in zwei Länderparlamenten vertreten war (Bremen, Niedersachsen, mit insgesamt sechs Abgeordneten). Am 17. August 1956 sprach das Bundesverfassungsgericht sein Urteil aus, in dem es die Kommunistische Partei für verfassungswidrig und damit für aufgelöst erklärte; seither gibt es in der Bundesrepublik neben einigen Tarnorganisationen eine illegale KPD, die sich besonders in den Großbetrieben ihre Kader zu schaffen sucht. Eine offene, klare Auseinandersetzung mit diesen zwar kleinen, aber politisch besonders engagierten

Gruppen und den mit ihnen Sympathisierenden ist durch das Verbot der KPD erheblich erschwert.

SPD und KPD erzielten bei den Bundestagswahlen von 1949 bis 1965 folgende Ergebnisse:

	1949	1953	1957	1961	1965	
SPD	131	151	169	190	202	Sitze
	6,935	7,945	9,446	11,427	12,813	Millionen Stimmen
	29,2	28,8	31,8	36,2	39,3	Stimmenanteil in %
KPD	15	–				Sitze
	1,362	0,608				Millionen Stimmen
	5,7	2,2				Stimmenanteil in %

Erst nach den Mißerfolgen der SPD bei den Bundestagswahlen 1953 und nochmals 1957 begann sich in der Partei ein neues politisches Selbstverständnis herauszubilden, das im Godesberger Grundsatzprogramm von 1959 seinen Niederschlag gefunden hat. Kurt Schumachers »intransigente Opposition« hatte die SPD völlig innerparteilich gefesselt und so die fehlende theoretische Bestimmtheit und programmatische Unsicherheit verbergen können; das Dortmunder Aktionsprogramm des Jahres 1952, dessen Vorwort Kurt Schumacher noch kurz vor seinem Tode geschrieben hatte, war ein deutliches Spiegelbild dieser Situation: die SPD tat so, »als ob« sie eine Theorie, ein politisches Programm – und Erfolg habe. Schumacher wirkte – auch noch über seinen Tod hinaus – als eine Art »Ideologie-Ersatz«; erst nach der verlorenen Wahl von 1953 kam in die Partei Bewegung. Wieder kristallisierten sich die alten Positionen heraus: Die neomarxistische Linke (z. B. um ›Die Andere Zeitung‹, 1955 von dem ehemaligen ›Vorwärts‹-Redakteur Gleissberg gegründet, in der auch Viktor Agartz und Wolfgang Abendroth schrieben) beharrte auf ihrer Überzeugung, daß es nach wie vor die Aufgabe der SPD sei, das bestehende gesellschaftliche System im sozialistischen Sinne umzugestalten; sie wehrte sich gegen die Zumutung, daß die Partei ihre Traditionen aufgeben, sich dem herrschenden System pragmatisch anpassen und eine Reformpartei werden solle, wie die Reformer es verlangten. Die Linke fand Unterstützung bei jenen Funktionären, die sich weniger aus ideologischen Gründen, sondern mehr aus Beharrungsdenken und Prestigebedürfnis den Reformbestrebungen widersetzten, zumal sich diese sowohl gegen die ideologische Befangenheit als auch gegen die erfolglose politische Praxis und die Verkrustung des Parteiapparates richteten. Die Gruppe der Reformer selbst zeigte beträchtliche Unterschiede: da war die »radikale« Rechte, die sich mehr durch Impulsivität, begeisternden Schwung und unbekümmerte Kritik hervortat als durch die Fähigkeit zur politisch-rationalen Durchdringung der komplexen Problematik (so etwa bis 1957 in Berlin der Kreis um Klaus-Peter Schulz). Mehr der Mitte zuzurechnen waren jene Reformer, die sich weder positiv noch negativ an der Tradition rieben; sie wollten das geistige Fundament der Partei auf einer wissenschaftlich fundierten Ethik in Anknüpfung an Leonard Nelson (so W. Eichler, G. Weisser) und die politischen Aufgaben der Partei in den Perspektiven der zukünftigen Entwicklung begründet sehen (so C. Schmid, W. v. Knoeringen). Weniger politisch-ideologisch, als mehr organisationsbezogen und emotionell bestimmt suchten die beiden Parteivorsitzenden in der Nachfolge Schumachers, Erich Ollenhauer (1901–1963) und Wilhelm Mellies, zu vermitteln. Eine Position, die etwa mit der der Reformisten um die Jahrhundertwende vergleichbar wäre, nahmen Ernst Reuter (1889–1953) und Willy Brandt ein: im Vordergrund stand bei ihnen die politische Aktion, die sie immer von den jenseits aller Interpretationen existenten Grundwerten des Sozialismus bestimmt sehen wollten. Nach den verlorenen Wahlen von 1953 forderte Reuter kurz vor seinem Tode ein Aktionsprogramm, das »die positiven Ziele der sozialistischen Bewegung in den Vordergrund stellt«. Ein solches Aktionsprogramm kam bis 1957 nicht zustande; die SPD ging 1957 mit einem Programm in die Wahl, das sich an die Wünsche auch des letzten potentiellen Wählers anzupassen schien und keine Alternative zu dem Programm der Regierungspartei darstellte: »Sicherheit für alle« war das Wahlmotto der SPD. Erst die wiederum verlorene Wahl von 1957 brachte die Intensivierung der Diskussionen um ein neues, den strukturellen Wandlungen der Gesellschaft Rechnung tragendes Selbstverständnis. Das Ergebnis dieser Diskussionen war das Godesberger Grundsatzprogramm von 1959.

In diesem Programm wird bewußt verzichtet auf eine spezifisch sozialistische Zeitanalyse mit Anspruch auf Wissenschaftlichkeit und auf eine geschichtsphilosophisch begründete Utopie: das sozialdemokratische Selbstverständnis sollte aus den für eine Volkspartei als belastend betrachteten traditionellen Bindungen gelöst und die Theorien von Karl Marx als ein philosophisch, ökonomisch und soziologisch verbindliches Lehrgebäude von der deutschen Sozialdemokratie zu den Akten ihrer Geschichte gelegt werden. Der Pluralismus der ethischen Motivation für die politische Entscheidung zum demokratischen Sozialismus wurde in Konsequenz dieser Auffassungen nunmehr programmatisch festgelegt: »Die Sozialdemokratische Partei... ist eine Gemeinschaft von Menschen, die aus verschiedenen Glaubens- und Denkrichtungen kommen. Ihre Übereinstimmung beruht auf gemeinsamen sittlichen Grundwerten und gleichen politischen Zielen« (Godesberger Programm).

Die Ziele des Sozialismus sollten nicht mehr aus unveränderlichen ideologischen Formeln abgeleitet werden: Vielmehr wird nach dem Godesberger Programm der demokratische Sozialismus begriffen als eine dauernde, in jede geschichtliche Situation eingebettete, immer wieder neu zu formulierende Aufgabe, deren unwandelbarer ethischer Antrieb Freiheit, Gerechtigkeit und Solidarität, »die Grundwerte des sozialistischen Wollens«, sein müssen.

Hatte Schumacher noch die SPD als »Interessenvertretung der arbeitenden Bevölkerung« gegenüber dem »autoritären Besitzverteidigungsstaat« sehen wollen – nach Godesberg bekam die Partei immer mehr den Charakter einer Volkspartei oder besser: einer »Rahmen- und Sammelpartei« (Friedrich), die eine Vielzahl der politischen Interessen aller sozialen Schichten zu integrieren sucht, die immer mehr davon absieht, nur in einem bestimmten Gruppeninteresse sozial und politisch verankert zu sein: »Miteinander – nicht gegeneinander« und »Mehr Gerechtigkeit für alle« sind die Formeln, die ein solches Verhalten zu decken suchen. Auch in ihrer politischen Taktik hat sich die SPD – durch die Rede Wehners im Bundestag im Sommer 1960 eingeleitet – gewandelt: statt Schumachers »intransigenter«, totaler, d. h. gesamtpolitischer Opposition, die eine Alternative zur herrschenden Partei darstellt, – nach Godesberg kein alternatives, mit der Regierung konkurrierendes Programm, sondern Betonung der gemeinsamen Aufgaben von Regierung und Opposition und höchstens Streit mit ihr um die Rangfolge der gemeinsam zu lösenden Aufgaben: »Am Ende dieser Entwicklung stünde möglicherweise eine Partei, die in manchem etwa der Demokratischen Partei der USA gar nicht so unähnlich wäre« (Flechtheim, Dokumente, Bd. 1, S. XV).

Zweifellos ist die SPD in ihrer soziologischen Struktur heute nicht mehr die Arbeiterpartei, die sie im 19. Jahrhundert noch gewesen ist, jedenfalls soweit es sich um Mitglieder und Wähler handelte; die Struktur der Führungsgruppen war von jeher stark handwerklich-ständisch und kleinbürgerlich-akademisch geprägt. Heute prägen weit stärker als die Industriearbeiter die Angehörigen des sogenannten »Neuen Mittelstandes«: Angestellte, Beamte, Akademiker, Selbständige »und vor allem auch die Angehörigen der sogenannten Managerschicht, einschließlich der ›Kommunal- und Sozialbürokratie‹« (Flechtheim) das Gesicht der Partei, wenn auch die berufliche Gliederung der SPD anderes aussagt: die zwischen 1956 und 1961 in die SPD eingetretenen Mitglieder verteilen sich auf Berufs- und Sozialgruppen wie folgt: Arbeiter 55%, Angestellte 13,2%, Beamte im öffentlichen Dienst 7,6%, selbständig Schaffende 3,6%, freie und geistige Berufe 3,2%, Hausfrauen 10,2%, Rentner 6,1% (wiedergegeben bei Lohmar, S. 35, nach Angaben des SPD-Vorstandes, der die Schichtung der neuen Mitglieder der der Gesamtpartei entsprechend hält).

Aufgliederung der SPD-Anhängerschaft im Vergleich zur Gesamtbevölkerung

	Arbeiter %	Ange- stellte %	Beamte %	Selb- ständige %	Landwirte Landarb. %	Rentner %
Gesamt- bevölkerung	39	10	8	11	14	18
SPD- Anhänger	60	11	6	6	2	15

(nach Viggo Graf Blücher, Der Prozeß der Meinungsbildung – dargestellt am Beispiel der Bundestagswahl 1961 [Emnid-Untersuchungen], Bielefeld 1962, zit. bei Langner, S. 90)

Die Mitgliederentwicklung der SPD seit 1945 zeigt folgendes Bild (Stand jeweils Ende des Jahres):

1946	711448	1954	585479	1962	646584
1947	875479	1955	589051	1963	648415
1948	846518	1956	612219	1964	678484
1949	736218	1957	626189	1965	710448
1950	683896	1958	623816	1966	727890
1951	649529	1959	634254	1967	733004
1952	627817	1960	649578	1968	(ca.) 738000
1953	607456	1961	644780		

Der Weg der SPD seit der Annahme des Godesberger Programms hat viel Zustimmung und heftige Ablehnung hervorgerufen: Die einen meinen, die SPD habe keine andere Alternative gehabt: »der Wohlfahrtsstaat kennt nicht mehr eine geborene Opposition, die von bestimmten Outsider-Schichten getragen wird und damit von vornherein einer gewissen Resonanz sicher sein kann« (Friedrich, S. 48); wieder andere sind unter Anerkennung dieser Tendenz der Ansicht, die SPD müsse sogar, da der klassische Wechsel zwischen Regierung und Opposition angesichts der Verfestigung der Machtposition der Regierungspartei und der geringen Neigung der Wähler, Opposition zu honorieren, nicht möglich zu sein scheine, eine Große Koalition anstreben, denn nur eine Große Koalition werde in der Lage sein können, »die Gewaltenteilung in der Machtstruktur der Bundesrepublik« wiederherzustellen (Lohmar, S. 129ff.). Die Kritiker der SPD dagegen stellen fest, daß sie, die einstmals »stark weltanschaulich geprägte demokratische Mitgliedervereinigung«, wie alle Parteien zu einer »weitgehend hierarchisch geführten Quasi-Staatsinstitution« werde, »die... sowohl Züge einer Dienstleistungs-(›Service‹-)Organisation, die verschiedene Konsumentenbedürfnisse zu befriedigen sucht, wie aber auch einer Herrschaftsinstitution trägt« (Flechtheim, Dokumente, Bd. 1, S. XVI); von einem anderen Kritiker wird die SPD als eine »soziale Reformpartei im Rahmen der etablierten Gesellschaftsordnung«, als eine der autoritären Demokratie der Bundesrepublik adäquate, »vollkommen system-interne Opposition« (Pirker, S. 281) charakterisiert: »Aus der harten Konzeption eines nationalen Sozialismus, der auf die demokratischen Vorrechte der SPD im Aufbau eines neuen deutschen Staates pochte, war ein nationaler Sozialliberalismus geworden, der aus der Opposition ideologisch einen Appendix der herrschenden Partei machte« (Pirker, S. 292). Wieder andere befürchten, daß die SPD, da sie sich konformistisch dem Status quo anpasse und auf die Verwirklichung gesellschaftlicher Strukturveränderungen verzichte, den Parteienstaat und die Demokratie in Frage stelle: eine Große Koalition wird hier nur als eine Vorform des Einparteienstaates betrachtet (vgl. E. Krippendorff). Zweifellos lassen sich die Konsequenzen der Entwicklung der SPD nach 1960 heute noch nicht übersehen: problematisch ist vor allem die Desintegration der Linken, die 1959 mit der Aussparung von Marx aus dem Godesberger Programm begann und mit der rigorosen Trennung von der keinesfalls durchgängig als neo-marxistisch zu klassifizierenden Parteilinken (SDS, Förderergemeinschaft des SDS) Ende 1961 vorläufig endete. Versuche, eine neue Linkspartei mit eindeutiger Abgrenzung zum Kommunismus ideologisch und organisatorisch zu etablieren, sind bisher über Ansätze nicht hinausgekommen (z. B. Sozialistischer Bund, Marxistische Arbeitskreise, Vereinigung unabhängiger Sozialisten); auch den Gewerkschaften konnte nur bedingt die demokratische Integration linksradikaler Kräfte gelingen. Dabei ist nach wie vor in der Industriearbeiterschaft und in der Intelligenz die Ansprechbarkeit auf Linksstimmungen keineswegs gering. Im Interesse der Stabilität der deutschen Demokratie stellt sich daher die Frage, ob auf die Dauer von der SPD die Tatsache überspielt werden kann, daß links von ihr soziale Einstellungen und Interessen programmatisch und politisch nicht mehr repräsentiert werden.

Auch das Verhältnis zu den Gewerkschaften hat sich geändert, wenn nicht sogar umgekehrt: die SPD scheint immer weniger geneigt, sich in ihrer Politik auf die gewerkschaftlichen Arbeiterorganisationen zu stützen, um ja nicht den Eindruck isolierter politischer Interessenrepräsentation hervorzurufen; SPD und Gewerkschaften geraten in ihrem gegenseitigen Verhältnis immer stärker auf den Weg bewußter Distanzierung. Diese Entwicklung begann keineswegs erst mit der Notstandsgesetzgebung; seit langem bestanden auf wirtschaftspolitischem Gebiet, so in der wichtigen Frage des Ausbaus der Mitbestimmung, Differenzen zwischen SPD und Gewerkschaften.

Die gegenseitige Abhängigkeit beider Gruppen ist von ihren Gegnern immer stark übertrieben worden, besonders im Hinblick auf die finanzielle Unterstützung der SPD durch die Gewerkschaften: die Gewerkschaften haben vor allem materielle technische Hilfe für die gewählten Kandidaten und Abgeordneten geleistet, gelegentlich auch Zuschüsse zu den Wahlkampfkosten der zuständigen Wahlkreisorganisationen. Die SPD finanziert sich – im Gegensatz zur CDU/CSU – weitgehend selbst: durch Mitgliedsbeiträge (auf Grund einer progressiven Beitragsstaffelung), durch Abgaben der Wahlbeamten und Mandatsträger und die ihr gehörenden Verlage, Druckereien und Buchhandlungen (zusammengeschlossen in der »Konzentrations-GmbH, Interessengemeinschaft sozialistischer Wirtschaftsunternehmungen«), die weniger finanzielle Abgaben leisten als günstige Preise kalkulieren.

Eine weitere schwierige Problematik stellt die Entwicklung der innerparteilichen Demokratie innerhalb der SPD dar: Sie scheint zwar formal völlig eindeutig gegeben, aber nicht mehr inhaltlich – eine Tatsache, die auf die anderen Parteien allerdings in noch weit größerem Maße zutrifft.

Die SPD gliedert sich in Ortsvereine, Unterbezirke, Bezirke; Grundlage der Organisation ist der Bezirk; in Ländern mit mehreren Bezirken können Landesausschüsse bzw. Landesverbände gebildet werden. Das oberste Organ der SPD ist laut Statut der Parteitag, der sich aus 300 in den Bezirken gewählten Delegierten, aus den Mitgliedern des Parteivorstandes und der Kontrollkommission zusammensetzt; die Ortsvereine haben zum Parteitag unmittelbares Antragsrecht. Weitere Organe: die Kontrollkommission (zur Kontrolle des Parteivorstandes und Berufungsinstanz für Beschwerden gegen den Parteivorstand); der Parteirat (Beratungsorgan für den Parteivorstand). Der Parteivorstand, der vom Parteitag gewählt wird und die Geschäfte der Partei führt, besteht aus dem Vorsitzenden, zwei stellvertretenden Vorsitzenden, dem Schatzmeister – 1966: Willy Brandt (geb. 1913), Herbert Wehner (geb. 1906), Fritz Erler, Alfred Nau (geb. 1906) – und einer vom Parteitag festzusetzenden Zahl weiterer Mitglieder; zur Durchführung der laufenden Geschäfte wählt der Parteivorstand aus seiner Mitte das Parteipräsidium.

Es stellt sich die Frage, ob die Mitglieder einer Partei heute überhaupt noch in der Lage sind, ihre Aufgabe wahrzunehmen, bei der politischen Willensbildung mitzuwirken: Themen, Versammlungsstil und die Überbelastung mit technischen und organisatorischen Fragen weisen auch innerhalb der SPD auf die Tendenz zur Entpolitisierung der Parteibürger hin (nur 1% der Ortsvereine macht von dem Antragsrecht zum Parteitag Gebrauch); die private Geselligkeit exklusiven Charakters (nur 25% der Mitglieder nehmen an Versammlungen teil) steigt. Der ehrenamtliche Funktionär ist politisch so gut wie einflußlos (wenn auch durch seinen Arbeitseinsatz für die Existenz der Partei von großer Bedeutung); die politischen Entscheidungen der Führungsspitze den Wählern verständlich zu machen, fällt ihm bei dem Mangel an Einsicht in die Sachzusammenhänge immer schwerer; auch die Rolle der Parteibürokratie, noch immer in ihrem gesellschaftlichen Ansehen und in ihrem beruflichen Status unterprivilegiert, scheint stark herabgesetzt: »Die Führung der Partei bedient sich ihrer, soweit sie von Nutzen sein kann, die Funktionäre erwarten ein Übermaß von Arbeit von ihr, die Mitglieder stehen ihr zuweilen mit Antipathie gegenüber« (Lohmar, S. 63). Die wichtigen Fachausschüsse in der SPD arbeiten nicht öffentlich und haben keine Auswirkung auf die politische Meinungsbildung. Der Parteitag hat keine eigentliche Entscheidungsbefugnis mehr: der Parteivorstand ist nicht mehr die Exekutive des Parteitages, er trifft häufig politische Vorentscheidungen, die von den legislativen Organen der Partei nur noch bestätigt werden können; Arbeitsgruppen (deren Arbeit politisch meist unverbindlich ist) und feierliche Geselligkeit ersetzen auf Parteitagen die harte politische Auseinandersetzung, wie auch sonst immer mehr gegenüber der Öffentlichkeit die harmonisierte Selbstdarstellung der Partei überwiegt. In all diesen Tendenzen der Aushöhlung der innerparteilichen Demokratie manifestieren sich nicht nur autoritäre Bestrebungen der Parteispitze: ebenso deutlich wird daran das Versagen des Parteibürgers, dessen Passivität oftmals zu autoritären Entscheidungen zwingt. Wenn es richtig ist, daß es sich eine große Partei heute einfach nicht mehr leisten kann, mit Ausschließlichkeit Teilinteressen zu vertreten, so kann sich die Gefährdung der innerparteilichen Demokratie zu einer Gefährdung der Demokratie überhaupt auswachsen: Die Funktion nämlich, spezielle soziale Interessen politisch zu integrieren, muß auf die Gruppierungen innerhalb der Parteien übergehen; innerhalb der Partei, also im vorparlamentarischen Raum, fallen bereits die politischen Vorentscheidungen, aus denen dann die Generallinie der Partei als Kompromiß der innerparteilichen Gruppeninteressen nach außen manifest gemacht wird.

Der Trend der SPD, ihre politischen Vorstellungen und Ziele mit denen der CDU/CSU in weitgehende Übereinstimmung zu bringen, läßt bereits jetzt bedenkliche Folgeerscheinungen erkennen; eine Reihe von Fragen, deren offene Diskussion für die demokratische Bewußtseinsbildung in der Bundesrepublik notwendig wäre, wurde tabuisiert: etwa die Frage der deutschen Ostgebiete, der Anerkennung der Oder-Neiße-Grenze und die realistische Einschätzung der Chancen für eine Wiedervereinigung. Der SPD ist es auch nicht gelungen – bedingt durch ihre Tendenz zum Ausgleich von Spannungen und zur Harmonisierung der Konflikte –, den Anspruch Schumachers, der demokratische Sozialismus sei nach 1945 *die* progressive politische Macht und Idee in Deutschland, zu erfüllen: sie hat überholte Wertvorstellungen, die das politische Bewußtsein des deutschen Volkes traditionell beinahe traumatisch belasten, nicht abzubauen vermocht; es unterblieb zum Beispiel die notwendige Klärung, welcher Inhalt dem Begriff »Nation« nun in Deutschland zu geben sei – mißbraucht und pervertiert, wie er durch das Wilhelminische Kaiserreich und die Nationalsozialisten wurde; sie hat ferner durch den Verzicht auf eine schonungslose Analyse der politischen, ökonomischen und kulturellen Gegebenheiten für die Bundesrepublik in der komplexen Welt von heute nicht dazu beigetragen, Maßstäbe für ein politisches Handeln über den Tag hinaus zu geben. Es ist möglich, daß die SPD damit einen Teil ihres eigentlichen Potentials, die Jungen und vor allem die intellektuell geprägten Jungen, enttäuscht und verprellt; die SPD erscheint ihnen als eine alte, gebrochene Partei, als Trägerin der verlorenen Illusionen der Generationen der Großväter und nicht als eine progressive, auf die Zukunft gerichtete Kraft, mit der sie sich entweder in ihrem Lebensgefühl oder mit ihren rational begründeten Einsichten identifizieren könnten.

Durch ihre gegenwärtige strategische Leitlinie, soziale und politische Konflikte gegenüber Gesellschaft und Staat nicht auszutragen, sondern ihnen auszuweichen oder sie zu harmonisieren, und durch ihr Bemühen, innerparteilich das höchstmögliche Maß an Homogenität durchzusetzen, leistet die SPD den autoritären Tendenzen in der Bundesrepublik ungewollt Vorschub. Demokratie beruht auf »der Anerkennung der Wirklichkeit und Notwendigkeit gegensätzlicher Interessen« (Dahrendorf), der Vorstellung von einer konfliktlosen Gesellschaft und einem Staat als über den sozialen Gruppen stehender Instanz, die Konflikte regelt, liegt eine Haltung zugrunde, die autoritäre, ja totalitäre Züge verrät.

Es besteht heute allgemein die Ansicht, die SPD sei – wie auch die CDU – keine Weltanschauungspartei mehr (vgl. u. a. Lohmar, S. 18). Beide Parteien halten zwar immer noch an ideologischen Formeln fest, aber sie sind doch so allgemein und so unverbindlich wie möglich, um sich den Aufgaben des Tages anzupassen. Zugrunde liegt diesem Zerfall der Ideologien zu Formeln die Änderung der Sozialstruktur, die Relativierung der Klassenunterschiede, die Beschränkung des Klassenbewußtseins auf einige wenige typische Einstellungen.

Wie problematisch es heute ist, eine klar definierte weltanschaulich begründete Position zu beziehen, erhellen die Auseinandersetzungen über die Frage: »Was ist heute links?« (Thesen und Theorien zu einer politischen Position, herausgegeben von Horst Krüger, List-Bücher, Bd. 241). Nur die Neo-Marxisten (vgl. Wolfgang Abendroth und Hans Heinz Holz) wagen eine soziologisch-politisch-ökonomisch begründete Selbstbestimmung; alle anderen Positionen bleiben entweder rein formal (so Fritz Erler, Monat Nr. 159/1961: der rechte

Pol sei gekennzeichnet durch die Beharrung, die Bewahrung des Bestehenden, die Ordnung, die Form, der linke Pol durch die Dynamik, die Veränderung, den Geist, die Freiheit, den Inhalt) oder sozialethisch bestimmt (so W. Dirks und Horst Krüger: »Das ist der metaphysische Optimismus des Linken: daß er auch im letzten sizilianischen Landarbeiter noch den gleichen Partner und Mitmenschen sieht, der in die soziale Gerechtigkeit zu führen ist, so wie er es auch in einem Mailänder Industriearbeiter sieht«, Was ist heute links?, S. 21).

Es wäre aber falsch, die Bedeutung der noch vorhandenen ideologischen »Formeln« und »Fetzen« zu unterschätzen: gerade weil sie nicht mehr inhaltlich Verbindliches darzustellen, sondern nur noch Haltungen, Einstellungen zu decken versuchen, sind sie zwar rational schwer zu fassen, emotional aber um so wirksamer. Die ideologischen Formeln und Fetzen ermöglichen dem Staatsbürger, sich auf quasi unbefragbare »Wahrheiten« zu berufen, einen Schutzwall statisch bestimmter, unveränderlicher Haltungen um sich zu errichten und sich der Aufgabe der rationalen Durchdringung der politischen Wirklichkeit und der Dynamik des demokratischen Prozesses zu entziehen.

Diesem Dilemma wird sich kaum mit dem Ruf nach »echten«, geschlossenen, umfassenden Weltanschauungen begegnen lassen; hinter solchem Ruf verbirgt sich vielfach nur die Haltung eines »gesellschaftlichen Infantilismus«, Angst vor einer als Chaos empfundenen Umwelt, Unterlegenheitsgefühl, Haltlosigkeit, Unmündigkeit – also der Demokratie unangemessene Verhaltensweisen, die leicht ins Totalitäre umschlagen können.

Für die SPD kann heute die Alternative zu ihrer durchaus legitim auf die Eroberung der Macht ausgerichteten Politik des zweckgebundenen Pragmatismus nicht darin bestehen, eine neue fixierte, geschlossene Doktrin zu schaffen, die dem die Arbeiterbewegung im 19. Jahrhundert bewegenden Glauben an die sozialistische Zukunftsgesellschaft gleichkäme. Ihre zeitgerechte Aufgabe wäre es aber, über den taktischen Anforderungen des Augenblicks nicht langfristig geplante, die Zukunft bestimmende Zielvorstellungen zu vergessen und den Versuch zu wagen, eine den Bedingungen der modernen Industriegesellschaft entsprechende »reale Utopie« sozialistischer Prägung zu entwerfen.

Noch im 2. Halbjahr 1945 begannen Gewerkschafter in Deutschland mit dem Wiederaufbau ihrer Organisationen, zunächst in den Betrieben oder auf Ortsebene; weitergehende regionale Zusammenschlüsse waren durch das unterschiedliche Besatzungsrecht in den einzelnen Zonen zunächst erschwert. Im November 1947 schufen sich die Gewerkschaften der britischen und der amerikanischen Zone einen gemeinsamen Gewerkschaftsrat, dem sich später auch die Gewerkschaften der französischen Zone anschließen konnten. Wiederholt traten seit November 1946 die Gewerkschaftsleitungen der vier Besatzungszonen zu Interzonenkonferenzen zusammen; Versuche, mit dem in der sowjetischen Besatzungszone gegründeten Freien Deutschen Gewerkschaftsbund (FDGB) einen gesamtdeutschen Gewerkschaftsbund zu schaffen, scheiterten.

So kam es für die Bundesrepublik im Oktober 1949 in München zur Gründung des Deutschen Gewerkschaftsbundes (DGB); zu diesem Bund schlossen sich die inzwischen entstandenen 16 Industriegewerkschaften zusammen, die organisatorisch und in der Gestaltung ihrer Lohnpolitik unabhängig blieben, aber an den Dachverband gewisse Aufgaben und Zuständigkeiten abtraten und ihm einen Teil ihrer Einnahmen zukommen ließen. Der erste Vorsitzende des DGB, Hans Böckler (1875–1951), hatte allgemeine Gewerkschaften angestrebt: Organisationen, die alle Berufsgruppen ohne Aufteilung nach dem Industrieverbandsprinzip umfassen sollten; er war nicht nur an dem Einspruch insbesondere der britischen Besatzungsbehörden gescheitert, die eine sich undemokratisch auswirkende Machtposition der Führer allgemeiner Gewerkschaften verhindern wollten; er hatte sich auch nicht gegen die Funktionäre der inzwischen betriebspolitisch und finanziell mächtig gewordenen Gewerkschaften im Bergbau und in der Stahlindustrie an Rhein und Ruhr durchsetzen können.

Eine Industriegewerkschaft – IG – umfaßt nicht nur wie früher alle gelernten und ungelernten Arbeiter einer Industrie, sondern auch die Angestellten und Beamten. Der DGB hatte 1964 etwa 6,43 Millionen Mitglieder, davon entfielen auf die einzelnen Gewerkschaften:

IG Metall	1 896 000
Gewerkschaft Öffentliche Dienste, Transport und Verkehr	984 000
IG Chemie, Papier, Keramik	523 000
IG Bergbau und Energie	480 000

IG Bau, Steine, Erden	477 000
Gewerkschaft der Eisenbahner Deutschlands	434 000
Gewerkschaft Textil, Bekleidung	337 000
Deutsche Postgewerkschaft	316 000
Gewerkschaft Nahrung, Genuß, Gaststätten	281 000
IG Druck und Papier	146 000
Gewerkschaft Holz	145 000
Gewerkschaft Handel, Banken, Versicherung	127 000
Gewerkschaft Erziehung und Wissenschaft	91 000
Gewerkschaft Leder	84 000
Gewerkschaft Gartenbau, Land- und Forstwirtschaft	78 000
Gewerkschaft Kunst	32 000

Die einzelnen Industriegewerkschaften wie auch der DGB sind formal streng demokratisch aufgebaut nach dem »Grundsatz gleichberechtigter Teilnahme aller Mitglieder an der Willensbildung des Verbandes« (Abendroth); nach dem Prinzip der unmittelbaren Demokratie ist – allerdings nur im Streikfall – die Urabstimmung der Mitglieder vorgesehen.

Die unterste Ebene der industriegewerkschaftlichen Organisation ist die Ortsverwaltung mit den gewerkschaftlichen Vertrauensleuten in den Betrieben, mit den Betriebsräten und den weiteren ehrenamtlichen Funktionären; die Ortsverwaltungen sind zu Bezirken zusammengefaßt; die Vorstände beider Gremien werden durch Delegierte der Mitglieder (nur bei kleineren Ortsverwaltungen direkt) gewählt; höchstes Organ ist der Gewerkschaftstag, der den Hauptvorstand einer Gewerkschaft wählt; die Delegierten des Gewerkschaftstages werden meistens in den Ortsverwaltungen gewählt.

Der DGB ist nach ähnlichen Grundsätzen aufgebaut: Seine Basis sind etwa 350 hauptamtlich besetzte DGB-Kreise, denen, vor allem in den Großstädten, etwa 2500 ehrenamtlich geleitete Ortskartelle zugeordnet sind. Die Vorstände der DGB-Kreise werden von den Delegierten aller Industriegewerkschaften gewählt; das gleiche gilt für die Landesbezirkskonferenzen bzw. -vorstände. Höchstes Organ des DGB ist der Bundeskongreß, der den Geschäftsführenden Vorstand wählt (Vorsitzender, 2 Stellvertreter, 6 weitere Mitglieder); der Geschäftsführende Vorstand und die Vorsitzenden der 16 IG's bilden zusammen den Bundesvorstand. Von 1949–1951 war Hans Böckler Vorsitzender des DGB, 1951–1952 Christian Fette, Vorsitzender der IG Druck und Papier, 1952–1956 Walter Freitag, Vorsitzender der IG Metall, 1956–1962 Willi Richter, seit 1950 Mitglied des DGB-Bundesvorstandes; im Oktober 1962 wurde Ludwig Rosenberg, der bisherige Stellvertretende Vorsitzende und Leiter der wirtschaftspolitischen Abteilung des DGB, zum Vorsitzenden gewählt. – Als Vorsitzende der einzelnen IG's sind u. a. hervorgetreten: Otto Brenner, seit 1956 Vorsitzender der IG Metall; Heinrich Gutermuth, bis 1964 Vorsitzender der IG Bergbau; Adolph Kummernuß, bis 1964 Vorsitzender der ÖTV; und Georg Leber, Vorsitzender der IG Bau, Steine, Erden.

In ihren Grundsätzen scharf voneinander getrennte Richtungsgewerkschaften entstanden also nach 1945 zunächst nicht wieder: es sollten sich alle Arbeitnehmer in einer Einheitsgewerkschaft, die »demokratisch und unabhängig von Unternehmern, Regierungen, Konfessionen, Parteien« sein wollte, zusammenfinden. Dennoch ist der DGB nicht die einzige Arbeitnehmerorganisation geblieben; schon 1949 entstand eine, sich auf die Traditionen des AfA-Bundes beziehende Sonderorganisation der Angestellten, die Deutsche Angestelltengewerkschaft (DAG), die in ihrer Zielsetzung weitgehend mit dem DGB übereinstimmt; der Deutsche Beamtenbund (Gewerkschaftsbund der Berufsbeamten) hat gemäßigte ständische Traditionen wiederaufgenommen; eine ausschließlich weltanschaulich begründete Sonderorganisation stellt dagegen die 1955 gegründete »Christliche Gewerkschaftsbewegung« (CGD) dar (s. S. 262 f.).

Die DAG hatte 1964 480 000 Mitglieder (davon 33,3 % Frauen gegenüber 16 % im DGB organisierter Frauen); im DGB sind etwa 700 000 Angestellte organisiert (insgesamt 79 % Arbeiter, 12 % Angestellte, 8 % Beamte). Dem Beamtenbund gehörten 1964 676 000 Beamte an.

Die Anziehungskraft der deutschen Gewerkschaften nach 1945 war groß: bei der Gründung des DGB 1949 gehörten ihm bereits 4,9 Mill. Mitglieder an. Die Gewerkschaften, auch von den Besatzungsmächten als ein maßgeblicher Faktor der Demokratisierung Deutschlands angesehen, galten als diejenige Kraft, die den Wiederaufbau der Betriebe, der Produktion und der Wirtschaft energisch in Angriff nahm; sie spielten überdies im Bewußtsein der Arbeiter auch eine politische Rolle: sie boten namentlich vielen aus den verschiedensten Gründen »Parteiverdrossenen« die Möglichkeit zur politischen Aktivität, zur Mitwirkung bei der Wiederherstellung der wirtschaftlichen und staatlichen Ordnung. Starke Gewerkschaften – die Einheitsgewerkschaft – bedeuteten vielen nach 1945 die Garantie für eine Stabilisierung der politischen und wirtschaftlichen Verhältnisse in Deutschland – unter neuen, positiven, demokratischen Vorzeichen.

So war nicht nur das Bemühen der Gewerkschaftsführer um Überwindung der gewerkschaftlichen Zersplitterung – ihr Entschluß zur Bildung einer Einheitsgewerkschaft – von der Resonanz der Mitglieder getragen, sondern auch ihr Wille, Staat und Gesellschaft »antikapitalistisch«, sozialistisch und demokratisch neuzugestalten unter bewußter Übernahme politischer Ordnungsfunktionen. Dieses gewerkschaftliche Selbstbewußtsein fand seinen Niederschlag in den »wirtschaftspolitischen Grundsätzen« des DGB, die auf dem Gründungskongreß 1949 beschlossen wurden:

»Die Gewerkschaften als Organisation der Arbeiter, Angestellten und Beamten nehmen die wirtschaftlichen, sozialen und kulturellen Interessen aller Werktätigen wahr. Sie setzen sich für eine Wirtschaftsordnung ein, in der die soziale Ungerechtigkeit und wirtschaftliche Not beseitigt und jedem Arbeitswilligen Arbeit und Existenz gesichert wird . . . Von diesen Tatsachen ausgehend, erheben die Gewerkschaften folgende Grundforderungen:
I. Eine Wirtschaftspolitik, die unter Wahrung der Würde freier Menschen die volle Beschäftigung aller Arbeitswilligen, den zweckmäßigsten Einsatz aller volkswirtschaftlichen Produktivkräfte und die Deckung des volkswirtschaftlich wichtigen Bedarfs sichert.
II. Mitbestimmung der organisierten Arbeitnehmer in allen personellen, wirtschaftlichen und sozialen Fragen der Wirtschaftsführung und Wirtschaftsgestaltung.
III. Überführung der Schlüsselindustrien in Gemeineigentum, insbesondere des Bergbaus, der Eisen- und Stahlindustrie, der Großchemie, der Energiewirtschaft, der wichtigen Verkehrseinrichtungen und Kreditinstitute.
IV. Soziale Gerechtigkeit durch angemessene Beteiligung aller Werktätigen am volkswirtschaftlichen Gesamtertrag und Gewährung eines ausreichenden Lebensunterhalts für die infolge Alter, Invalidität oder Krankheit nicht Arbeitsfähigen . . .«

Der – wenn man will – revolutionär-sozialistische Impuls der Gewerkschaften zerbrach bald an einer veränderten Wirklichkeit, deren Struktur die Gewerkschaften kaum noch mitbestimmten. Die riesigen Aufbauleistungen nach 1945 erforderten offensichtlich ein so großes Maß an tagespolitischem Engagement, daß Weichenstellungen für grundsätzliche, strukturelle gesellschaftliche Veränderungen kaum erfolgten. So blieb beispielsweise der Wirtschaftsrat, der sich im Juni 1947 konstituierte, ohne unmittelbare Vertretung der Gewerkschaften; auch bemühten sich die Gewerkschaften nicht darum, über die Betriebsräte, die nach 1945 weit mehr als die zur Zurückhaltung gezwungenen Unternehmer die Leitung der Betriebe in ihren Händen hatten, ihre Organisation im Betrieb zu verankern und die organisatorische und institutionelle Zusammenfassung der Betriebsräte auf kommunaler und regionaler Ebene durchzusetzen; dadurch hätten die Betriebsräte – unter Nachholung des 1918/19 Versäumten – zu Mitträgern der wirtschaftlichen und politischen Ordnung in Westdeutschland werden können. Der wenig erfolgreiche Kampf um das Mitbestimmungs- und das Betriebsverfassungsgesetz in den Jahren 1950–1952, in dem die Gewerkschaften den Abbau bisher erreichter Positionen nur durch Streikdrohungen verhindern konnten, zeigte in aller Deutlichkeit das veränderte Bild: die Restauration der wirtschaftlichen und politischen Machtposition der Unternehmer und ihr Einfluß auf die liberal-demokratisch gebundene, aber sozial neutrale staatliche Ordnung der Bundesrepublik. So ging es 1950/52 nicht um die engere Problematik der Mitbestimmung allein, sondern um das soziale und politische Gewicht der Gewerkschaften in dem neuen demokratischen Staat überhaupt.

Nach dem »Gesetz über die Mitbestimmung der Arbeitnehmer in den Aufsichtsräten und Vorständen der Unternehmen des Bergbaus und der Eisen und Stahl erzeugenden Industrie« vom 21. Mai 1951 setzen sich die Aufsichtsräte der Kapitalgesellschaften der Montanindustrie aus je fünf Vertretern der Anteilseigner und der Arbeitnehmer sowie einem 11., unparteiischen Mitglied zusammen; die Vertretung der Arbeitnehmer besteht aus je einem Angestellten und Arbeiter des Betriebes, zwei von den Gewerkschaften bestellten Mitgliedern und einem weiteren, von den Gewerkschaften benannten, unabhängigen Mitglied. Der Vorstand der Gesellschaften wird um den Arbeitsdirektor, der von den Gewerkschaften vorgeschlagen wird, erweitert; er hat neben dem kaufmännischen und technischen Direktor vor allem die Arbeits- und Sozialpolitik des Betriebes zu bestimmen. 1956 wurde für Holding-Gesellschaften eine ähnliche Mitbestimmungsregelung eingeführt. – Das »Betriebsverfassungsgesetz« vom 11. Oktober 1952 räumt den Arbeitnehmern ein Mitbestimmungsrecht in personellen und sozialen Fragen ein; als Möglichkeiten der betrieblichen Mitbestimmung sind vorgesehen: Vertretung der Arbeitnehmer in Aufsichtsräten ($\frac{1}{3}$ der Vertreter) der großen Unternehmen; in Betrieben mit über 100 Beschäftigten ein paritätisch zusammengesetzter Wirtschaftsausschuß, der aber nur beratende Funktion hat. – Für die Arbeitnehmer des öffentlichen Dienstes wurde ein eigenes Personalvertretungsgesetz geschaffen.

Der verlorene Kampf um eine wirkliche Mitbestimmung in einer demokratisierten Wirtschaft beschleunigte den Prozeß der Resignation und Entpolitisierung der Gewerkschaften im Hinblick auf eine strukturelle Veränderung der gesellschaftlichen Verhältnisse in der Bundesrepublik. Die alte, durch die quasirevolutionäre Begeisterung des Jahres »Null« überdeckte Kluft zwischen dem Anspruch auf eine sozialistische Umgestaltung der Gesellschaft einerseits und der Anpassung an die gegebenen, selbst nicht aktiv mitgestalteten Verhältnisse andererseits tat sich wieder auf. Zudem verloren die Gewerkschaften immer mehr die Basis des Zuspruchs und der Sympathie in der Bevölkerung: im gleichen Maß, in dem der persönliche Anteil des einzelnen am »deutschen Wunder« zunahm, schlug der noch 1945 fast selbstverständliche Antikapitalismus in eine unkritische Bejahung der neo-kapitalistischen Wirtschaftsstruktur der Bundesrepublik um; im gleichen Maße stieg das Unbehagen über die Gewerkschaften, die die Arbeiter als gefürchtete soziale Konkurrenz und als einen politischen Machtfaktor organisierten.

Dennoch schien es zwischen 1953 und 1955, als ob die Gewerkschaften sich noch einmal auf den Vormarsch begeben würden, nachdem Dr. Viktor Agartz, der Leiter des Wirtschaftswissenschaftlichen Instituts der Gewerkschaften (WWI), für sie auf dem Frankfurter Kongreß 1954 das Konzept eines gewerkschaftlichen Radikalismus formulierte, dessen Kern die Theorie der »expansiven Lohnpolitik« war:

»Einer expansiven Lohnpolitik bedarf [es] nicht nur, um den Lebensstandard der Werktätigen zu heben, sondern um die Konjunktur abzuschirmen und die Vollbeschäftigung zu sichern ... Sie darf sich nicht damit begnügen, den Reallohn an die volkswirtschaftliche Entwicklung nachträglich heranzubringen. Sie muß versuchen, die wirtschaftliche Expansion von sich aus zu fördern, um durch bewußte Kaufkraftsteigerung eine Ausweitung der Produktion herauszufordern.« (Mitteilungen des WWI, 1953, Heft 12)

Agartz forderte weiter die Neuordnung der Grundstoffindustrien durch Selbstverwaltungsunternehmen, Ausweitung der überbetrieblichen Mitbestimmung durch Kammerneuordnung und Schaffung eines Bundeswirtschaftsrates. Miteigentum und Gewinnbeteiligung lehnte er ab.

Die Resonanz, die Agartz mit seinem Konzept als Garant der Ideen von 1949 unter den Funktionären (weniger an der Spitze, mehr im Unterbau und in der Mitte) fand, mochte zunächst darüber hinwegtäuschen, daß sein Erfolg ein Scheinsieg war. Sein Konzept – das Konzept eines integralen Gewerkschaftssozialismus – maß den Gewerkschaften unter Umgehung einer konkreten Analyse der Gesellschaft und in Verkennung der Stellung der Gewerkschaften in Staat und Gesellschaft die politi-

schen Aufgaben einer radikalen sozialistischen Partei zu. Eine
solche Aufgabenstellung ging in entscheidenden Punkten am
Selbstverständnis der Gewerkschaften vorbei: an der Notwendigkeit, sich um ihrer sozialen Verantwortung für die Arbeiterschaft willen in die Gesellschaft zu integrieren, auf dieser Basis
die Arbeiterinteressen unter den bestehenden Verhältnissen zu
vertreten und um die Ausweitung des demokratischen Spielraums in der Gesellschaft zu kämpfen.

Diese Auffassung lag wohl dem Konzept Otto Brenners (geb.
1907), des Vorsitzenden der IG Metall, des »ungekrönten Führers« (Pirker) eines großen Teiles der deutschen Gewerkschaften, zugrunde: Brenner versuchte seit 1956, die Möglichkeit
einer sinnvollen Gewerkschaftspolitik zwischen den Extremen
einer unbegrenzten Anpassung und einer ohnmächtigen Resignation zu praktizieren, wobei er mit seinen Forderungen jeweils an die Grenze des Erreichbaren ging: also das Konzept
eines gewerkschaftlichen Maximalismus auf dem Hintergrund
der vollzogenen gesellschaftlichen und politischen Integration.
Der Vorwurf, seine Politik des »gewerkschaftlichen Aktivismus« sei »eine Form der Anpassung der Gewerkschaften an die
politischen Machtverhältnisse in der Bundesrepublik... verbrämt mit radikalistischer Rhetorik...« (Pirker, Bd. 2, S. 197),
übersieht die Gebundenheit der Gewerkschaften an ihren gesellschaftlichen Ort, übersieht, daß sich die Gewerkschaften
den Luxus, »eine phantastisch-utopisch-selige Insel im Meer
des Kapitalismus« (Lukács) sein zu wollen, nicht leisten können. Allerdings kann kaum eine Täuschung darüber bestehen,
daß auch Brenners gewerkschaftlicher Maximalismus keine
theoretische Renaissance brachte, allenfalls ist er ein Ansatz zu
einer gewerkschaftlichen Theorie des politischen Handelns.
Überdies bestand bei den Führern der großen IG's nach dem
wiederholten Scheitern sozialreformerischer Ansätze kaum die
Neigung, den inzwischen gesicherten und erfolgversprechenden Boden der Realpolitik auf dem Gebiet der Löhne und der
Arbeitszeit zu verlassen (auch Brenner machte hier in seiner
praktischen Gewerkschaftspolitik keine Ausnahme).

Das ist der Boden, auf dem sich seit 1959 die von Ludwig Rosenberg (geb. 1903) intendierte programmatische Revision –
unter der stillen Resignation Otto Brenners – innerhalb der Gewerkschaften durchsetzen konnte; diese Entwicklung, im
Grunde der Prozeß der Anpassung an die von der SPD bereits
1959 vollzogene programmatische Neuorientierung, wurde ab-

geschlossen mit der Annahme des neuen Grundsatzprogramms im November 1963 in Düsseldorf (dem Grundsatzprogramm wurde im März 1965 ein Aktionsprogramm zur Seite gestellt).

Auch Rosenberg, »der sozialliberale Theoretiker« (Pirker), ist ein scharfer Kritiker der »Talmi-Idee der Marktwirtschaft«, die zwar »Wohlstand für alle«, aber nicht »Gerechtigkeit für alle« bringe, und formuliert von dieser Kritik her die wirtschaftlichen und sozialen Aufgaben der Gewerkschaften: immer jedoch unter grundsätzlicher Anerkennung der kapitalistischen Wirtschafts- und Sozialstruktur und der parlamentarischen Demokratie; er anerkennt die Verantwortung der Gewerkschaften in der bestehenden Ordnung und verzichtet bewußt auf die Instrumente eines gewerkschaftspolitischen Radikalismus.

Über Rosenberg hinaus geht Georg Leber, der Vorsitzende der IG Bau, Steine, Erden, wenn er den Prozeß der Anpassung an die kapitalistische Wirtschafts- und Sozialstruktur so weit treibt, daß er den Gewerkschaften als »Ordnungselemente«, als verfassungsmäßig »mit öffentlichen Aufgaben beliehene Institutionen«, die wichtige, nicht zu ersetzende Ordnungsfunktionen im Staat haben, ständisch orientierte Funktionen zuweist.

Im Grundgesetz werden die Gewerkschaften nicht ausdrücklich erwähnt; nur der Art. 9, 3, der die Koalitionsfreiheit fixiert, bezieht sich auf die Gewerkschaften: nach der Bestimmung des Verfassungsartikels ist die Koalitionsfreiheit der Arbeitnehmer nur durch die Gewerkschaften gegeben. Diese privilegierte Position der Gewerkschaften wird jedoch vor allem dadurch eingeschränkt, daß ihnen das Recht zum politischen Streik nicht ausdrücklich eingeräumt wird, auch gilt der Zwang zur Mitgliedschaft in den Gewerkschaften als verfassungswidrig. Für die Gewerkschaften bedeutet die Ausklammerung aus dem Grundgesetz eine negative Bestimmung ihrer Stellung im Staat: »daß nämlich jede Aktion über diese vorgeschriebene Position hinaus sie an die Grenze der Verfassung bringen mußte« (Pirker, Bd. 1, S. 129). Das erwies sich sehr bald, als die Gewerkschaften im Kampf um die Mitbestimmung von ihrem Streikrecht Gebrauch zu machen versuchten.

Die extremsten Positionen in der wissenschaftlichen Diskussion um das Streikrecht bezogen wohl Joseph H. Kaiser und Wolfgang Abendroth. Kaiser lehnt das politische Streikrecht mit der Begründung ab, daß damit »das Sonderinteresse einer Minderheit über das Allgemeininteresse siegen« und die Demokratie »zu einer Oligarchie« würde (Kaiser, S. 28). Streik ist für Kaiser »kein Ordnungsmittel«, sondern »ein Zeichen der Unordnung und des Ungenügens der staatlichen Rechtsordnung«. Abendroth vertritt den Standpunkt: Geht den Gewerkschaften das Streikrecht verloren, »oder wird es durch Verbot des politischen Streiks zur willkürlichen Disposition der Juristenschicht gestellt, verzichten sie grundsätzlich auf irgendeine politisch und sozial notwendige Anwendungsform ihrer einzigen scharfen Waffe, so ist der Staat der Herrschaft der alten privilegierten Schichten der monopolkapitalistischen Wirtschaftsordnung endgültig ausgeliefert und die deutsche Demokratie ist zum zweiten Mal gescheitert« (Abendroth, Bürokratischer Verwaltungsstaat, S. 76).

Das Recht der Arbeitnehmer, über ihre Arbeitsbedingungen mitzubestimmen, ist unbezweifelbar ein demokratisches Recht, und ein Mittel, dieses Recht zu verwirklichen, ist der Streik. Die Legitimität des politischen Streiks in der Form des Demonstrationsstreiks, etwa »um dem Parlament klarzumachen, daß ein für die Gewerkschaften und die Masse der Arbeitnehmer lebenswichtiges Problem zur Debatte steht« (Hirsch-Weber, S. 125), ist unbestreitbar; der politische Kampfstreik (Generalstreik) dagegen könnte nach dem gewerkschaftlichen Selbstverständnis nur im Falle der Erhaltung oder Erkämpfung der Demokratie Anwendung finden.

Der DGB hat sich in seiner Satzung selbst als demokratisch und »unabhängig . . . von Parteien« erklärt: Diese Position ist grundsätzlich nie aufgegeben worden. Traditionell bedingt gab es immer eine größere Übereinstimmung in der politischen Zielsetzung mit der SPD als mit der CDU/CSU – andererseits sind durchaus auch Spannungen zwischen den Gewerkschaften und der SPD, etwa in der Beurteilung der Mitbestimmung oder jüngst in der Notstandsgesetzgebung, zu registrieren. Die personellen Verflechtungen mit der SPD sind ungleich stärker als mit der CDU/CSU.

Über die parlamentarische Repräsentanz der Gewerkschaften seit 1949 gibt die folgende Aufstellung Auskunft (vgl. Kurt Hirche, Gewerkschafter im 5. Deutschen Bundestag, Gewerkschaftliche Monatshefte, 12/1965):

Zahl der Abgeordneten, einschl.	1949	1953	1957	1961	1965
Berlin	420	506	519	521	518
gewerkschaftlich organisierte	115	194	202	223	242
davon in der CDU/CSU	22	47	46	41	51
davon in der SPD	80	142	154	179	188
übrige Parteien, ab 1961 nur FDP	13	5	2	3	3
davon in DGB-Gewerkschaften	106	168	172	185	197
in anderen Gewerkschaften	9	26	30	38	45

1953 geriet der DGB in eine Krise, die ausgelöst wurde durch die Klagen über die – durch die politische Passivität (besonders der evangelischen Christen) meist selbstverschuldete – politische und personelle Unterrepräsentanz der christlichen Gewerkschafter im DGB; außerdem stand die politische Aktivität des DGB gerade in dieser Zeit in erklärtem Widerspruch zur Politik der CDU (Wiederbewaffnung). Beim Angriff auf die Einheitsgewerkschaft führte die Katholische Arbeiterbewegung (KAB), von der evangelischen Arbeiterbewegung schloß sich nur eine konservative Minderheit an; führende christliche Gewerkschaftspolitiker – wie Jakob Kaiser und Karl Arnold – distanzierten sich bald wieder von diesen Bestrebungen; die Reaktionen von kirchlicher Seite waren sehr zurückhaltend. Die Forderungen, die die rebellierende Minderheit der christlichen Gewerkschaftsführer (nach dem erneuten Wahlsieg ihrer Partei) stellten, liefen auf ihre paritätische Berücksichtigung (also unter Ausschaltung der innergewerkschaftlichen Demokratie) innerhalb der Gremien des DGB hinaus; sie verlangten weiter eine Revision des Münchner Grundsatzprogramms von 1949 in Richtung auf ihre sozialreformerischen Vorstellungen. Die Krise, die in erster Linie politische, nicht weltanschauliche Hintergründe hatte, konnte überwunden werden; immerhin konstituierte sich im Oktober 1953 innerhalb des DGB quasi als Fraktion die »christlich-soziale Kollegenschaft«, die später in den ›Gesellschaftspolitischen Kommentaren‹ ein eigenes Fraktionsorgan erhielt. Zwei Jahre später – im Oktober 1955 – kam es zur Gründung der »Christlichen Gewerkschaftsbewegung Deutschlands« (CGD, seit 1959: CGB); den unmittelbaren Anstoß dazu gab der Internationale Bund Christlicher Gewerkschaften, der ein Interesse an der Existenz einer christlichen Gewerkschaftsbewegung in Deutschland hatte; die Abspaltung wurde weder von dem christlichen DGB-Flügel und seinen Führern Kaiser und Arnold noch von den katholischen und evangelischen Kirchenführern gebilligt. Träger der CGD war die Führungsspitze der KAB (Even, Winkelheide); von den Mitgliedern der KAB sind jedoch nur etwa 10% der Aufforderung, sich der CGD anzuschließen, gefolgt (die CGD hatte 1965 nach eigenen Angaben 198000 Mitglieder). Inzwischen hat die christlich-soziale Kollegenschaft den Versuch, sich innerhalb des DGB als zweite Säule der Einheitsgewerkschaft (neben der sozialistischen), d. h. als eine eigenständige innergewerkschaftliche Gruppe zu konstituieren, aufgegeben.

Von katholischer Seite wird dies zum Teil als ein Scheitern der Einheitsgewerkschaft gedeutet, während auf evangelischer Seite die Problematik wesentlich neutraler beurteilt wird. Die Spannungen innerhalb der Gewerkschaften haben zwar, gemessen an den fünfziger Jahren, inzwischen ihren krisenhaften Charakter verloren, bestehen aber kaum vermindert weiter; es geht dabei nicht allein mehr um die Frage der Unterrepräsentation der christlich-sozialen Kräfte innerhalb des DGB, sondern vor allem darum, ob die Gewerkschaften in staatspolitischen Fragen zur Abstinenz verpflichtet sind, um der Gefahr einseitiger parteipolitischer Festlegung zu entgehen.

Vorübergehend belastete die kommunistische Opposition innerhalb des DGB stark die gewerkschaftliche Arbeit; es zeigte sich wiederholt, daß die betriebliche Aktivität der Gewerkschaften viel zu schwach und unzureichend war, um sich den Kommunisten gegenüber durchzusetzen. Das Verbot der KPD im Jahre 1956 wurde von der gewerkschaftlichen Führungsspitze ohne Reaktion hingenommen: es bedeutete für die Gewerkschaften die Ausschaltung einer radikalen, von außen gesteuerten Fraktion. Mit dem Verbot der KPD war allerdings noch längst nicht das Problem der nunmehr notwendig gewordenen Integration der kommunistischen Arbeiter gelöst; ein Problem, das bis heute noch die betriebliche Gewerkschaftsarbeit belastet. Für die Gewerkschaften ergibt sich dabei die zusätzliche Aufgabe, im Interesse der Demokratie zugleich den gesellschaftlichen und politischen Integrationsprozeß für die kommunistischen Arbeiter durchführen zu müssen; eine Aufgabe, die keine Partei und kein anderer Verband zu leisten imstande ist.

Aus der parteipolitischen Unabhängigkeit der Gewerkschaften ist oft – fälschlich – die Notwendigkeit zu genereller politischer Abstinenz abgeleitet worden. Tatsächlich standen bisher die Gewerkschaften in grundlegenden Fragen der Politik der Bundesrepublik – Wiederbewaffnung, Ausrüstung der Bundeswehr mit atomaren Waffen, Notstandsgesetzgebung – im Gegensatz zu den Auffassungen der Regierung und der die Regierung tragenden Parteien. In keinem Fall haben die Gewerkschaften sich in ihren Äußerungen gegen die verfassungsmäßige Ordnung gewandt und erst recht nicht zum Widerstand gegen die Staatsgewalt aufgerufen: sie sind also im Rahmen der freiheitlich-demokratischen Grundordnung politisch wirksam geworden. Die Gewerkschaften könnten ihre gesellschaftliche Schutzfunktion gegenüber der Arbeitnehmerschaft gar nicht wahrnehmen, wenn sie sich nicht politisch artikulierten; sie haben darüber hinaus aber auch »gesellschaftliche Gestaltungsfunktionen«, die erst recht von ihnen verlangen, im politischen Kräftefeld ihre Rolle zu spielen.

Die überkommenen Leitbilder zur Bestimmung der Funktionen der Gewerkschaften in Gesellschaft und Staat – Klassenbewegung oder Standesbewegung, Arbeitsmarktorgan oder revolutionärer Kampfverband – decken heute weitgehend nicht mehr die Wirklichkeit. Das wird auch an der Kritik deutlich, der die Gewerkschaften ausgesetzt sind: Die einen werfen ihnen vor, daß sie, »gezähmt« und »integriert«, ein Bestandteil des »neuen Kapitalismus« geworden seien, dem sie sich nicht nur angepaßt hätten, den sie sogar stützten; durch die Übernahme von Verantwortung in der bestehenden Ordnung seien sie »blind« geworden für ihre eigentliche Aufgabe, die Neuordnung der Gesellschaft (so Pirker). Andere sagen, daß die Gewerkschaften heute eine Macht darstellten, eine organisatorische Festigkeit erreicht hätten, die sie in die Lage versetze, ohne Rücksicht auf das Gesamtinteresse ihr partikulares Verbandsinteresse durchzusetzen; die Gewerkschaften seien damit zu einer Gefahr für die freiheitlich-demokratische Grundordnung geworden (so Briefs).

Die moderne Industriegesellschaft wird heute politisch nicht mehr ausschließlich von den parlamentarisch-politischen Kräften, sondern ebenso von den organisierten Gruppen repräsentiert. Wer daher einen unüberbrückbaren Gegensatz zwischen dem Staat und den organisierten Interessenverbänden sieht, hat eine Auffassung von Demokratie, die sowohl an der klassischen liberalen Theorie als aber auch an obrigkeitsstaatlichen Vorstellungen orientiert ist. Erst die Vielzahl der organisierten Interessen, die in Gleichberechtigung die verschiedenen gesellschaftlichen Kräfte gegeneinander und miteinander gegenüber dem Staat repräsentieren, sichert sowohl den Staat wie auch die organisierten Gruppen selbst vor einer Verabsolutierung ihrer Machtpositionen; sie garantiert aber vor allem die Lösung sozialer und politischer Konflikte in freiheitlich-demokratischem Geist: »Dem Prinzip einer freiheitlichen Gestaltung entspricht insofern eine Gesellschaftsordnung, die auf einen Pluralismus von Organisationen gründet« (Christmann, S. 115).

Von hier aus nun läßt sich die gesellschaftliche Gestaltungsfunktion der Gewerkschaften bestimmen: Zunächst – als Voraussetzung – das Streben nach optimaler Integration der Arbeitnehmerschaft, um dann »den demokratischen Spielraum in die Gesellschaft hinein auszuweiten« (Christmann). Die Gewerkschaften müssen einerseits ihre Mit-Verantwortung für die bestehende Ordnung anerkennen, sie dürfen sich aber andererseits nicht konfliktlos in die Gesellschaft einpassen lassen: sie müssen einerseits für ihre konkreten Gegenwartsaufgaben arbeiten, andererseits eine Neu- und Ausgestaltung der Wirtschafts- und Sozialordnung anstreben. Die Gewerkschaften sind durch die Stärke der freiheitlich-demokratischen, humanitären Elemente ihrer Tradition und ihres Selbstverständnisses besser für die Ausübung ihrer gesellschaftlichen Gestaltungsfunktion gerüstet als andere organisierte Gruppen; aber auch sie haben eine ganze Reihe hemmender Faktoren zu überwinden, die sich aus einem nachhinkenden Bewußtsein oder aus einer Fehleinschätzung der Wirklichkeit ergeben.

Dazu gehört vor allem die Überwindung der Mitgliederstagnation: 1958 hatte der DGB nur 7,1% mehr Mitglieder als 1951 gegenüber einer Zunahme der Beschäftigten um 22,8%. Den Gewerkschaften ist es offensichtlich nicht gelungen, nach 1945 in ihr traditionell weitgehend verschlossene Gruppen einzudringen (Angestellte, Beamte, Frauen); sie haben auch in dem schwer organisierbaren tertiären Sektor (Verkehr, Dienstleistungen, Handel, Banken, Versicherungen), wo 1964 ca. 38% aller Arbeitnehmer beschäftigt waren, nicht nachhaltig genug Fuß fassen können; auch die Mitgliederfluktuation spielte eine große Rolle: die Gewerkschaften haben sich offensichtlich zu wenig um ihre passiven Mitglieder bemüht. Die Gewerkschaften werden also gezwungen sein, »neue Organisations- und Handlungsprinzipien zu entwickeln, wenn die Forderung nach der Gesamtvertretung der Arbeiterschaft (einschließlich der Angestellten) nicht nur eine ideologische Fiktion bleiben soll« (Christmann, S. 119). – Immer noch fehlt den Gewerkschaften ein Konzept für ihre betriebspolitische Arbeit, ein Programm, das den Betrieb als einen der existentiellen Faktoren im Leben des arbeitenden Menschen zum Mittelpunkt hat und von dem aus den Hebel zur Überwindung der unvollständigen Demokratisierung der Gesamtgesellschaft ansetzt. – Im Zusammenhang damit stehen auch die negativen Auswirkungen der Mitbestimmung, die sich in der bisher erreichten Form als kein Mittel der gewerkschaftlichen Wirtschaftspolitik erwiesen hat: »Das Strahlungsfeld des Mitbestimmungsgesetzes geht über die Grenzen des Unternehmens nicht hinaus« (Blume, S. 8). Der Arbeitnehmervertreter hat sich in überraschender Weise mit dem Geschick seines Unternehmens identifiziert, nirgendwo gibt es mehr Verständnis für die Aufgaben und die Position des Arbeitgebers als bei den Betriebsräten des Mitbestimmungsbereichs; die Bereitschaft, wirkliche Verantwortung zu übernehmen, scheint viel zu gering entwickelt, die kämpferische Vertretung der Arbeitnehmerinteressen nicht stark genug ausgeprägt; und immer wieder wird deutlich, daß die Arbeitnehmer auf ihre Aufgaben nicht ausreichend vorbereitet sind.

Ein außerordentlich schwieriges Problem ist das der innergewerkschaftlichen Demokratie. Zwar verhindert der weitgehend föderative Aufbau der IG's und des DGB jede einseitige Machtkonzentration, andererseits scheint die Stellung des DGB und besonders seiner Führungsspitze gegenüber den IG's viel zu schwach, um die im Interesse der gesellschaftlichen Gestaltungsfunktion der Gewerkschaften notwendigen Koordination der Gewerkschaftspolitik durchzuführen. Schwerwiegender jedoch sind die auch bei den Gewerkschaften nicht zu übersehenden Verbürokratisierungstendenzen: mit ihnen verbunden sind die wachsende Übermacht der Führungsgremien, der sich daraus ergebende Interessengegensatz zwischen Führenden und Geführten, die sich steigernde Schwierigkeit für die Mitglieder, gegenüber der Führungsspitze ihre Interessen durchzusetzen, schließlich eine verbreitete Mitgliederapathie. Das Korrektiv einer solchen Entwicklung läge in der Erhaltung der innergewerkschaftlichen demokratischen Meinungs- und Willensbildung. Sie ist nicht nur eine Frage von lebensnotwendiger Bedeutung für die Gewerkschaften selbst, sondern für die Demokratie überhaupt.

4. Die SED und die Gewerkschaften im anderen Teil Deutschlands

Im Mai 1945 versuchten Sozialdemokraten in Berlin, einige führende Mitglieder der KPD für eine vereinigte sozialistische Arbeiterpartei zu gewinnen: sie erhielten eine Ablehnung. Wie sich zeigen sollte, bedeutete diese Ablehnung nicht, daß die KPD-Führung die sofortige Sowjetisierung der russischen Besatzungszone anstreben wollte: vielmehr sollten zunächst Bundesgenossen in möglichst allen antifaschistischen Kreisen Deutschlands gesucht, das angenommene Mißtrauen der westlichen Alliierten gegenüber den Kommunisten entschärft und damit auch in den anderen Besatzungszonen Möglichkeiten der politischen Einflußnahme geschaffen werden; in ihrem ersten Aufruf vom 11. Juni 1945 stellte sich die KPD als eine antifaschistische, nationale, demokratische Partei vor:

».. . Wir sind der Auffassung, daß der Weg, Deutschland das Sowjetsystem aufzuzwingen, falsch wäre, denn dieser Weg entspricht nicht den gegenwärtigen Entwicklungsbedingungen in Deutschland.

Wir sind vielmehr der Auffassung, daß die entscheidenden Interessen des deutschen Volkes in der gegenwärtigen Lage für Deutschland einen anderen Weg vorschreiben, und zwar den Weg der Aufrichtung eines antifaschistischen, demokratischen Regimes, einer parlamentarisch-demokratischen Republik mit allen demokratischen Rechten und Freiheiten.«

Schon Ende 1945 änderte die KPD-Führung, die demokratisch getarnt inzwischen in der sowjetischen Zone alle staatlichen und wirtschaftlichen Schlüsselpositionen besetzt hatte, ihre Taktik; bei den ersten Nachkriegswahlen in Österreich und Ungarn hatten sich die Erwartungen der kommunistischen Parteien nicht erfüllt, während die Sozialdemokraten beachtliche Ergebnisse erzielen konnten. Ähnliches war für Deutschland zu befürchten: die Nachwirkungen der antibolschewistischen NS-Propaganda einerseits, die durch das Verhalten der sowjetischen Besatzungstruppen bestätigt schien, andererseits das Vertrauen selbst traditionell nicht-sozialistischer Schichten in die SPD, die mit ihren Forderungen damals links von der KPD stand, führten seit November 1945 dazu, daß die KPD-Führung auf eine Vereinigung zwischen KPD und SPD drängte. Sie erfolgte schließlich zu Ostern 1946 unter dem Namen »Sozialistische Einheitspartei Deutschlands« (SED); der KPD kam dabei auf lokaler Ebene vielfach der spontane Wunsch der Mitglieder beider Parteien zur Vereinigung, bedingt vor allem durch das Trauma der Spaltung vor 1933, zugute; wo sich statt Spontaneität Skepsis und Widerstand zeigten, halfen Druck, ja sogar Terror durch die sowjetische Besatzungsmacht nach.

Bis 1949 hielt die Führung der SED die Fiktion aufrecht, daß sich in der neuen Partei SPD und KPD in der Mitte getroffen hätten, dann setzte die Entwicklung der SED zur Partei des »leninistischen Typus« ein. Die SED versteht sich – nach ihrem Programm von 1963 – als »der bewußte und organisierte Vortrupp der deutschen Arbeiterklasse und des werktätigen Volkes .. .«, als eine »machtvolle revolutionäre und schöpferische Kraft«: Sie ist – ganz nach Leninscher Auffassung – die Elite, die über Klasse und Volk steht; eine solche Selbstdarstellung enthüllt eindeutig den totalitären Charakter der SED, dem auch das Organisationsprinzip des sogenannten »demokratischen Zentralismus« entspricht: er bedeutet nichts anderes als die

Herrschaft der Minderheit der zentralen Leitung über die Mehrheit in den Formen der – wie Lenin es nannte – militärischen Disziplin; in der Sprache der SED heißt es heute:

»Die schöpferische Anwendung der Leninschen Normen des Parteilebens ist eine Grundbedingung für die Lösung der neuen Aufgaben. Als bewußter und organisierter Vortrupp der Arbeiterklasse arbeitet unsere Partei nach dem lebendigen Prinzip des demokratischen Zentralismus. Sie verbindet das Prinzip der Unterordnung der Minderheit unter die Mehrheit, die Leitung der ganzen Partei von einem gewählten Zentrum aus und die Durchführung der Beschlüsse des Zentralkomitees durch alle Grundorganisationen mit dem Kampf gegen Konservativismus und dogmatische Erstarrung« (Parteiprogramm von 1963).

Entsprechend dem Prinzip der Herrschaft der zentralen Leitung ist die Parteispitze aufgebaut: das vom Parteitag (der alle vier Jahre stattfindet) formal gewählte, in Wirklichkeit (wie in allen anderen Fällen) manipulierte Zentralkomitee (ZK) »wählt« zur politischen Leitung der Arbeit zwischen seinen Plenarsitzungen das Politbüro, zur Leitung der laufenden Arbeit das Sekretariat des ZK. Beide Institutionen, und nicht das politisch unbedeutende ZK, sind die eigentlichen Träger der Macht; sie beherrschen den gesamten Staatsapparat: die Abteilungen des Sekretariats des ZK entsprechen dem Regierungsaufbau und leiten faktisch die Ministerien an, das ZK gibt als Empfehlungen getarnte Anweisungen an Regierung und Volkskammer, außerdem besteht eine weitgehende Personalunion zwischen Partei- und Staatsführung (so ist Ulbricht als Erster Sekretär des ZK und als Vorsitzender des Staatsrates Herrscher über Partei und Staat); diese Diktatur der Staatspartei ist nicht nur in der zentralen Leitung, sondern auf allen Ebenen der Staatsführung und Verwaltung durchgesetzt.

Das erste Programm der KPD, das Spartakus-Programm von Ende Dezember 1918, sagte über das Zukunftsziel der Partei aus: »Das Wesen der sozialistischen Gesellschaft besteht darin, daß die große arbeitende Masse aufhört, eine regierte Masse zu sein, vielmehr das ganze politische und wirtschaftliche Leben selbst und in bewußter freier Selbstbestimmung lenkt.« »Revolutionäre Tatkraft«, »weitherzigste Menschlichkeit«, Ablehnung des Terrors und Verachtung des Mordes markieren den Weg, auf dem dieses Ziel erreicht werden soll. Die SED beruft sich im Programm von 1963 darauf, daß sie »alle wahrhaft revolutionären Programme der deutschen Arbeiterbewegung . . .«

verwirkliche, sie entwirft hier auch unter Anlehnung an das Programm der KPdSU und unter Berufung auf das Kommunistische Manifest von 1848 die Vision einer kommunistischen Zukunftsgesellschaft: doch die SED gibt selbst zu, daß die DDR im Gegensatz zur UdSSR, wo der Aufbau des Kommunismus bereits begonnen habe, erst in dieses Stadium der Entwicklung gelangen werde, wenn »der umfassende Aufbau des Sozialismus« abgeschlossen sei. Mit einer solchen Interpretation ist für das Regime der Nachweis seiner Leistungen und für die DDR-Bevölkerung die Erwartung der klassenlosen »Gesellschaft der vollen Entfaltung der Persönlichkeit, der Freiheit, Gleichheit und Brüderlichkeit« in eine ferne Zukunft aufgeschoben, zugleich aber die Wirklichkeit, die von der neuen Gesellschaft noch nicht einmal entfernte Umrisse erkennen läßt, verschleiert: es ist eine Wirklichkeit, in der die herrschende Minderheit gezwungen ist, ihr Regime gegen die eigenen Arbeiter – wie der 17. Juni 1953 gezeigt hat – aufrechtzuerhalten mit den Mitteln des ideologischen Drucks, der »sozialistischen Gesetzlichkeit«, durch Militär, Polizei, Kampfgruppen und Staatssicherheitsdienst.

Die Staatspartei duldet keine Opposition, keine – wie es in ihrer Sprache heißt – »Fraktionsbildung«. Gruppen und Einzelpersonen mit abweichender Meinung verfielen Säuberungsmaßnahmen: 1951 z. B. wurden über 150000 Mitglieder aus der SED ausgeschlossen – Sozialdemokraten und alte KPD-Leute, die sich der Umwandlung der SED in eine Partei »leninistischen Typus« widersetzt hatten; auch in der Führungsspitze wurden laufend Säuberungen durchgeführt: 1950 wurde Paul Merker aus dem ZK ausgeschlossen, 1952 Franz Dahlem, bisher der zweite Mann nach Ulbricht (1956 rehabilitiert); nach dem 17. Juni 1953 wurden Wilhelm Zaisser (Minister für Staatssicherheit) und Rudolf Herrnstadt (Chefredakteur des ›Neuen Deutschland‹) aus dem ZK, später auch aus der Partei· ausgeschlossen; 1958 wurden Karl Schirdewan (Mitglied des ZK und enger Mitarbeiter Ulbrichts), Fred Oelßner (einer der Parteiideologen) und Ernst Wollweber (ehemaliger Minister für Staatssicherheit) gemaßregelt. Alle diese Gruppen traten auf dem Boden des politischen Systems der DDR als Gegner von Ulbrichts hartem Kurs für Reformen und eine gewisse Liberalisierung ein. Grundsätzlicher war die Opposition der »Parteiintelligenz«: die Gruppe um den Philosophen Ernst Bloch (der 1961 die DDR verließ), die dem stalinistischen Dogmatismus Ulbrichts einen »menschlichen Sozialismus« entgegenstellen wollte, wäre hier zu nennen, sowie der Physiker Robert Havemann (1964 von der Partei gemaßregelt) und der Wirtschaftshistoriker Jürgen Kuczynski. Beispielhaft »für revisionistische Tendenzen in der SED und für eine SED-feindliche und trotzdem kommunistische Haltung« (Weber, Der deutsche Kommunismus, S. 429) war die Opposition von Wolfgang Harich (1957 zu zehn Jahren Zuchthaus verurteilt, 1965 entlassen) und seinen Freunden, die über sich schrieben:

»Wir wollen nicht mit dem Marxismus-Leninismus brechen; aber wir wollen ihn vom Stalinismus und vom Dogmatismus befreien und auf seine humanistischen und undogmatischen Gedankengänge zurückführen. . . . Wir wollen die Partei von innen reformieren. Wir wollen auf der Position des Marxismus-Leninismus bleiben. Wir wollen aber weg vom Stalinismus. Daraus ergibt sich für die Theorie des Marxismus-Leninismus: Sie muß ergänzt und erweitert werden durch die Erkenntnisse Trotzkis, Bucharins, . . . Rosa Luxemburgs und teilweise auch . . . Karl Kautskys. Ferner müssen wir das Wertvolle aus den Erkenntnissen Fritz Sternbergs und anderer sozialdemokratischer Theoretiker . . . übernehmen. Wir müssen die jugoslawischen Erfahrungen und Erkenntnisse . . . mit aufnehmen und das Neue aus den theoretischen Diskussionen in den Ländern Polen und China . . .« (zit. bei Weber, Der deutsche Kommunismus, S. 599, 601).

Schon Mitte 1945 wurde in der sowjetischen Zone durch Ulbricht selbst mit dem Aufbau der Gewerkschaften begonnen; sie hatten aber von Anfang an kein Recht auf betriebliche und überbetriebliche Mitbestimmung und keinen Einfluß auf die Gestaltung der Lohn- und Arbeitsbedingungen. Schon 1948 wurden die Betriebsräte, die sich häufig als Sprachrohr der Belegschaften den Politisierungstendenzen der SED widersetzt hatten, abgeschafft und durch die Betriebsgewerkschaftsleitungen (BGL) ersetzt (s. unten); 1950 anerkannte die Dachorganisation der Gewerkschaften, der FDGB, in ihrer Satzung ausdrücklich die führende Rolle der SED. Die SED wiederum erhebt laut Statut den Anspruch, »die führende Kraft aller Organisationen der Arbeiterklasse und der Werktätigen, der staatlichen und gesellschaftlichen Organisationen« zu sein; sie leitet daraus das Recht ab, die Massenorganisationen als Transmissionsriemen ihres Willens auf die Massen zu gebrauchen; sie verwirklicht diesen Führungsanspruch durch direkte Einflußnahme und dadurch, daß sie innerhalb der Massenorganisationen ihre Mitglieder zu besonderen Parteigruppen zusammenfaßt; laut Statut der Partei sind ihre Mitglieder auch in anderen Organisationen zur Durchführung der Beschlüsse und Weisungen der Partei verpflichtet. Der Aufbau der Gewerkschaftsorganisationen entspricht dem der Partei auf allen Ebenen: der Vorsitzende der jeweiligen Organisationsleitung des FDGB gehört meist zugleich der entsprechenden Parteileitung an, so daß überall die führende Rolle der Partei gesichert ist.

Die Mitgliedschaft im FDGB ist formell freiwillig; sich ihr zu entziehen, kommt jedoch einer Demonstration gegen das Regime nahe und bedeutet, auf eine Reihe wichtiger sozialer Vergünstigungen zu verzichten: so sind 1962 von 6,5 Mill. Beschäftigten 6,3 Mill. gewerkschaftlich organisiert gewesen. Die Organisation baut sich, ausgehend von den Betriebs- und Ortsgewerkschaftsleitungen, über die Kreis- und Bezirksleitungen bis zum Bundesvorstand auf; der Bundesvorstand als oberstes Leitungsorgan wählt das Präsidium und innerhalb des Präsidiums das Sekretariat, dem nach dem Prinzip des »demokratischen Zentralismus« die eigentlichen Führungsaufgaben zufallen. Auch der FDGB ist nach dem Industriegewerkschaftsprinzip – »ein Betrieb – eine Gewerkschaft« – organisiert, allerdings haben die IG's keinerlei Selbständigkeit, sondern sind an die Beschlüsse des Bundesvorstandes des FDGB gebunden.

Der FDGB nimmt im Gegensatz zur SED keinen unmittelbaren Einfluß auf den Staatsapparat, er verfügt »über keine unmittelbare staatliche Repressionsgewalt« (Zimmermann, in: Soziologie der DDR, S. 123); in diesem strengen Sinne aufgefaßt, läßt sich also im Falle des FDGB nicht von einer »Staatsgewerkschaft« sprechen: der FDGB ist im wesentlichen auf »ideologische Überzeugungsarbeit und ein differenziertes System sozialer Zwänge, Vergünstigungen und Anreize« angewiesen. Im Mittelpunkt der Gewerkschaftsarbeit stehen die betriebsbezogenen »Produktionsaufgaben«; im Arbeitsgesetzbuch von 1961 (§ 12) werden folgende Funktionen der Gewerkschaften aufgeführt:

1. Aufbau des sozialistischen Wettbewerbs,
2. Durchsetzung der neueren Methoden,
3. Mitgestaltung der Betriebskollektivverträge,
4. Durchsetzung des sozialistischen Leistungsprinzips,
5. Mitwirkung an Kaderangelegenheiten,
6. Entwicklung der kulturellen und sportlichen Betätigung,
7. Verwirklichung des Gesundheits- und Arbeitsschutzes,
8. Beseitigung von Mängeln im Betrieb.

Die Betriebsgewerkschaftsorganisation wird daher als das »Fundament der Gewerkschaften« angesehen; sie umfaßt alle Gewerkschaftsmitglieder eines Betriebes, ihr führendes Organ ist die Betriebsgewerkschaftsleitung. Durch ein enges Netz von vielen Funktionären (1963 kam auf fünf Mitglieder mindestens ein Funktionär) und durch zahlreiche Aufgabengebiete sollen die Mitglieder möglichst intensiv und wirklichkeitsnah für die Arbeit der Gewerkschaften mobilisiert werden; diese Intensität der betrieblichen Arbeit besteht jedoch weitgehend nur in der Theorie, da die ehrenamtlichen Funktionäre weder Zeit noch ausreichende Kenntnisse für die gestellten Aufgaben besitzen und in der Regel nur der Vorsitzende der BGL hauptamtlich arbeitet.

Die Betriebsgewerkschaftsleitung (BGL) ist nach dem ›Gesetzbuch der Arbeit‹ »Interessenvertreter aller Arbeiter, Angestellten und Angehörigen der Intelligenz im Betrieb«; es ist darauf hingewiesen worden, daß die BGL also auch die Unorganisierten vertritt und insofern einem Betriebsrat vergleichbar sei, aber: »der entscheidende Unterschied zwischen der BGL und einem Betriebsrat besteht jedoch darin, daß die gewerkschaftliche Betriebsorganisation weisungsgebundener Teil der Gesamtorganisation des FDGB ist. Sie repräsentiert nicht schlechthin die Belegschaft und deren Interessen, sondern immer und vor allem die ›Arbeiterklasse‹ und deren parteilich formuliertes Gesamtinteresse . . .« (Zimmermann, S. 125).

Die BGL wirkt beim Abschluß des jährlich zu vereinbarenden Betriebskollektivvertrags mit; er setzt die Verpflichtungen der Arbeiter eines Betriebes im Rahmen des Produktionsplanes fest und regelt die Leistungen des Betriebes im Hinblick auf den Arbeitsschutz und die soziale und kulturelle Betreuung der Betriebsangehörigen. Bei der BGL liegt auch die Organisation des »sozialistischen Wettbewerbs«, dessen Ziel es ist, die Arbeitsproduktivität über die im Betriebskollektivvertrag festgelegten Normen zu steigern. Die BGL ist auch an der direkten Planüberwachung beteiligt, z. B. durch die Teilnahme an der ständigen Produktionsberatung, wo besonders die Mängel der Planerfüllung, aber auch Vorschläge für neue Vorhaben, technische Verbesserungen usw. besprochen werden. Über die in ihren Händen liegenden Betriebsakademien nehmen die BGL's direkten Einfluß auf das Ausbildungs- und Fortbildungswesen des Betriebes. Die von der BGL eingesetzten sogenannten »Konfliktkommissionen« sollen für die Einhaltung der Arbeitsdisziplin (»Erziehung zur sozialistischen Arbeitsmoral«) sorgen, verhandeln aber auch das private Verhalten und die gesellschaftliche und politische Einstellung der Belegschaft.

Alleinverantwortlichkeit und Weisungsbefugnis in den Betrieben liegt eindeutig persönlich beim Betriebsleiter: »Der Betriebsleiter leitet den Betrieb nach dem Prinzip der Einzelleitung. Er ist persönlich verantwortlich für die Erfüllung aller Aufgaben des Betriebes« (Gesetzbuch der Arbeit). Die BGL's haben also in wirtschaftlicher Hinsicht keinen Einfluß auf die Erfüllung des Produktionsplanes, wohl aber sind sie verantwortlich für den politisch-ideologischen Aspekt seiner Erfüllung (der Betriebsleiter ist für die »politisch-ideologische Erziehung« nur mitverantwortlich). Beide – BGL und Betriebsleitung – berufen sich auf den gleichen Auftraggeber: beide sind »Beauftragte der Arbeiter- und Bauernmacht«; die Machtbefugnisse sind zwischen ihnen klar verteilt: Die BGL »hat primär dafür zu sorgen, daß in der ihr gewissermaßen politisch-moralisch anvertrauten Grundeinheit der Gesellschaft, dem Betrieb, die von den staatlichen Plänen gesetzten Ziele erreicht und, wenn möglich, überboten werden« (Zimmermann, S. 127).

Die im FDGB organisierten Arbeitnehmer haben kein Recht auf freie Meinungsäußerung, kein Mitbestimmungsrecht, keinen Einfluß auf die Gestaltung der Lohn- und Arbeitsbedingungen, keine Möglichkeit zur Anwendung der traditionellen Kampfmittel der Gewerkschaften, z. B. des Streiks. Seit 1961 gibt es in der DDR ein Arbeitsgesetzbuch, aus dem klar hervorgeht, daß dem einzelnen »Werktätigen« keine Wahl, keine Entscheidung mehr über den Umfang und die Art seiner Arbeitsleistung gegeben ist: »Die Arbeit ist gesellschaftliche Verpflichtung«, die Gesellschaft verlangt den vollen, uneingeschränkten Einsatz eines jeden. Gerechtfertigt wird die Einschränkung, ja der Verlust des Selbstbestimmungsrechtes des Arbeitnehmers durch die Fiktion der Interessenidentität zwischen Arbeitnehmern und Staat: die staatlichen und gesellschaftlichen Organe seien, so wird behauptet, mit den Vertretern der arbeitenden Klasse besetzt, sie garantierten die direkte Interessenvertretung der Arbeitnehmer; außerdem seien die Betriebe – als »Volkseigentum« – in der Hand der Werktätigen selbst – eine Kampfsituation zwischen der politischen Führung und den Arbeitern sei daher im »Arbeiter- und Bauernstaat« ausgeschlossen. Eine große Rolle in dem System der politisch-ideologischen Abhängigkeiten spielt die sogenannte sozialistische Arbeitsmoral, von Ulbricht auf dem 5. Parteitag der SED 1958 als »das Herzstück der gesamten moralischen Beziehungen in der sozialistischen Gesellschaft« und als 7. Gebot der »sozialistischen Moral«

deklariert. »Jeder Werktätige hat die Pflicht, die sozialistische Arbeitsdisziplin als Grundregel für die gemeinsame Arbeit der Werktätigen einzuhalten, insbesondere das sozialistische Eigentum zu schützen und zu mehren«, so steht es im Arbeitsgesetzbuch von 1961; »Sozialistische Arbeitsmoral« heißt aber nichts anderes als

»volle Unterordnung unter den zentral bestimmten Plan und die mit ihm festgelegte Entwicklung, wobei gleichzeitig die Einsicht in die Notwendigkeit der Perspektiven ebenso vorausgesetzt wird wie die Einsicht in die Notwendigkeit der Unterordnung«. Der Arbeitnehmer in der »sozialistischen Gesellschaft« befindet sich in einer Doppelstellung: »Er ist einerseits Arbeitnehmer und Lohnempfänger und daher daran interessiert, für möglichst geringen Arbeitsaufwand eine hohe materielle Entlohnung zu erhalten. Er ist zugleich aber auch Teilhaber am ›Volkseigentum‹ und hat als Mitglied der ›sozialistischen Gesellschaft‹ Mitanspruch auf die Verteilung des Sozialproduktes; als solcher ist er daran interessiert, das Sozialprodukt zu mehren und eine möglichst große Produktionsleistung durch steigende Arbeitsproduktivität zu erzielen« (Storbeck, S. 109).

Zugang zum Verständnis solcher ideologischer Verbrämungen der Wirklichkeit und zu der Wirklichkeit selbst läßt sich erst finden, wenn man sich vergegenwärtigt, in welcher Weise sich die Sozialstruktur in der DDR in den letzten zwanzig Jahren gewandelt hat: traditionelle soziale Schichten sind aufgelöst oder stark reduziert worden, neue soziale Schichten sind entstanden; der Privatbesitz an Produktionsmitteln ist bis auf wenige Reste abgeschafft, fast 95% der arbeitenden Bevölkerung der DDR befinden sich in einer abhängigen beruflichen Position, für 90% von ihnen ist der Staat der Arbeitgeber.

Das Klassen- und Schichtenmodell, wie es in der DDR entwickelt wurde, sieht (nach dem Stand von 1960) etwa so aus (vgl. Storbeck, S. 149):
1. Arbeiterklasse: führende Grundklasse der sozialistischen Gesellschaft, bestehend aus Arbeitern und Angestellten; den Kern dieser Klasse bilden die Industriearbeiter. 6 169 600 Beschäftigte, 76,2%
2. Genossenschaftsbauern: zweite Grundklasse, bestehend aus ehemaligen Bauern, Land- und Industriearbeitern und Handwerkern. 952 800, 11,8%
3. Genossenschaftshandwerker: »sozialistische Schicht«, bestehend aus ehemaligen Betriebsinhabern, Gesellen und Arbeitern. 146 100, 1,8%
89,8% der Beschäftigten werden also zu den sozialistischen Klassen und Schichten gerechnet.

4. Intelligenz: Führungskräfte und freiberuflich Tätige, gilt als mit der Arbeiterklasse zusammenarbeitend. 376 800
5. Mittelschichten: private Händler, Handwerker usw. 372 500
6. Kapitalisten: Restbestand der ehemaligen Klasse, der vor seiner Auflösung steht. 44 900
7. Einzelbauern: Reste der ehemaligen privatbäuerlichen Schicht. 34 300
insgesamt 8 097 000 Beschäftigte, Bevölkerung insgesamt: 17 214 000

Die Tendenzen der sozial-ökonomischen Entwicklung in der DDR zeigen fast die gleichen durch die moderne hochindustrielle Produktionsweise bestimmten Merkmale wie in der Bundesrepublik: Erweiterung des tertiären Beschäftigungssektors, Abnahme der Beschäftigtenzahl (und verstärkte Tendenz zur Mechanisierung) in der Landwirtschaft, Bevorzugung der technischen Berufe vor den Versorgungsberufen; auch das Lohngefüge ist zwischen West- und Mitteldeutschland kaum unterschieden in der Rangfolge der Industriezweige und der Abstufung der Durchschnittslöhne; die Mehrzahl der Arbeiter erreicht aber in der Bundesrepublik höhere Löhne als in der DDR (der Abstand beträgt durchschnittlich 10 bis 12 %), völlig abgesehen von den Kaufkraftunterschieden; eine kleine Gruppe von Arbeitern (Eisenerz- und Uranbergbau) erhält in der DDR Spitzenlöhne, die in der Bundesrepublik nicht erreicht werden. Zusätzliche Schwierigkeiten bestehen in der DDR darin, daß im Vergleich zur Bundesrepublik die Überalterung und der Frauenüberschuß größer und damit das Arbeitspotential geringer ist.

Die Einstellung der Arbeiter zur »Arbeiter- und Bauernmacht« wird in den letzten Jahren zunehmend gekennzeichnet durch die Arrangierung mit den gegebenen politischen Verhältnissen und durch die optimale Inanspruchnahme und Ausnutzung des wirtschaftlich Erreichbaren. Soweit bekannt und objektiv gesichert ist, spielt es für die Einstellung der Arbeiter gegenüber Staat und Partei keine Rolle, daß sie in »volkseigenen« Betrieben arbeiten, die also »in der Hand der Werktätigen« selbst liegen; sie sehen sich vielmehr gegenüber von Partei und Staat. Ein forciert von der SED aus triftigen ideologischen Gründen angehobenes Selbstbewußtsein der Industriearbeiter, »vor allem angesichts ihres Wissens um ihre Unersetzbarkeit als Konsequenz ihrer Qualifikation«, führt die Industriearbeiter in der DDR anscheinend immer mehr zu einer durchaus realistischen Einschätzung ihrer Situation: »daß der Ulbricht-Staat in einem sehr präzisen Sinn von jenen 3,65 Millionen Arbeitneh-mern abhängig ist, die im industriellen Sektor – einschließlich Bau und Verkehr – arbeiten« (Richert, S. 238). Ein sehr wesent-licher Faktor, der das Bewußtsein der Industriearbeiter in der DDR bestimmt, ist die auf das materielle Interesse gerichtete kollektive Solidarität der kleinen Arbeitsgruppe, wie sie durch die Organisation des Produktionsprozesses in den »volkseige-nen« Betrieben gegeben ist. Auch hier zeigt sich wieder eine vom herrschenden Regime nicht beabsichtigte Wirkung: »Es entsteht eine Solidarität der kleinen Gruppe, die sich im Gegen-satz befindet zur geforderten, unmittelbaren Identifikation mit dem gesamtgesellschaftlichen Interesse und auch zur formellen Betriebsorganisation« (Zimmermann, S. 130); die Identifika-tion mit der kleinen Gruppe am Arbeitsplatz aber trägt die Ten-denz zur Entpolitisierung in sich und bietet einen gewissen Schutz gegen unbequemen sozialen und politischen Druck; um ihm zu entgehen, ist der häufige Arbeitsplatzwechsel – neben dem Wunsch nach Verbesserung – ein oft angewandtes Mittel.

SED und FDGB, dessen Hauptaufgabe im Betrieb die poli-tisch-ideologische »Überzeugungsarbeit« ist, bemühen sich, den entpolitisierenden Auswirkungen der Gruppenidentifikation und der Fluktuation der Arbeitskräfte entgegenzuwirken: etwa dadurch, daß soziale und kulturelle Aktivitäten nach der Parole »gemeinsam arbeiten, gemeinsam lernen, gemeinsam leben« auf das Arbeitskollektiv zu übertragen versucht werden; solche Versuche sind bisher gescheitert.

Auch bei den jungen Menschen in der DDR wächst das Streben, ein »eigenes Leben« führen zu wollen; bei den von der FDJ kontrollier-ten Freizeitaktivitäten haben sich in den letzten Jahren immer stärker Spiel und Sport durchgesetzt; doch wäre es vorschnell geurteilt, wollte man keinen Unterschied mehr zu den jungen Leuten in der Bundesrepublik sehen: »Doch scheint die Arbeit ungleich akzentu-ierter zu sein als bei den jungen Bundesbürgern und das impliziert Momente wie gesteigertes Verantwortungsbewußtsein, erhöhten Lebensernst und, angesichts der mitteldeutschen Arbeitsordnung, eine nicht unbeträchtliche Orientierung auf das Kollektiv« (Richert, S. 284). Noch ein Unterschied ist unübersehbar: die Einschränkung der Eigeninitiative (reagieren »nach Plan«), die Abhängigkeit »von der lenkenden Hand der staatlichen Dirigenten«, die passive Erwar-tungshaltung gegenüber dem als zur Fürsorge verpflichtet angesehe-nen Staat – Haltungen, wie sie in der Bundesrepublik an jungen Flüchtlingen beobachtet wurden.

Ganz allgemein läßt sich sagen, daß die hier beschriebenen Einstellungen und Verhaltensweisen der Arbeiter in der DDR nicht etwa nur als Zeichen des Widerstandes gegen die vom Regime oktroyierten neuen Sozialnormen und des Beharrens auf den überkommenen Normen des alten, bis 1945 bestehenden Gesellschaftssystems gedeutet werden können: vielmehr scheinen die modernen industriellen Produktionsweisen zur Versachlichung, Entideologisierung und Reprivatisierung der sozialen Beziehungen zu zwingen.

Unter diesem Aspekt wäre es durchaus richtig, die Einwirkungen der herrschenden Staatspartei auf die Gesellschaft nicht nur als eine Zerstörung und Behinderung sozialer Beziehungen zu deuten (vgl. Peter Chr. Ludz, in: Soziologie der DDR, S. 30). Der SED ist es wiederholt gelungen, neue soziale Normen, die durch die Bedingungen der modernen industriellen Produktionsweisen (und durch die speziellen ökonomischen Schwierigkeiten der DDR) bestimmt wurden, zu intendieren, zu stimulieren und schließlich durchzusetzen; so etwa, wenn sie sich zum »Träger des technischen Fortschritts« machte oder mit dem »sozialistischen Wettbewerb« die soziale Differenzierung der Arbeiterschaft und die Verleihung von erhöhtem Sozialprestige zuließ; sie hat damit, wenigstens teilweise, eine Übereinstimmung ihrer Normen mit denen der Gesellschaft herzustellen verstanden. Die SED scheint also in gewisser Weise gezwungen – auch durch die sehr konkrete ökonomische Abhängigkeit von den Industriearbeitern –, Leitbilder und Normen entsprechend dem gesellschaftlichen Wandel neu zu formulieren; ob und welche Auswirkungen dies auf ihre Ideologie und politische Praxis haben wird, bleibt abzuwarten. Nahezu unvorhersehbar ist z. B., wie die SED ideologisch und politisch mit der Tatsache fertig werden wird, daß die Zahl der sogenannten Produktionsarbeiter, »der klassenbewußte Teil der Arbeiterklasse« – nach Lenin »die wirklichen Proletarier« – am stärksten in der metallverarbeitenden Industrie, technisch bedingt, im Sinken begriffen ist (vgl. Rexin, in: Soziologie der DDR, S. 75), ganz zu schweigen von den sozialen Auswirkungen der Automatisierung, mit denen sich eines Tages auch die DDR auseinanderzusetzen haben wird.

Die Impulse, eine rein politisch motivierte, aber von starken sozialistischen, jedoch nicht-marxistischen Tendenzen getragene »Partei der Arbeit« zu schaffen, gingen 1945 nicht von den Sozialdemokraten, sondern von den der sozialen Tradition beider Konfessionen verpflichteten Christen aus. Den Kern dieser »Partei der Arbeit« sollte eine einheitliche, alle früheren Richtungen zusammenfassende Gewerkschaftsorganisation bilden, das Vorbild, auf das man sich berufen wollte, war die englische Labour Party. Jakob Kaiser, einer der Hauptverfechter dieses Gedankens, konnte sich auf die Übereinstimmung mit jenen Männern aus dem Lager der Sozialdemokratie berufen, die die nationalsozialistische Diktatur nicht überlebt hatten:

». . . Wir waren uns mit den Männern der Sozialdemokratie vor dem 20. Juli durchaus einig darüber, daß auch in Deutschland allmählich parteipolitische Gebilde wachsen könnten, die von einer so ausgesprochenen Toleranz sind, daß weltanschauliche Verschiedenheiten der Auffassungen für die Gemeinsamkeit der praktischen Politik keine Hemmung mehr zu bilden brauchen«, so erklärte Kaiser im Februar 1946 in Berlin auf der Delegierten-Konferenz des FDGB. – Nicht nur in Berlin, wo neben Kaiser der von den Hirsch-Dunckerschen Gewerkvereinen herkommende Ernst Lemmer im gleichen Sinne wirkte, wurde eine »Partei der Arbeit« angestrebt, auch in Frankfurt a. M. im Kreis um Walter Dirks und Marcel Schulte, in Mannheim, in Karlsruhe, in Freiburg von Altreichskanzler Dr. Joseph Wirth, in Würzburg von Adam Stegerwald, in Paderborn, in Hamburg und – nirgendwo sonst im Rheinland – in Mönchengladbach von dem ehemaligen Redakteur der ›Westdeutschen Arbeiterzeitung‹, Wilhelm Elfes.

Es kam 1945/46 nicht zur Gründung einer »Partei der Arbeit«, nicht nur, weil die Sozialdemokraten ihre alte Partei wiedergründen wollten, sondern auch, weil unter den Christen sich andere Vorstellungen – nämlich die der Sammlung aller christlichen Kreise in einer interkonfessionellen, demokratischen Partei – als stärker erwiesen. Von der ursprünglichen Konzeption einer »Partei der Arbeit« blieb schließlich nur übrig, daß sich die früheren Führer der Christlichen und der Hirsch-Dunckerschen Gewerkschaften, repräsentiert vor allem in Kaiser und Lemmer, zusammenschlossen und innerhalb der neuen Partei, der CDU, die sozial- und wirtschaftspolitischen Traditionen der nicht-sozialistischen Arbeiterorganisationen politisch effektiv zu machen versuchten.

Parallel mit diesen Bemühungen um eine »Partei der Arbeit« liefen Bestrebungen, einen Sozialismus aus christlichem Glauben, »aus christlicher Verantwortung« zu formulieren unter Berufung und in Weiterentwicklung der sozialen Traditionen besonders des deutschen Katholizismus. Weltanschaulich sollte dieser »christliche Sozialismus« keine Synthese von Marxismus und Christentum sein, sondern in seinen Inhalten bestimmt werden von christlichem Glauben und den christlichen Lehren (so die Dominikaner Welty und Siemer); politisch wollte der »christliche Sozialismus« die Konsequenzen aus dem »Zusammenbruch der alten bürgerlichen Ordnung« ziehen, die Brücke zwischen Ost und West bilden und zugleich einen eigenen Weg suchen »zu neuer sozialer Gestaltung« (so Jakob Kaiser).

Die programmatischen Äußerungen der CDU/CSU sind in den Jahren 1945–1947 stark von diesen christlich-sozialistischen Impulsen geprägt worden: Die ›Kölner Leitsätze‹ vom Juni 1945 sprechen ausdrücklich von einem »wahren christlichen Sozialismus«; in der zweiten Fassung der Kölner Leitsätze, den Leitsätzen der Christlich Demokratischen Partei in Rheinland und Westfalen vom September 1945, heißt es: »Die Eigentumsverhältnisse werden nach dem Grundsatz der sozialen Gerechtigkeit und den Erfordernissen des Gemeinwohls geordnet... Das Gemeineigentum ist so weit zu erweitern, wie das Allgemeinwohl es erfordert«; in den Frankfurter Leitsätzen vom September 1945: »Wir bekennen uns zu einem wirtschaftlichen Sozialismus auf demokratischer Grundlage, und zwar in folgender Form: Wir erstreben die Überführung gewisser großer Urproduktionen, der Großindustrie und Großbanken in Gemeineigentum. Wir wollen ferner, daß die Wirtschaft im großen einheitlich und planvoll gelenkt werde...«; im Aufruf der CDU Württemberg-Hohenzollern vom Januar 1946: »Wir vertreten die Auffassung, ... daß die Bodenschätze nicht durch Finanz- und Wirtschaftsmächte, sondern durch den Staat zu verwalten und auszuwerten sind«; im Aufruf der CDU Südwürttemberg-Hohenzollern vom Juni 1946: »Christlicher Sozialismus ist die Grundlage all unserer wirtschaftlichen Bestrebungen«; in einer programmatischen Verlautbarung der CDU in der sowjetisch besetzten Zone vom Februar 1946 wird gefordert: »Brechung der Macht der Syndikate und Kartelle«, »Gemeinschaftseigentum an Bodenschätzen«; im Grundsatzprogramm der CSU von 1946 heißt es: »Wir anerkennen das Recht des Staates, die Wirtschaft nach Gesichtspunkten des Gemeinwohls zu lenken.« Eine scharfe Kritik am »kapitalistischen Wirtschaftssystem« und die umfassendsten Vorschläge zu seiner Überwindung enthält wohl das sogenannte Ahlener Wirtschaftsprogramm der CDU für Nordrhein-Westfalen vom Februar 1947; an der Formulierung dieses Programms waren die führenden Vertreter der Sozialausschüsse der CDU (unter ihnen vor allem Karl Arnold, der spätere Ministerpräsident von Nordrhein-Westfalen) maßgeblich beteiligt. Mit der Bildung von Sozialausschüssen war schon im Dezember 1945 in Köln begonnen worden: hier fanden sich die ehemaligen christlichen Gewerkschafter zusammen. Im Ahlener Programm wurde gefordert: Entflechtung der Konzerne, Vergesellschaftung monopolartiger Unternehmen (jedoch Ablehnung der Verstaatlichung), unbedingte Vergesellschaftung des Bergbaus und der eisenschaffenden Industrie, bei Zweckmäßigkeit auch Verstaatlichung der vergesellschafteten Betriebe, Ausbau des Genossenschaftswesens, Ausbau der gesetzlichen Kontrolle des Geld-, Bank- und Versicherungswesens, Förderung der Klein- und Mittelbetriebe, Erhaltung der privaten Unternehmerinitiative, Anerkennung und Schutz des Privateigentums (vgl. Flechtheim, Dokumente, Bd. 2).

Als das Ahlener Programm formuliert und angenommen wurde, waren die »sozialistischen« Tendenzen in der CDU schon im Rückzug begriffen. Bereits im April 1946 hatten die Vertreter der CDU der britischen und amerikanischen Zone Jakob Kaiser wissen lassen, daß Ausführungen wie »Wir sind sozialistisch« und »christlicher Sozialismus« nicht am Platze seien, es handle sich um »Schlagworte ohne besonderen Inhalt, die eben geeignet seien, Verwirrung und tiefgehende Meinungsverschiedenheiten . . . hervorzurufen« (zit. bei Wieck, Christliche und freie Demokraten, S. 191); Dr. Adenauer hatte schon im August 1945 an den Münchner Oberbürgermeister Karl Scharnagl geschrieben: ». . . betont fortschrittlich, soziale Reform und soziale Arbeit, nicht Sozialismus« (zit. bei Wieck, Die Entstehung, S. 73). Das durch die sowjetische Besatzungsmacht erzwungene Ausscheiden von Kaiser und Lemmer aus der Führung der CDU in der sowjetischen Zone 1947/48 bedeutete das Ende des »christlichen Sozialismus«; ein Jahr später, 1948, setzten sich die neo-kapitalistischen, marktwirtschaftlich orientierten Kräfte ganz in der CDU durch.

Die christlich-sozialistischen Intentionen des Jahres 1945 sind seither in den Sozialausschüssen, die sich im November 1947 als »Reichsarbeitsgemeinschaft der Sozialausschüsse« innerhalb der CDU zusammenschlossen, noch wirksam. Die Sozialausschüsse haben sich die Aufgabe gestellt, richtunggebend für die CDU die fachlichen Fragen der Sozial- und Wirtschaftspolitik zu klären, die christliche Arbeitnehmerschaft zu sammeln und sie für die politische Arbeit in der Partei, in den Gewerkschaften, in den Betrieben und in den sozialen Selbstverwaltungen zu aktivieren.

Wenn die CDU/CSU vielfach als Partei des deutschen Großbürgertums bezeichnet wird, so entspricht dies eher dem politischen Gewicht dieser Gruppe in der Partei, nicht aber der sozialen Struktur der Anhängerschaft: mehr als ein Drittel der CDU-Anhänger sind Arbeiter. Der CDU/CSU ist es früher als der SPD gelungen, zu einer Integrationspartei zu werden, »die einen Pluralismus sozialer Elemente zu vereinigen sucht und sich der Festlegung auf eine soziale Formel entzieht« (Schulz, S. 32), d. h. die CDU/CSU will als Volkspartei nicht Repräsentantin bestimmter sozialer und konfessionell fest gebundener Gruppen sein.

Die berufliche Struktur der Anhängerschaft der CDU stimmt fast völlig überein mit der der Gesamtbevölkerung; dies zeigt »ihre der SPD gegenüber sehr viel stärkere Ausprägung zur Volkspartei« (Langner, S. 82).

	Arbeiter	Angestellte	Beamte	Selbständige	Landwirte	Rentner
	%	%	%	%	%	%
Gesamtbevölkerung	39	10	8	11	14	18
CDU-Anhänger	35	12	8	11	15	19

In der CDU/CSU als einer Partei, die alle sozialen Kräfte umfaßt, gibt es z. T. erhebliche Meinungsverschiedenheiten; diese Unterschiede kommen nicht nur in der Sozial- und Wirtschaftspolitik, sondern auch in allgemeinen politischen Fragen zum Ausdruck. Der Prozeß der vollständigen Integration der in den Sozialausschüssen konzentrierten Kräfte zog sich bis zum Jahre 1953 hin, als sich die CDU auf ein neues Programm einigte. Neuerdings zeigt sich in den Sozialausschüssen eine Tendenz zu einem gelegentlichen »Linksüberholen« der SPD; wieweit dies auf prinzipielle Gründe zurückzuführen ist, oder ob es sich nur um eine Neuauflage jener Taktik handelt, die die christlichen Gewerkschaften im Kaiserreich und in der Weimarer Republik gegenüber den Freien Gewerkschaften angewendet haben, mag dahingestellt bleiben; jedenfalls ist es der CDU/CSU bisher gelungen, die sozialen Gegensätze innerparteilich wenn nicht zu versöhnen so doch zu mildern.

Nach 1945 kehrten zunächst weder die christlichen Gewerkschaften wieder noch entstand der Volksverein für das katholische Deutschland neu; so fielen den katholischen Arbeitervereinen innerhalb des sozialen Katholizismus neue erweiterte Aufgaben vor allem auf dem Gebiete der Erziehung und Bildung zu. Die katholischen Arbeitervereine haben heute über 400 000 Mitglieder; sie sind organisatorisch aufgegliedert in den Westdeutschen Verband der KAB (Katholische Arbeiterbewegung), dem alle Diözesen nördlich des Mains, auch Berlin, und die Diözese Mainz angehören (Verbandsorgan: ›Kettelerwacht‹), und in das »Katholische Werkvolk«, das Bayern und die Diözesen Freiburg und Speyer umfaßt (Verbandsorgan: ›Werkvolk‹).

Auch die katholischen Arbeitervereine waren nach 1945 zunächst sozial und politisch fortschrittlich orientiert und setzten damit die Tradition aus der Zeit der Weimarer Republik fort. Wesentlich auf ihre Initiative gingen die Beschlüsse des Bochumer Katholikentages von 1949 zur Mitbestimmung zurück, in denen »das Mitbestimmungsrecht aller Mitarbeitenden bei sozialen, personalen und wirtschaftlichen Fragen« als ein »natürliches Recht in gottgewollter Ordnung« bezeichnet wurde. In den fünfziger Jahren wurden Führer der KAB – unterstützt von einem Teil der Geistlichkeit – die Initiatoren und Träger der Gegenbewegung zur Einheitsgewerkschaft. In Umkehrung der Weimarer Situation nahmen jetzt innerhalb des sozialen Katholizismus diejenigen, die sich den Traditionen der christlichen Gewerkschaften verpflichtet fühlten, die »linke« Position ein, indem sie sich im großen und ganzen für das Verbleiben im DGB entschieden; in den katholischen Arbeitervereinen dagegen setzten sich, wiederum in Umkehrung der Weimarer Situation, die integralistischen Kräfte wieder stärker durch mit dem Ergebnis, daß 1955 erneut christliche Gewerkschaften gegründet wurden (s. auch S. 262 f.).

Anfang der sechziger Jahre regten sich besonders unter den »Jungen« in der Führungsgruppe der KAB Kräfte, die »einen Weg aus dem Getto des Vereinsdenkens und zur Mitarbeit an den Gemeinschaftsaufgaben unserer Gesellschaft« suchten, sich um die Verbesserung des Verhältnisses zum DGB bemühten und unter Berufung auf die Enzyklika Johannes XXIII., ›Mater et Magistra‹, ein progressives sozial- und wirtschaftspolitisches Programm der KAB intendierten, z. B. forderten sie die Ausdehnung der Mitbestimmung auf alle Großbetriebe. Ihnen stehen diejenigen Kräfte gegenüber, die solche »sozialistischen« und »liberalistischen« Ideen ablehnen, für die »unverwässerte« Beibehaltung des konfessionell-integralen Charakters der KAB eintreten und die dem verstärkten Führungsanspruch der kirchlichen Hierarchie zustimmen. Wie der letzte Verbandstag der KAB Anfang Juni 1965 zeigte, sind diese Kräfte augenblicklich in der Vorhand; der Riß, der durch die KAB geht, findet übrigens eine Parallele innerhalb des hohen Klerus, wo Kardinal Frings die integralistischen Kräfte unterstützt, während der Ruhrbischof Hengsbach als DGB-freundlich gilt.

Die Diskussion über die katholische Soziallehre hat nach 1945 – gemessen an der Weimarer Zeit – an Breite und Intensität verloren: sie bewegt sich im großen und ganzen im Rahmen der Ausdeutung der theoretischen Grundansätze, die in ›Quadragesimo anno‹, die gesamten Bemühungen um eine katholische Soziallehre seit ›Rerum novarum‹ zusammenfassend, niedergelegt wurden; die notwendigen, auf die Struktur unserer Gesellschaft und die Aspekte der zukünftigen Entwicklung bezogenen Konkretisierungen sind bisher bruchstückhaft geblieben. Die Enzykliken Papst Johannes XXIII., ›Mater et Magistra‹ und ›Pacem in terris‹, scheinen aber diesen Bemühungen um Konkretisierung neue Impulse und zugleich eine zukunftsbezogenere Richtung gegeben zu haben.

Die Theorie der katholischen Soziallehre beruft sich auf drei Erkenntnisquellen: auf das Naturrecht (»die Gesamtheit der konkreten Rechte, die dem Menschen wesenseigentümlich zustehen . . .«, Corman, S. 49), auf die Überlieferungen des kirchlichen Lehramtes (Sozialenzykliken, Verlautbarungen usw.) und schließlich auf die wissenschaftlichen Erkenntnisse. Die Kirche will nach ihrem Selbstverständnis nur die sittlichen Prinzipien und gesellschaftlichen Normen setzen, nicht aber die Gesellschaftsordnung selbst aktiv gestalten; sie will kein weltliches Regiment errichten, aber: sie will als »Lebensprinzip« der Gesellschaft »ihren Einfluß auf alle Gebiete des menschlichen Daseins ausdehnen« (Pius XII.).

Letzter Bezugspunkt, »Bestimmungsmaßstab« für die katholische Soziallehre ist der Mensch als Person, deshalb müssen »sämtliche gesellschaftlichen Lebens- und Wirkbereiche . . . von der Personwürde sowie den Grundrechten und Grundpflichten der Person her aufgebaut, geordnet und entfaltet werden« (Corman, S. 47, in Interpretation von ›Pacem in terris‹). Der Mensch lebt aber in der wechselseitigen Abhängigkeit und Spannung zwischen Eigenständigkeit und Gemeinschaftsbezogenheit, er ist immer zugleich Sozial- und Individualwesen. Aus diesem Personprinzip folgen nun die Sozialprinzipien, die dem gesellschaftlichen Handeln die Richtung geben sollen:

1. das Solidaritätsprinzip: da der Mensch von Natur aus auf die Gemeinschaft angelegt ist, da er die ihm gestellte Lebensaufgabe in völliger Isolierung von der Gemeinschaft nicht lösen könnte, folgt daraus als sozialethisches Postulat »das wechselseitige Verhaftetsein der Menschen, füreinander einzustehen«. Das Ziel der Gemeinschaft aber, deren »sinngebende Mitte« die gemeinschaftsgebundene Person ist, ist ihr Gemeinwohl (bonum commune): »Das Gemeinwohl besteht in der Schaffung jenes Zustandes einer Gemeinschaft, der den einzelnen die Entfaltung ihrer personalen Kräfte ermöglicht« (Klüber, S. 51). Zuerst müssen also entsprechend dem Solidaritätsprinzip die Bedingungen für die Entfaltung des Menschen geschaffen werden, erst dann kann

2. das Subsidiaritätsprinzip wirksam werden; es richtet an die Person die Forderung, ihre Kräfte zu entfalten, die in ihr angelegten Fähigkeiten zu gebrauchen, und verlangt von der Gemeinschaft, nur dann einzugreifen, wenn der einzelne seine Aufgaben aus eigener Kraft nicht mehr bewältigen kann: sie soll ihm Hilfe (subsidium) geben und ihn nicht bevormunden oder seine Initiative lähmen. Das Subsidiaritätsprinzip gilt nicht nur für die Beziehung zwischen Person und Gemeinschaft, sondern auch für das Verhältnis der verschiedenen Gemeinschaften untereinander: Die jeweils kleinere, der Person nähere Gemeinschaft (z. B. Familie, Berufsstand) hat das Recht und die Pflicht zur absoluten Eigenständigkeit, solange sie die für das Wohl des Menschen zu leistenden Aufgaben selbst bewältigen kann; erst wenn sie dazu nicht mehr in der Lage ist, darf die größere Gemeinschaft (Gemeinde, Staat) eingreifen. – Das Subsidiaritätsprinzip gilt in der katholischen Soziallehre als »Formalprinzip«, d. h. es setzt Normen, gibt Richtlinien über den Aufbau der Gesellschaft, bietet aber keine konkreten gesellschaftspolitischen Lösungen.

Diese beiden Sozialprinzipien bestimmen das gesellschaftliche Leitbild der »Berufsständischen Ordnung«, das Pius XI. in der Enzyklika ›Quadragesimo anno‹ entworfen hat und das auch heute noch innerhalb des sozialen Katholizismus als »das gesellschaftspolitische Ziel der Gegenwart« gilt. Die »Berufsständische Ordnung« darf nicht mit ständestaatlichen Ideen verwechselt werden, sie bezieht sich überhaupt nicht auf die Gestaltung des Staates, sondern ausschließlich auf die Ordnung der gesellschaftlichen Verhältnisse: »die Klassen- und Gruppensituation, also das interessen-egoistische Gegeneinander der gesellschaftlichen Kräfte«, soll »zugunsten einer gemeinwohlgerechten Ordnung« aufgehoben werden (Kunze-Christmann, S. 107). Auch die »Berufsständische Ordnung« gilt in der katholischen Soziallehre nur als Richtlinie, Maxime, nicht als konkretes, »materiales« Ordnungsbild, nicht als vollzugsfertige

Lösung der gesellschaftspolitischen Probleme; sie soll eine Richtschnur sein für die Gestaltung der Gesellschaft unter dem Aspekt einer »gleichberechtigten Zusammenarbeit« aller Gruppen, wobei die konkrete Ausprägung sich aus den jeweiligen Verhältnissen ergeben soll.

Es liegt wohl nur zum Teil in den philosophisch-theologischen Prämissen (göttliche Schöpfungsordnung, christliches Menschenbild, Naturrecht) begründet, daß es innerhalb der katholischen Soziallehre an systematischen Konkretisierungen mangelt: die katholische Kirche hat als »Lebensprinzip der Gesellschaft« in ihrer Weltbezogenheit auf die unterschiedlichsten sozialen und politischen Verhältnisse Antworten zu geben, die prinzipiell, nicht aber konkret, verbindlich sein müssen. Dennoch gibt es eine ganze Reihe von konkreten Festlegungen; auf einige für die deutsche Situation besonders wichtige soll im folgenden hingewiesen werden:

1. Stellungnahmen zum Eigentum: »Die katholische Sozialethik erkennt unumwunden und ausdrücklich an, daß der Mensch ein naturverliehenes Recht auf Privat- und Sondereigentum hat« (E. Welty OP, zit. bei Corman, S. 96). – »Denn das Recht auf Privateigentum, auch an Produktionsmitteln, gilt für jede Zeit« (Johannes XXIII., Mater et Magistra, n. 109). – Die Kirche verurteilt jedoch »jedes unbeschränkte Recht auf das Eigentum ohne Unterordnung unter das Gemeinwohl« (Corman, S. 95). Daher ist Eigentum in öffentlicher Hand besonders gerechtfertigt, weil die mit ihm »verknüpfte übergroße Macht ohne Gefährdung des öffentlichen Wohls Privathänden nicht überantwortet bleiben kann« (so schon Pius XI. in Quadragesimo anno, n. 114). – 2. Stellungnahmen zur Mitbestimmung: »Bei der Erledigung der Angelegenheiten und beim Ausbau des Unternehmens sollte auch die Stimme des Arbeiters gehört und seine Mitverantwortung angesprochen werden« (Mater et Magistra, n. 92). – »Mitbestimmung im allgemeinen hat durch die Enzyklika ›MM‹ endgültig ihren festen Platz in der katholischen Soziallehre erhalten...« (Nell-Breuning, 1961, zit. bei Christmann Bd. 2, S. 241). – Ein Teil der Vertreter der katholischen Soziallehre lehnt jedoch jede wirtschaftliche Mitbestimmung ab, da sie mit dem naturrechtlichen Eigentumsbegriff unvereinbar sei. – 3. Stellungnahmen zum Problem »Eigentumsbildung in Arbeiterhand«: »Damit erst besteht eine wirkliche, ihren Sinn erfüllende Volkswirtschaft, indem allen Gliedern des Wirtschaftsvolkes alle die Güter zur Verfügung stehen, die nach dem Stande der Ausstattung mit natürlichen Hilfsquellen, der Produktionstechnik und der gesellschaftlichen Organisation des Wirtschaftslebens geboten werden können. So reichlich sollen sie bemessen sein, daß sie nicht bloß zur lebensnotwendigen und sonsti-

gen ehrbaren Bedarfsbefriedigung ausreichen, sondern den Menschen die Entfaltung eines veredelten Kulturlebens ermöglichen, das, im rechten Maß genossen, dem tugendlichen Leben nicht nur nicht abträglich, sondern im Gegenteil förderlich ist« (Nell-Breuning, zit. bei Corman, S. 100f.).

Die Gebiete der Sozial- und Familienpolitik, der Jugendwohlfahrt, des Fürsorge- und Wohlfahrtswesens, des Bau- und Wohnungswesens sind in der Bundesrepublik Domänen katholischsozialer Aktivität. Auf Initiative katholischer Verbände, Arbeitskreise usw. und unter maßgebender, führender Beteiligung von Katholiken im Parlament und in der Bürokratie wurde die Sozialgesetzgebung der Bundesrepublik nach 1949 in ihrem Sinne gestaltet. Hier – in der Richtungs- und Wegweisung für die sozialpolitische Praxis – und nicht so sehr in der theoretischen Durchdringung der gesellschaftlichen Problematik – sind wohl die Erfolge des sozialen Katholizismus nach 1945 zu suchen. Welche Wirkung diese Erfolge haben werden, muß offen bleiben: selbst von katholischer Seite wird darauf hingewiesen, daß z. B. »die heutige deutsche Familienpolitik hinter dem westeuropäischen Niveau weit zurückgeblieben ist – eine erstaunliche Tatsache angesichts der gerade in diesem Bereich katholischerseits investierten geistigen und personellen Energien« (Maier, S. 208). Und unbeantwortet bleiben muß auch die Frage, ob an der statisch geprägten »naturrechtlichen Frontlinie« der katholischen Soziallehre das Instrumentarium entwickelt werden kann, das notwendig ist, um die Dynamik des weltweiten gesellschaftlichen Umwandlungsprozesses in den Griff zu bekommen.

Für den demokratischen Sozialismus ist es heute – gemessen an seinem Selbstverständnis – keine Frage mehr, daß die Vorbehalte von ›Quadragesimo anno‹ – »der Sozialismus . . . bleibt mit der Lehre der Kirche immer unvereinbar« – nicht mehr zutreffen: die praktischen Lösungsvorschläge der Sozialenzyklika ›Mater et Magistra‹ und ihre prinzipiellen Wertungen werden weitgehend in Übereinstimmung mit denen des Godesberger Programms gesehen. Es kann also – nach Meinung der demokratischen Sozialisten – keine prinzipiellen Hindernisse mehr geben für eine wie auch immer begrenzte Partnerschaft, zumindest aber für eine Zusammenarbeit auf bestimmten Gebieten der demokratisch-pluralistisch organisierten Institutionen der Gesellschaft und des Staates. Meinungsverschiedenheiten und Mißverständnisse werden durchaus zugegeben; sie beziehen sich jedoch nicht auf die von der katholischen Soziallehre gesetzten ethischen Prinzipien und gesellschaftlichen Normen, sondern auf die Interpretation gewisser Einzelfragen und vor allem auf die Aktualisierung dieser Prinzipien und Normen im konkreten öffentlichen Leben (Öffentlichkeitsanspruch der Kirche im allgemeinen, Fragen der Zuständigkeit der Kirche in der Sozialarbeit, Bekenntnisschule und Elternrecht); aber als unüberwindbar werden auch hier die Differenzen nicht angesehen (vgl. die Bildungspolitischen Leitsätze der SPD vom Juli 1964).

Die Auffassung der demokratischen Sozialisten, daß zumindest nach ›Mater et Magistra‹ weitgehende Übereinstimmung zwischen katholischer Soziallehre und demokratischem Sozialismus im Hinblick auf ihre Grundwerte bestehe, wird von katholischer Seite im allgemeinen nicht geteilt:

Aus der Vielzahl der Stimmen sei nur Kardinal Döpfner mit einer Äußerung aus dem Jahre 1964 zitiert: »Im Godesberger Programm hat die Partei des demokratischen Sozialismus zweifellos eine Brücke über den Abgrund zu bauen begonnen, der Kirche und Sozialismus seit je getrennt hat. Wenn ein Bild erlaubt ist, so kann man sagen, die Spannbetonbrücke ist in einem Ausmaß gewachsen, wie man es vor Jahrzehnten noch für unmöglich gehalten hätte. Aber ohne auf Einzelheiten einzugehen, glaube ich doch nach reiflicher Überlegung sagen zu müssen, die Brücke ist nicht befahrbar, der Abgrund ist zur Stunde nicht geschlossen« (zit. bei Langner, S. 167, Ansprache vor katholischen Arbeitnehmern am 30. April 1964 in der Münchner Frauenkirche).

Differenzierter ist das Verhältnis zwischen katholischer Kirche und Gewerkschaften: das Koalitionsrecht wurde schon durch Leo XIII. in ›Rerum novarum‹ bejaht; in ›Quadragesimo anno‹ wurden schon durch Pius XI. neben den christlichen auch gemischte Gewerkschaften gebilligt; die Einheitsgewerkschaft (in den angelsächsischen Ländern, nach 1945 auch in Deutschland) gilt nach Pius XII. und nun auch nach Johannes XXIII. als ein »Experiment«, dem die katholische Kirche zustimmen kann, wenn die Arbeiterorganisationen sich »vom natürlichen Sittengesetz leiten lassen und die religiös-sittliche Freiheit ihrer Mitglieder achten« (MM, n. 102).

Evangelische Arbeitervereine sind nach 1945 – konzentriert im rheinisch-westfälischen Industriegebiet –, wenn auch unter Schwierigkeiten, wiedergegründet worden (seit 1952 zusammengeschlossen in der »Evangelischen Arbeiterbewegung

Deutschlands«); sie blieben im wesentlichen traditionell religiös und politisch konservativ orientiert. Den Bedingungen der modernen Industriegesellschaft progressiver angepaßt ist dagegen die Arbeit des »Arbeiterwerkes«, das nach 1945 innerhalb der Männerarbeit der evangelischen Kirche entstand. Es bemüht sich besonders dort um die Arbeiter – größtenteils direkt in den Betrieben – wo keine Verbindung mehr mit der Kirchengemeinde besteht; das Arbeiterwerk hat sich daher missionarisch-seelsorgerische und sozialpolitische Schulungsaufgaben gestellt, die es in Freizeiten, Lehrgängen und Kursen zu lösen sucht. Von der evangelischen Sozialakademie Friedewald ging die Arbeit der »Betriebskerne« aus, die als Sammelpunkt der evangelischen Arbeiter innerhalb eines Betriebes tätig sind, sie bemühen sich um sozialpolitische Orientierung, berufliche Weiterbildung und gegenseitige Hilfe. 1962 entstand die »Evangelische Aktionsgemeinschaft für Arbeiterfragen« (Vorsitzender Dr. Eberhard Müller, Leiter der evangelischen Akademie Bad Boll), die alle evangelischen Verbände, Gruppen und Institutionen (einschließlich Arbeiterwerk und Arbeitervereine) zusammenfaßt, die sich im Rahmen ihrer Aufgaben mit der Industriearbeiterschaft befassen. Die Aktionsgemeinschaft dient der Koordinierung der Arbeit und soll gemeinsame Stellungnahmen zu aktuellen Fragen erarbeiten; sie versteht sich als ein kirchlicher Zusammenschluß und will keine gewerkschaftliche Ersatzorganisation sein.

Die evangelische Kirche und die evangelischen Arbeiterorganisationen (abgesehen von einigen Mitgliedern der Arbeitervereine) haben von Anfang an die Einheitsgewerkschaft bejaht und sind bei diesem Ja auch während der Krise in den fünfziger Jahren, die zur Wiedergründung christlicher Gewerkschaften führte, geblieben. Auch den Bestrebungen der christlich-sozialen Kollegenschaft innerhalb des DGB hat sich die »Evangelische Aktionsgemeinschaft für Arbeiterfragen« nicht angeschlossen: aus prinzipiellen Erwägungen, weil sie die Forderung einer verbindlichen Anerkennung des Naturrechtes und der katholischen Soziallehre nicht zustimmen konnte, aber auch aus politischen Gründen: christlich kann nach evangelischer Ansicht heute nicht mehr antisozialistisch bedeuten; die christlich-soziale Kollegenschaft ist daher im wesentlichen ein Zusammenschluß derjenigen Gewerkschafter geworden, die den alten christlich-sozialen Traditionen verbunden sind oder politisch mit der CDU/CSU übereinstimmen.

Grundsätzlich sind nach evangelischer Auffassung die Gewerkschaften ein »legitimes Mittel« der Arbeitnehmer im (sozialethisch berechtigten) Arbeitskampf, auch das Streikrecht wird anerkannt. Die Gewerkschaften dürfen aber ihren Mitgliedern keine über ihre Funktionen hinausgehende Bindung abverlangen und nicht zur Festlegung auf einseitige weltanschauliche und politische Stellungnahmen zwingen; Neutralität und Gleichberechtigung bei der Meinungsbildung müssen gewahrt bleiben.

Die evangelische Sozialethik bietet kein geschlossenes Ordnungsmodell, kein System von Verhaltensnormen und Anweisungen für das Handeln des Christen in Staat und Gesellschaft. Nach evangelischer Auffassung lassen sich weder aus dem (mosaischen) Gesetz noch aus dem Evangelium (Christi) allgemeinverbindliche, unveränderliche Ordnungsprinzipien ableiten; deshalb kann es auch keine staatliche und gesellschaftliche Ordnungsform geben, die Anspruch auf universelle Gültigkeit stellen könnte, deshalb kann sich auch der Protestantismus mit keinem sozialen und wirtschaftlichen System identifizieren, deshalb gibt es auch keine »christliche« Ordnung der Gesellschaft, sondern nur das Postulat der Bewährung des Christen in der Gesellschaft.

Die evangelische Sozialethik gibt nur Maßstäbe, an denen der Christ die bestehenden staatlichen und gesellschaftlichen Ordnungen messen soll. Diese Maßstäbe müssen allein aus der Offenbarung, also aus der Bibel, bezogen werden; die katholische Naturrechtslehre wird weitgehend abgelehnt: der Mensch lebt »je vom Wort Gottes und vom Hören auf sein Gebot« (H. H. Schrey, Evangelisches Soziallexikon, Spalte 754). So besteht zwar zwischen evangelischen Theologen, Sozialwissenschaftlern und Praktikern volle Übereinstimmung im Hinblick auf die grundlegenden theologischen Bezüge und auf die fundamentalen Maßstäbe der evangelischen Sozialethik, in der Deutung der gesellschaftlichen Situation und in den konkreten Fragen der Sozialpolitik gehen die Meinungen z. T. erheblich auseinander.

Welches sind nun die Maßstäbe, nach denen der evangelische Christ die Institutionen des Staates und der Gesellschaft beurteilen soll? Die Vollversammlung des Ökumenischen Rates der Kirchen hat 1948 in Amsterdam den Begriff der »verantwortlichen Gesellschaft« geprägt, der seither auf den Weltkirchenkonferenzen weiter diskutiert und interpretiert wurde:

»Verantwortliche Gesellschaft ist kein soziales und politisches Alternativsystem, sondern ein Maßstab, nach dem wir alle bestehenden sozialen Ordnungen beurteilen, und zu gleicher Zeit eine politische Richtlinie, die uns den Weg weist bei spezifischen Entscheidungen, die wir zu fällen haben. Christen sind dazu berufen, verantwortlich zu leben, das heißt so, wie Gottes erlösendes Handeln in Christus es erfordert, und zwar in jeder Gesellschaftsordnung, selbst in der allerungünstigsten sozialen Struktur« (Bericht der dritten Sektion der Weltkirchenkonferenz in Evanston, 1954, zit. bei Rudolph, S. 176).

Zur »verantwortlichen Gesellschaft« gehören vor allem anderen zwei Grundsätze: der Freiheitsanspruch des Menschen und sein Verlangen nach Gerechtigkeit. Freiheit ist nach evangelischem Verständnis nicht Freiheit zur Ungebundenheit, sondern »Freiheit zur Verantwortung für Gerechtigkeit und öffentliche Ordnung«; Gerechtigkeit, ihrem Wesen nach dynamisch und in ihrem Inhalt unterschiedlich ausdeutbar, heißt nicht Gleichheit, »Herstellung und Sicherung eines bestimmten Zustandes«, sondern dauerndes Bemühen um den Ausgleich zwischen den Menschen in Erfüllung des göttlichen Gebotes der Nächstenliebe.

Trotz aller Zurückhaltung, Verbindliches über die konkrete Gestaltung der gesellschaftlichen Ordnung auszusagen, gibt es für die evangelische Sozialethik einige Grundauffassungen über die Strukturelemente der »verantwortlichen Gesellschaft«: die übergreifende Autorität des Staates, der Wächter der sozialen Gerechtigkeit zu sein hat, die Selbstverwaltung und die Initiative der kleinen sozialen Einheiten.

Hier zeigt sich eine gewisse Übereinstimmung mit dem Subsidiaritätsprinzip: nach evangelischer Ansicht handelt es sich jedoch hier um keine prinzipielle Festlegung der Zuordnung der einzelnen gesellschaftlichen Institutionen – »eine solche Fixierung kann der Mobilität der heutigen Gesellschaft nicht gerecht werden« (Rudolph, S. 178) – es handelt sich lediglich um »zeitbedingte Festlegungen«, um Überlegungen, die sich nur auf die gegenwärtige Ordnung der Gesellschaft beziehen.

Ein zentraler Begriff der evangelischen Sozialethik ist die »Partnerschaft«. Auch sie ist kein Ordnungsprogramm, weist keinen Weg zur Gestaltung einer »verantwortlichen Gesellschaft«; sie will aber auch nicht als soziale Romantik mißverstanden werden und ist auch nicht als sozialethische Utopie gedacht. »Partnerschaft« erstrebt zwar die Überwindung des

Klassenkampfes und die Regelung der sozialen Konflikte. Aber es wird doch anerkannt, daß die sozialen Gegensätze ausgetragen werden müssen, daß die pluralistische Gesellschaft sich nie in einem Zustand der sozialen Harmonie befinden wird, daß der soziale Frieden immer wieder neu errungen werden muß und »stets nur eine geschichtlich begrenzte, vorläufige und vorletzte Lösung darstellt« (Wendland, S. 36). Aber gerade in dem durchaus als legitim anerkannten Gegeneinander der Gruppeninteressen, im gegenseitigen Ausspielen des Gruppenegoismus müssen die Kontrahenten des sozialen Kampfes lernen, sich als Partner anzuerkennen, um zu einem »vorletzten« Ausgleich der Interessen und zur Preisgabe ihres Egoismus zu kommen.

Aus diesen Grundsätzen und Grundzielen leiten die Vertreter der evangelischen Sozialethik ihre Stellungnahme zu konkreten Fragen der Wirtschafts- und Sozialordnung ab. So wird die (betriebliche und wirtschaftliche) Mitbestimmung als eine Möglichkeit der konkreten Verwirklichung der Partnerschaft angesehen. Die bisherigen Institutionalisierungen der Mitbestimmung werden bis zu einem gewissen Grad befürwortet, doch als entscheidend wird nicht die Institutionalisierung selbst angesehen, sondern die persönliche Einstellung der Beteiligten im Sinne der Partnerschaft. Eine direkte Mitwirkung der Gewerkschaften bei der betrieblichen Mitbestimmung wird weitgehend abgelehnt; die entscheidenden Mitbestimmungsfunktionen sollen den Betriebsangehörigen direkt zufallen, um »lebensnahe Sozialauswirkungen« zu erreichen. – Die praktische Sozialarbeit der evangelischen Kirche ist nach 1945 in immer stärkerem Maße auf den Betrieb bezogen worden: Der Betrieb wird nicht nur als technisch-wirtschaftliche Organisationsform, sondern als »lebendiges Sozialgebilde«, als »Mitarbeitsgemeinschaft« verstanden; auch im Betrieb geht es darum, die betriebliche Autoritätsstruktur »im Sinne einer mitmenschlichen Kooperation aus- und umzugestalten«, »das Lohnarbeitsverhältnis zugunsten einer Partnerschaft zu überwinden«. – Zur Eigentumsordnung nimmt die evangelische Kirche wie folgt Stellung: Grundsätzlich wird unter Bezug auf die Bibel das Recht auf Eigentum anerkannt, weil der Mensch nur durch ein gewisses Maß an Verfügungsrecht über Eigentum frei und unabhängig zu verantwortlichem Handeln bleiben könne. Eigentum wird aber immer als sozial gebunden und durch die Rücksicht auf den Nächsten begrenzt gesehen: Eigentum ist – dies vor allem im Hinblick auf das Großeigentum an Produktionsmitteln – so zu ordnen, daß jede Willkür und jeder Mißbrauch ausgeschlossen sind. – Auch von der evangelischen Kirche wird anerkannt, daß die Eigentumsstruktur in der Bundesrepublik zugunsten der Arbeitnehmer korrigiert werden muß, denn »zum Existenzminimum gehören nicht nur Essen, Kleidung, Wohnung, sondern auch die Mittel, die der Mensch braucht, um seine Fähigkeiten zu entfalten und verantwortlich an der Gestaltung der Gesellschaft teilzunehmen…« (Rudolph, S. 202). Die Korrektur der Eigentumsordnung kann nur erreicht werden, »wenn Lohnempfänger in wachsendem Maße selbst Eigentum an Produktionsmitteln gewinnen«.

Die größere soziale und politische Offenheit des deutschen Protestantismus nach 1945 hat auch zu einer Einstellungsänderung gegenüber dem demokratischen Sozialismus geführt: »Es gibt heute keine ernsthafte evangelische Stellungnahme – das war einmal ganz anders –, die etwa der SPD die Eigenschaft einer auch für Christen möglichen parteipolitischen Alternative bestreitet« (Friedrich Karrenberg, einer der führenden evangelischen Sozialwissenschaftler, zit. bei Langner, S. 67). Andererseits hat sich die deutsche Sozialdemokratie in den letzten Jahren bei ihrem Versuch, ihre theoretischen Positionen neu zu formulieren, weitgehend der Begriffswelt und den Auffassungen der evangelischen Theologie und Sozialethik geöffnet: Führende deutsche Protestanten – vor allem Adolf Arndt und Gustav Heinemann – haben Programm und Zielvorstellungen der deutschen Sozialdemokratie vor und seit Godesberg entscheidend mitbestimmt.

Ohne Zweifel hat der deutsche Protestantismus nach 1945 sich – gemessen an seinen Traditionen – zu einer ungleich größeren politischen und gesellschaftlichen Offenheit durchgerungen, er hat wirklichkeitsnahe Einsichten in die gesellschaftlichen Bedingungen und in die Notwendigkeiten ihrer Veränderung gewinnen können. Offen ist, ob er seine Potenz dazu verwenden wird, gemeinsam mit anderen sozialen und politischen Kräften konkrete Lösungsversuche der sozialen Probleme durchzusetzen, oder ob er seine Energien in moralischen Protesten und letztlich dann doch in der Anpassung an die Gegegebenheiten erschöpfen wird.

In der sowjetischen Besatzungszone ist nach dem Ausscheiden Jakob Kaisers und Ernst Lemmers aus der Führung der CDU der Prozeß der Kapitulation der bürgerlichen Parteien vor dem Führungsanspruch der SED unaufhaltsam weitergegangen; die progressiven christlich-sozialistischen Impulse, die Versuche zu einer Neuorientierung auf der Basis der Traditionen der christlichen Arbeiterorganisationen, gingen damit unter. Die Ost-CDU hatte selbst in ihrer besten Zeit nie über 200 000 Mitglieder und galt – z. B. im Gegensatz zur LDP – als die konservativste unter den bürgerlichen Parteien. Widerstand und Arrangierung der beiden Kirchen und ihrer Gläubigen in der DDR, teilweise auch die offene Zustimmung von evangelischen Pfarrern und Bischöfen, sind im Zusammenhang mit der Geschichte der deutschen Arbeiterbewegung nicht mehr zu diskutieren.

Seit der 1. Auflage dieses Buches im Jahre 1966 sind Ereignisse eingetreten und Entwicklungen in Gang gekommen bzw. weitergelaufen, durch die es inzwischen zweifelsfrei geworden ist, daß die politischen Konstellationen, die vom Ende des Zweiten Weltkrieges bestimmt waren, seit Beginn der 60er Jahre weltweit einem Wandel unterworfen sind. Dieser global bezogene Wandlungsprozeß wurde für die Bürger der Bundesrepublik erst zum Problem, als mit dem Ende des sogenannten Wirtschaftswunders und mit dem Beginn der Rezession von 1966/67 die Frage nach Ursache und Wirkung und damit verbunden nach den Inhalten und Zielen der Politik der Bundesrepublik sich dringend neu zu stellen schien.

Zur Überwindung der Rezession, zur Durchführung der Finanzverfassungsreform, zur Verabschiedung der seit einem Jahrzehnt umstrittenen Notstandsgesetzgebung und vor allem zur Einleitung einer längst überfälligen Neuorientierung der Ostpolitik entschloß sich die SPD-Führung im Dezember 1966, als Junior-Partner mit der CDU/CSU eine Große Koalition – die ja schon seit einigen Jahren als akzeptabel angesehen wurde – einzugehen statt eine numerisch mögliche Kleine Koalition mit der FDP zu bilden.

Dieser Entschluß war und blieb – bis er durch neue Ereignisse überholt war – innerparteilich und in der Öffentlichkeit hart umstritten. Es gab sicher in der SPD – auch in ihrer Führungsspitze – nur wenige, die die Große Koalition aus blinder Staatsloyalität und in unbedenklicher Identifizierung mit dem Staat prinzipiell befürwortet hätten; vielmehr überwog offenbar eine eigenwillige Mischung aus prinzipiell und taktisch-opportunistisch motivierter Zustimmung, wie sie vornehmlich Herbert Wehner vertrat: Der Entschluß zur Großen Koalition wurde unter vergewissernder Berufung auf die Haltung der SPD 1918/19 als staatspolitisch richtig, wenn auch nur für eine Übergangszeit gültig, interpretiert; die Furcht vor einem Mißerfolg einer Kleinen Koalition, von dem sich die SPD erst nach Jahren erholt hätte, das Kalkül, den Führungsanspruch der SPD in der Regierungsverantwortung deutlicher und glaubhafter machen zu können als in der Opposition und nicht zuletzt die Hoffnung, die nationale Zuverlässigkeit der SPD durchschlagend unter Beweis stellen zu können, galten als weitere Argumente für den Weg zu dem, was sich in der Tat heute nun als »Machtwechsel« darstellt. Am stärksten war jedoch jene Gruppe, die der Großen Koalition nur widerwillig zustimmte und ständig darauf bedacht war, jede Abgrenzungs- und Profilierungsmöglichkeit gegenüber dem Koalitionspartner auszunutzen; zu ihr gehörten der Parteivorsitzende und Außenminister Willy Brandt und der jetzige Bundespräsident Gustav Heinemann. Auch die Mehrheit der sich für die Große Koalition Entscheidenden innerhalb der SPD war also etliche Distanzen davon entfernt, die Große Koalition als einen Weg zur Stabilisierung der Demokratie zu verstehen oder in ihr das unübersehbare Zeichen für die Identifikation der Gesamtnation mit ihrem Staat zu erkennen, wie konservative Interpretationen es nahelegten.

Die Gegner der Großen Koalition – innerhalb und außerhalb der SPD – haben befürchtet, daß diese der seit langem schon beobachteten Tendenz zu einem plebiszitär-legitimierten, demo-autoritären Regime (wie sie in der Verfassung selbst angelegt ist) weiteren Vorschub leisten und dabei diese Tendenz durch die Betonung der angeblich nur vom ganzen Volk zu lösenden Gemeinschaftsaufgaben und durch Vorstellungen von einer möglichen Harmonisierung der Konflikte verbrämen werde. Man sah die SPD angesichts ihrer wachsenden Identifizierung mit dem »Ganzen«, ihres Dranges nach parteiinternem Ausgleich von außerhalb der Partei liegenden Gruppen- und Interessenkonflikten, ihrer Selbstdefinition als »Regulator gesellschaftlicher Interessen« auf dem Weg, zu einem Instrument der Domestizierung der gesellschaftlichen Opposition herabzusinken, zumindest glaubte man mit guten Gründen in der Beteiligung der SPD an der Großen Koalition die Krönung ihres Werdeganges als Staatspartei in konsequenter Verfolgung der ebertinischen Traditionen zu erkennen.

Wenn auch nicht alle Kritiker bereit waren, das Parlament unter den Bedingungen einer Großen Koalition als ein Instrument der sozialen Frieden versprechenden manipulativen Integration der abhängigen Klassen in das kapitalistisch-bürgerliche Produktions- und Herrschaftssystem zu denunzieren, so bestand doch Klarheit darüber, daß die Große Koalition die wirksame Kontrolle der Macht durch das Parlament verunmögliche, daß sie als »demokratiefremd« und »systemgefährdend« einzuschätzen sei, da sie den demokratischen Prozeß durch die Veränderungs-feindlichkeit einer kompakten Macht empfindlich schwäche.

Der Weg der SPD zur Großen Koalition läßt sich gewiß als in der Konsequenz des historischen Wandels ihres Selbstverständnisses liegend deuten: Aus der klassenspezifisch geschlossenen (sozialistischen) Integrationspartei vor 1933 war nach 1945 zunächst eine sich als »Partei der Schichten des arbeitenden Volkes« (K. Schumacher) verstehende schichtenspezifische (sozial-demokratische) Integrationspartei geworden, die sich nach der Annahme des Godesberger Programms zu einer sich »Volkspartei« nennenden (sozial-liberalen) Rahmen- und Sammelpartei zur Integrierung, Koordinierung und Repräsentation der Interessen aller Bevölkerungsschichten wandelte, bis sie schließlich sogar Züge einer (konservativen) Ausgleich, Gemeinsamkeit, Harmonie intendierenden »Partei des ganzen Volkes« annahm.

Aber: so richtig diese Deutung ist, sie ergäbe nicht die ganze Wahrheit über die SPD. Denn die Skepsis gegenüber der Großen Koalition, ihre (auch durch die außerparlamentarische Opposition provozierte) Ablehnung oder die Zustimmung zu ihr führten zu einer Neubelebung der innerparteilichen Demokratie und zu Äußerungen innerparteilicher Opposition, die anfangs häufig von den Gewerkschaften in die Partei hineingetragen und ausgelöst wurden. Zum Nürnberger Parteitag im März 1968 wurden fast 1000 meist kritische oder provokativdrängende Anträge gestellt, seit langem tabuisierte oder auf Eis gelegte Fragen (wie z. B. die Anerkennung der Oder-Neiße-Linie als Grenze oder die Forderung nach Erweiterung der überbetrieblichen Mitbestimmung) zur Diskussion gestellt und unübersehbar nach einem neuen Profil der Partei gesucht. Die Parteiführung (an Stelle des 1967 verstorbenen Fritz Erler trat der 1918 geborene Fraktionsvorsitzende Helmut Schmidt) hat sich dieser Entwicklung nicht entgegengestemmt, sie freilich auch nicht mitgetragen; doch ist Willy Brandt einmal mehr als ein Parteivorsitzender bestätigt worden, der in der Lage ist, die ganze Partei auf seine Person und weitgehend auch auf seine Politik zu verpflichten.

Der Nürnberger Parteitag der SPD brachte zwar keinen »Ruck nach links«, wie er oft kommentiert wurde, aber er war doch ein, wie W. Brandt ihn nannte, »Parteitag des Umbruchs«, der Impulse geben konnte, die über den außerordentlichen Parteitag in Bad Godesberg im April 1969 in den Wahlkampf hineingetragen werden konnten. Ob und in welcher Weise diese innerparteiliche Unruhe in der SPD in Zukunft auch konzeptionell und programmatisch produktiv gemacht werden kann, ist eine noch unentschiedene Frage, für die weiter unten einige Antworten versucht werden.

Bei der Wahl der Abgeordneten zum 6. Deutschen Bundestag erhielt die SPD 14 402 364 = 44% Erststimmen (1965: 12 998 474 = 40,1%); 127 Direktmandate (1965: 94); 14 074 455 = 42,7% Zweitstimmen (1965: 12 813 186 = 39,3%) bzw. 224 Mandate (1965: 202). Die SPD bildete mit der FDP bei einer Mehrheit von 12 Mandaten (1965: 6) eine von dem Parteivorsitzenden der SPD Willy Brandt geführte Regierung der Kleinen Koalition, die im März 1969 durch die Wahl Gustav Heinemanns zum Bundespräsidenten mit den Stimmen beider Parteien parlamentarisch vorbereitet worden war. In das Programm dieser Regierung sind (unter Berücksichtigung vitaler Interessen des durch starke Stimmenverluste geschwächten Koalitionspartners wie z. B. vorläufige Zurückstellung der wirtschaftlichen Mitbestimmung, endgültiger Verzicht auf Wahlrechtsreform) im wesentlichen die Vorstellungen eingegangen, die die SPD in ihren Entwurf eines Regierungsprogramms, beschlossen auf dem Parteitag in Bad Godesberg 1969, aufgenommen und unter das Motto »Erfolg, Stabilität, Reformen« gestellt hatte. Dieser Entwurf wiederum ist inhaltlich rückbezogen auf die ›Perspektiven. Sozialdemokratische Politik im Übergang zu den 70er Jahren‹. Die ›Perspektiven‹ sollen einer Konzeption, die den »freiheitlichen Sozialismus« – so wie er im Godesberger Programm als »der modernen Industriegesellschaft gemäßen Lebensform« gefordert ist – verwirklichen will, eine »praktische Richtlinie« geben; diese praktische Richtlinie, die angesichts der sozialen Wandlungsprozesse notwendig ist, soll »die Prognose der zukünftigen Entwicklung mit Lössungsvorschlägen für die vor uns stehenden Aufgaben« verbinden. In den ›Perspektiven‹ verspricht die SPD, die politische Kraft zu sein, »die die Impulse der jungen Generation aufnimmt und so gestärkt schon heute zum Schritt ins nächste Jahrzehnt ansetzt. Dieser Schritt ins nächste Jahrzehnt muß den großen Zielen der Sozialdemokratischen Partei dienen: der Vertiefung der sozialen Demokratie, der Humanisierung der Gesellschaft und der Stärkung der Freiheit des einzelnen«.

Wird die SPD dieses Versprechen einlösen können? Wird sie über den Anpassungszug an längst überfällige Gegenwart hinaus genug Reformkraft aufbringen, Zukunft nicht nur zu versprechen, sondern auch zu gestalten? Aber nehmen wir dies sogar an, welche Zukunft wäre es oder anders gefragt: welche der gegenwärtig in Umrissen erkennbaren konzeptionellen Orientierungen innerhalb der SPD wird das Selbstverständnis der Partei in den nächsten Jahren am stärksten beeinflussen?

Auf den Vormarsch begeben haben sich die nüchternen, die (wie sie von sich sagen) Ratio kultivierenden Pragmatiker der Generation der heute Vierzigjährigen (wie z. B. Horst Ehmke und Klaus von Dohnanyi). Sie plädieren für eine sachgerechte Dezision, die in Leistung und technologisch-ökonomischer Effizienz begründet ist, sie dringen auf die quantitative Systematisierung und kritische Koordinierung des politischen Entscheidungsprozesses. Ihre Vokabeln dazu sind: Planung, Steuerung, Wettbewerb. Sie versprechen Sicherheit und Stabilität durch Wandel und ihr Wachsen mit dem Tempo der verwirklichten Veränderung. Es ist durchaus für sie ein Problem, wie effiziente Systemsteuerung und das Primat des Gemeinwohls zu vereinbaren sind, wie die demokratische Transparenz der Entscheidungsprozesse erhalten oder gar erweitert werden kann: das Primat des Gemeinwohls wird ihnen identisch mit dem Primat des wirtschaftlichen Wachstums (als Voraussetzung des Wohlstandes), und die Problematik der demokratischen Transparenz reduziert sich auf die verbesserte Kommunikation der (aus einem breiten Auswahlprozeß herausgemendelten) Führungseliten, die als Ganzes »das effiziente Gesamtmanagement des Großunternehmens Nation« darstellen sollen.

Als moderne Nachfolger der alten Reformisten haben sie wie diese Sinn und Verständnis für (ideologieträchtige) »realistische Utopien«, die ihrem Modernitätsappeal und technologischem know how eine säkulare Perspektive geben, sie wissen sie sicher auch zu schätzen als Mittel (und Notwendigkeit) effektiver Integration. Wie die alten Reformisten scheinen sie aber nicht bereit, auf das Angebot der Nachfolger der alten Revisionisten einzugehen, die die »Mobilisierung der Demokratie« (W. v. Knoeringen) fordern.

Deren Ziel ist die Etablierung eines »Demokratischen Realismus«, der sich gleichweit entfernt sieht von einem Konservatismus, der zurückstrebt zum autoritären Staat, wie von einem Progressismus, der den Menschen nach einem seiner Natur nicht entsprechenden Bild im Namen und mit dem Anspruch einer Heilserwartung vergewaltigt. Die Maxime dieses »Demokratischen Realismus« heißt: »Mehr Gerechtigkeit«

und »die Regierungsform, die diesem sittlichen und pragmatischen Appell entspricht, ist die Demokratie«. Dieser »Demokratische Realismus« wird gedacht im historischen Horizont des ethischen Sozialismus (unter spezieller Berufung auf E. Bernstein) und ist zudem fixiert an einen ontologisch-normativ bestimmten Demokratie-Begriff, der Spuren aristotelisch-thomistischer Ontologie und katholischen Sozialdenkens aufweist.

Von den Pragmatikern nicht zu unterscheiden in den strukturellen Merkmalen ihres Denkens und Handelns sind Politiker wie z. B. Karl Schiller und Helmut Schmidt; doch lassen sich Differenzen nicht nur im Hinblick auf einige Generationsspezifika feststellen: Ihr Pragmatismus wird gehemmt oder korrigiert, vor Verfälschung in Opportunismus bewahrt durch einige Grundorientierungen. Karl Schiller wird getragen von der Überzeugtheit von der Umsetzbarkeit einer ökonomischen Doktrin in wirtschaftspolitische Praxis, eine Überzeugtheit, die sich als eine Art rational gebremster, Messianismus kennzeichnen ließe. Auf Keynes, aber auch auf Eucken bezogen, will er eine rational-pragmatische Wirtschaftspolitik praktizieren, die zu einer »aufgeklärten Marktwirtschaft« in einem reifen Industriestaat führen soll, die global gesteuert und ordnungspolitische Elemente enthaltend nicht weniger, sondern mehr Wettbewerb ermöglichen soll; sie bedarf freilich zu ihrer optimalen Funktionsfähigkeit einer »mündigen« und »offenen« »Leistungsgesellschaft«.

Helmut Schmidt, der nach eigener Aussage unter dem Eindruck des Kriegserlebnisses Sozialdemokrat geworden war – er hatte für sich die Parallelität zwischen dem im Kriege erlebten Prinzip der Kameradschaft und dem sozialistischen (und katholischen Naturrechts-) Prinzip der Solidarität entdeckt –, zügelt offenbar seinen »nüchternen Tatsachensinn« durch – auch für die SPD verbindlich gehaltene – »sittliche Ideale« und »moralische Grundsätze« wie Freiheit, Gerechtigkeit, Solidarität, Toleranz (die ihm in der Sozialdemokratie lange von einem Wust ideologischer und soziologischer Doktrinen und durch mancherlei scheinbar wissenschaftliche Erkenntnisse überlagert schienen); das Funktionieren der rechtsstaatlichen Ordnung, die bei ihm Züge liberalen, mit autoritär-elitärem Beisatz untermischten protestantischen Demokratie-Verständnisses trägt, ist ihm wichtiger »als manches an zu weit getriebener sozialistischer Akribie«; ebenso notwendig erscheint ihm – persönlich, für seine Partei, für »die breiten Massen der Bürger« – »die

Identifikation mit der Gemeinschaft in Staat und Nation« und wichtig auch das befriedigte Bedürfnis, »Nützliches für das Ganze tun zu können«.

Damit steht die Orientierung sozialdemokratischen Denkens und Handelns, die er repräsentiert, sehr nahe anderen Sozialdemokraten, die noch unbedingter von normativen Vorgegebenheiten, Wertmaßstäben, wie sie sagen würden, bestimmt erscheinen wie z. B. Herbert Wehner: ein, wie man gesagt hat, demütiger, ein distanzierter Nationalist, der danach fragt »Wozu sind wir als Deutsche da?«, der wohl der verzweifeltste Anhänger der Lösung des vereinigten demokratischen deutschen Nationalstaates ist; ein Lutheraner, der von Schuld, Irrtum, Sünde weiß, dem es nicht mehr viel bedeutet, Recht zu haben, sich zu rechtfertigen; halblinks immer noch seinen Ort in der Gesellschaft bestimmend, der großen selbstgestellten Aufgabe zugewandt – ein anderer Lassalle? –, die Arbeiterklasse mit dem Staat zu versöhnen und mit den Versöhnten schrittweise, aus seiner Mitte heraus diesen Staat zu verändern; dabei von undogmatischem Realismus – »es geht um die Menschen, wie sie wirklich sind« –, taktischer Brillanz und die Leistung eines effektiven Managements erbringend. So auch Georg Leber: auf Systemstabilisierung bedacht, sollen doch durch Eigentum (Vermögensbildung) die letzten Reste des »Sozialisierungsdenkens« zum Verkümmern gebracht werden; korporativistisch-autoritär orientiert, da die Gewerkschaften als »Ordnungselemente« im Staat wirkend verstanden werden; das alles ist zu sehen im Horizont einer – wie modernen? – Katholizität, die von der eigenen Partei erwartet, die Kirche nicht nur zu tolerieren, sondern ihr das Recht auf aktive Hilfe, Förderung und Unterstützung zuzugestehen.

Von allen hier jeweils paradigmatisch erwähnten Orientierungen vielleicht noch nicht einmal grundsätzlich zu unterscheiden in den Inhalten der jeweiligen konkreten Politik, wohl aber in der demokratisierenden Qualität ihrer langfristigen Zielvorstellungen und in dem, was sie an politischer Mentalität in die Arbeit der Partei einbringen, sind jene, die einst als Junge von dem immer noch großen Schwung der sozialistischen, sozialdemokratischen Arbeiterbewegung geprägt worden sind (oder in dieser Tradition stehen) wie Willy Brandt (von links kommend) und Heinz Kühn (von rechts: ich als »alter Hundertschaftsführer im Reichsbanner Schwarz-rot-gold«): »Die Chance der SPD liegt in ihrer Entwicklung zu einer linken

Volkspartei«, die »durch Öffnung nach links integrieren« kann, ihre Aufgabe ist die durch das Grundgesetz gebotene konsequente »Demokratisierung der Gesellschaft«.

Linksinnen, auf die Entwicklung »neuer Pfeiler einer sozialistischen Theorie und reformerischen Praxis« dringend, diese Position hat exemplarisch Jochen Steffen, der schleswig-holsteinische Landesvorsitzende der SPD, bezogen. Innerhalb des kapitalistisch-sozialliberalen Systems gilt es, dieses mit den Mitteln, die es ökonomisch und politisch hergibt, permanent an seine Grenzen vorstoßend, funktional und in seiner Qualität zu verändern. Die SPD »als Partei des sozialen Fortschritts – auf den Traditionen der deutschen Arbeiterbewegung –« hat daher drei Aufgaben: 1. Bewußte Steuerung der technologischen Prozesse, 2. Erweiterung der Macht- und Kontrollbefugnis der heute noch Beherrschten, 3. Ausbau der bildungsmäßigen und materiellen Gleichheit der Chancen für alle.

Diesem Konzept, das in seinen Einzelheiten auf wissenschaftlichen Analysen beruht, hat die (junge) »kritische Opposition« in der SPD, wie sie sich nennt (Jungsozialisten, junge SPD-Mitglieder, die in der APO mitarbeiteten wie der Kreis um Knut Nevermann), bisher noch nichts vergleichbar Fundiertes entgegenzusetzen, was als eine weitere, noch linkere Alternative zur offiziellen SPD-Politik verstanden werden könnte. Übereinstimmend scheint sich die Einsicht durchgesetzt zu haben, daß eine revolutionäre Situation gegenwärtig weder vorhanden noch machbar ist. Die einen fordern deshalb sozialistische Praxis auf der theoretischen Basis einer neuen Gesellschafts- und Sozialordnung und werden das Versprechen der Konkretion dieser Forderung noch erst einlösen müssen, wenn sie ein ernstzunehmender politischer Faktor werden wollen; andere versuchen immerhin schon die Umrisse einer sozialistischen Strategie systemüberwindender Reformen (in Anlehnung an A. Gorz) im organisierten Kapitalismus deutlich zu machen: Sozialistische Politik wird auf Jahre hinaus primär im außerparlamentarischen Raum stattfinden.

Die Alte – marxistische – Linke, wie man sie zur Unterscheidung von der Neuen – tendenziell anarchistischen – Linken nennen könnte, blieb – entgegen ihren eigenen und mancher Beobachter Erwartungen und Voraussagen – politisch völlig erfolglos, ohne Integrationskraft: die von der Politik der SPD irritierten Arbeiter wählten diese, schichtspezifischem Verhalten entsprechend, dennoch oder sie wählten gar nicht. Die Aktion Demokratischer Fortschritt (ADF), das Aktions- und Wahlbündnis aller links von der SPD stehenden Gruppen, also einschließlich der Deutschen Kommunistischen Partei (DKP) und der Deutschen Friedensunion (DFU), erhielt bei der Bundestagswahl 1969 209180 Erststimmen, 197570 Zweitstimmen = 0,6% (Vergleichszahlen für die DFU 1965 : 386900, 434182 = 1,3%).

Die marxistische Linke hat jedoch andere Leistungen erbracht: Von ihr stammen einige neue analytische Ansätze zu einer zeitgerechten marxistischen ökonomischen Theorie (wie sie z. B. in den Arbeiten des jüngst verstorbenen Marburger Sozioökonomen Werner Hofmann enthalten sind); jüngere Ökonomen sind dabei, die außerdeutsche marxistische Politische Ökonomie (P. A. Baran, P. Sweezy, M. Dobb, Ch. Bettelheim, E. Mandel) zu rezipieren und in der Auseinandersetzung mit ihr zu modifizieren oder weiterzuführen. Sie hat die eigentlich substantielle Auseinandersetzung mit der Theorie und der Praxis der Neuen Linken geführt (vgl. die Arbeiten von H. H. Holz und H. G. Helms).

In Analogie zur Situation der sozialistischen Splittergruppen in der Weimarer Republik können also ihre theoretischen Anstrengungen im umgekehrten Verhältnis zu ihrem politischen Erfolg eingeschätzt werden, und manches spricht dafür, daß die marxistische Linke außerhalb der SPD eine ähnliche Funktion wie ihre Vorläufer in der Weimarer Republik auszuüben imstande sein wird: die im System etablierte Partei wie auch die Gewerkschaften permanent zur kritisch-theoretischen Reflexion ihres Handelns herauszufordern.

Der Weg der SPD seit der Annahme des Godesberger Programms 1959 – nachdem die SPD von der marxistischen Linken nicht mehr als eine Partei angesehen wurde, die sich, wie es W. Abendroth einmal formulierte, »programmatisch zu sozialistischem Denken bekennt« – schuf ein parteipolitisch nicht mehr integrierbares Potential auf der Linken; doch erst die Bildung der Großen Koalition rief eine relativ breite Außerparlamentarische Opposition (APO) hervor, in deren Zentrum die antiautoritäre Bewegung der Studenten stand. Selbst bei Wohlmeinenden ist inzwischen die Hoffnung im Schwinden begriffen, daß diese antiautoritäre Bewegung auf der Grundlage wirklichkeitsnaher theoretischer Reflexion politisch relevante Positionen beziehen werde, die einer Renaissance des revolutionären Sozialismus neue Impulse geben können.

Diese Hoffnung weicht der Befürchtung, daß die antiautoritäre Studentenbewegung dabei ist, in einer apolitischen, antiindustriegesellschaftlich-kulturpessimistischen Nur-Protesthaltung oder in einem theoretisch blinden, nur verbal marxistisch verkleideten anarchistisch-syndikalistischen Aktionismus erstarren könnte, die beide in der Form der Privatheit einer Subkultur in das System integrierbar wären. Sollte dies so sein, so bliebe der antiautoritären Studentenbewegung das ihr sogar von manchem prinzipiellen Gegner nicht abgestrittene Verdienst, Entscheidendes zur Bewußtmachung und zur Aufweichung verkrusteter autoritärer Gesellschaftsstrukturen beigetragen zu haben.

Ohne Erfolg hat die im Oktober 1968 gegründete DKP wie schon vorher die illegale KPD ihren Anspruch auf die Führung innerhalb der APO gestellt. Nicht sie, die wohl nicht mehr sein kann und sein soll als ein Stück legalen Agitationsbodens des SED-Kommunismus in der Bundesrepublik, bildet daher die eigentliche kommunistische Herausforderung; diese besteht vielmehr in der Arbeit der Kommunisten in den Großbetrieben, in den Versuchen der Einflußnahme auf die Organisationen der SPD und der Gewerkschaften und in dem wachsenden Angebot zunehmend seriöser werdender wissenschaftlicher Analysen der ökonomischen und der sozialen Situation in der Bundesrepublik.

Besonders letzteres ist ein Reflex gewisser Veränderungen in der DDR. Die DDR stellt sich heute vor der Welt selbst dar als ein moderner, sozialer und demokratischer Industriestaat, auf dem sicheren Wege zur Verwirklichung eines Sozialismus, dessen demokratische Qualität und ökonomische Potenz auch für die Arbeiterklasse der westlichen Welt attraktiv zu werden verspricht. Nach 20jähriger Existenz ist die DDR weit entfernt davon, diesen Anspruch zu erfüllen, einmal vorausgesetzt, er wäre erfüllbar, wenngleich auch – den Bedingungen und den Anforderungen der industriell-technologisch-ökonomischen Prozesse entsprechend – zu beobachten ist: die Verjüngung und Verfachlichung der Führungsspitze, die tendenzielle Verselbständigung der Bürokratie im Partei-, Staats- und Wirtschaftsapparat, eine stärkere Beteiligung fast aller sozialen Gruppen an dem wirtschaftlichen Entscheidungsprozeß, Ansätze zu einer »Revision« der ökonomischen Theorie, realistischere Einsichten in die Bedingungen und Möglichkeiten der »demokratischen Umwälzung« des Systems des staatsmonopolitischen Kapitalismus und vielleicht auch realistischere Perspektiven über die Aussichten des »antiimperialistischen Kampfes«.

Nach dem 8. Ordentlichen Bundeskongreß des DGB im Mai 1969 in München mit der Wahl des Stellvertretenden Vorsitzenden der IG-Bergbau, Heinz Oskar Vetter, zum DGB-Vorsitzenden schien es wohlmeinenden Beobachtern, daß die deutschen Gewerkschaften nunmehr wieder einigermaßen ins Gleichgewicht gebracht ihren Weg in das dritte Jahrzehnt ihrer Existenz nehmen würden, zumal der neue Vorsitzende alsbald, für Kenner seiner bisherigen Arbeit keineswegs so überraschend, Führungsqualitäten zeigte und der Kongreß selbst mit der Entscheidung, daß in zwei Jahren über das neue Verhältnis zwischen DGB und Einzelgewerkschaften zu beschließen sei, seine Reformbereitschaft hatte erkennen lassen; auch die IG-Metall zeigte sich keineswegs prinzipiell gegen Reformen eingestellt, sie will nur wegführen von der falschen Alternative: zentralistische Reform oder keine. Damit könnte sich die Möglichkeit abzeichnen, das mit der Neigung zu spektakulären Alleingängen verbundene Autarkiebestreben einiger großer Gewerkschaften, wobei in erster Linie die IG-Bau, Steine Erden und die ÖTV (und erst in zweiter die IG-Metall) zu nennen wären, zu bremsen und die Solidarität der Gewerkschaften im Interesse ihres Gewichtes den Arbeitgebern gegenüber wieder zu stärken.

Auch überregional wurde mit der Gründung des Europäischen Bundes Freier Gewerkschaften Ende April 1969, dessen Präsident Otto Brenner wurde, versucht, ein wirksames Gegengewicht gegen die zunehmende Machtballung in der europäischen Wirtschaft bei den Unternehmern zu schaffen mit der Zielsetzung, einmal eine einzige große europäische Gewerkschaftszentrale bilden zu können.

Die spontanen Arbeitsniederlegungen zur Unterstützung von Lohnforderungen (teilweise nachdem gerade Tarifverträge abgeschlossen worden waren) im September 1969, kurz vor den Bundestagswahlen, machten jedoch die innere Schwäche der Gewerkschaften manifest: ihren fehlenden Kontakt zu den Arbeitnehmern, eine Schwäche, über die sie sich und die Öffentlichkeit durch verbal-radikale Aktivität ihrer Funktionäre hinweggetäuscht hatten. Der Ausgang der Bundestagswahlen unterstrich noch in einer anderen Hinsicht ihre Schwäche bei der Repräsentation der Arbeitnehmer in der politischen Öffentlichkeit: Die Arbeiter, die noch immer 49,6% der gesamten erwerbstätigen Bevölkerung der Bundesrepublik ausmachen, werden nur durch 7,1% der Abgeordneten im Bundestag vertreten (Vergleichszahlen für die Angestellten: 26,4% bzw. 15,3%).

Es stellt sich angesichts der disziplinierten Beteiligung der Gewerkschaften an der »Konzertierten Aktion«, ihres tatsächlichen Verzichtes auf das Mittel des Massenstreiks – und dies alles auf dem Hintergrund einer nicht energisch genug abgewiesenen Sozialpartnerschaftsideologie – die Frage, ob die Gewerkschaften nicht schon lange auf dem besten Weg sind, als ein öffentliche Aufgaben wahrnehmendes, mit dem Status einer quasi öffentlich-rechtlichen Institution ausgezeichnetes Instrument zur Einordnung der Arbeitnehmer in den Status quo der gegebenen Machtverteilung zu funktionieren; unter solcher Perspektive würde dann auch die geforderte Mitbestimmung nur noch die endgültige System-Integration des »Proletariats« in die »Ausbeutergesellschaft« besiegeln. Die schon während der Großen Koalition beobachteten Schwierigkeiten der Gewerkschaften, das System prinzipiell in Frage zu stellen in Konfrontation mit einer Regierung, von der sie erwarten können, daß den Arbeitnehmern das für sie im Rahmen des Systems Erreichbare nicht prinzipiell vorenthalten wird, werden sich in Zukunft noch erhöhen, ganz zu schweigen von dem Legitimitätsverlust, den die Gewerkschaften durch die Perfektionierung des Sozialstaates laufend erleiden.

Dennoch ist die Alternative, den Gewerkschaften bliebe nichts anderes übrig, als entweder Ordnungsgarant, »Friedenswächter des Bestehenden« in der Form einer mit öffentlichen Aufgaben beliehenen Institution oder »autonome Widerstandsorganisation« zu werden, falsch. Die Gewerkschaften werden vielmehr ihre »doppelseitige Aufgabe«, sich wegen ihrer sozialen Verantwortung für die Arbeitnehmerschaft in die bestehende Gesellschaft zu integrieren wie auch um der Ausweitung des demokratischen Spielraums innerhalb der Gesellschaft Träger des gesellschaftlichen Demokratisierungsprozesses zu bleiben, unter veränderten Bedingungen neu formulieren müssen. In diesem Sinne ist es völlig richtig zu sagen: »Es gibt nicht eine Krise der Arbeiterbewegung, sondern eine Krise ihrer Theorie« (A. Gorz).

Bei dem Bemühen um die Überwindung ihrer theoretischen Hilflosigkeit werden die Anzeichen für neue Aktionsbereiche und Aktionsformen, wie sie in den USA und in Frankreich schon seit längerem und nun auch anläßlich der wilden Streiks in der Bundesrepublik beobachtet werden konnten, berücksichtigt werden müssen: Die wirkliche Mitbestimmung über den ökonomischen Apparat kann nur im Prozeß der täglichen Konfrontation mit dem »Kapital« erweitert, der Gegensatz zwischen der Struktur der Produktionsverhältnisse und dem gesellschaftlichen Charakter der Arbeit nur von innen her, in den Unternehmungen selbst, aufgebrochen werden; dabei gewinnt zunehmende Bedeutung die Aktionseinheit der engeren Arbeitsgruppe (z. B. im automatisierten Betrieb vom Bedienungspersonal bis zum Ingenieur); an die Stelle des klassischen Massenstreiks können punktuelle Streiks auf der Basis der Machtpositionen der technischen Kader treten; die Rolle der Gewerkschaften kann sich wandeln in dem Sinne, daß sie die gesamtgesellschaftlich bezogenen Impulse der ad hoc sich ergebenden Aktionseinheiten zur Gesellschaft hin vermitteln; in Ergänzung des industriegewerkschaftlichen Prinzips wird deshalb die organisatorische Form der gewerkschaftlichen Arbeit in Zukunft überregional auf dem Unternehmen (nicht Betrieb) als ökonomischer Einheit basieren (und damit die bisherige berufliche und regionale Organisationsgliederung ersetzen) müssen.

Ich möchte diese um Sachlichkeit bemühte Analyse mit einigen persönlich-engagierten Gedanken abschließen. Womit ist es eigentlich zu rechtfertigen, angesichts des in diesem Buch und im Nachwort zu ihm Mitgeteilten weiter – wie in der Einführung – von der Arbeiterbewegung in Deutschland »als Ausdruck einer Forderung und eines Programms« zu sprechen? Dies wurde schon auf die erste Ausgabe des Buches bezogen von einigen Kritikern als rückwärts orientierte ideologische Befangenheit und absurdes Wunschdenken moniert, das sich durch die Darstellung der Geschichte der deutschen Arbeiterbewegung selbst ad absurdum führe.

Natürlich ist »Arbeiterbewegung« nicht in einem strengen klassen- oder auch nur schichtspezifischen Sinne gemeint. Die gab es so allerdings nie. Aber es gab sie und sollte sie weiter geben in dem gleichen Maße gesellschaftlicher und politischer Solidarität, wie sie immer noch notwendig ist zur genossenschaftlichen Hilfe gegen jede Form von Repression und längst überflüssiger Herrschaft und zur Weiterführung des proletarischen Emanzipationskampfes (wenn man unter Proletariat alle jene abhängig Arbeit Ausführenden verstehen würde).

Noch anders gesagt: Im Blick auf den Zustand unserer pluralistischen Gesellschaft, in Einschätzung des noch geringen Grades der Demokratisierung dieser Gesellschaft, in Kenntnis

der Stagnation des gesamtgesellschaftlichen Demokratisierungsprozesses und der wachsenden Resistenz auch der demokratisch
sich legitimierenden Gruppen gegenüber diesem Prozeß und
im Hinblick auf die weltweite, quer durch alle politischen
Blöcke gehende Polarisierung zwischen Industrie- und Entwicklungsländern ist noch keine andere Kraft weltweit identifiziert, aus der die Antriebe für eine Gegenbewegung gegen diese
Stagnation kommen könnten als die Traditionen der Arbeiterbewegung und die Menschen und Organisationen, die in welch
schemenhafter Weise auch immer sich in ihrem Konnex befinden.

Das Feld, in dem diese Kraft wirksam ist, ist größer und differenzierter geworden und in dauernder dialektischer Bewegung
begriffen. So mag die SPD zum »›Grenzträger‹ der monopolkapitalistischen Herrschaft« werden oder schon geworden
sein – das ist so lange kein »Verrat am Sozialismus« wie sie –
für radikaldemokratische Impulse offenbleibend – mit dem System zugleich auch die Basis künftiger Transformationsprozesse
des Kapitalismus in den Sozialismus stabilisiert. Andere mögen
dann versuchen, Ausmaß, Richtung und Aktualisierbarkeit der
möglichen Transformationsprozesse theoretisch transparent zu
machen – dabei der Marxschen Mahnung eingedenk sein müssen: ». . . wenn wir nicht in der Gesellschaft, wie sie ist, die materiellen Produktionsbedingungen und ihnen entsprechende
Verkehrsverhältnisse für eine Klassenlose Gesellschaft verhüllt
vorfänden, wären alle Sprengversuche Donquichotterie«
(Grundrisse S. 77). So könnten der Analyse folgende neue
Wege zu einer globalen Planung sozialistischer Aktionen eröffnet und damit die Theorie wieder Theorie der Praxis werden.
Die tägliche Praxis des (dann nur scheinbaren) »Scheiß-Vulgär-
pragmatismus« permanent zur Theorie zu vermitteln, mag
Aufgabe wieder anderer sein, so daß Theorie und Praxis dialek-
tisch aufeinander bezogen werden können.

Sozialisten haben keinen Grund zur Resignation:

»Die sozialistischen Ideen sind als moralische Ideen jahrzehntelang
ihrer Zeit vorausgeeilt. Heute aber gehen sie mit der politischen Entwicklung Hand in Hand.«   *(Bruno Kreisky)*

». . . heute haben wir die Möglichkeiten der Produktion so entwickelt und das Wissen um das Machbare so erweitert, daß eine
sozialistische Gesellschaft in Freiheit nicht nur denkbar, sondern
tatsächlich zu gestalten ist.«   *(Jochen Steffen)*

Frankfurt a. M., im Januar 1970   Helga Grebing

Literaturverzeichnis

I. Allgemeine soziale und politische Geschichte und Theorie

Wolfgang Abendroth, Antagonistische Gesellschaft und politische Demokratie, Neuwied/Berlin 1967

Automation und technischer Fortschritt in Deutschland und den USA, Frankfurt a. M. 1963

Hans Paul Bahrdt, Walter Dirks u. a., Gibt es noch ein Proletariat? Frankfurt a. M. 1962, 2. Aufl. 1969

Heinrich Bechtel, Wirtschaftsgeschichte Deutschlands im 19. und 20. Jahrhundert, München 1956

Ludwig Bergsträsser, Geschichte der politischen Parteien in Deutschland, München 1960

Karl Dietrich Bracher, Die Auflösung der Weimarer Republik. Eine Studie zum Problem des Machtverfalls in der Demokratie, 2. Aufl. Stuttgart/Düsseldorf 1957

Karl Dietrich Bracher, Wolfgang Sauer, Gerhard Schulz, Die nationalsozialistische Machtergreifung. Studien zur Errichtung des totalitären Herrschaftssystems in Deutschland 1933/34, Köln/Opladen 1960

Martin Broszat, Der Nationalsozialismus. Weltanschauung, Programm, Wirklichkeit, Stuttgart 1960

Walter Buckingham, Automation und Gesellschaft, Frankfurt a. M. 1964

Werner Conze, Vom »Pöbel« zum »Proletariat«. Sozialgeschichtliche Voraussetzungen für den Sozialismus in Deutschland, in: Vierteljahresschrift für Sozial- und Wirtschaftsgeschichte Bd. 41, 1954

Werner Conze, Das Spannungsfeld von Staat und Gesellschaft im Vormärz, in: Staat und Gesellschaft im deutschen Vormärz 1815–1848, Stuttgart 1962

Reinmar Cunis, Verhaltensweisen in unserer Gesellschaft. Herausgegeben von »Arbeit und Leben«, Hannover o. J.

Ralf Dahrendorf, Demokratie und Sozialstruktur in Deutschland, in: Gesellschaft und Freiheit. Zur soziologischen Analyse der Gegenwart, München 1962

René Erbe, Die nationalsozialistische Wirtschaftspolitik 1933–1939 im Lichte der modernen Theorie, Zürich 1958

Theodor Eschenburg u. a., Der Weg in die Diktatur 1918–1933, München 1963

Ossip K. Flechtheim (Hrsg.), Dokumente zur parteipolitischen Entwicklung in Deutschland seit 1945, 4 Bde., Berlin 1962–1965

Paul Göhre, Dreieinhalb Monate Fabrikarbeiter und Handwerksbursche, Berlin 1891

Wilfried Gottschalch, Friedrich Karrenberg, Franz Josef Stegmann, Geschichte der sozialen Ideen in Deutschland, herausgegeben von Helga Grebing, München 1969

Helga Grebing, Geschichte der deutschen Parteien, Wiesbaden 1962

Helga Grebing, Der Nationalsozialismus. Ursprung und Wesen, 16. Aufl. München 1965

Dieter Hanhart, Arbeiter in der Freizeit, Zürich 1965

Heinrich Herkner, Die Arbeiterfrage, 8. Aufl. Berlin/Leipzig 1922

Werner Hofmann, Ideengeschichte der sozialen Bewegung des 19. u. 20. Jahrhunderts, Berlin 1968

Carl Jantke, Der Vierte Stand. Die gestaltenden Kräfte der deutschen Arbeiterbewegung im 19. Jahrhundert, Freiburg 1955

Walter Köpping, Schein und Wirklichkeit in der Gesellschaft von heute. Herausgegeben von »Arbeit und Leben«, Hannover o. J.

Reinhard Koselleck, Staat und Gesellschaft in Preußen 1815–1848, in: Staat und Gesellschaft im deutschen Vormärz 1815–1848, Stuttgart 1962

Siegfried Kracauer, Die Angestellten, Frankfurt a. M. 1930, 3. Aufl. Allensbach und Bonn 1959

Annedore Leber und Freya Gräfin von Moltke, Für und Wider. Entscheidungen in Deutschland 1918–1945, Berlin/Frankfurt a.M. 1961

Adolf Levenstein, Die Arbeiterfrage. Mit besonderer Berücksichtigung der sozialpsychologischen Seite des modernen Großbetriebes und der psychophysischen Einwirkungen auf die Arbeiter, München 1912

Ulrich Lohmar (Herausgeber), Deutschland 1975. Analysen, Prognosen, Perspektiven, München 1965.

Friedrich Lütge, Deutsche Sozial- und Wirtschaftsgeschichte, 2. Aufl. Berlin 1960

Robert Michels, Zur Soziologie des Parteiwesens in der modernen Demokratie. Untersuchungen über die oligarchischen Tendenzen des Gruppenlebens. Neuauflage herausgegeben von W. Conze, Stuttgart 1954

Wilhelm Mommsen, Deutsche Parteiprogramme, München 1960

Sigmund Neumann, Die deutschen Parteien. Wesen und Wandel nach dem Kriege, Berlin 1932. Neuausgabe Stuttgart 1965: Die Parteien der Weimarer Republik. Mit einer Einführung von Karl Dietrich Bracher

Wolf-Dieter Narr, CDU – SPD. Programm und Praxis seit 1945, Stuttgart 1966

Friedrich Pollock, Automation. Materialien zur Beurteilung ihrer ökonomischen und sozialen Folgen, Frankfurt a. M. 1964

Heinrich Popitz, Hans Paul Bahrdt, Ernst August Jüres, Hanno Kesting, Das Gesellschaftsbild des Arbeiters. Soziologische Untersuchungen in der Hüttenindustrie, Tübingen 1957

Ludwig Preller, Sozialpolitik in der Weimarer Republik, Stuttgart 1949

Ernst Richert, Die neue Gesellschaft in Ost und West, Gütersloh 1966

Arthur Rosenberg, Entstehung der Weimarer Republik. Herausgegeben von Kurt Kesten, Frankfurt a. M. 1961, 11. Aufl. 1969

Arthur Rosenberg, Geschichte der Weimarer Republik. Herausgegeben von Kurt Kesten, Frankfurt a. M. 1961, 10. Aufl. 1969

Walter A. Schmidt, Damit Deutschland lebe. Ein Quellenwerk über den antifaschistischen Widerstandskampf 1933–1945, Berlin (Ost) 1959

Ernst Schraepler, Quellen zur Geschichte der sozialen Frage in Deutschland, Bd. I, 1800–1870, Göttingen 1955

Ernst Schraepler, Quellen zur Geschichte der sozialen Frage in Deutschland, Bd. II, 1871 bis zur Gegenwart, Göttingen 1957

Helmut Sopp, Was der Mensch braucht... Ein tiefenpsychologischer Exkurs über Erfüllung und Versagen im Beruf, München o. J.

Fritz Sternberg, Die militärische und die industrielle Revolution, Berlin/Frankfurt a. M. 1957

Fritz Sternberg, Wer beherrscht die zweite Hälfte des 20. Jahrhunderts? München 1963

Fritz Sternberg, Anmerkungen zu Marx – heute, Frankfurt a. M. 1966

Gustav Stolper, Karl Häuser, Knut Borchardt, Deutsche Wirtschaft seit 1870, Tübingen 1964

Willy Strzelewicz, Industrialisierung und Demokratisierung, Hannover 1964

Helga Timm, Die deutsche Sozialpolitik und der Bruch der Großen Koalition im März 1930, Düsseldorf 1952

Günter Weisenborn, Der lautlose Aufstand. Bericht über die Widerstandsbewegung des deutschen Volkes 1933–1945, Hamburg 1953

Hans-Joachim Winkler, Legenden um Hitler, Berlin 1961

Günther Wollny, Die Zukunft ist anders, Boppard a. R. 1962

Unsere Welt 1985. Sonderausgabe aus der Sammlung »Modelle für eine neue Welt«, herausgegeben von Robert Jungk und Hans Josef Mundt, München 1965

II. Zur Geschichte der SPD, KPD und kleinerer sozialistischer Gruppen

Wolfgang Abendroth, Aufstieg und Krise der deutschen Sozialdemokratie, Frankfurt a. M. 1964

Wolfgang Abendroth, Sozialgeschichte der europäischen Arbeiterbewegung, Frankfurt a. M. 1965

Victor Adler, Briefwechsel mit August Bebel und Karl Kautsky, Wien 1954

Ignaz Auer, Nach zehn Jahren. Material und Glossen zur Geschichte des Sozialistengesetzes, Stuttgart 1889

Frolinde Balser, Sozial-Demokratie 1848/49–1863. Die erste deutsche Arbeiterorganisation »Allgemeine Arbeiterverbrüderung« nach der Revolution, Text- und Quellenband, Stuttgart 1962

Eduard Bernstein, Ignaz Auer. Eine Gedenkschrift, Berlin 1907

Werner Blumenberg, Karl Marx, Hamburg 1962

Julius Braunthal, Geschichte der Internationale, 2 Bde., Hannover 1961 ff.

Martin Buber, Pfade in Utopia, Heidelberg 1950

Werner Conze, Der Beginn der deutschen Arbeiterbewegung, in: Geschichte und Gegenwartsbewußtsein. Festschrift für H. Rothfels, Göttingen 1963

Ralf Dahrendorf, Marx in Perspektive. Die Idee des Gerechten im Denken von Karl Marx, Hannover 1952

Das Programm der SED. Eingeleitet und kommentiert von Stefan Thomas, Köln 1963

Der deutsche Kommunismus. Dokumente. Herausgegeben und kommentiert von Hermann Weber, Köln 1963

Die neue Gesellschaft. Chefredakteur Ulrich Lohmar, 1.–12. Jahrgang, 1953–1965

Hanno Drechsler, Die Sozialistische Arbeiterpartei Deutschlands (SAPD). Ein Beitrag zur Geschichte der deutschen Arbeiterbewegung am Ende der Weimarer Republik, Meisenheim a. Glan 1965

Lewis J. Edinger, Sozialdemokratie und Nationalsozialismus. Der Parteivorstand der SPD im Exil von 1933–1945, Hannover/Frankfurt a. M. 1960

Wolfgang Elben, Das Problem der Kontinuität in der deutschen Revolution, Düsseldorf 1965

Iring Fetscher, Der Marxismus. Seine Geschichte in Dokumenten. Bd. 1: Philosophie, Ideologie; Bd. 2: Ökonomie, Soziologie; Bd. 3: Politik, München 1962 ff.

Iring Fetscher, Von Marx zur Sowjetideologie, 11. Aufl., Frankfurt a. M. 1965

Ossip K. Flechtheim, Die KPD in der Weimarer Republik, Offenbach a. M. 1948, Neuausgabe Frankfurt 1969

Manfred Friedrich, Philosophie und Ökonomie beim jungen Marx, Berlin 1960

Manfred Friedrich, Opposition ohne Alternative? Über die Lage der parlamentarischen Opposition im Wohlfahrtsstaat, Köln 1962

Erich Fromm, Das Menschenbild bei Marx, Frankfurt a. M. 3. Aufl. 1969

Wilfried Gottschalch, Strukturveränderungen der Gesellschaft und politisches Handeln in der Lehre von Rudolf Hilferding, Berlin 1962

Helga Grebing, Der Sozialismus in Deutschland 1863–1966, in: Iring Fetscher, Helga Grebing, Günter Dill (Hrsg.), Der Sozialismus. Vom Klassenkampf zum Wohlfahrtsstaat. Texte, Bilder, Dokumente, München 1968

Helga Grebing, Konservative Republik oder soziale Demokratie?, in: Gewerkschaftliche Monatshefte, Heft 1, 1969

Walter Hammer, Theodor Haubach zum Gedächtnis, Frankfurt a. M. 1955

Wilhelm Hoegner, Der schwierige Außenseiter, München 1958

Reinhard Jansen, Georg von Vollmar. Eine politische Biographie, Düsseldorf 1958

Albrecht Kaden, Einheit oder Freiheit. Die Wiedergründung der SPD 1945/46, Hannover 1964

Dieter Klink, Vom Antikapitalismus zur sozialistischen Marktwirtschaft. Die Entwicklung der ordnungspolitischen Konzeption der SPD von Erfurt (1891) bis Bad Godesberg (1959), Hannover 1965

Hans Kluth, Die KPD in der Bundesrepublik. Ihre politische Tätigkeit und Organisation 1945–1956, Köln 1959

Eberhard Kolb, Die Arbeiterräte in der deutschen Innenpolitik 1918–1919, Düsseldorf 1962

Georg Kotowski, Die deutsche Novemberrevolution, in: ›Aus Politik und Zeitgeschichte‹, Beilage zur Wochenzeitung ›Das Parlament‹, 7. Dezember 1960

Georg Kotowski, Friedrich Ebert. Eine politische Biographie, Bd. 1: Der Aufstieg eines deutschen Arbeiterführers 1871–1917, Wiesbaden 1963

Ekkehart Krippendorff, Das Ende des Parteienstaates?, in: ›Der Monat‹, Heft 160, 1962

Ferdinand Lassalle, Gesammelte Reden und Schriften. 12 Bde.; herausg. von Eduard Bernstein, Berlin 1919

Ferdinand Lassalle, Eine Auswahl für unsere Zeit. Herausgegeben und eingeleitet von Helmut Hirsch, Frankfurt a. M. 1964

Julius Leber, Ein Mann geht seinen Weg. Schriften, Reden und Briefe, Berlin/Frankfurt 1953

Joachim G. Leithäuser, Wilhelm Leuschner. Ein Leben für die Republik, Köln 1962

Wilhelm Liebknecht, Briefwechsel mit Karl Marx und Friedrich Engels, herausgegeben und bearbeitet von Georg Eckert, Den Haag 1963

Werner Link, Die Geschichte des Internationalen Jugend-Bundes (IJB) und des Internationalen Sozialistischen Kampf-Bundes (ISK). Ein Beitrag zur Geschichte der Arbeiterbewegung in der Weimarer Republik und im Dritten Reich, Meisenheim a. Glan 1964

Peter Lösche, Der Bolschewismus im Urteil der deutschen Sozialdemokratie 1903 bis 1920, Berlin 1967

Ulrich Lohmar, Innerparteiliche Demokratie. Eine Untersuchung der Verfassungswirklichkeit politischer Parteien in der Bundesrepublik Deutschland, Stuttgart 1963

Eduard März, Die Marxsche Wirtschaftslehre im Widerstreit der Meinungen, Wien 1959

Karl Marx, Das Kapital. In der Ausgabe der Ökonomischen Schriften, Bd. 1–3. Herausgegeben von Hans-Joachim Lieber und Benedikt Kautsky, Stuttgart 1962 ff. In Bd. 3 der Ökonomischen Schriften auch:

Karl Marx, Einleitung zu einer Kritik der politischen Ökonomie und:

Karl Marx, Zur Kritik der politischen Ökonomie

Karl Marx, Frühe Schriften, Bd. 1. Herausgegeben von Hans-Joachim Lieber und Peter Furth, Stuttgart 1962

Karl Marx und Friedrich Engels, Die deutsche Ideologie, Berlin (Ost) 1953

Karl Marx, Die Frühschriften. Herausgegeben von Siegfried Landshut, Stuttgart 1953

Erich Matthias, Sozialdemokratie und Nation. Zur Ideengeschichte der sozialdemokratischen Emigration 1933–1938, Stuttgart 1952

Erich Matthias, Die deutsche Sozialdemokratie und der Osten 1914–1945, Tübingen 1954

Erich Matthias, Kautsky und der Kautskyanismus. Die Funktion der Ideologie in der deutschen Sozialdemokratie vor dem ersten Weltkriege, in: Marxismusstudien, II. Folge, Tübingen 1957

Erich Matthias und Rudolf Morsey, Das Ende der Parteien 1933, Düsseldorf 1960

Erich Matthias, Die Sozialdemokratie und die Macht im Staate, in: Der Weg in die Diktatur 1918–1933, München 1962

Gustav Mayer, Die Trennung der proletarischen von der bürgerlichen Demokratie in Deutschland (1863–1870), in: Archiv für Geschichte des Sozialismus und der Arbeiterbewegung, Bd. 2, 1911/12

Susanne Miller, Das Problem der Freiheit im Sozialismus. Freiheit, Staat und Revolution in der Programmatik der Sozialdemokratie von Lassalle bis zum Revisionismusstreit, Frankfurt a. M. 1964

Shlomo Na'aman, Lassalle – Demokratie und Sozialdemokratie, in: Archiv für Sozialgeschichte, Bd. 3, 1963

Peter Nettl, Rosa Luxemburg, Köln 1967

Gerhard Nitzsche, Die Saefkow-Jacob-Bästlein-Gruppe, Berlin (Ost) 1957

Peter von Oertzen, Die großen Streiks der Ruhrbergarbeiterschaft im Frühjahr 1919, in: Vierteljahreshefte für Zeitgeschichte Bd. 3, 1958

Franz Osterroth, Dieter Schuster, Chronik der deutschen Sozialdemokratie, Hannover 1963

Wolfgang Pack, Das parlamentarische Ringen um das Sozialistengesetz Bismarcks 1878–1890, Düsseldorf 1961

Theo Pirker, Die SPD nach Hitler. Die Geschichte der Sozialdemokratischen Partei Deutschlands 1945–1964, München 1965

Werner Poels, Sozialistenfrage und Revolutionsfurcht in ihrem Zusammenhang mit den angeblichen Staatsstreichplänen Bismarcks, Lübeck 1960

Heinrich Popitz, Der entfremdete Mensch. Zeitkritik und Geschichtsphilosophie des jungen Marx, Basel 1953, 2. Aufl. Frankfurt 1969

Thilo Ramm, Der Frühsozialismus. Ausgewählte Quellentexte, Stuttgart 1956

Thilo Ramm, Ferdinand Lassalle als Rechts- und Sozialphilosoph, Meisenheim a. Glan 1953

Ernst Richert, Macht ohne Mandat. Der Staatsapparat in der Sowjetischen Besatzungszone Deutschlands, Köln/Opladen 1952, 2. Aufl. 1963

Ernst Richert, Das zweite Deutschland. Ein Staat, der nicht sein darf, Gütersloh 1964

Gerhard A. Ritter, Die Arbeiterbewegung im Wilhelminischen Reich. Die Sozialdemokratische Partei und die Freien Gewerkschaften 1890–1900, Berlin 1959

Waldemar Ritter, Kurt Schumacher. Eine Untersuchung seiner politischen Konzeption und seiner Gesellschafts- u. Staatsauffassung, Hannover 1964

Werner Röder, Die deutschen sozialistischen Exilgruppen in Großbritannien 1940 bis 1945, Hannover 1968

Arthur Rosenberg, Demokratie und Sozialismus, Frankfurt a. M. 1962 (1. Aufl. 1937)

Wolfgang Schieder, Anfänge der deutschen Arbeiterbewegung. Die Auslandsvereine im Jahrzehnt nach der Julirevolution von 1830, Stuttgart 1963

Gerhart Schlott, Nationales und internationales Denken der deutschen und französischen Sozialisten (besonders in den Jahren 1863–1871), Phil. Diss., Frankfurt a. M. 1960

Klaus Schütz, Die Sozialdemokratie im Nachkriegsdeutschland, in: Parteien in der Bundesrepublik. Studien zur Entwicklung der deutschen Parteien bis zur Bundestagswahl 1953, Stuttgart und Düsseldorf 1955

Joseph A. Schumpeter, Kapitalismus, Sozialismus, Demokratie, Bern 1945

Joachim Siemann, Der sozialdemokratische Arbeiterführer in der Zeit der Weimarer Republik. Ein Beitrag zur Soziologie der Eliten in der modernen Parteigeschichte, Phil. Diss., Göttingen 1955

Hans-Josef Steinberg, Sozialismus und deutsche Sozialdemokratie. Zur Ideologie der Partei vor dem I. Weltkrieg, Hannover 1967

Fritz Sternberg, Marx und die Gegenwart, Köln 1955

Dietrich Storbeck, Soziale Strukturen in Mitteldeutschland. Eine sozialgeschichtliche Bevölkerungsanalyse im gesamtdeutschen Vergleich, Berlin 1964

Studien und Materialien zur Soziologie der DDR. Herausgegeben von Peter Christian
Ludz. Sonderheft 8 der Kölner Zeitschrift für Soziologie und Sozialpsychologie,
Köln und Opladen 1964. Vgl. besonders: Peter Christian Ludz, Entwurf einer soziologischen Theorie totalitär verfaßter Gesellschaft; Manfred Rexin, Veränderungen der Berufs- und Beschäftigtenstruktur und Probleme der Arbeitskräftelenkung
in der DDR; Hartmut Zimmermann, Der FDGB als Massenorganisation und seine
Aufgaben bei der Erfüllung der betrieblichen Wirtschaftspläne

Ernst-August Suck, Der religiöse Sozialismus in der Weimarer Republik, Phil. Diss.,
Marburg 1953

Paul M. Sweezy, Theorie der kapitalistischen Entwicklung. Eine analytische Studie
über die Prinzipien der Marxschen Sozialökonomie, Köln 1959

Erich Thier, Das Menschenbild des jungen Marx, Göttingen 1957

K. H. Tjaden, Struktur und Funktion der »KPD-Opposition« (KPO). Eine organi-
sationssoziologische Untersuchung zur »Rechts«-Opposition im deutschen Kommunismus zur Zeit der Weimarer Republik, Meisenheim a. Glan 1964

Walter Tormin, Zwischen Rätediktatur und sozialer Demokratie, Düsseldorf 1954

Hedwig Wachenheim, Die deutsche Arbeiterbewegung 1844–1914, Köln/Opladen
1967

Hermann Weber, Von Rosa Luxemburg zu Walter Ulbricht. Wandlungen des deutschen Kommunismus, Hannover 1961

Hermann Weber, Die Wandlung des deutschen Kommunismus. Die Stalinisierung
der KPD 1924–1929, Frankfurt 1969

III. Zur Geschichte der Gewerkschaften

Wolfgang Abendroth, Die deutschen Gewerkschaften. Weg demokratischer Integration, Heidelberg 1955

Wolfgang Abendroth, Bürokratischer Verwaltungsstaat und soziale Demokratie,
Frankfurt a. M. 1955

Otto Blume, Das Mitwirkungs- und Mitbestimmungsrecht der Arbeitnehmer in der
heutigen Betriebspraxis, München o. J. (1963)

Helmut Breuer, Die Gewerkschaften – Werden, Wesen, Wirken, Hannover 1960

Goetz Briefs, Zwischen Kapitalismus und Syndikalismus, München 1952

Alfred Christmann, Gewerkschaftsbewegung und Gewerkschaftstheorie. Ausgangs-
leitbilder, Theorien und Wandlung der Gewerkschaftsbewegung, Köln 1963

Werner Conze/Erich Kosthorst/Elfriede Nebgen, Jakob Kaiser. Bd. 1: Der Arbeiterführer, Bd. 2: Der Widerstandskämpfer, Stuttgart 1967

Demokratischer und sozialer Rechtsstaat. Dokumente zur Gewerkschaftspolitik, herausgegeben und eingeleitet von Arno Klönne, Bochum 1964

Helmut Faust, Ursprung und Aufbruch der Genossenschaftsbewegung, Neuwied a.
Rh. 1958

Josef Furtwängler, Die Gewerkschaften, ihre Geschichte und internationale Auswirkung, Hamburg 1964

Gewerkschaftliche Monatshefte. Herausgegeben vom Bundesvorstand des Deutschen
Gewerkschaftsbundes. Chefredakteur Dr. Walter Fabian. 1.–16. Jahrgang 1949–1965

Wolfgang Hirsch-Weber, Gewerkschaften in der Politik. Von der Massenstreik-
debatte zum Kampf um das Mitbestimmungsrecht, Köln und Opladen 1959

Joseph H. Kaiser, Der politische Streik, Berlin 1955

Erich Kosthorst, Von der Gewerkschaft zur Arbeitsfront und zum Widerstand, Bonn
1963

Otto Kunze, Alfred Christmann, Wirtschaftliche Mitbestimmung im Meinungsstreit,
2 Bde., Köln 1964

Josef Kurth, Geschichte der Gewerkschaften in Deutschland, Hannover und Frankfurt a. M. 1957

Hans Limmer, Die deutsche Gewerkschaftsbewegung, München 1966

Peter von Oertzen, Betriebsräte in der Novemberrevolution, Düsseldorf 1963

Fritz Opel, Der deutsche Metallarbeiterverband während des ersten Weltkrieges und der Revolution, Hannover/Frankfurt a. M. 1957

Theo Pirker, Die blinde Macht. Die Gewerkschaftsbewegung in Westdeutschland, 2 Bde., München 1960

Helmut J. Schorr, Adam Stegerwald. Gewerkschaftler – Politiker, Recklinghausen 1966

Karl Heinz Schürmann, Zur Vorgeschichte der Christlichen Gewerkschaften, Freiburg 1958

Hans-Gerd Schumann, Nationalsozialismus und Gewerkschaftsbewegung. Die Vernichtung der deutschen Gewerkschaften und der Aufbau der »Deutschen Arbeitsfront«, Hannover/Frankfurt a. M. 1958

Rolf Thieringer, Das Verhältnis der Gewerkschaften zu Staat und Parteien in der Weimarer Republik, Phil. Diss., Tübingen 1954

Heinz Josef Varain, Freie Gewerkschaften, Sozialdemokratie und Staat. Die Politik der Generalkommission unter der Führung Carl Legiens (1890–1920), Düsseldorf 1956

Zwischen Stillstand und Bewegung. Eine kritische Untersuchung über die Gewerkschaften in der modernen Industriegesellschaft, herausgegeben von Alfred Horné, Frankfurt a. M. 1965

IV. Zur Geschichte der Katholischen Arbeiterbewegung

Joh. Christoph Allmayer-Beck, Vogelsang. Vom Feudalismus zur Volksbewegung, Wien 1952

Ludwig Anderl, Die roten Kapläne, München 1961

Clemens Bauer, Wandlungen der sozialpolitischen Ideenwelt im deutschen Katholizismus des 19. Jahrhunderts, in: Festschrift zum 40jährigen Jubiläum der Enzyklika ›Rerum novarum‹, Paderborn 1931

Josef Becker, Joseph Wirth und die Krise des Zentrums während des vierten Kabinetts Marx (1927–1928), in: Zeitschrift für die Geschichte des Oberrheins 109 (1962)

Heinz Budde, Handbuch der christlich-sozialen Bewegung, Recklinghausen 1967

Gilbert Corman OP, Katholische Soziallehre, in: Corman, Rudolph, Menschenwürdige Gesellschaft, München 1968

Ernst Deuerlein, CDU/CSU 1945–1957. Beiträge zur Zeitgeschichte, Köln 1957

Deutscher Katholizismus nach 1945. Herausgegeben von Hans Maier, München 1964

E. Filthaut, Deutsche Katholikentage 1848–1958 und die soziale Frage, Essen 1960

Helga Grebing, Zentrum und katholische Arbeiterschaft 1918–1933, Phil. Diss., Freie Universität Berlin 1953

Joseph Joos, Am Räderwerk der Zeit. Erinnerungen aus der katholischen und sozialen Bewegung und Politik, Augsburg o. J.

Paul Jostock, Der deutsche Katholizismus und die Überwindung des Kapitalismus, Regensburg 1932

Paul Jostock, Die katholisch-soziale Bewegung der letzten hundert Jahre in Deutschland, Köln o. J.

Wilhelm Emmanuel von Kettelers Schriften, Bd. II. Herausgegeben von Johannes Mumbauer, München 1924

Franz Klüber, Individuum und Gesellschaft in katholischer Sicht, Hannover 1963

August M. Knoll, Karl von Vogelsang und der Ständegedanke, in: Festschrift zum 40jährigen Jubiläum der Enzyklika ›Rerum novarum‹, Paderborn 1931

August M. Knoll, Der soziale Gedanke im modernen Katholizismus, Bd. 1, Wien/ Leipzig 1932

Albrecht Langner, Katholizismus und freiheitlicher Sozialismus in Europa, Köln 1965

Heinrich Lutz, Der Weg der deutschen Katholiken aus dem Kaiserreich in die Republik, 1914–1925, München 1963

Johannes Messner, Die soziale Frage im Blickfeld der Irrwege von gestern, der Sozialkämpfe von heute, der Weltentscheidungen von morgen, Innsbruck/Wien/ München 1956

Johannes Messner, Das Gemeinwohl. Idee, Wirklichkeit und Aufgaben, Osnabrück 1962

Oswald von Nell-Breuning, Baugesetze der Gesellschaft, Freiburg 1968

Emil Ritter, Die katholisch-soziale Bewegung Deutschlands im 19. Jahrhundert und der Volksverein, Köln 1954

Hermann Sacher und Oswald von Nell-Breuning S. J., Gesellschaftliche Ordnungssysteme, Freiburg i. Br. 1951

Gerhard Schulz, Die CDU - Merkmale ihres Aufbaus, in: Parteien in der Bundesrepublik. Studien zur Entwicklung der deutschen Parteien bis zur Bundestagswahl 1953, Stuttgart und Düsseldorf 1955

Wilhelm Spael, Das katholische Deutschland im 20. Jahrhundert. Seine Pionier- und Krisenzeiten 1890–1945, Würzburg 1964

Franz Josef Stegmann, Von der ständischen Sozialreform zur staatlichen Sozialpolitik. Der Beitrag der Historisch-Politischen Blätter zur Lösung der sozialen Frage, München 1965

Theodor Steinbüchel, Katholizismus und katholische Sozialidee im Jahr 1848; in: Steinbüchel, Sozialismus, Tübingen 1948

Hans Georg Wieck, Die Entstehung der CDU und die Wiedergründung des Zentrums im Jahre 1945, Düsseldorf 1953

Hans Georg Wieck, Christliche und Freie Demokraten in Hessen, Rheinland-Pfalz, Baden und Württemberg 1945/46, Düsseldorf 1958

V. Zur Geschichte der Evangelischen Arbeiterbewegung

Evangelisches Soziallexikon. Herausgegeben von Friedrich Karrenberg, 4. Auflage, Stuttgart 1963

Günter Brakelmann, Die soziale Frage des 19. Jahrhunderts. Teil 1 u. 2, Witten/Ruhr 1962

Walter Frank, Hofprediger Adolf Stöcker und die christlich-soziale Bewegung, Hamburg 1935

Theodor Heuss, Friedrich Naumann, der Mann – das Werk – die Zeit, 2. Auflage, Stuttgart/Tübingen 1949

Klaus Lefringhausen, Der Standort des Arbeiters in der Gesellschaft, Berlin 1964

Gottfried Mehnert, Evangelische Kirche und Politik 1917–1919, Düsseldorf 1959

Fritz Rudolph, Evangelische Sozialethik, in: Corman, Rudolph, Menschenwürdige Gesellschaft, München 1968

Wolfgang Saile, Hermann Wagener und sein Verhältnis zu Bismarck. Ein Beitrag zur Geschichte des konservativen Sozialismus, Tübingen 1958

William O. Shanahan, Der deutsche Protestantismus vor der sozialen Frage 1815 bis 1870, München 1962

Heinz-Dietrich Wendland, Person und Gesellschaft in evangelischer Sicht, Hannover 1963

Register

316

Wilhelm Hoegner
Flucht vor Hitler

Erinnerungen an die Kapitulation der ersten deutschen Republik 1933. Mit einem Nachwort von Wolfgang Jean Stock. Kommentiertes Personenregister.
296 Seiten. Leinen mit Schutzumschlag

„Die unerbittliche Wahrheit darf in der heutigen Zeit noch nicht ausgesprochen werden. Sie richtet sich gerade **so** gegen unsere Zustände und manche unserer Zeitgenossen" — mit diesen Worten lehnte 1937 der Lektor des Exil-SPD-Verlags die Veröffentlichung von Wilhelm Hoegners autobiographischen Aufzeichnungen „Flucht vor Hitler" ab. Genau 40 Jahre später kann nunmehr ein in seiner Offenheit als sensationell zu bezeichnendes Dokument erscheinen, das eine spontane Retrospektive des Reichstagsmitglieds der SPD auf die Monate Januar bis Juni 1933 ist, in denen mit der Machtergreifung Hitlers die Weimarer Republik ihr Ende fand, die demokratischen Parteien Deutschlands zur Auflösung gezwungen wurden und viele Politiker die Flucht ins Ausland ergreifen mußten, um dem Tod in den Konzentrationslagern zu entgehen. Hoegner dokumentiert mit seinen beinahe minutiösen Aufzeichnungen die persönlichen Zwänge, denen demokratische Politiker unter dem NS-Regime ausgesetzt waren, aber auch die politische Naivität, mit der die Parteien der Weimarer Republik Hitler zur Herrschaft verhalfen.

Schonungslos geht er mit sich und seinen Parteigenossen ins Gericht und analysiert das eigene Versagen: „Wir leisteten keinen Widerstand. Wir warfen dem siegreichen politischen Gegner keine Prügel in den Weg. Er sollte freie Bahn haben, seine sagenhaften Künste in der Bekämpfung der Wirtschaftskrise zu zeigen, freie Bahn, seine Versprechungen an alle Volkskreise zu halten oder an ihnen, gleich uns, zu scheitern. Wir waren beiseitegetreten und wähnten uns sicher im Schatten der Gesetze und einer Verfassung, zu der sich der Sieger feierlich bekannt hatte."

Nymphenburger Verlagshandlung München

Geschichte

dtv-Lexikon der Antike
Philosophe – Literatur –
Wissenschaft – Religion –
Mythologie – Kunst –
Geschichte – Kultur-
geschichte
13 Bände
3017–3083

**Theodor Mommsen:
Römische Geschichte**
Vollständige Ausgabe
in 8 Bänden
Mit einer Einleitung
von Karl Christ
Originalausgabe
5955

**Herbert Grundmann
(Hrsg.):
Gebhardt
Handbuch der
deutschen Geschichte**
17 Bände
WR 4201–4217

**Georg Iggers:
Deutsche Geschichts-
wissenschaft**
Ein kritischer Rückblick
WR 4059

**Jochen Schmidt-Liebich:
Daten englischer
Geschichte**
Von den Anfängen bis
zur Gegenwart
Originalausgabe
3134

**dtv-Atlas
zur Welt-
geschichte**

Karten und
chronologischer
Abriss

Von den Anfängen
bis zur Französischen
Revolution

Band 1

**Hermann Kinder/
Werner Hilgemann:
dtv-Atlas zur
Weltgeschichte**
Karten und chrono-
logischer Abriß
Originalausgabe
2 Bände
3001, 3002

**Konrad Fuchs/
Heribert Raab:
dtv-Wörterbuch
zur Geschichte**
Originalausgabe
2 Bände
3036, 3037